AF503637

F

F 32919

COUTUMES

DE LA PREVOSTÉ

ET VICOMTÉ DE PARIS.

AVEC

LES NOTES DE M. C. DU MOLIN,
mises en meilleur ordre qu'auparavant.

ENSEMBLE LES OBSERVATIONS
de Mes J. TOURNET, Jacques JOLY,
& Charles LABBÉ, anciens Avocats
de la Cour, & Arrests d'icelle, par
eux recueillis sur chaque article.

NOUVELLE EDITION.

Reveuë, corrigée & augmentée de nouvelles
Remarques & de nouveaux Arrests, rendus
en interpretation de quelques Articles.

*Par M*** Avocat au Parlement.*

TOME SECOND.

A PARIS, AU PALAIS,
Chez DAMIEN BEUGNIÉ, grand' Salle, au Pilier
des Consultations, au Lion d'or.

M. DCC. IX.
AVEC PRIVILEGE DU ROY

COUSTUMES
DE
LA PREVOSTÉ
ET VICOMTÉ
DE PARIS.

TITRE XII.

DE GARDE-NOBLE ET
Bourgeoise. 1

E titre est au lieu des deux cha-
pitres de l'ancienne Coûtume, sça-
voir est du chapitre huitiéme *de
Garde-noble*, & du chapitre neu-
vième *de Garde-Bourgeoise.* L.

ARTICLE CCLXV

Cet article, & les 266. 267. & 268. au lieu des
99. & 101. de l'ancienne Coûtume.

Qui peut accepter la Garde-noble.

Il est loisible aux 2 pere, mere, ayeul ou

ayeule Nobles , demeurans dans la ville de Paris ou dehors 3 , accepter la garde-noble de leurs enfans , aprés le trépas de l'un d'eux. *Voyez l'article suivant.*

2 A cet article, & au suivant, peut être rapportée cette raison , qu'il n'y a point de telle ny de si pure & sincere affection pour les enfans, que celle des peres & meres ; & celle des étrangers n'est rien en comparaison. *Quis enim talis affectus extraneus inveniatur , ut vincat paternum ; vel cui alii credendum est res liberorum gubernandas, parentibus derelictis ?* dit la loy *cum furiosus 7. Cod. de curatore fur. vel prod.* En termes de droit, sous le nom de pere , l'ayeul & l'ayeule sont entendus, *l. justa interpretatio. 201. ff. de verbor. significat. patris nomine avus quoque demonstrari intelligitur.* L.

3 Il est necessaire d'observer l'ordre des personnes en l'acceptation de la garde : car le pere ou la mere survivant , sont les prémiers receus : Et s'il n'y a ny pere ny mere , l'ayeul suit aprés, & au defaut de l'ayeul , l'ayeule : Ainsi la mere sera preferée à l'ayeul ou à l'ayeule, comme il a été jugé par Arrest de l'Audience du 4. Mars 1560. On a demandé si aprés le second mariage de la mere , qui avoit accepté la garde-noble , l'ayeule peut reprendre la même garde-noble de ses petits enfans ? Cela fut jugé premierement par turbe du Châtelet , & puis par Arrest de la Cour , en la cause de la mere de la femme de Monsieur de Lully , & ses enfans du premier lit , que la garde-noble étant faillie & expirée en la personne de la mere, par un subsequent mariage , n'est extensive, & ne retourne point à l'ayeule. La turbe de Montfort étoit au contraire , mais il fut jugé , selon l'avis du Châtelet en l'an 1608. comme j'ay appris

notable perſonnage Conſeiller audit Châtelet.
Ce qui eſt conforme à la diſpoſition de Droit,
Mater deponendo tutelam, redit tutelæ ad dativum
tutorem. Bartole ſur l'Autentique *Sacramentum.*
Cod. quado mulier. tut. off. fungi. po. Auſſi tient-on
qu'une même perſonne ne peut recevoir deux gardes : & l'une faillie n'eſt point relevée ny repriſe
par une autre perſonne ; & que tant que l'une des
perſonnes vit, capable de la garde-noble, la plus
proche, elle ne peut être déferée au plus prochain
aprés elle. Ce fut ce que la Cour jugea par Arreſt
de la grand'Chambre, le dernier Fevrier 1630. en
la cauſe de M. N. de la Meſchiniere Avocat en
Parlement, lequel du vivant de ſa bru, veuve de
ſon fils, auſſi Avocat en ladite Cour, decedé en
la fleur de ſon âge, aprés avoir paru avec grande
reputation aux Plaidoiries, avoit delaiſſé des enfans, deſquels la veuve accepta la tutelle, & l'ayeul
pere dudit defunt fut tuteur ſubrogé : Ladite veuve étant depuis decedée, ledit ſieur de la Meſchiniere demanda la garde-noble de ſes petits enfans,
la qualité de noble luy étoit accordée pour être habile à accepter la garde ; comme veritablement
noble, & tel reconnu par Meſſieurs les Gens du
Roy, ayant eu un biſayeul qui mourut en la ba-
taille de Pavie, où le Roy François I. fut fait pri-
ſonnier : Neanmoins la conteſtation fut ſur ce
qu'il avoit accepté la qualité de tuteur ſubrogé,
& par ainſi laiſſé paſſer ſon tour de garde noble,
& enfin par ledit Arreſt donné en la grand'Chambre, ſur le plaidoyé des Avocats, Doublet pour
le demandeur, Gautier pour les defendeurs, ledit
ayeul fut debouté de la garde-noble de ſes petits
enfans ; & creut-on que ce fut pour la cauſe ſuſdite, qu'ayant manqué la garde-noble en la perſonne de la mere, qui fut éleuë tutrice, & luy
tuteur ſubrogé, il ne pouvoit plus y avoir de re-
gret pour la faire remonter à luy ayeul, ayant une

fois failly fon coup, à la mere qui étoit la premiere en difpofition de l'accepter. *T.*

ARTICLE CCLXVI.

Au lieu defdits articles 99. & 101.

Qui accepte la garde Bourgeoife.

Pareillement eft permis aux pere & mere bourgeois de Paris, de prendre & accepter la garde Bourgeoife 1 & admini-
ftration de leurs enfans mineurs, & aprés
le decez de l'un d'eux. *Voyez l'article precedent.*

1 Cecy eft fort bien expliqué par Bacquet en
fon Traité des Francs fiefs. La garde-noble eft
plus ancienne que la Bourgeoife : car celle-là eft
de toute ancienneté, & celle-cy eft par privilege
donné par les anciens Rois de France aux Bourgeois de la ville de Paris, pour joüir de la garde
de leurs enfans : & fpecialement fur ce droit confirmé par le Roy Charles V I. par fes lettres patentes du 5. Aouft 1390. Mais la grande queftion
a été, de fçavoir, fi cette garde bourgeoife s'é-
tendoit à l'ayeul & à l'ayeule, d'autant qu'en cet
article elle n'eft exprimée qu'en la perfonne des pere & mere; & l'ayeul & l'ayeule n'y font point
nommez, comme en l'article precedent, où il eft
parlé de la garde-noble, donnée auffi à l'ayeul
& à l'ayeule aprés les pere & mere. Aprés un long
doute & altercation, fut donné Arreft, recité
au long par ledit Bacquet au lieu fufdit, chapitre
10. nombre 9. contre un nommé Rouffelet, lequel fut debouté de la garde bourgeoife par luy
demandée, comme ayeul; & fut jugé par ledit

Arreſt du dix-neuviéme d'Octobre 1593. que la garde bourgeoiſe ne peut être acceptée, ſinon par le pere ou la mere ſurvivans, & non par l'ayeul & l'ayeule, *quia expreſſio unius eſt excluſio alterius.* T.

La Garde-noble eſt le gouvernement & adminiſtration que le pere ou la mere, ayeul ou ayeule nobles, non mariez, ont de leurs enfans mineurs mâles, juſqu'à vingt ans; & femelles juſqu'à quinze ans accomplis, & de tous leurs biens, acceptée en jugement, pour les entretenir ſelon leur état & qualité, faiſant les fruits leurs, aprés l'inventaire fait. Et la garde bourgeoiſe eſt auſſi une pareille adminiſtration des pere & mere de leurs enfans mineurs; des mâles juſqu'à quatorze ans, & des femelles juſqu'à douze ans, en baillant caution, par les art. 265. 266. 267. & 268. & ladite garde-noble a été introduite, afin que le Seigneur dont eſt tenu le fief, fût ſervy d'homme pendant la minorité de ſon vaſſal, & que le bail, c'eſt-à-dire, gardien, joüiſſant des fruits du fief, eût moyen de nourrir & élever noblement le mineur, étant en ſa garde, ſelon le Caron; ou comme dit M. Hotom. Ce droit de garde eſt pour le regard des droits de fief, étant certain que les Seigneurs de fief, qui ne ſont ſervis par leurs vaſſaux, peuvent prendre les fruits à leur profit: Et parce que les mineurs ne peuvent ſervir leurs Seigneurs de fief, ils perdroient ainſi leurs fruits, & n'auroient moyen de vivre; c'eſt pourquoy les Rois de France, protecteurs de tous ceux qui ſont en bas âge, ont voulu que les fiefs des mineurs fuſſent baillez en garde aux pere & mere, ayeul ou ayeule, afin de ſervir les Seigneurs; & en ce faiſant, prendre les fruits pour eux, à la charge de nourrir & entretenir les enfans, & les rendre quittes de toutes dettes: d'où vient le vieil brocard François,

A iij

Qui garde prend,
Qui tu le rend,

ainſi que M. Boutillier a remarqué au titre 92. du
livre 1. de la Somme Rurale. Et d'autant que les
Bourgeois de Paris approchent beaucoup de la Nobleſſe, ayans armoiries, & ſont exempts du droit
de Francs-fiefs, ban & arriere ban, avec autres
privileges, on leur a baillé la garde-bourgeoiſe,
qui ne s'étend qu'au pere & à la mere : Et de fait,
il n'y a qu'à Paris que ce droit de garde bourgeoiſe
appartient au pere & à la mere, n'y en ayant aucune mention en toutes les Coûtumes de France,
ſinon quelque mot en celle de Berry : quoy que ce
ſoit à Paris, ce privilege, qui eſt contre le droit
commun, ne ſe doit étendre plus avant que les
termes de la Coûtume, *& l'ayeul ne peut avoir la
gard bourgeoiſe d'un enfant,* ainſi qu'il a été jugé
par Arreſt du 19. Octobre 1593. qui eſt rapporté
par M. J. Chenu centurie 1. qu. 20. le Caron,
chap. 4. du liv. 9. de ſes Réponſes, Roüillard,
au 7. de ſes reliefs Forenſes, Bacquet chap. 10. des
Francs-fiefs.

Jugé par Arreſt de l'Audience du 9. de Juin
1561, qu'aprés l'acceptation de la garde-noble ou
bourgeoiſe faire en Juſtice, l'on n'y peut pas renoncer, l'on ne peut changer de volonté au préjudice des mineurs ; dequoy il peut être rendu raiſon en ces termes de la loy *Apud Auſidium. ff. de
optione legata, quia continuo res ej us ſit, ſimul
ac dixerit eam ſe ſumere.*

M. L. Charondas au commencement de ce titre,
a écrit que ſon Auteur ajoute ; que pour la Nobleſſe de la bonne ville de Paris, les Rois ont
donné le droit de baillie, avec autres privileges
aux Bourgeois d'icelle, & entr'autres que nous
avons les lettres patentes de Charles V. du 9.
Aouſt 1571. qui octroye tel droit, ou plûtôt le
confirme & renouvelle, parce que ſon Auteur eſt

long-temps devant le regne de Charles V.

Le même Charondas a écrit sur cet article 266. qu'il a été jugé par Arrest de la Cour, que l'ayeul & l'ayeule étoient compris sous les noms des pere & mere, & que telle interpretation se doive faire, en sont d'opinion *Alexand. Consil. 83. & 122. lib. 3. Socinus Consil. 128. & alii.* Et qu'il faille étendre cet article aux ayeuls ou ayeules, le demontre le 268. article, auquel étant conjointement statué de la garde-noble & de la garde-bourgeoise, il y a une disposition generale, se rapportant aux deux, en ces termes : *Le tout pourveu que lesdits pere ou mere, ayeul ou ayeule, ne se remarient, auquel cas la garde est finie.* Que cette exception generalementconceuë, fait qu'il faut aussi entendre generalement *la disposition de la garde,* tant pour la bourgeoise, que pour la noble, *argument. l. nam quod in fin. D. de penu. leg. Cicero in oratione pro Balbo, si exceptio facit ne liceat, ibi necesse est licere, ubi non est exceptum :* Toutefois j'ay entendu que le contraire a été jugé par Arrest du 19. Octobre 1593. M. R. Chopin a rapporté cet Arrest plus particulierement qu'aucun autre Commentateur de cette Coûtume, sur cet article. *L.*

ARTICLE CCLXVII.

Au lieu desdits articles 99. & 101.

Emolumens & charges des gardiens Nobles & Bourgeois.

Le gardien Noble demeurant hors la ville de Paris, ou dans la ville & faux-bourgs d'icelle, & pareillement le gardien Bourgeois, a l'administration des meubles, & fait les fruits siens durant

ladite garde, de tous les immeubles, tant
heritages que rentes appartenantes aux
mineurs, assis en la ville ou dehors, à la
charge de payer & acquiter par ledit gardien les dettes & arrerages de rentes que
doivent lesdits mineurs, les nourrir, alimenter & entretenir selon leur état &
qualité : payer & acquitter les charges annuelles que doivent lesdits heritages, &
iceux heritages entretenir de toutes reparations viageres : Et enfin desdites gardes,
rendre lesdits heritages en bon état. *Voyez
les articles* 46. *&* 287.

1 Le gardien, comme le tuteur, a l'émolument & la charge : Mais le gardien a bien plus am-
ple émolument que la tuteur, qui n'a que l'espe-
rance de la succession : le gardien fait les fruits
siens durant la garde, à la charge d'entretenir les
heritages du pupille ou mineur en bon état, &
rendre sa garde quitte étant finie : le tuteur est
tenu rendre compte des fruits, & les employer au
profit du mineur, mais le gardien doit bien user des
fruits, comme un bon pere de famille, autrement
s'il en abusoit, il seroit privé de la garde, comme
il a été jugé contre une mere qui endommageoit
les heritages de ses enfans & se gouvernoit mal,
par Arrest du 18. Janvier 1567 Entre les fruits est
le droit de patronage, comme le droit de relief :
Pour le regard du relief, sçavoir, si le gardien le
doit acquitter, il en a été parlé cy-dessus en l'article 46. Et quant aux funerailles, M. René Chopin est d'avis que le gardien n'en est pas tenu,
parce que c'est une dette mobiliaire, & regarde
l'heritier des meubles, lesquels n'appartiennent

s au gardien, & ne les fait siens aprés la mort
du pupille, par la raison de l'article 286. On a
demandé, si les fruits des heritages écheus, tant
en ligne directe que collaterale, pendant la garde, appartiennent au gardien ? Bacquet au lieu allegué, tient que lesdits fruits appartiennent au
gardien. M. L. Charondas allegue des Arrests au
contraire, par lesquels il a été jugé que le gardien
ne joüit que des fruits sujets au bail, desquels
les pere & mere joüissoient au jour de leur decez,
par Arrest pour les heritiers de M. Roüillard,
Conseiller en la Cour, de l'an 1557. & autre du
vingtiéme May 1564. Est pareillement à remarquer
ce qui a été observé par ledit Bacquet, que *nomi-*
na fructuum, en cas de garde, sont seulement compris ceux qui se prennent sur les heritages situez
sous la Prevôté & Vicomté de Paris, dont il excepte les rentes de l'Hôtel de Ville, encore qu'elles soient assignées sur heritages & droits percep-
tibles hors la Prevôté & Vicomté, comme sur les
Greniers à sel de Picardie, Normandie, Anjou,
Poictou, & autres : & de telles rentes le gardien
fait les fruits siens. *T.*

Par l'article 267. le gardien noble & bourgeois
a l'administration des meubles, fait les fruits
siens des immeubles, tant des heritages que des
rentes constituées, *etiam,* sur l'Hôtel de Ville,
selon Bacquet, que Tournet a mal entendu, en
payant & acquitant les dettes & arrerages des rentes & charges annuelles, & le droit de relief: s'il
en est dû du chef des mineurs, par l'article 46. cy-
dessus, *scilicet,* au Vexin, où les mineurs le doivent, comme heritiers de celuy à qui les heritages
feodaux appartenoient, le relief dû par celuy à
qui ils succedent, étant du nombre des dettes
qu'ils doivent, selon le Caron, que Tournet a
confondu, & ce droit est tenu pour dette, que
le gardien doit payer, & en acquitter les enfans.

Car par le fufdit ancien proverbe de pratique,

Qui garde prend,

Quitte le rend,

Ce qu'il confirme par le titre 93. livre premier de
Boutillier, en ces termes ; *Et parmy tant que le
bail a fes meubles & cateuls, il eft tenu de payer
toutes les dettes que devoit le trépaffé au jour de fon
trépas, & en doit livrer le pupille tout quitte au
jour d'âge.* Par l'article 268. quand le pere ou
mere, ayeul ou ayeule, fe remarient, la garde
eft finie. M. René Chopin liv. 2. titre 7. nomb. 9.
fur cette Coûtume, rapporte un ancien Jugement
de l'Efchiquier de Normandie à Roüen, de l'an
1243. par lequel a été jugé, deflors que la femme
eft mariée, elle n'aura la garde de fes heritiers,
en quelque âge qu'ils foient : *Judicatum eft ex
quo mulier eft maritata, non habebit cuftodiam heredum fuorum, de quacumque ætate fint.* Par l'article 269. la garde-noble & bourgeoife fe doit
accepter en Jugement pardevant le Juge, luy feant
en jugement ; *in loco majorum :* afin que telle acceptation foit connuë, tant pour le profit des mineurs que des creanciers, felon le Caron, au chap.
236. livre 7. de fes Réponfes, & Bacquet, & non
au Greffe, *apud acta :* par Arreft du 24. Janvier
1687. conformément à laquelle difpofition, M.
P. Cadot, Avocat en Parlement, le 22. Octobre
1644. aprés le decez de Geneviéve Prevoft fa femme, comparut en perfonne en jugement pardevant
le Prevoft de Paris au Châtelet, l'Audience tenant, où étant affifté de Beaufort fon Procureur,
il demanda & accepta la garde-noble de fes trois
enfans, pour joüir des biens meubles, immeubles, heritages & rentes affifes tant à Paris que
dehors, & faire les fruits fiens ; à la charge d'entretenir iceux heritages de toutes reparations viageres ; payer & acquitter les dettes & arrerages
des rentes deuës par lefdits mineurs : les nourrir

alimenter, & entretenir selon leur état & qualité & enfin de ladite garde, rendre le tout en bon
& suffisant état : ce qu'il promit faire, dont luy
fut octroyé l'acte qu'il avoit requis. *I.*

Par Arrest sur procez par écrit, donné au mois
de Septembre 1594. entre Damoiselle Suzanne
Hervé, femme en secondes nopces de Monsieur
Cujas, ayant accepté la garde-noble de Damoiselle
Lucrece Cujas sa fille, & François Genton tuteur,
jugé que la somme de trois mille livres qui avoit
esté donnée à icelle Hervé par le contrat de mariage, a prendre après le decez de Monsieur Cujas,
pour tout droit de communauté, étoit dette mobiliaire & personnelle, & partant confuse en elle,
à cause de sa qualité de garde-noble ; & elle deboutée de la demande qu'elle en faisoit : & ce, par
la maxime generale de nos Coûtumes, en fait des
gardes-nobles,

Qui garde prend,
Quitte le rend,

Et par la raison du droit commun, en la loy *quo-*
tiens §. I: *ff. de administr. tutorum. l. si tutor. post*
ff. de tutela & ration. distrah. Il a aussi été jugé par Arrest du 18. Juin 1611. au profit du sieur
de Rissay, contre M. le Mareschal de Boisdauphin
par procez par écrit, que le survivant des conjoints par mariage, qui accepte la garde-noble ou
bourgeoise, ne peut demander le remboursement
ou recompense du my-denier des augmentations
& meliorations, voire les impenses des nouveaux
bâtimens qui ont été faits sur les heritages de celuy
ou celle qui est decedée, dont la raison est, qu'elles ne sont reputées que pour une dette mobiliaire de la communauté. *L.*

ARTICLE CCLXVIII.

Au lieu defdits 99. & 101.

Quand finiffent lefdites gardes.

La garde-noble dure aux enfans mâles jufques à vingt ans, & aux femelles juf-ques à quinze ans accomplis. Et la garde-bourgeoife dure aux enfans mâles jufques à quatorze ans, & aux femelles jufques à douze ans finis & accomplis : Le tout pourveu que lefdits pere & mere, ayeul ou ayeule, ne fe remarient : auquel cas la garde[1] eft finie. *Voyez l'article* 32. *&* 276. *en la fin.*

1 Ces mots font à remarquer, à caufe de l'Ar-reft cy-deffus rapporté, par lequel il a été jugé, que la garde-noble finie par le mariage fubfe-quent, ne remonte point à l'ayeul ou ayeule. *T.*

ARTICLE CCLXIX.

Au lieu des articles 100. & 102.

Comment s'accceptent lefdites gardes ; & inventaire & caution.

La garde-noble ou bourgeoife fe doit accepter en jugement[1] : & eft tenu le gar-dien noble ou bourgeois faire faire inven-taire. Et outre, celuy qui a garde-bour-geoife, doit bailler caution. *Voyez l'arti-cle* 280. *vers le milieu.*

Toute garde, tant noble que bourgeoise, doit
être acceptée en jugement, c'est à dire, *judice
pro tribunali sedente*, & non pas, *apud acta*, au
greffe, ainsi qu'il a été jugé pour Monsieur de
Burges Conseiller en la Cour : ce qui se fait, tant
pour l'assurance des mineurs, que des creanciers.
L'inventaire est necessaire, pour sçavoir si le gardien n'a point abusé des fruits, & s'il a acquitté les
charges ausquelles il est tenu ; davantage pour
avoir connoissance des titres des biens immeubles,
& heritages des pupilles. Quant à la caution, elle
est seulement requise en la garde-bourgeoise, &
non en la noble, à cause de la reputation de la Noblesse, & de la bonne opinion qu'on a de sa pru-
d'hommie : Neanmoins si le gardien noble se trouvoit en mauvaise foy & mauvais ménage, il seroit
tenu bailler caution, jugé par Arrest de l'Audience du Lundy 25. Février 1585. *T.*

Jugé par Arrest du 4. Avril 1579. entre Henry
le Mareschal, Conseiller au grand Conseil, tant
en son nom, que comme tuteur des enfans de
Monsieur le Procureur General Bourdin, & Dame Isabelle Fusée sa veuve, que les habitans
de Paris, de condition noble, peuvent prendre &
accepter la garde-noble & bourgeoise ensemble de
leurs enfans mineurs, pour avoir la garde-bourgeoise en ce qui est de la ville & faux-bourgs &
la garde-noble hors d'icelle ville, aux charges &
pour le temps porté par la Coûtume. *L.*

ARTICLE CCLXX.

Au lieu du 103. article.

*Tuteurs & curateurs éleus durant lesdites
gardes, & pourquoy ?*

Pendant ladite garde-noble ou bourgeoiſe, ſont éleus tuteurs ou curateurs deſdits mineurs, ſi beſoin eſt, ¹ pour intenter, defendre & deduire les actions réelles & perſonnelles, autres que pour les fruits & revenus, échûs pendant ladite garde. Et leſdits gardiens n'étans tuteurs, ne les peuvent intenter & déduire. *Voyez l'article ſuivant.*

1 Encore que le gardien ſemble être tuteur, & par la maxime de Droit, *Tutorem habenti tutor dari vulgò non ſoleat,* toutefois le gardien ne porte pas la charge de la tutelle, & ne peut vendre ny aliener les biens du mineur, ny aſſiſter en jugement pour defendre le bien des mineurs: Mais il eſt beſoin en ce cas du tuteur ou curateur éleu par les parens du mineur, ſi ce n'eſt aux Coûtumes deſquelles le gardien eſt tuteur, comme en celle de Meluñ, articles 288. & 289. Montfort, Anjou & le Maine, & quelques autres. Tellement que les ſaiſies & criées faites ſur tel gardien, ne ſont bonnes. Voyez M. Loüet lettre G. nombre 6. T.

Par cet article 270. ſont éleus tuteurs ou curateurs, pour intenter & defendre les actions réelles & perſonnelles, ſi les gardiens ne ſont tuteurs, d'autant que les tuteurs ont plus de pouvoir que les gardiens, ayant le droit de la puiſſance ſur la perſonne libre, pour defendre & gouverner celuy qui ne ſe peut par l'âge proteger, defendre & gouverner, d'où ils ſont dits tuteurs, c'eſt à dire, protecteurs, & defenſeûrs, *l.* 1. ff *de tutelis ;* ce qui paroiſt d'abondant par l'Epiſtre de ſaint Paul aux Galates, chap. 4. où il dit, que l'heritier mineur, pendant ſa jeuneſſe, encore qu'il ſoit maître de tous ſes biens, reſſemble à un ſerviteur,

parce qu'il eſt ſoumis au gouvernement de ſes tuteurs & curateurs, juſques à ſon âge juſte & legitime : *Quanto tempore heres parvulus eſt , nihil
differt à ſervo cùm ſit dominus omnium ſed ſub tu-
toribus & curatoribus eſt uſque ad præfinitum tem-
pus :* Donc ceux qui ont la garde-noble ou bourgeoiſe , ne peuvent vendre ny aliener les biens des
mineurs , ny aſſiſter en jugement pour la defenſe
de leur bien , mais c'eſt au tuteur & curateur , ſelon M. C. du Molin : & M. Loüet , en la lettre G.
nomb. 6. donc les ſaiſies & criées faites ſur une
garde-noble ou bourgeoiſe, ſont nulles, ſelon M. J.
Brodeau : Mais ſi le gardien eſt tuteur , elles ſe-
ront bonnes & valables : car ces deux qualitez ſont
compatibles en une même perſonne , par l'article
371. de cette Coûtume , ſuivant lequel il faut *primo*, accepter la garde-noble ou bourgeoiſe. *Secundo* , la tutelle , comme fit Monſieur le Duc
d'Orleans en l'an 1627. lequel aprés la mort de
Madame la Ducheſſe de Montpenſier ſon épouſe ,
accepta la garde-noble de Mademoiſelle ſa fille ,
dont luy fut decerné acte par la Cour ; & enſuite
le Roy par ſes lettres patentes en forme de Declaration, du 17. Juillet mil ſix cent vingt-ſept , luy
donna & défera la tutelle de ladite Damoiſelle ſa
fille , pourſuivant au deſir d'icelles , gerer & ad-
miniſtrer ladite tutelle conjointement avec ladite
garde-noble acceptée, les deux qualitez de garde-
noble & tuteur étans compatibles , par ledit
article 271. de la Coûtume de Paris , au dedans
de laquelle ledit Seigneur Duc eſt reputé faire ſa
principale demeure , ainſi qu'il eſt porté plus amplement au 13. tome du Mercure François , page
519. & 520. Que ſi on accepte , *primo*, la tutelle ,
& enſuite la garde-noble ou bourgeoiſe, la garde eſt nulle & inutile , de ſorte que celuy qui a
accepté premierement la tutelle ; ne peut plus
accepter la garde-noble, ainſi qu'il a été jugé par

le fufdit Arreft du 24. Janvier 1587. au profit de
M. de Burges, Confeiller de la Cour, qui eft rapporté par le Caron, & Bacquet chapitre 10. nomb.
8. du droit des Francs-fiefs, & par autre Arreft
du feptiéme Septembre 1633. au profit d'Antoine
de Meaux, fieur de Survilliers, car l'article 271,
dit, que celuy qui a la garde-noble ou bourgeoife, peut eftre tuteur ou curateur : Mais il ne dit
pas, *è converfo*, celuy qui eft tuteur ou curateur, peut avoir la garde-noble & bourgeoife. I,

ARTICLE CCLXXI.

Gardiens peuvent être Tuteurs.

Celuy qui a la garde-noble ou bourgeoife, peut eftre tuteur [1] ou curateur, & font
les deux qualitez compatibles en une même perfonne. *Voyez l'article precedent, &*
le 300.

1 Les mots de cette Coûtume font confidera-
bles, quand elle dit, *Celuy qui a la garde peut*
*eftre tuteur & curateur:*elle ne dit point *è conver-*
sò, Celuy qui eft tuteur ou curateur peut avoir la
garde, &c.
C'eft d'autant que celuy qui a accepté la tutelle
purement & fimplement, & en a fait le ferment,
ne peut pas aprés prendre la garde de fes enfans.
Il faut donc que le pere ou la mere, ayeul ou
ayeule qui veut avec la tutelle accepter la garde, en prenant la tutelle, faffe proteftation que ce
fera fans déroger à l'acceptation de la garde,
qu'elle pourra faire à l'avenir, fi elle trouve qu'il
foit à propos qu'elle la prenne; felon qu'il eft remarqué par Bacquet au lieu fufdit. Et au cas que
ladite garde foit acceptée aprés la tutelle, neanmoins

moins celuy ou celle qui aura la tutelle avec la
garde, sera tenu de rendre compte en qualité de
tuteur, ainsi qu'il a été jugé au profit dudit sieur
de Burges, l'Arrest cy-dessus cotté est du 24.
Janvier 1578. *T.*

Cet Arrest dudit sieur de Burges n'est pas de
578. mais de 1587. le 24. de Janvier, selon le
rapport de M. L. Charondas, & de M. J. Tronçon sur cet article. Par ce même Arrest a été jugé, que la garde ne peut estre acceptée au Greffe, mais en jugement pardevant le Juge, luy seant
en jugement, *pro tribunali, & in loco majorum.*
Pour ce qui est de la tutelle, elle se fait par élection
de parens, lesquels toutefois ne sont responsables
du tuteur par eux éleu, & lors de la nomination il
y a eu dol & fraude de leur part, comme il a été
jugé par Arrest du 14. d'Aoust 1587. prononcé solemnellement, suivant autre precedent du 18. de
... 1569. & il y a eu depuis un autre Arrest semblable donné en l'Audience de la grande Chambre
le Jeudy 14. de Decembre 1600. sur un appel
d'une Sentence du Senechal de Saumur, les parties Florent Joubert intimé; Jacques du Pré, &
... appellants. Tellement qu'en pays Coustumier, fors en Bretagne (y en ayant article ex-
... en la Coustume, qui est le 484.) nous n'ob-
servons le titre *de fidejussoribus & nominatoribus*
... ny celuy du Code *de magistratibus con-*
... Ils ne sont gardez & observez qu'en
pays de droit écrit. *T.*

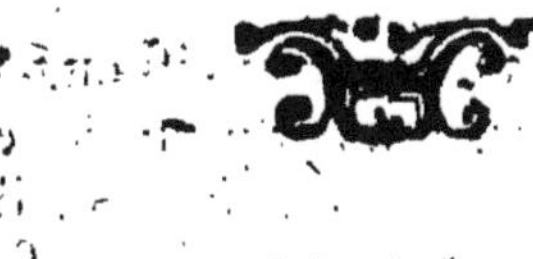

TITRE XIII.

DES DONATIONS, ET
Don mutuel.

ARTICLE CCLXXII.

Au lieu des articles 97. & 98. de l'ancienne
Coûtume.

Qui peut donner entre vifs, quoy, & à qui.

IL eft loifible à toute perfonne âgée *de
vingt-cinq ans accomplis*, & faine d'entendement [1], donner & difpofer par donation & difpofition faite entre vifs, *de tous
fes meubles &* heritages propres, *acquefts*
& conquefts, à perfonne capable. *Et neanmoins celuy qui fe marie, ou qui a obtenu benefice d'âge, entheriné en Juftice, peut, ayant
l'âge de vingt ans accomplis, difpofer de fes
meubles.* Voyez les articles 239. 276. 277.
283. 293. & 294.

[1] Toutes donations font entre vifs ou teftamentaires Il eft icy premierement parlé de celles qui
fe font entre vifs : des teftamentaires, il en eft
parlé en l'article 277. & au titre des Teftumens :
Auffi entr'autres divifions des donations, il y en

a de fimples , d'autres mutuelles ; Il eft parlé premierement des fimples , & puis des mutuelles en
la plus grande partie de ce titre. En toute donation , pour la rendre parfaite , trois chofes font
requifes , la capacité du donnant , & du donataire , l'acceptation , l'infinuation. De l'infinuation,
il en eft traité en l'article 284. Quant à l'acceptation , l'Ordonnance du Roy François I. de l'an
1539. article 139. y a pourveu , par laquelle toutes donations faites en l'abfence des donataires ,
font de nul effet avant l'acceptation , qui fe doit
faire du vivant du donateur , par l'Ordonnance
du Roy Henry II. de l'an 1549. Il y a un Arreft
celebre prononcé par Monfieur le Prefident de
Harlay , le Mardy furveille de Noël 1598. par
lequel la donation même faite à l'Eglife , faute
d'avoir été acceptée & fulminée , fut declarée
nulle , & revocable par le donateur. Et le femblable a été jugé contre le mineur , auquel la donation faite n'ayant été acceptée, a été declarée de
nul effet & valeur , par un Arreft prononcé en
robes rouges , par le même fieur premier Préfi-
dent de Harlay , le Samedy 6. Septembre 1603.
rapporté tout au long par M. Bouguier , & eft le
premier du Recueil de fes Arrefts. Vray eft que le
tuteur peut accepter pour le mineur , par Arreft
du 27. Avril 1555. Mais fi c'eft un enfant qui ne
peut parler , c'eft affez que les Notaires faffent
l'acceptation pour luy, dont eft allegué l'Arreft de
Crozet par M. L. Charondas en ce lieu , & au
livre fixiéme de fes Réponfes : *Imo & nondum na-
to fieri poteft donatio* ; par contrat de mariage, Arreft dans M. Loüet lettre D. nombre 31. ledit Arreft eft du 3. Juin 1600. autre Arreft au Commentaire dudit fieur Loüet du neuviéme Mars 1609.
Quant à ce qui eft de l'infinuation , il en fera parlé cy-aprés en l'article 284. Pour la capacité , tant
du donnant que du donataire , il en eft parlé en

cet article : Et premierement du donnant, sçavoir de son âge, & de ce qu'il peut donner entre-vifs, l'âge de vingt-cinq ans pour donner entre vifs tout son bien, & de vingt ans avec la qualité de marié, ou le benefice & dispense d'âge, pour les meubles. La Coûtume d'Amiens permet aux derniers, la donation des acquests & conquests immeubles, suivant les Arrests donnez en icelle le 15. Janvier 1602. & le 14. Janvier 1603. Bref, en tient que toute personne capable de contracter est capable de donner : Mais les insensez, furieux, prodigues, interdits & mineurs, ne peuvent ny l'un ny l'autre. L'homme & la femme ne se peuvent donner, sinon par don mutuel, comme sera dit cy-aprés : Personnes infames ne sont capables de recevoir donation, comme concubines, adulteres, bastards, & adulterins, & fils de Prêtres, sinon jusqu'à l'usufruit des immeubles à la concurrence des alimens, par Arrest du 14. Aoust 1570. prononcé en robes rouges par M. le premier President de Harlay, sur un appel d'une Sentence du Bailly de Sens ou son Lieutenant, qui avoit confirmé la donation entre vifs faite par M. Denys le Comte à Marguerite sa fille, & aux enfans qui naîtroient d'elle en loyal mariage, laquelle Sentence fut infirmée & la donation cassée, à cause que ladite Marguerite avoit été mariée & dotée par son pere, & que *præter alimenta nihil ei donari potuerat, l. fin. Cod. de natur. lib.* Toutefois il y a Arrest prononcé en robes rouges pour une donation entre-vifs faite à un bâtard de tous les immeubles, n'ayant la donatrice enfans legitimes, rapporté au long par M. Robert, livre 2. chapitre 14. & par Montholon en ses Arrests, chapitre 23. & 14. Avril 1579 Pareillement les enfans des bâtards, par leur pere, ayeul naturel desdits enfans, selon lesdits Arrests. Quant à la donation de tous les biens, elle a esté confirmée par Arrest du 13. Fe-

des 1600. Mais si c'est en ligne directe, telle donation est revocable jusques à la legitime, par Arrest du 27. May 1558. Voyez M. Loüet lettre D..
nombre 45. T.

Donation, selon M. Th. Cormier, livre 17. du
Code Henry, titre 8. chapitre 1. proprement est
appellée, quand quelqu'un donne quelque chose
à un autre, qui l'a receuë à cette intention qu'elle soit sienne, & ne puisse jamais revenir & retourner au donateur, & qu'il fait ce don, non
pour autre cause que pour exercer sa liberalité,
& entend-on une chose se donner, qui est concedée & jouissance baillée, sans qu'on y fût tenu de
droit ; *Dat aliquis ea mente ut statim velit acci-*
pientis fieri, nec ullo casu ad se reverti, & propter
nullam aliam causam facit quàm ut liberalitatem
& munificentiam exerceat; hac propriè donatio ap-
pellatur, l. 1. ff. de donation. M. Cujas en ses Para-
... du Digeste, livre 39. titre 5. dit, *donatio pro-*
priè est alienatio rei qua liberalitatis causa fit hac-
mente, ut nulla casu recipiatur, qua vera est, abso-
luta directa donatio, selon les Basiliques, liv. 2. tit.
chap. 80. δωρεά ἐστι τὸ χωρὶς ἀναστάσης διδόμενον.
... ou le Caron, au quatriéme de ses Pandectes,
chap. 38. reg. 61. la donation est, quand quelque chose est concedée sans contrainte, parce que
la donation est proprement reputée celle qui procede de la liberalité, *ex l. 82. ff. de reg. jur.* Or la
donation est, ou entre-vifs ou à cause de mort :
la premiere est la vraye & absoluë, par laquelle
le donateur donne à telle intention, que la chose
appartienne incontinent au donataire, & qu'il ne la
puisse aucunement revoquer, *dicta l. 1. ff. de donat.*
le Caron en ses Memorables, & au 2. des Pan-
dect. chap. 21. Par l'article 272. qui a vingt-cinq
ans accomplis, & sain d'entendement, peut donner tous ses biens entre-vifs à personne capable : les
donations entre-vifs jadis ont été si favorisées eu...

France, que les donateurs promettoient & s'o-
bligeoient de les garantir, selon les us & coustumes de France, c'est à dire, de Paris, comme il
paroist par la confirmation & autorisation d'un
don de la grande & petite dixme du fief de Bezons
ou Roissy, & autres choses, à la Chapelle du lieu,
par Bouchard VI. Seigneur de Montmorency,
l'an 1241. *bona fide promittentes, quod dictam donationem seu eleemosynam garantizabo eidem Cap-
pellania secundum usus & consuetudines Francia
contra omnes.* Les lettres de cette confirmation
sont en l'Histoire de Montmorency, livre 3. chapitre 2. d'où possible est venu ce commun dire, *Il
n'est si bel acquest que de don:* Et cet autre, *Il vaut
mieux un tien, que deux tu l'auras;* d'autant que
chacun peut disposer de son bien à son plaisir, par
donation entre-vifs, suivant l'opinion de tous nos
Docteurs François, comme rapporte M. A. Loy-
sel en ses Institutes coustumieres, livre 3. titre 4.
nomb. 1. 7. & 8. I.

Par Arrest du 26. Janvier 1613. au rapport de
M. Faye, sur procez par écrit, jugé que la donation de tous biens, s'entend seulement de ceux
qui sont presens, & non des biens à venir, & qui
sont acquis ou écheus par succession depuis la donation, *Quia non potest videri donatum, id quod
non est dantis, l. absente 10, ff. de donationibus, l.
quisquis. 28. Cod de donationibus.* M.C. du Molin
en sa Note sur l'article 211. de la Coustume de
Bourbonnois, en ces termes; *De præsentibus tantum intelligitur, ut patet per præced. add. Guid. de-
cis. Delph.* 105. Et en sa Note sur l'article 12. du
titre des Donations de la Coustume de Nivernois,
en ces termes; *Si est donatio universalis, vel quo-
ta successionis, non impedit quin titulo particulari,
donator disponere possit inter vivos, vel testamento,
sine fraude, aliàs quam per institutionem,* resout
& decide cette question; Sçavoir si une donation

de tous biens presens & à venir, avec retention d'usufruit, faite en faveur de mariage ou autrement, la Coustume qui ne prohibe telle donation, empêche que le donateur ne puisse disposer de quelque chose de ce qu'il a donné : dont la raison est que les donations de biens presens & à venir, ont trait à mort, de sorte qu'elles n'empêchent les dispositions particulieres du donateur, *quia id donatum videtur, quod erit tempore mortis, l. quidam cum filium* 1. 131. *ff. de verb. oblig. l. pater filium* 38. §. *fundum, ff. de legat.* L.

Voyez Monsieur Hillerin en ses Discours & actions mélangées, liv. 5. chap. 5.

Jugé par Arrest du 5. May 1602. en l'Audience sur un appel du Prevost de Paris, entre Gabriel de Hatelles & Jean Boiscourjon, qu'un legataire universel des meubles & acquests, & du quint des propres ne peut être legataire par benefice d'inventaire, dont la raison est que le legataire universel n'est tenu des dettes passives du defunt, que jusques à la concurrence & valeur du legs à luy fait, sans que ses autres biens y soient obligez. Jugé par Arrest du 14. May 1562. appellé l'Arrest des Boulacs, aprés information faite par turbes au Chastelet, que les legataires ou donataires de quotité de biens contribueront au payement des dettes mobiliaires ou immobiliaires & réelles du defunt, à raison des choses à eux leguées & données, eu égard à l'estimation de tous les biens, tant meubles, qu'immeubles, acquests & conquests, & selon l'émolument que les legataires en ont, & jusques à la concurrence d'iceux. Depuis la nouvelle Coûtume a été donné Arrest semblable en l'Audience du 24. de Mars 1629. plaidans M. Th. Cornoüaille, & M. Pierre Mauguin entre l'heritier & legataire de Monsieur Gillot Conseiller en la Cour. *I.*

ARTICLE CCLXXIII.

C'étoit le 160. article.

Né donner & retenir.

Donner & retenir [1] ne vaut. [2] *Voyez l'article suivant.*

1 Cela est contre les fraudes, partant n'a lieu en traité de mariage, ny où il appert de recompense deuë. C. M.

2 Cet article est expliqué par les deux subsequens, d'autant que *donari non potest nisi quod fiat accipientis :* Aussi le donataire a son action contre le donateur, afin qu'il soit mis en la possession de la chose donnée, suivant la disposition de Justinien, *l. si quis argentum. §. sed & si quis. C. de donat. Nam traditionibus, & non nudis pactis dominia rerum transferuntur, l. trad. Cod. de pact.* Pour cette cause une donation fut declarée nulle, & que c'étoit donner & retenir quand le donateur retenoit l'original de la donation pardevers luy, par Arrest de la grande Chambre du 20. Janvier 1597. Neanmoins il a été jugé que la donation des meubles qui se trouveroient au temps du decez, étoit bonne & valable, par Arrest donné au profit de Jean de Luines le 2. Janvier 1586. Ledit Arrest se peut lire tout au long dans les Arrests de Montholon chapitre 40. & encore en semblable donation faite par la Dame de Pizieux, le Parlement seant à Tours en l'année 1591. & un autre au rapport de M. du Vair en la cinquiéme des Enquestes le 14. Juillet 1587. rapportez par M. Loüet lettre D. nomb. 10. Mais on distingue en ce cas, entre la donation *certa rei mobilis,* & celle, *qua est universalis, veluti juris successorii nondum*

tondum delati : priore casu, la chose donnée & re-
tennë, rend la donation nulle : au dernier cas,
la donation est bonne. *T.*

Par cet article & les deux suivans, donner &
retenir ne vaut, d'autant que, selon le Caron,
celuy qui a donné, s'il se reserve la jouissance de
la chose donnée, ou en demeure en possession jufques à son decez, est reputé se repentir de la donation, & la revoquer, ou n'avoir fait icelle que
par simulation, comme si du commencement autre eust été son intention, *l. sicut. §. supervacuum.
ff. quib. mod. pignus, vel hypoth.* & ces deux articles sont conformes au 44. des anciennes Coûtumes de Champagne de l'an 1290. en ces termes : *Comment donners & retenirs ne vaut, encore
selen en Champagne; que se uns homs, ou une femme donnent à un autre maisons, ou autres heritages,
& ils s'en devestent par justice, & len revestent par
justice, & en facient lettres, là où il soit contenu quil
li quittent, & li donnent, quauques ils y ont, & tou-
tevoies li deveveres retien, & en demeure saisis sans
ce qu'il en paye loyer ne nulle redevance à celi à qui
aura fait le don, li don ne vaudra riens contre loir
dou mort, parce que par droit commun & par coûtume de Champagne, donners & tetenirs ne vaut
riens: ce fu jugié à Chastelvillain, pour les hoirs
Monseigneur Garnier de Creancey, contre le majeur
de Creancey, à qui li dis Messires Garniers avoit
donné une maison à Chastelvillain. & en fu mors li
dit Messires Garniers saisis, une soye suers lemporta
contre ledit majeur ; jugié l'an 1209.* M. C. du Molin, tient que cette maxime n'a point lieu au traité
de mariage, d'autant que cela n'est étably que contre les fraudes, ny où il appert de recompense deuë.
Et de plus, une donation faite par contrat de mariage, des meubles que la donatrice aura lors de
son decez, quoy qu'il n'y eust clause de precaire
ny inventaire fait, est valable, suivant l'Arrest

du 14. de Juillet 1587. rapporté par M. Loüet en la lettre D. nombre 10. aussi n'est-ce donner & retenir, quand on retient à soy l'usufruit à vie, ou à temps, par l'article 275. Sur lesquelles considerations est intervenu un Arrest le troisiéme Decembre 1643. par lequel deux donations faites entre vifs par contrat de mariage, de la somme de trois mille livres, chacune payable aprés la mort de la donatrice, au profit de M. Henry Fremin Avocat, & Damoiselle Madelaine Menjot sa femme, & Maître René Gastier, Procureur en la Cour, & Geneviéve Menjot sa femme, ont esté confirmées ; & ainsi jugé en interpretation de deux sommes de deniers données entre-vifs, en faveur de mariage, par personne étrangere, aux enfans de son Procureur, depuis quinze ans payables aprés le decez de la donatrice, sans retention expresse d'usufruit & sans clause de constitut, ou precaire, sont bonnes & valables, & ne tombent point dans la nullité dudit article 273. sans prejudice toutefois de la legitime, qui peut appartenir à la fille de la donatrice. I.

Par Arrest donné en l'Audience de la Grand' Chambre le 3. Decembre 1643. entre Elizabeth Morel, & René Gastier, a été jugé, qu'une somme de deniers donnée entre-vifs en faveur de mariage par personne étrangere, payable aprés le decéz du donnant, sans retention expresse d'usufruit, & sans clause de constitut & precaire, est bonne & valable, & ne tombe pas dans la nullité de cet article 273. L.

ARTICLE CCLXXIV.

Comment s'entend donner & retenir.

C'est donner & retenir quand le donateur s'est reservé la jouissance de disposer librement de la chose par luy donnée, ou qu'il demeure en possession jusqu'au jour de son decez. Voyez l'article suivant, & les ... vers la fin.

¶ Cela est fondé sur la regle de Droit 167. ff. de reg. jur. *Non videntur data quæ eo tempore quo dantur accipientis non fiunt.* Neanmoins de cet article on excepte les donations des meubles, dont se trouvera saisi le donateur à l'heure de son decez, selon la distinction, & les Arrests cy-dessus cottez. T.

M. C. du Molin en son Conseil 60. dit & resout que c'est aussi donner & retenir, si le donateur a retenu la minute de la donation padevers luy, encore que la donation ait été insinuée, ses termes sont; *quod intelligendum est dummodo actus fiat serio, & relinquatur instrumentum penes Notarios publicos, vel penes amicum donatarii, extra potestatem donantis: Secus, si donator omnes schedas, etiam protecolla penes se retrahat in sua potestate: quia tunc apparet quod donatio non conclusa est, sed vult donator eam pendere à sua potestate, quod est captans, & sic donatio non valet, etiam in terminis juris; nec opinio communis procederet, ut de facto consului & obtinui, de patre cui filio absente, Notariis stipulantibus, dedit quinquaginta jugera retento usufructu; sed matricem à Notariis acceptam penes se servavit, non valet donatio, etiamsi donatarius nolit esse heres: quia hujusmodi donatio clandestinitate affectata est, & multo magis stante Consuetudine, quod donare & retinere non valeat, ut dicit in consuetud. Paris.* §. 160. A ce conforme la loy 1. C. *de donationibus*, qui dit, que la ...rance de l'instrument de la donation fait conoitre que la donation & tradition sont faites, *in... donatis & traditis, & ipsorum manu... donationem & traditionem factam:* L

ARTICLE CCLXXV.

Au lieu du 161. article.

*S'il y a retention d'usufruit, constitut ou
precaire, ce n'est retenir.*

Ce n'est donner & retenir quand l'on
donne la proprieté d'aucun heritage [1] retenu à soy l'usufruit à vie ou à temps : *ou
quand il y a clause de constitut ou precaire,*
Et vaut telle donation. *Voyez l'article p rece-
dent, & le 115. en la fin.*

[1] Celuy qui retient l'usufruit en la donation
qu'il fait, n'est plus possesseur, & par ce moyen il
ne retient pas ce qu'il donne, par la disposition de
la loy *Quisquis C. de don. usumfructum retinere
idem est quod tradere.* Autant en est de celuy qui
possede à titre de precaire ou de constitut : *Nam
semper is possidere intelligitur, cujus nomine possi-
detur, cap. cùm venissent, apud Gregor. de restit.
spoliat.* T.

ARTICLE CCLXXVI.

Si les mineurs, & autres en puissance d'autruy, peuvent donner ou tester, & à qui.

*Les mineurs & autres personnes étans en
puissance d'autruy, ne peuvent donner ou tester
directemene ou indirectement, au profit de leurs
tuteurs, curateurs, pedagogues, ou autres ad-
ministrateurs, ou aux enfans desdits administra-*

teurs, pendant le temps de leur administration, & jusques à ce qu'ils ayent rendu compte : Peuvent toutefois disposer au profit de leurs pere, mere, ayeul, ou ayeule, ou autres ascendans, encore qu'ils soient de la qualité susdite ; Pourvû que lors du testament & decez du testateur, lesdits pere, mere, ou autres ascendans ne soient remariez. Voyez les articles 268. en la fin, 272. 293. & 294.

1 Cet article contient un denombrement de certaines personnes qui sont incapables de donation, pour servir d'interpretation à l'article 172. & pour connoistre à quelles personnes les mineurs peuvent donner, generalement ceux qui sont sous la puissance d'autruy ; ne peuvent faire donation à ceux qui leur demandent, sinon aux exceptez : les prohibez sont tuteurs, curateurs, pedagogues, ou autres ayant l'administration des mineurs, sous lesquels sont compris les Monasteres, durant le temps de leur administration. Les exceptez sont les mêmes personnes aprés leur administration finie, les pere, mere, ayeul, ayeule, ou autres ascendans, en tout cas, hormis qu'ils ne soient remariez au temps du decez du testateur ou donateur. Ce qui est tiré de l'Ordonnance de 1539. article 131. & de la Declaration sur icelle de Henry II. l'an 1549. Il y a une infinité d'Arrests, qui ont été donnez en consequence de cette Ordonnance, & l'ont étenduë à plusieurs autres cas semblables, comme aux Monasteres, où les Novices sont instruits, comme sous pedagogues. M. Servin en rapporte plusieurs Arrests en ses Plaidoyers, & entr'autres un du 20. Fevrier 1603. & un autre du 7. Septembre 1612. contre un testament fait par un Religieux Chartreux, en faveur de la

Chartreuſe de Lyon, qui neanmoins eſtoit Novice en la grande Chartreuſe de Grenoble. Davantage, l'extenſion a été faite aux enfans des tuteurs, curateurs, ou autres adminiſtrateurs, par Arreſt du 25. Septembre 1588. *quod enim filio datur, patri donari videtur.* M. L. Charondas rapporte une autre extenſion à la perſonne d'un maiſtre par un ſerviteur domeſtique, pour un nommé Chabot, par Arreſt du 23. Juin 1560. Quant au legs ou donation faite au Curé ou Vicaire recevant le teſtament d'un malade, auquel il a ſouſcrit, elle ne peut ſubſiſter par l'Ordonnance d'Orleans 1560. article 27. Joint auſſi ce qui cy-aprés ſera dit au titre des Teſtamens, article 1. *T.*

Cet article a été compoſé de l'Ordonnance de l'an 1539. article 131. qui porte auſſi *gardiens, bailliſtrcs,* & l'Edit d'ampliation de la même Ordonnance de Henry II. de l'an 1540. *perſonnes interpoſées.* L'Ordonnance de Blois article 28. porte, ceux ou celles qui ſont entrez ou entrent en Religion, ne peuvent diſpoſer de leurs biens & ſucceſſions directement, ou indirectement, au profit d'aucun Monaſtere. L'Arreſt du 7. Septembre 1612. cy-deſſus allegué, a été donné ſur un procez meu au pays de Droit écrit, prononcé en robes rouges par Monſieur le premier Preſident de Verdun ledit jour 7. de Septembre. *L.*

Par Arreſt donné en l'Audience de la grande Chambre le 22. Fevrier 1617. entre Pierre Gamart Apothiquaire, appellant, & Jacques Aubin, intimé, une donation faite pendant la maladie au fils dudit Gamart, par le teſtateur ſon filleul, a été declarée nulle. Ce qui eſt conforme à la loy *Archiatri. Cod. de Profeſſor. & Medicis;* à la loy *Medicus. ff. de variis & extraordin. cognitionibus,* qui portent, que les malades pendant le temps de leurs maladies, ne peuvent donner à leurs Medecins ny à leurs Apothiquaires, ny à leurs enfans, ou

autres tenus heritiers presomptifs. Il en est de même des donations faites aux Juges, Avocats & Procureurs par ceux qui ont des procez pardevant
eux : Mais aprés les procez jugez, les donations
sont valables. La glose de la loy 6. *Cod. de postu-
lando.* en rend cette raison, *quia omnia daret,
propter timorem litis, sicut infirmus propter timorem mortis medico.* Pline livre 5. de ses Epîtres, dit,
que l'Empereur Trajan permit aux parties, les
procez étant jugez, de donner aux Avocats, des
sommes beaucoup plus grandes que celles qui
étoient portées par la loy *Cincia. peractis negotiis
permisit pecuniam dumtaxat millium dare Advo-
catis.* Les donations faites à pere, mere, ayeul
ou ayeule, ou autres ascendans, sont exceptées
de cet article 276. & de l'Ordonnance de 1539. parce qu'en leur personne la suspicion de la suggestion
ou crainte cesse, par l'argument *l. ult. ff. qui petant
tutor.* Comme aussi parce qu'en termes de Droit,
les loix penales ne peuvent comprendre ny s'étendre aux personnes des pere & mere, & autres ascendans, à l'endroit de leurs enfans. *Tanquam mater,
non tamquam tutrix judicium defuncti promeruit,*
dit Papinian en la loy *tutor. ff. de administ. tutorum.* L.

Nouvelle Addition.

☞ Par Arrest d'Audience de la grand'Chambre du 27. Janvier 1684. qui est rapporté en la
dixiéme Partie du Journal du Palais, il a été jugé, qu'un Apothiquaire, nommé executeur &
depositaire secret de la volonté du testateur, ayant
declaré que son intention étoit de donner tout son
bien aux pauvres de l'Hôtel-Dieu, la disposition
est valable.

Il y a un autre Arrest du 12. Avril 1685. au
4. tome du Journal des Audiences livre 8. chap.
36. qui juge, que les Avocats, ou leurs enfans, ne

font point incapables de recevoir des donations de
leurs cliens.

Dans le Recueil de M. Bardet tome 1. liv. 1.
chap. 116. on trouve un Arreſt du 5. Juillet 1623.
qui confirme en la Couſtume de Bourgogne la donation faite par une fille au profit de ſon pere tuteur, quoiqu'il fuſt remarié ; & il y a une diſſer-
tation pour étendre cette deciſion au païs de Droit
écrit, & dans toutes les Coûtumes qui n'ont point
ajoûté l'exception de celle de Paris. *

ARTICLE CCLXXVII.

Donations comment reputées à cauſe de mort, & teſtamentaires.

*Toutes donations, encore qu'elles ſoient con-
ceuës entre-vifs, faites par perſonnes giſſans
au lit malades, 1 de maladie dont ils decedent,
ſont reputées faites à cauſe de mort, & teſta-
mentaires, & non entre-vifs.* Voyez les articles 272. 280. & 292.

1 Celuy qui étant malade fait une donation ſimple ſans exception de mort, & decede de ladite
maladie, eſt cenſé faire une donation à cauſe de
mort, comme ſe ſentant proche d'icelle, jugé par
Arreſt du ſeptiéme Septembre 1557. pour les heritiers de M. Chambon, Conſeiller en la Cour,
contre l'opinion de Papinian, *l. Scia §. 1. ff. de
mort. cauſa donat.* où il dit, *Eum qui abſolutè do-
naret, non tam mortis cauſa, quam morientem donare.* La Couſtume en decide autrement, voire même encore que telle donation faite par un malade,
fuſt conceuë entre-vifs, à cauſe qu'il faut pluſtoſt
regarder l'intention du donateur, que les termes de
la donation. *Idem* ſi telle donation eſt declarée ir-

revocable par le malade ; pource que *affectus illius pendet à morte donantis*. Arrest dans Monsieur Loüet 1574. au mois de May, lettre M. nombre II. un autre du 17. Juillet 1606. Autre chose est de celuy qui donne entre-vifs étant en pleine santé, encore que quelque temps aprés il decede, ou par accident ou par maladie, comme en celuy, qui auroit donné avant que de se faire tailler, ou s'il meurt à la taille, telle donation conceuë entre-vifs est bonne, & n'est à cause de mort, jugé pour la succession d'un nommé le Gras, du 26. Juin 1597. dont le plaidoyé & l'Arrest est dans Monsieur Servin. Bref, pour oster plusieurs questions qui se forment sur cet article, ces mots, *par personnes malades de la maladie dont ils decedent*, montrent assez qu'il faut icy entendre la mort naturelle, & non la civile, comme le bannissement & le vœu de Religion, jugé pour la donation faite par sœur Marguerite de Here, Religieuse de l'*Ave Maria*, par Arrest du 26. Janvier 1602. Il y a quelques Coûtumes qui confirment ces donations entre-vifs, faites par un malade, pourveu qu'il y ait intervalle de trente ou quarante jours depuis la donation jusques à la mort. Ainsi qu'il est porté par les Coûtumes de Blois, article 171. Sens article 108. & Auxerre article 218. où il est limité, si le donateur malade lors de la donation conceuë entre vifs, decedé dans quarante jours : Et en celle d'Auxerre il est dit, que telle donation peut est revoquée dans les quarante jours, & non aprés. *T.*

Par Arrest solemnel de la prononciation de la Pentecoste du 14. Juin 1568. en la succession de Thioust Avocat en la Cour, jugé que la donation entre-vifs par luy faite, malade de la maladie dont il deceda, n'avoit effet que d'une donation testamentaire à cause de mort. Et de cet Arrest a été tiré & composé cet article de la nouvelle Coûtume : Tellement que n'y est observée la loy *Ubi in donatur* 27. *D de mortis causa donationibus & captionibus.* Des donations à cause de mort, il y a une Note fort remarquable de M. Charles du Molin sur l'article 170. de la Coustume de Blois, faisant distinction entre les maladies, de celles *de quibus timetur mors præsens vel vicina,* d'avec celles qui sont *temporanea. & non dant locum redhibitioni,* ce qui est conforme à ce qui est dit en la loy 1. §. *sed sciendum.* 7. §. *proinde* 8. en la loy *ob quæ* 4. & en la loy derniere §. 1. *ff. de Ædilitio edicto ;* Et a été ainsi jugé en cette Coustume par Arrest du 3. d'Aoust 1615. les parties Jean Joullet, Anne Joullet, & Catherine Joullet. *L.*

ARTICLE CCLXXVIII.

C'estoit le 159. article.

Quelles choses sont reputées en avancement d'hoirie.

Meubles ou immeubles donnez par pere ou mere à leurs enfans [1], sont reputez donnez en avancement d'hoirie. *Voyez l'article 246. en la fin, & les 304. & 308.*

1 Il faut entendre icy des meubles qui servent pour ameublir un ménage particulier : tellement que ne sont sous ce mot compris les habillemens & petits meubles qui se donnent par devoir d'amitié aux enfans par les pere & mere pour les entretenir, & ne sont donnez en avancement d'hoirie, ny sujets à rapport, non plus que les livres & dépenses faites par le pere pour entretenir son enfant aux études, *l. qua pater.* 50. *ff. famil. ercisc. & auth.* 18 §. *illud. de trient. & semist.* contre l'opinion de Bartole, & de Balde. Voyez Papon li-

...de rapport entre heritiers, Arrest
... les devoirs de pere & mere viennent d'o-
bligation, non de donation, *quia sunt alimenta-*
ria, l. si quis à liberis. ff. de lib. adg. l. lega-
tis neralinarat legat. On peut icy rapporter la
somme de Melun, qui y est expresse, par le 278.
où les enfans ne rapportent les deniers à eux
donnez par leur pere ou mere pour les entretenir
és escoles & aux armes; sinon que le donateur
protesté par écrit fait entre-vifs, signé de son
nom & hors testament, ou par Notaire, qu'il
leur doit donner lesdits deniers. T.

La raison de cet article est en ces termes en la
loy 2. quo 56. *ß. 5. ff. ad legem Falcidiam, quia*
pius videtur heredi futuro providere, de même
en ceux-cy de la loy unique. *Cod. de imponenda*
lucrativa descriptione; in tam enim necessariis sibi-
conjunctis personis, sub liberalitatis appella-
debitum naturale persolvitur. Si la donation
est faite par d'autres que par pere ou mere, à l'un
des conjoints, pendant le mariage, elle entre en
communauté, s'il n'est dit qu'elle sera propre au
donataire, suivant l'article 93. L.

ARTICLE CCLXXIX.

Disposition, & succession de femme qui
se remarie ayant enfans.

Femme convolant en secondes ou autres nop-
ces ayant enfans, ne peut avantager son se-
cond autre subsequent mary, de ses pro-
pres ou conquests, plus que l'un de ses enfans;
& quant aux conquests faits avec ses pre-
miers marix, n'en peut disposer aucunement
au prejudice des portions dont les enfans desdits

premiers mariages pourroient amender de leur mere. Et neanmoins succedent les enfans des subsequens mariages ausdits conquests, avec les enfans des mariages precedens, également venant à la succession de leur mere. Comme aussi les enfans des precedens lits succedent pour leurs parts & portions aux conquests faits pendant & constant les subsequens mariages : Toutefois si ledit mariage est dissolu, ou que les enfans du precedent mariage decedent, elle en peut disposer comme de sa chose. Voyez l'article suivant.

1 Cet article est tiré du Droit & de l'Ordonnance : c'est la loy *Hac edictali, Cod. de secund. nupt.* & l'Ordonnance du Roy François I I. en Juillet 1560. & s'appelle vulgairement l'Edit des secondes nôces ; & encore qu'il ne parle que de la femme, toutéfois le mary y doit être compris, suivant les Arrests sur ce intervenus, le dernier est de la prononciation de la Pentecoste du 23. May 1686. Et cet article, ou plutost l'Edit des secondes nôces, s'étend aux autres Coustumes qui n'en disposent point : Jugé és Coustumes de Poitiers, Peronne, Roye, & Mondidier, par Arrest du 16. Decembre 3578. & pour Poitiers en la même année, qui est l'Arrest des Chabots. Il n'est point icy parlé des meubles, mais il faut les referer à l'Edit qui en dispose, & regle telles donations aussi-bien pour les meubles que pour les immeubles, acquests & conquests. On excepte quand la mere a succedé aux meubles de l'un de ses enfans, car ils luy appartiennent de son chef par le benefice de la Coutume, & en peut disposer comme de chose sienne,

[...] du 7. Septembre 1605. Cet ar[...]
[...]que l'Ordonnance, se restraint à la per-
[...] mary, & ne s'étend aux enfans com-
[...] ausquels la mere peut faire des avantages
[...] son second ou autre mary, dont il y a
[...] dans M. Loüet lettre N. nombre 1. 2.
[...] autres celuy des Jabins d'Orleans, du
[...] Fevrier 1595. Et pareillement est à re-
[...]er que le nombre des enfans se considere du
[...] decez de la femme, & non d'auparavant,
[...] prononcé en la prononciation de Sep-
[...] 1584. par M. le premier President de Har-
[...]oyez ledit Loüet, avec le Commentaire.
[...] il y a un Arrest subsequent, de l'an
[...] prononcé en la prononciation de Noel par
[...] premier President de Harlay, (qui est le
[...] Montholon) par lequel la donation fai-
[...] la mere convolante en secondes nopces,
[...]ans qui viendroient d'elle & de son second
[...] tous les acquests & conquests qu'ils fe-
[...]rant leur mariage, encore qu'elle eût des
[...] de son premier lit, fut declarée nulle : &
[...] contrat de mariage on ne peut donner aux
[...] qui viendront du second lit, plus qu'on ne
[...] donner à la seconde femme ou au second
[...] T.

[...] plusieurs Arrests, entr'autres du mois de
[...] du 16. May 1578. & à la prononcia-
[...] la Pentecôte du 23. May 1586. a été jugé
[...] disposition de l'Edit des secondes nopces
[...] & de la loy *Hac edictali Cod. de secundis*
[...] a été pris cet article) a lieu tant pour le
[...] mary, que pour le regard de la femme:
[...] Charondas sur cet article a écrit qu'il a
[...] d'autres Arrests en ses Réponses par
[...] le douaire constitué par le mary à sa se-
[...] au préjudice de ses enfans du pre-
[...] mariage, a été restraint à la raison dudit

Edit. Jugé par Arreſt pour un nommé de Lorme du 15. Juillet 1564. que les enfans du premier lit étoient recevables à agir contre le tiers poſſeſſeur, acheteur des heritages que leur mere avoit vendus pour avantager ſon ſecond mary, afin de leur delaiſſer telle part & portion des heritages vendus, que leur mere leur devoit reſerver par l'Edit des ſecondes nopces. Ainſi la prohibition de donner s'étend à la vendition que feroit la femme de ſes immeubles pour enrichir ſon ſecond mary, ſuivant la loy *Si ſponſus, 5. §. circa 5. D. de donat. inter vir. & uxorem.* L.

Jugé en interpretant l'Edit des ſecondes nopces par Arreſt du 18. de Juin 1604. au rapport de Monſieur Hillerin, en la cinquiéme Chambre des Enquêtes, contre Jean & Macé Bouchard, aprés en avoir parlé à toutes les Chambres, que la part du ſecond mary ou ſeconde femme, ſe doit reduire au nombre des enfans, tant du premier que du ſecond lit, vivans lors du decez du donateur, & que l'Edit interpretatif de la loy *Hac edictali*, ſe doit entendre non-ſeulement des enfans nez, mais de ceux qui ſont à naiſtre. L.

Nouvelle Addition.

☞ Une veuve paſſant en ſecondes nopces, fait don à ſon mary entre-vifs & irrevocable par leur contrat de mariage, de pareille part & portion dans tous les biens qu'elle auroit au jour de ſon decez, & que pourroit pretendre un des enfans de ſon premier lit, pour joüir par le donataire de cette part & portion en pleine proprieté, & en diſpoſer à ſa volonté. Arreſt en la XI. Part. du Journ. du Pal. du 13. Avril 1688. qui juge que la donation eſt caduque par le predecés du mary donataire ſans enfans, contre ſes heritiers collateraux; & le même Arreſt decide que la Tranſa-

...tion passée entre le mary & les enfans du premier mariage de sa femme, pour regler les frais des procez qu'ils luy avoient faits à une somme de trois mille livres, à prendre aprés le decez de leur mere sur sa succession, est valable, & que ce n'est point un avantage indirect, qui soit prohibé par l'Edit des secondes nopces. *

ARTICLE CCLXXX.

C'étoit le 155. article.

Donation mutuelle entre mariez, & comment, & dequoy.

Homme & femme conjoints par mariage, estans en santé, peuvent & leur loist faire donation [1] mutuelle l'un à l'autre également, de tous [2] leurs biens meubles & conquests immeubles faits durant & constant leur mariage, & qui sont trouvez à eux appartenir & estre communs entr'eux à l'heure du trépas du premier mourant desdits conjoints : Pour en joüir par le survivant d'iceux conjoints sa vie durant seulement, en baillant par luy caution [3] suffisante de restituer lesdits biens aprés son trépas : Pourveu qu'il n'y ait enfans [4] *soit des deux conjoints, ou de l'un d'eux, lors du decez du premier mourant.* Voyez l'article 220. & 238. sur la fin, 257. au milieu 263. en la fin, 284. au commencement, & 285.

1. Cinq choses requises au don mutuel entre

mariez. 1. Qu'il soit fait en santé. 2. De tous les meubles & conquests immeubles faits pendant le mariage. 3. Il n'est que viager , & par usufruit durant la vie du survivant. 4. Il requiert bonne & suffisante caution. 5. Qu'il n'y ait point d'enfans , ou des deux , ou de l'un d'eux. Si l'un des mariez étoit malade, faisant don mutuel, il seroit nul, à cause de l'article precedent 277. qui tient telles donations faites par personnes malades, à cause de mort : de façon que ce seroit faire avantage à l'un des conjoints pendant le mariage , par disposition testamentaire contre l'article 282. qui defend tout don & avantage , autre que par don mutuel , attendu que les donations à cause de mort sont semblables aux legs , & ainsi a été jugé , que si l'un des conjoints a fait don mutuel étant malade de la maladie dont il seroit decedé , tel don est nul, par Arrests du 10. Fevrier 1582. & 15. Mars 1586. Pour le regard de ce qui entre au don mutuel , il est des meubles & conquests immeubles faits pendant le mariage , pour en exclure les acquests faits auparavant le mariage & les propres. En cette sorte , l'égalité est gardée , parce que la donation est de biens semblables , sans reserve de clause avantageuse ny pour l'un ny pour l'autre : Car tel reserve feroit le don nul par Arrest du troisiéme Decembre 1574. Si les acquests precedens le mariage entroient au don mutuel , il pourroit y avoir de l'inégalité , laquelle ne peut être en ce qui est également proportionné par la communauté , & vient d'un soin & ménage égal entre les conjoints. Quant à la joüissance du don mutuel , elle ne va qu'à l'usufruit , & pour cette raison il faut bailler caution par le survivant , comme par l'usufruitier. Bref , pour les enfans il a été jugé , que s'il y en a de nais lors de la donation , elle est nulle , par Arrest entre Carrat & Amiraut , du 2. Juin 1547. & s'ils naissent aprés ladite donation ,

nation ,

nation, elle est revoquée, par Arrests des 16
Juin 1585. & 8. May 1586. Mais l'exception est à
la fin de l'article, *S'il n'y a point d'enfans lors du
decez* ; Tellement que s'ils sont decedez aprés le
don du vivant des donataires, il reprend sa force,
à cause que lors du decez il n'y avoit point d'enfans, par Arrest du 18. May 1584. au 7. des Réponses de M. L. Charondas. *T*.

Par cet art. 280. l'homme & la femme mariez,
en santé, & n'ayans enfans, se peuvent faire donation mutuelle & égale de leurs meubles & conquests immeubles, pour en joüir par le survivant
durant sa vie, en baillant caution suffisante de les
restituer aprés son trépas. La donation mutuelle
entre les mariez est fort ancienne, car elle avoit
lieu sous la premiere race de nos Rois, ainsi qu'il
paroît aux Formules du docte Moyne Marculphe, chap. 12. du livre 1. où M. Bignon a allegué
le present article 280. Un vieil Praticien l'appelle,
le soulas des mariez privez d'enfans, car il est raisonnable qu'ils joüissent durant leur vie, des biens
qu'ils ont amassez par commun travail & industrie,
comme le Caron a remarqué. Les termes de Marculphe meritent d'être rapportez ; *Si Dominus om-
nipotens Creator cœli & terra permisit in principio
masculam & fœminam copula sociari consortio, di-
cens, Relinquet homo patrem & matrem, & adhe-
rebit uxori sua, & erunt duo in carne una : si aliquid pro amore dilectionis inter se invicem donare
decreverint, hoc nostra serenitas in idipsis non re-
nuit confirmare. Igitur venientes ille & illa palatio
nostro pro eo quod filiorum procreationem inter se mi-
nimè habere videntur, omnes res eorum inter se per
manum nostram visi sunt condonasse. Dedit igitur
praedictus vir ille per manum nostram jam dicta
conjugi sua illi villas nuncupatas, &c. & qui pari
to ex ipsis in hoc saeculum superstes extiterit, am-
bobus redibus quandiu advixerit usufructuario ordine debet possidere, &c. L.*　　　Ⅾ

2 Et au deſſous , pourveu qu'il ſoit égal *C. M.*

3 Qui ne ſe peut remettre , & ne ſuffiroit la caution juratoire. *C. M.*

4 Sinon du conſentement de tous leſdits enfans, comme il a été jugé par Arreſt ; il s'entend qu'ils fuſſent majeurs ; ou qu'il apparût être leur profit, comme au cas touché en mon Commentaire. Et d'ailleurs , ſi les enfans prémeurent , tel don eſt bon , autrement jamais ne peut convaloir , & cette clauſe, *pour le temps à venir* , en l'ancienne Coûtume , a été ajoûtée pour la donation faite depuis la redaction. *C. M.*

Sur cet article M.C. du Molin a fait quatre Notes, qui ſe trouvent és anciennes Editions ; & en cette Edition il n'y en a que trois ; parce qu'avec la troiſiéme eſt miſe la quatriéme , en y ôtant, changeant & ajoutant quelques mots. Ces quatre notes ſont és anciennes impreſſions , ainſi qu'il enſuit. L'une , ſur ces mots , *pourveu qu'il n'y ait enfans ;* Sinon du conſentement de tous leſdits enfans , &c. comme cy-devant juſqu'à ce mot Commentaire. *C. M.* L'autre , ſur ces mots, *pour le temps à venir ;* car ſi les enfans prémeurent , tel don eſt bon , autrement jamais ne peut convaloir , combien que cette clauſe nouvelle ait été ajoutée pour la donation faite depuis ladite redaction. *L.*

Eſt auſſi remarquable la Note du même M.C. du Molin ſur l'article 222. de l'ancienne Coûtume d'Orleans , qui diſpoſe de la donation mutuelle entre le mary & la femme, ainſi que cet article ; icelle Note conceuë en ces termes deciſifs de cette queſtion , ſçavoir , ſi les conjoints par mariage, n'ayans qu'un ſeul enfant moribond, auquel ſe trouvoit peu d'eſperance de vie ; en cette incertitude , s'étant fait donation mutuelle l'un à l'autre de leurs meubles & acqueſts , & depuis l'enfant étant decedé ſans enfans ; la donation eſt valable, *Quid ſe habebant filium moribundum, & faciunt donatio-*

nem mutuam in casum quo ille præmoriatur sine li-
beris prout contigit ; an valeat donatio ? Resp. quod
sic , quia concurrit jus commune , & mens consue-
tudinis. L.

Par Arrest solemnel, le Roy Henry II. tenant
son lit de Justice au Parlement, le 4. Juin 1549. a
été jugé que ces mots, *premier mourant , ou en cas*
de prédecez , portez par contrat ou autre acte ou
convention, principalement entre personnes con-
jointes par mariage , se doivent entendre de la
mort naturelle , & non de la mort civile. Et la
raison est , que *casum adversamque fortunam spe-*
ctari hominis liberi, neque civile neque naturale est,
comme dit la loy *inter stipulantem* 83. §. *sacram.* 5.
ff. de verb. obligat. nec enim fas est ejusmodi casus
expectare. l. si in emptione. 34. §. 2. *ff. de contrah.*
emptione. Hoc dictu etiam injustum est, l. jubemus.
37. §. 2. *C. de Episc. & Clericis.* L.

Nouvelle Addition.

☞ On peut voir les Arrests de Poulin , Pille,
Renouard , & Hotman au 4. Tom. du Journ. des
Audiences liv. 7. chap. 14. & liv. 8. chap. 30. *

A R T I C L E CCLXXXI,

Convention licite des pere & mere
marians leurs enfans.

Pere & mere marians leurs enfans , peuvent
convenir , que leursdits enfans laisseront joüir
le survivant de leursdits pere & mere des meu-
bles & conquests du predecedé , la vie durant
du survivant ; pourveu qu'ils ne se remarient.
Et n'est reputé tel accord avantage entre les

D ij.

conjoints. Voyez les deux articles suivans, & sur la fin des 268. & 276.

1 C'est comme un autre avantage que se peuvent faire les conjoints en mariant leurs enfans, en stipulant de pouvoir, leur vie durant, joüir des meubles & conquests immeubles, pourveu qu'ils ne se remarient. Le consentement des enfans est comme une reconnoissance de l'amour paternel & maternel, & du soin que les pere & mere ont eû de leurs enfans. *T.*

La disposition de cet article 281. selon M. J. Tronçon, est tirée de la loy 11. *ff. de pactis dotal.* I.

Par la loy *Cum dotem.* 11. *ff. de pactis dotalibus, pater pollicendo dotem, pacisci potest ne se vivo petatur, ne-ve constante matrimonio. Ne se vivo dos petatur hoc ita accipiendum est contemplatione pietatis paternæ, & contrahentium voluntatis.* A plus forte raison peut-il stipuler que luy & sa femme joüiront leur vie durant des meubles & conquests de leur commmunauté, & le survivant d'entr'eux. *L.*

Nouvelle Addition.

☞ Au cas de la clause inserée dans le contrat de mariage de la fille, qu'elle ne pourroit demander au survivant des pere & mere, aucun compte ny partage des biens de leur communauté, dont ledit survivant joüiroit sa vie durant, jugé par Arrest du 31. Aoust 1679. en la 10. Part. du Journ. du Pal. que cette clause n'est point contraire à l'art. de la Coûtume & que la mere survivante n'est pas privée de son usufruit par un precedent Arrest, qui la condamne à rendre compte, & la fille à rapporter sa dot.

ARTICLE CCLXXXII.

C'étoit le 156. article.

Mariez ne se peuvent avantager que par don mutuel.

Homme & femme conjoints par maria-
constant iceluy ne se peuvent avanta-
l'un l'autre par donation faite entre-
par ⁱ testament ou ordonnance de
mere volonté , ² ne autrement dire-
ment ne indirectement , en quelque
niere que ce soit , sinon par don mu-
, tel que dessus. Voyez les deux arti-
precedens , le suivant & les 232. 258.
796.

¹ Tellement que le testament fait auparavant
rompu , encore qu'il seroit en faveur de la personne depuis espousée , sinon qu'auparavant il fût
esté par le contrat. C. M.
² Non pas même quand les heritiers du donateur auroient prêté leur consentement à la donation au testament , par Arrest du 9. Avril 1543.
Pâquesy, & autres depuis donnez. M. du
quoque 30. de reb. dub. en rapporte quelques-
uns , par

article 282. l'homme & la femme ne se
peuvent avantager par donation entre-vifs , ou
autrement , directement ny indirectement , sinon
par don mutuel , afin qu'il ne semble que la
liberalité doibve s'acheter par le prix & attente de
survie pour éviter la ruine de l'un ou de l'autre des heritiers ; car s'il leur eût été loisi-

ble de s'entre-donner, l'un eût pû par blandices,
larmes feintes, & mignardifes, & autres far-
dées careffes d'amour, attirer l'autre à luy donner tous fes biens, felon le Caron : à quoy eft conforme ce que dit M. Marion en fon feptiéme Plaidoyé : Le defir de conferver le bien aux familles,
& de le transferer plûtôt par l'ordre du droit legitime, que par la volonté des particuliers, a
fait retrancher les difpofitions qui fembloient
moins fujettes à induction, & du tout prohiber
celles qui y feroient plus expofées, entre lefquelles nous mettons à bon droit, comme les premieres, les donations entre mary & femme; & ce
d'autant qu'un chacun fent affez en foy-même
l'affection qu'engendre le mariage, furpaffant de
fi loin toutes les autres, que ceux qui s'entre-
donnent la foy, l'efprit, le cœur & la perfonne,
feroient fi profus à l'entre-don des biens, fi la
puiffance leur en étoit laiffée, qu'ils ne voudroient
avoir autres fucceffeurs : ce qui refroidiroit la
ferveur du fang envers leur cognation, que la
loy doit plûtôt enflammer, comme fait la Coûtume, eftimant fagement le mary & la femme
avoir en eux-mêmes affez d'autres moyens riches
& precieux, qui fe mefurent par le feul efprit,
pour contenter leur honnefte amour, fans y ajoû-
ter l'aide externe & plus vile des biens temporels;
c'eft pourquoy elle leur en prohibe toute difpofition au profit l'un de l'autre, foit entre-vifs &
à caufe de mort, & les referve entiers pour ce
regard aux plus proches parens, par une efpe-
rance non captatoire, mais fainte & probable
qui fortifie l'affection du fang, d'autant que la
nature infpire aux hommes d'aimer ceux qui de
droit leur doivent fucceder, plus que les étrangers; ainfi qu'en femblable même inftinct les pouffe
à honorer ceux defquels ils font prefomptifs heritiers, plus que les autres, dont ils n'attendent

tien : Et au huitiéme Plaidoyé il rend une autre raison , que l'intention de la Coûtume, pour ceux qui contractent selon icelle, est assez manifeste , qu'en consideration de leur communauté , qui peut, s'ils le veulent, demeurer entiere au survivant moitié en usufruit, & moitié en propre , ils doivent s'abstenir de tout autre avantage és biens l'un de l'autre, parce qu'il seroit trop inique que la communauté contractée selon la Coûtume, eût son effet par tout, & qu'en vertu d'icelle, la femme prist la moitié des conquests en droit écrit, & neanmoins qu'elle n'en fût contente, selon la Coûtume, & voulût encore, contre la Coûtume, se pretendre heritiere és propres du mary, assis en droit écrit, qui seroit en effet être variable, tantôt restraignant, tantôt étendant une même chose par repugnance en contraires effets, pour enrichir la femme d'un double avantage, & charger l'heritier d'un double dommage, contre l'égalité, mere de la Justice : Voire non-seulement la raison est pareille en ces deux articles, mais beaucoup plus forte au dernier qu'au premier, d'autant que les maris se trouvans trop enclins en cette Province, à employer leur force & leur autorité ; les femmes leurs attraits & blandices, pour extorquer des dons l'un de l'autre : La loy contrainte de s'y interposer n'a pû mieux pourvoir aux inconveniens qui s'en pouvoient ensuivre qu'en leur deffendant de s'entredonner. 1.

La raison de cet article est en ces termes des Loix 1. 2. & 3. D. donationibus inter vir. & uxor. *Hoc acceptum est ne mutuato amore invicem spoliarentur, donationibus non temperantes, sed profusa erga se facilitate; nec esset eis studium liberos potius educandi;* enfans qui sont appellez par Tacite, *pignora conjugum,* & par saint Ambroise sur S. Luc, *gratia nuptiarum, conjugii præmium. Quia sæpe futurum esset ut discuterentur matrimonia, si non do-*

naret is qui poſſet , atque ea ratione eventurum ut
venalitia eſſent matrimonia. Majores noſtri dona-
tionis inter virum & uxorem prohibuerunt, amorem
honeſtum ſolis animis æſtimantes , fama etiam con-
junctorum conſulentes, ne concordia pretio conciliari
viderentur, ne melior in paupertatem incideret, de-
terior , ditior fieret. M. C. du Molin en ſa Note
ſur l'article 7. du chap. 4. des droits appartenans
à gens mariez, de la Coûtume de Bourgogne, a
improuvé & blâmé la diſpoſition qui y eſt contraire, l'appellant grandement captieuſe & licentieu-
ſe , & diſant qu'elle ne doit être admiſe par tout.
Ses termes ſont : *Quod eſt valdè captioſum ad re-*
cludendam diſpoſitionem juris communis & conſue-
tudinis : Et certè licentioſa hac conventio non debet
paſſim admitti. Par Arreſt de l'Audience de la
grand'Chambre du 27. Juin 1619. a été confirmée
une Sentence de Meſſieurs des Requêtes du Palais , au profit des enfans de M. François Bouvot,
contre Jeanne Bourlon leur mere , portant qu'ils
reprendroient ſur les biens de la communauté le
prix des deux Offices qui avoient appartenu à
leur pere , comme étant leur propre , ſans que
leur mere y pût rien avoir, encore que par clauſe
de leur contrat de mariage, il fût dit , qu'en cas
que ces Offices fuſſent vendus , iceluy Bouvot
ſeroit tenu d'en faire le remploy dans ſix mois
aprés la vente, autrement & à faute de ce faire,
que les deniers entreroient en communauté. *L.*

ARTICLE CCLXXXIII.

S'ils peuvent donner aux enfans l'un de
l'autre.

Ne peuvent leſdits conjoints donner aux
enfans l'un de l'autre d'un premier ma-
riage

riage, au cas qu'ils ou l'un d'eux ayent en-
fans. Voyez les articles 280. en la fin, &
306. au commencement.

1 Les Arrests ont interpreté cet article, qui est
de soy assez douteux, de sorte qu'il a esté jugé
que celuy des conjoints qui n'a point d'enfans,
peut donner aux enfans de l'autre d'un precedent
mariage, pourveu que ce soit sans fraude & aucune pratique & suggestion : l'Arrest le plus souven
allegué, est celuy donné au rapport de M. de Here,
en la seconde Chambre des Enquestes contre les heritiers de feu Babée du quatriéme Juillet mil cinq
cens quatre-vingt-sept, lequel avoit par testament
legué à la fille de sa femme d'un precedent mary, luy
donateur n'ayant enfant, ses meubles & acquits
& quelques heritages de ses propres ; fut reduit le
legs de ses propres au quint, & le legs confirmé par
ledit Arrest, publié au Chastelet. Depuis il y a eu
autres semblables Arrests, un du vingt-deux Avril
1600. pour le sieur de Beaujeu & sa femme. Il y en
a un pour les enfans du premier lit de M. Antoine
Mornac, ausquels Damoiselle Niman sa seconde
femme n'ayant enfans, avoit fait donation, jugé valable par Arrest du seize Aoust mil six cens seize, en
la troisiéme Chambre des Enquestes. M. Charpentier Avocat de la Cour, personne de merite, & entiere reputation, m'a communiqué un Arrest du
dix-sept Aoust 1613. au rapport de M. de Neufville,
touchant une donation faite à M. Guillaume Guichard enfant du premier lit de Jacqueline Courant, par le testament de Roger le Mire, qui
avoit épousé ladite Courant veuve dudit Guichard,
& de laquelle il avoit eu un fils, Estienne le
Mire, lequel il fit son heritier pour moitié avec
ledit Guichard, par clause de fideicommis au cas
que ledit le Mire valetudinaire decedât sans enfans,

entendant neanmoins qu'il joüit purement des choses à luy délaissées. Ledit Estienne le Mire decedé
trois mois aprés Roger le Mire son pere, le fideicommis disputé par les heritiers dudit Estienne le
Mire, nonobstant que le cas fût advenu auquel
l'un des conjoints, qui estoit le donateur, se trouvoit sans enfans, neanmoins la donation fut infirmée pour le regard dudit Guichard, enfant du premier lit, à cause que le donataire avoit un enfant de
son mariage, lorsqu'elle fut faite. Et s'entend cet
article en telle sorte, que l'article pluriel *ils*, se rapporte aux deux conjoints, ayans enfans l'un &
l'autre; & le singulier, l'*un*, se prend pour le donateur. *T.*

Pour cet article 83. voyez M. Loüet & Brodeau
en la lettre D. nombre 17. Chenu question 68.
centurie 1. Pour l'article suivant 284. lisez la Declaration de Louis XIII. du 17. Decembre 1612.
pour les insinuations des donations qui se peuvent
faire valablement aux Sieges des Bailliages & Senéchaussées, ou des Prevôtez indifferemment: Nous
l'avons rapportée au premier tome de la Conference
des Ordonnances; le dernier Commentateur de la
Coûtume l'a mal attribuée au Roy Henry leGrand.
Or le don mutuel de soy ne saisit, c'est-à-dire, en
vertu d'iceluy le donataire mutuel ne peut entrer
en la jeüissance des choses données, ains en doit
demander la délivrance à l'heritier qui en est saisi,
par la loy generale de France, *le mort saisit le vif*,
quoyque sur le contrat de donation, les parties en
eussent saisi l'une l'autre, ou qu'il y eût clause
de constitut ou précaire, ou telle autre emportant
tradition de droit, puisque la Coûtume y résiste, qui
requiert une insinuation, confection d'inventaire &
caution de la part du donataire mutuel, qui sont
solemnitez essentielles, qui doivent preceder la joüissance qu'il peut prendre des choses données. *I.*

5 Il a esté jugé par Arrest de l'an 1532. entre Anj

que Faye & les Alligrets, & par celuy des heritiers
d'Antoine Patroüillard, ainsi qu'a écrit M. L. Charondas sur cet article, & au deuxiéme livre de ses
Réponses, comme aussi au troisiéme livre de ses
Pandectes, qu'y ayant avec les présomptions de
fraüde qu'apporte la conjonction des personnes,
d'autres pratiques & menées de la part des donataires, ou de leur parent conjoint par mariage, qui
leur auroit fait donner, & que le donateur eût esté en
telle imbecilité, qu'on luy pouvoit facilement com-
mander, ou suggerer, la donation est nulle. Le
même a aussi écrit sur cet article, que le mary ne
peut valablement faire obliger sa femme avec luy,
pour la dot & mariage par luy promis, pour la fille
qu'il avoit d'une autre femme, & qu'elle en sera facilement relevée, d'autant que c'est au pere de doter
ses filles, de ses propres biens, & non de ceux de sa
femme, qui n'en est la mere, *l. ultim. Cod. de dotis promissione*, par Arrest donné en l'Audience le
cinquiéme Juin mil cinq cens quatre vingt-quatre.
La raison en est en cette loy derniere; *Neque enim
leges incognitæ sunt, quibus cautum est omnino paternum esse officium, dotem vel ante nuptias donationem, pro sua dare progenie.* L.

Article CCLXXXIV.

C'estoit le 157. article.

*Don mutuel ne saisit, comment se doit insinuer
& s'il est revocable.*

Un don mutuel de soy ¹ ne saisit, *ains
est sujet à délivrance. Et pour estre valable doit estre insinué dans les quatre mois
du jour du contrat, & l'insinuation* ² *faite*

par l'un d'eux, vaut pour tous deux. Aprés laquelle insinuation, ledit don mutuel n'est revocable, sinon du consentement des deux conjoints. Voyez l'article suivant, & les 256, 280. & 318.

1 Entendez, & ne peut saisir, tellement que clauses du constitut, & precaire, quand ores seroient reciproques, ne valent rien, il en faut demander la délivrance, en offrant & baillant caution. *C. M.*

2 L'insinuation est requise au don mutuel, comme à toute autre donation, de quelque qualité qu'elle soit, par Ordonnance de Moulins, article 58. Et encore que le don mutuel ne soit que de l'usufruit, toutefois il doit estre insinué, à cause que l'usufruit est un immeuble, par Arrest du vingt-sixiéme Mars 1585. Et a telle force ladite insinuation, qu'encore que depuis iceluy le bien de l'un des donateurs ait esté confisqué, soit par mort naturelle ou civile, neanmoins l'autre des conjoints doit joüir de la donation mutuelle, comme n'estant comprise en la confiscation, par la raison de la loy *sed si mors.* §. 1. *ff. de donat. inter vir. & uxor.* Quant à la forme de l'insinuation, elle est assez declarée par l'Ordonnance, comme aussi le temps, lequel neanmoins peut courir aprés les quatre mois du vivant des donateurs, même dix ans aprés, par Arrest du cinquiéme Aoust mil six cens cinq, au tome deuxiéme des Arrests de Monsieur Servin. Mais si l'un des donateurs meurt avant l'insinuation, elle se pourra faire par le survivant, pourveu que ce soit dans les quatre mois du jour du contrat, suivant ladite Ordonnance. Voyez M. Loüet lettre D. nombre 22. & 23. & lettre I. nombre 3. & ledit Monsieur Servin au premier tome de ses Plaidoyers. *T.*

Cet article pour ce qui est de la délivrance du don, est conforme à la Note de M. C. du Molin, & il y a Arrest donné en l'ancienne Coustume le vingt-deux Septembre mil cinq cens cinquante-trois, sur un apel du Prevost de Paris, les parties Jean Carpentin, d'une part, & Jean Valentin de Villiers, d'autre, par lequel cette question a esté jugée, si la donation estant pure & simple, faite entre vifs, avec retention d'usufruit, de sorte que par le decez du donateur, le donataire soit saisi, iceluy donataire est tenu d'en demander la délivrance par les mains de l'heritier.

Par Edit du Roy Henry le Grand du dix-sept Septembre mil six cens trois, l'insinuation se peut faire differemment, ou aux Prevôtez & Châtellenies Royales de la situation des choses données, ou des Bailliages, & au domicile des parties indifferemment.

Par l'Ordonnance de Moulins, & de l'an 1566. Il est dérogé aux Coustumes qui ne desirent l'insinuation des donations : Il n'y a que les donations à cause de mort, & testamentaires, qui sont exceptées de cette Ordonnance.

Par Arrest du vingt-trois Decembre 1598. prononcé en robes rouges par Monsieur le premier President de Harlay, les parties Galiche appellant, & Loché, intimé, jugé que les donations faites aux Eglises & Communautez Ecclesiastiques pour fondations, doivent estre insinuées, fulminées & homologuées en Cour d'Eglise, pardevant les Officiaux de la situation des choses données ; autrement les donations sont nulles & sujettes à revocation. L.

Nouvelle Addition.

☞ Arrest d'Audience de la Grand'Chambre 24. Juillet 1685. en la 10. Part. du Journal du

DES DONATIONS

[illegible]

ARTICLE CCLXXXIX.

[illegible]

[illegible]

...endant, l'appellante joüira de son don mu-
...el à sa caution juratoire, la Sentence de provi-
...on seroit convertie en diffinitive, jugé le Jeudy
... Decembre 1613. Il y avoit du particulier en la
...ause, d'autant que le don mutuel avoit esté fait
...ar le contrat de mariage, & non durant & con-
...ant le mariage : Et d'ailleurs, la veuve estoit
...agée. T.

Cet article est conforme à la Note de M. C. du
Molin sur l'article 155. de ce même titre de l'an-
...enne Coustume de Paris, & se peut dire qu'il en
...esté tiré, disant, comme il appert par les ter-
...es cy-dessus rapportez en l'article 280. que la
...ution ne se peut remettre, & ne suffiroit la cau-
...on juratoire.

ARTICLE CCLXXXVI.

C'estoit le 158. article.

Que doit avancer le donataire mutuel.

Le donataire mutuel est tenu avancer
payer les obseques 1 & funerailles du
...remier decedé; ensemble la part & moi-
...des 2 dettes communes deuës par le-
...it premier decedé. Lesquelles obseques
... funerailles, & moitié des dettes luy
...doivent estre déduites sur la part & por-
...on dudit premier decedé. 3 *Toutefois*
...est tenu payer les legs & autres disposi-
...ons testamentaires. Voyez les articles 267.
...ers le milieu, & plus bas, & 295. en la

1 Qui sont necessaires, selon la qualité de la

E iiij

personnes ; mais non pas les legats & disposition
testamentaire. *C. M.*

2 Les obseques & funerailles se doivent payer
par l'heritier, & font les premieres dettes qui se
prennent sur les meubles ; mais le donataire mutuel
les avance, & puis les reprend, ou déduit sur l'heritier, art. 238. Pour les profits feodaux, le donataire mutuel n'en est tenu, non plus que l'usufruitier,
Arrest du dix-neuf Février 1587. entre les Aubris,
rapporté par Monsieur Loüet, lettre V. nombre 8.
& par autre Arrest en la cause des heritiers de Sainction, du dix-huit Novembre 1595. a esté jugé, que
la veuve prenant le don mutuel, payera les dettes de
la communauté jusques à la concurrence des meubles & acquests seulement : Arrest semblable dans
M. R. Chopin, du vingt-huit Avril 1597. par lequel
la veuve legatrice des meubles a esté condamnée
payer les dettes jusques à la proportion de la valeur
du bien. Quant aux legs & dispositions testamentaires, le donataire n'en est tenu, encore que le don
fût fait à cette condition, mais c'est à l'heritier à les
acquitter, si ce n'est de quelque legs pitoyable de petite somme, comme ledit Chopin témoigne avoir
esté jugé par Arrest du vingt deux Avril mil cinq
cens quatre-vingt-dix-sept. *T.*

Par Arrest du dix-huit Novembre 1595. en la
cause des heritiers de Guillaume de Sainction, a esté
jugé que la veuve acceptant le don mutuel, payera
seulement les dettes dont elle est tenuë jusques à la
concurrence des meubles & conquests immeubles ;
& s'ils ne suffisent, les heritiers du mary parfourni-
ront le surplus. Par Arrest du quinze May mil six
cens vingt-deux, sur procez par écrit entre René
Sacher, femme separée de biens d'avec Abraham de
Villedon, d'une part, & Philippes de Villiers,
d'autre, jugé que la veuve ayant accepté le don mutuel fait entre son mary & elle, en peut estre resti-
tuée, en obtenant lettres à cet effet, offrant par

...le de rendre compte de ce qu'elle avoit re-
... Arrest donné en la Coustume de Poictou,
il ne résout cette question non plus que cette
coustume. L.

C'est-à dire, que les heritiers ne seront pas
tenus de payer, ou ont recours contre le survivant, tant que se monte ladite portion, qui aussi
est diminuée. C. M.

ARTICLE CCLXXXVII.

De quelles reparations & charges annuel-
les est tenu.

Aussi est tenu celuy qui veut jouïr du
don mutuel, faire refaire les reparations
legeres [1] estans à faire sur les heritages sujets audit don mutuel; & payer les cens &
charges annuelles, les arrerages tant des rentes
foncieres, que des autres rentes constituées pendant la communauté, écheus depuis la jouïs-
sance dudit don mutuel : sans espérance de
les recouvrer. Voyez les articles 262. &
267. vers le milieu, & plus bas 295. sur
la fin.

[1] La raison de cet article a esté renduë en l'article 262. où il est parlé des reparations ausquelles est tenuë la doüairiere ; tout de même que
l'usufruitier. *Ad quem omnis fructus rei pertinet,
eumque reficere ædificia cogendus per arbitrum, ha-
bemus tamen ut sarta tecta habeat l. usufructu lege. l. hactenus. ff. de usufruct. l. eum ad quem
tit. eod.* Et la raison pour laquelle elle ne peut repeter ce qu'elle a deboursé & employé à la refe-
ction des lieux, de l'usufruit desquels elle jouït

comme doüairiere ou donataire mutuelle, est renduë
en ladite loy *eum. ad quem*; *Quia sumptibus suis*
eâ præstare debet. T.

La premiere partie de cet article a esté composée
de la loy *eum ad quem* 7. *Cod. de usufructu*, qui
resout aussi la question du plus employé qu'il ne devoit estre pour ces reparations, en ces termes : *Eum,*
ad quem ususfructus pertinet, *sarta tecta suis sum-*
ptibus præstare debere, *explorati juris est* ; *Proinde*
si quid ultra quam impendi debeat, *erogatum potes*
docere, *solemniter repostes.* L

ARTICLE CCLXXXVIII.

Nouvelle prisée des meubles à la juste valeur.

L'heritier peut demander alencontre dudit
donataire, *que nouvelle prisée soit faite des*
meubles, *par gens dont ils conviendront*, *pour*
estre lesdits meubles prisez à la juste estimation,
autre que celle faite par l'inventaire ; [1] *Et en ce*
faisant, *ledit donataire aura la joüissance*
desdits meubles, *sans qu'il soit tenu de les*
faire vendre. Voyez les articles 222. &
228.

[1] Le donataire mutuel est tenu faire faire inventaire des meubles delaissez par le deffunt : reservé neanmoins à l'heritier le pouvoir de faire
faire nouvelle prisée desdits meubles, afin qu'a-
prés le decez dudit donateur, si les meubles ne se
peuvent representer, les heritiers soient seulement tenus d'en payer l'estimation portée par l'inventaire : Car la juste estimation succede au lieu
de la chose. Il y a un Arrest du quatriéme Decem-

par lequel fut ordonné que les meubles seroient vendus, & le donataire joüiroit des deniers,
baillant caution. T.

La raison de cet article est que la juste estimation
tient lieu de vendition, *quia æstimatio venditio est,*
suivant la loy. *Plerumque* 10. §. *inde quæri.§. ff.*
Iure dotium. A quoy est conforme la loy *Si pro-*
22. D. de actione rerum amotarum, en ces termes; *Qui æstimationem suffert, temporis loco ha-*
bitus est. L.

TITRE XIV.

DES TESTAMENS ET EXECUTIONS
d'iceux. [1]

MAître Th. Cormier livre 20. titre 1. chapitre 1. du Code Henry, dit que le testament
est une disposition legitime de ce que quelqu'un
veut estre fait aprés sa mort, estant ainsi appellé,
parce que c'est un témoignage ou declaration & at-
testation de la volonté de la personne; *ex lege 1. ff.*
de testamentis & instit. selon le Caron, liv. 3. chap.
1. des Pandectes. Le testament est une Sentence de
nôtre volonté, de ce que chacun de nous veut
estre fait aprés sa mort, c'est-à-dire, legitime ou
solemnel, & selon les regles & formes du pays
où le defunt a testé, selon Quintilien, *declamat.*
308. *Testamentum est voluntas ultra mortem de-*
functi consignata jure legibusque civitatis. Ville-
hardoüin, livre 1. de son Histoire, appelle le testament une devise, lorsqu'il parle de Thibaut III.
Comte de Champagne; & M. Boutillier, Conseiller au Parlement, l'ordonnance de derniere volonté, dans le sien de l'an 1402. ainsi qu'Aimery

de Mont , Evêque de Poitiers , en celuy qu'il fit l'an
mil trois cens soixante-dix , où il dit que suivant la
coûtume generale , toutes personnes , même Ecclesiastiques & seculieres , peuvent faire testament &
ordonnance de derniere volonté , pour disposer de
leurs biens meubles : Aussi n'y a-t-il chose au monde plus duë aux hommes que de leur laisser libre la
volonté derniere , qui ne se peut changer , & le de-
sir qui ne retourne plus : *Quoniam nil majus est
quod magis hominibus debetur , quàm ut suprema
voluntatis , cùm jam aliud velle non possint , liber
sit stilus , & licitum , quod iterum non redit ,
arbitrium* : comme Dame Marie Chasteigner declare disertement par son testament de l'an mil deux
cens soixante-dix , qu'elle qualifie du nom de derniere volonté , disposition & ordonnance , ainsi que
Dame Jeanne de Chastillon , Comtesse de Blois le
sien , l'an 1291. les deux premiers testamens sont
dans les Preuves de l'Histoire des Chasteigners, chapitre 1. du livre 3. & aprés la fin du livre 6. le troisiéme est au chapitre 7. du livre 3. de l'Histoire de Chastillon.   C'est la derniere consolation
qui demeure aux mourans quand ils peuvent faire
passer leur volonté aprés la mort , par testament :
*Non aliud videtur solatium mortis quàm voluntas
ultrà mortem* , dit Quintilien , c'est pourquoy les
François ont toûjours eu les testamens en grande re-
commandation. S. Gregoire de Tours , & le docte
Moine Marculphe , sous la premiere race de nos
Rois, nous l'apprennent; le premier en son Histoire
de France liv. 6. chap. 45. & 46. livre 7. chap. 7.
où il loüe le Roy Gontran , qui fit executer les testamens faits en faveur des Eglises , que le défunt Roy
Chilperic son frere avoit supprimez ; le deuxiéme en
ses Formules, livre 2. chapitre 17. Les Capitulaires
du Roy Charlemagne , montrent l'usage & la faveur des testamens sous la seconde lignée , entr'autres le livre 7. chapitres 246. 247. & 248.   Les

coustumes établies par Simon Comte de
Montfort en l'Albigeois, l'an mil deux cens douze
instituent aussi sous la troisiéme race, comme les
amens susdits; ce que M. C. Guerin n'a pas consideré lorsqu'il a écrit au Paratitle de ce titre, que
les François font peu de cas de la volonté de ceux
qui meurent, & que leurs testamens sont odieux, si
n'est qu'il entende parler des testamens semblables à celuy d'un qui se disoit Ecclesiastique, fait à sa
sainte inconnuë, & sans merite, au préjudice de
chose publique, qu'il a renduë pauvre & mise-
rable par la soustraction des biens d'icelle qu'il a
donnez à ses parens, avec autant d'affection, que
s'ils estoient ses enfans, ainsi que ce pourceau gron-
deur qui est allegué par saint Jerôme sur Isaïe,
contre Ruffin, & son testament, rapporté sur la
fin des Adages d'Erasme, contre les loix de sa profession & promesse, & contre l'exemple des testamens cy devant dits qui ont testé à leurs heritiers
pour soulager le public, ainsi que Monsieur de
Bonnivet, Amiral de France, l'an mil cinq cens
quinze, desquels la memoire est en benediction; celle
de l'autre au contraire en malediction. I.

Article CCLXXXXIX.

Au lieu de l'article 96. de l'ancienne Coustume,
changé.

De la forme & solemnité du testament.

Pour reputer un testament solemnel, il
est requis qu'il soit écrit & signé du testateur, ou qu'il soit passé pardevant deux
Notaires: ou pardevant le Curé de la Paroisse du testateur, ou son Vicaire gene-

ral , & un Notaire : ou dudit Curé ou Vicaire , & trois témoins : ou d'un Notaire & deux témoins : Iceux témoins idoines , & suffisans [4] mâles, & âgez de vingt ans accomplis, & non legataires ; & qu'il ait esté dicté & nommé par le testateur ausdits Notaires, Curé ou Vicaire general, & depuis à luy releu en la presence d'iceux Notaires , Curé ou Vicaire general, & témoins : Et qu'il soit fait mention audit testament, qu'il a esté ainsi dicté, nommé & releu. [5] Et qu'il soit signé par ledit testateur, & par les témoins ; ou que mention soit faite de la cause pour laquelle ils n'ont pu signer. *Voyez l'article* 293.

2 Comme la forme des testamens est icy tres-exactement prescrite, aussi doit-elle estre precisement gardée, car elle est essentielle. Il est premierement parlé du testateur, puis de ceux qui sont capables de recevoir & signer le testament, & ce qui s'y doit observer pour estre reputé solemnel. Pour le testateur, il est dit qu'il peut luy seul faire valablement son testament, pourveu qu'il soit écrit & signé de luy : L'un & l'autre est necessaire ; car s'il est écrit seulement , & non signé, il ne sera valable , jugé par Arrest solemnel du 21. Mars 1581. prononcé par Monsieur le President de Thou. On ajoure qu'il faut que ce que le testateur a écrit & signé , soit en forme de testament, & que ce mot de *testament* y soit exprimé , autrement ce ne seroit qu'un acte pur privé, & simple memoire, par Arrest du treize Janvier 1560. Se-

… CUTION D'ICEUX.

… est requis qu'il soit passé pardevant Notaires, ou, &c. Toutes ces formes doi-vent estre gardées *ad verbum, & non per æquipol…* comme il a esté jugé en la Coustume de Bour-gogne, par Arrest du Parlement de Paris, sur une … civile, contre un Arrest dudit Parlement de Bourgogne, où en testament est requis qu'il soit si-… un Notaire, & de deux témoins : le testament en Bourgogne, estant signé de deux Notaires, … non solemnel ni valable, par Arrest du … lement de Bourgogne, confirmé par Arrest du … ment de Paris. La cause premierement plai-… l'Audience par M. Buisson & Robert, puis … le huit May 1599. enfin jugée définitive-… le quinze Juin 1602. Il faut aussi que le testa-… les Notaires, ou le Curé, ou son Vicaire, … ent par lettres entieres, & non par notes ou … res, & tel testament écrit ou chiffres par … Curé qui avoit par nombre de chiffres écrit … choses leguées, fut declaré nul par Arrest du … neuf Janvier 1585. un appellé Veron étoit par-

T.

… Faut que les Notaires soient de la Jurisdiction … testateur, autrement si un autre qui est hors du … signoit le testament, il seroit nul. Car tel … aire hors du ressort est tenu pour personne pri-… n'ayant pouvoir d'instrumenter *extra territo-*… jugé par Arrest de l'an 1583. au testament du … de Monceaux. Et si les deux Notaires sont … le testament par eux signé, emporte pro-… *Focus*, s'il n'est signé par le Curé ou le Vi-… il ne peut estre executé par provision. Par … donné en la cause de l'Archevêque de Vien-… vingt neuviéme Octobre 1556. Si la faus-… évidente, il n'y a point de provision en l'un … l'autre, jugé par Arrest du Jeudy 2. Mars

T.

… Les femmes ne peuvent témoigner aux testa-

amens, *quæ sunt juris publici*; & fut jugé par Arrest prononcé à la Pentecoste le huit May 1598. un
testament nul auquel une femme avoit signée, faisant le nombre de trois témoins requis avec le Curé
ou son Vicaire. Quant aux témoins, les legataires
exclus, l'Ordonnance d'Orleans y est expresse;
pour le regard du Curé ou Vicaire, signant le testament où il est legataire, art. 27. mais si le legs est
generalement fait à l'Eglise, ils peuvent signer le testament, qui est valable en cette forme par l'Ordonnance de Blois art. 63. *T.*

¶ Ces mots, *dicté, nommé, & releu*, doivent
estre exprimez au testament, sans en rien les changer; toutefois s'il estoit seulement dit, *dicté*, ou
nommé, sans mettre tous les deux qui signifient une
même chose, le testament ne seroit pas nul, jugé
par Arrest de l'Audience du trente Decembre 1604.
mais si au lieu de *dicté*, il estoit écrit *proferé*, ce seroit nullité, par Arrest donné en la Coustume d'Orleans, le seize Février 1617. en l'Audience. Une
question sur ce a esté intentée & vuidée par Arrest, sçavoir si un testament, non écrit de la main
du testateur, mais d'écriture inconnuë, & reconnu par luy devant les Notaires, les apostilles
signées & paraphées de luy, hormis quelques pages, neanmoins les Notaires avoient oublié de faire
mention d'avoir *leu* & *releu* le testament, ce qui
fut remarqué par M. Servin Avocat general du
Roy, lequel conclut à ce que la reconnoissance
fût declarée nulle, manque & défectueuse, avec
les offres des heritiers, qui estoient six neveux, de
payer les legs pieux : l'appellante Damoiselle Anne
l'Avocat, veuve de George le Juge Avocat au
Conseil privé du Roy au nom & comme tutrice des
enfans de feu sondit mary & d'elle, soustenoit bon
le testament, & selon les formes; en cause d'appel d'un appointement du Prevost de Paris, requête d'évocation, Monsieur Charpentier pour l'appellante,

pellante, & N. pour les intimez, Arreft du 7.
Février 1626. le teftament declaré nul, ordonné
que les biens de Nicolas le Juge défunt teftateur,
feroient partagez entre fes heritiers, fuivant la
Couftume, à la charge de payer les legs par les
intimez, fuivant leurs offres. Ledit Charpentier
avoit allegué deux Arrefts, l'un de Macheco Chanoine de Paris, l'autre du Marquis de Pi'ani, con-
firmans les teftamens ainfi recornus pardevant Notaires, & équipollens à ces mots, *dicté & nommé*,
Monfieur Servin dit que depuis lefdits Arrefts on
avoit jugé qu'il falloit garder les termes de la Coutume. La derniere folemnité eft que le teftateur figne, ou foit exprimée la caufe pour laquelle il n'a
pû figner. Ce qui eft tiré de l'Ordonnance d'Orleans, article 84. par laquelle les Notaires font af-
traints faire figner tous actes aux parties, ou declarer leur réponfe qu'ils ne fçavent figner. Mais lefdits Notaires, faute d'avoir mis la declaration, ou
pour avoir commis faute par imperitie de leur art,
ne peuvent être pourfuivis pour les dommages & in-
terefts des parties : Comme au fait de celuy qui
avoit oublié ces mots, *leu & releu*, le Notaire appellé Hachet, fut abfous, contre un appellé Ran-
con, par Arreft du vingt-un Janvier 1605, & un
autre de l'an 1610. au rapport de Monfieur Bouguier : ces deux Arrefts font rapportez au long en
fon Recueil d'Arrefts, lettre N. & dans M. Loüet,
en la même lettre. *T.*

Par cet article 289. un teftament, pour eftre
folemnel, doit, entre autres chofes, eftre paffé
pardevant deux Notaires, & qu'il leur foit dicté &
nommé par le teftateur, & depuis à luy releu en
leur prefence, & mention faite en iceluy, qu'il a
efté ainfi dicté, nommé & releu, & qu'il foit par
luy teftateur figné, ou mention faite de la caufe
qu'il n'a pû figner : Neanmoins un teftament écrit
par un ferviteur domeftique, figné du teftateur.

en fin d'iceluy , & au bas de chacun feüillet , & reconnu pardevant deux Notaires , & par eux lû & relû en leur prefence , a efté jugé bon & valable , le 1. Février 1597. comme rapporte M. J. Peleus en fes Queftions illuftres, queft. 27. M. Loüet & Brodeau fur la lettre R. nombre 52. qui en allegue deux autres prefque femblables, confirmez par Arrefts de l'an 1609. & 1616. 1.

Il y a d'autres fortes de teftamens qui font reçus, tant en pays Couftumier qu'en pays de Droit écrit, à fçavoir les *teftamens mutuels*, dont eft la Novelle de Valentinien, *de teftamentis*, au Code Theodofien ; & les *teftamens militaires*, fuivant l'Ordonnance du Roy Henry III. de l'an 576. article 31. quand ils font faits en la forme requife par le droit Romain en la loy *Divus* 24. *C. de teftamento militari*, & c'eft l'avis de M. C. du Molin en fa note fur l'article 13. de la Couftume de Nivernois, titre des teftamens.

Voyez le livre de *Joan. Oldendorpius*, intitulé, *Claffis quinta actionum juris, per quas ultimæ voluntates ex bono & æquo confervantur*, imprimé à Cologne par J. Gymnic., en 1541.

Par Arreft du 19. Mars 1619. en l'Audience de la Grand'Chambre, fur un appel d'une Sentence du Prevoft de Paris, jugé qu'un inftitution d'heritier faite par une lettre miffive, eft nulle. Sur ce, peut eftre rapportée la loy *Littera* 17. *de jure codicillorum*, y ayant ces termes, *vim codicillorum non obtinent*; encore moins doivent-ils avoir *vim teftamenti*.

La premiere des trois fortes de teftamens autorifées par cet article, qui eft celle des teftamens holographes, introduite par une Novelle des Empereurs Theodofe & Valentinien, *de teftamentis*, a pour principale raifon celle du confeil donné par un pere à fa fille en l'efpece de la loy *cum pater*. 77. §. *Manda* 24. D. *de legatis* 2. en ces termes ; *Iure anim poterit fine periculo vivere.*

Par Arreſt de l'Audience du 25. Juin 1612. plaidans M. Auguſte Galand & Cupif, jugé que le jour & l'année ne ſont neceſſaires aux teſtamens holographes, contre l'avis de M. C. du Molin en ſa note ſur l'article 15. de l'ancienne Couſtume d'Orleans. *Secus*, aux autres teſtamens paſſez pardevant Notaires ou Tabellions. *Ioan. Faber* ſur le titre des Inſtitutes *de teſtamentis*, dit que c'eſt le plus ſeur d'y ajouter le jour & l'année. L'Ordonnance de Blois article 167. veut que les Notaires declarent non ſeulement par les contrats, mais par les teſtamens & autres actes, le tempe de devant ou aprés midy, & le lieu où ils ſont faits & paſſez. Par Arreſt de l'Audience du 28. May 1608 plaidans M. Robert & du Lac, jugé en la Couſtume d'Orleans, qu'un teſtament ſe peut revoquer par un ſimple acte de volonté contraire, dont la raiſon eſt, qu'en pays Couſtumier les teſtamens ne ſont reputez que pour codicilles. *Secus*, en pays de Droit écrit, la revocation d'un teſtament n'étant valable, ſi elle n'eſt faite par un autre teſtament ſolemnel, *Inſtit. quibus modis teſtamenta infirmentur.* L.

ARTICLE CCXC.

Des Vicaires pour recevoir teſtamens.

Sont tenus iceux Curez de bailler lettres de Vicariat general [1], & icelles faire enregiſtrer és Greffes Royaux, pour le regard des paroiſſes aſſiſes és villes, & où il y a Iuge Royal; & és autres lieux, en la Iuſtice ordinaire d'iceux : avant que les Vicaires puiſſent recevoir aucun teſtament. Voyez l'article precedent, & le ſuivant.

1 Car un simple Prêtre ne peut recevoir un testament, jugé par Arrest du 14. Aoust 1559. publié aux Chastelet, rapporté icy par M. René Chopin. Mais si le Vicaire est en longue possession de faire les actes de Vicaire, & recevoir les testamens, encore que ses lettres de Vicariat ne soient enregistrées, il a esté jugé que le testament seroit bon & valable reçu par luy, entre les heritiers de M. Brandon ; par Arrest de l'an 1609.

Cet Arrest a esté donné en la seconde Chambre des Enquestes le 10. Mars 1609. Pareil Arrest de l'Audience du 11. Juillet 1590. pour le Vicariat du Vicaire de S. Severin de cette Ville de Paris, qui avoit exercé cette charge par le temps de dix ans, sans aucun Vicariat ; simplement avoüé par le Curé d'icelle Paroisse ; Et neanmoins enjoint aux Curez de commettre Vicaires generaux, & de faire registrer au Greffe leur Vicariat. L.

ARTICLE CCXGI.

Des registres de Baptême, mariage, testamens, & sepultures.

Sont aussi tenus lesdits Curez & Vicaires generaux, de porter & faire mettre de trois mois en trois mois és Greffes, comme dessus, les registres des Baptêmes, mariages, testamens & sepultures, sur peine de tous dépens, dommages & interests. Et pour ce, ne doivent rien payer au Greffe. Voyez l'article precedent.

Cecy est tiré des Ordonnances de 1539. articles 50. 51. 52. & 53. & de Blois article 181. laquelle veut seulement que lesdits Curez portent aux

reffes les fufdits actes, deux mois aprés cha-
ne année. Icy eft dit de trois mois en trois mois.
oyez fur cet article M. L. Charondas, où il rap-
orte deux anciennes formes d'enregiftrer les teftamens. *T*.

ARTICLE CCXCII.

Pris des 92. & 93. articles.

Qui peut difpofer par teftament, & de-
quoy.

Toutes perfonnes faines d'entendement,
ées, & ufans de leurs droits, peuvent
difpofer par teftament & ordonnance de
derniere volonté, [1] au profit de perfonne
capable, de tous leurs biens meubles, acquefts & conquefts immeubles, & de la
cinquiéme partie de tous leurs propres heritages; & non plus avant : *encore que ce fuft*
pour caufe pitoyable. Voyez l'article fuivant, & les 272. & 294.

[1] Cet article & les fuivans traitent du pouvoir de
tefter, de quels biens, & en quel âge on peut tefter.
Il en eft icy parlé generalement, & fe reftraint la
faculté de tefter en quelque âge que ce foit aux
meubles, & au quint des propres. *Hic terminus*
fto, pour quelque caufe fi favorable que ce foit,
même pour l'Eglife & legs pieux comme à la fin de
l'article, & par ce moyen les quatre quints demeurent francs & quittes de legs ou autres charges
teftamentaires à l'heritier, par Arreft du douze
Février 1575. Que fera-ce fi le teftateur legue
ufufruit de tous fes biens ? Il y a diverfité d'o-

pinions, M. Charles du Molin tient que tel legs
d'usufruit s'étend plus avant qu'au quint : M. René
Chopin est d'avis qu'il le faut reduire à l'usufruit
du quint, par la loy *fin. Cod. de reb. alien.
non alien. Vetita legib. alienatione, ususfructu
pariter alienatio inhibetur.* Joint l'Arrest du 28.
Novembre 1537. entre Pinaut & Laisné, rapporté
par M. Loüet lettre V. nomb. 8. & par M. L.
Charondas en ce lieu, lequel neanmoins allegue
un Arrest sans date, par lequel a esté jugé que les
legs de l'usufruit de tous les propres doit avoir
lieu, si mieux n'aime l'heritier bailler le quint
des propres. Pour le regard des incapables de tester, lisez ce qu'amplement en a traitté ledit Charondas sur cet article, & les suivans. On demande
si le testateur domicilié à Paris fait testament des
biens qu'il a partie à Paris, & partie en Normandie, la Coustume de laquelle dispose autrement pour les biens qui y sont situez, quelle Coutume doit estre suivie. Il y a eu sur ce Arrest du
30. May 1625. Le testateur avoit fait son testament holographe, & legué à une Eglise de Normandie, une rente de trois cent livres, de laquelle partie estoit deuë en Normandie, partie à
Paris : laissé deux executeurs, l'un en Normandie, & l'autre à Paris : Celuy de Normandie fut
condamné laisser à l'heritier la rente de Normandie, à cause des deux articles de la Coustume,
l'un ordonnant que tout testament est nul, où le
testateur legue plus que le tiers de ses acquests :
l'autre par lequel tout testateur doit survivre trois
mois aprés son testament pour estre valable : Le
testateur icy avoit legué plus que le tiers, & estoit
mort quarante jours aprés son testament. Il y
avoit eu appointement aux Requestes, appel, requeste d'évocation, la Cour a mis l'appellation,
& ce, évoquant, a condamné l'heritier à payer
la rente entiere. D'où s'ensuit que les testamens se

lent par la Couſtume du domicile, comme auſſi
rentes. T.

Par cet article 292. les ſains d'entendement, &
ans de leurs droits, âgez, peuvent teſter pour
ſonne capable, de tous leurs meubles, acquêts
conqueſts immeubles, de la cinquiéme partie de
urs propres. La diſpoſition de cette Couſtume eſt
cienne, car elle eſtoit pratiquée & en uſage dés
an douze cens douze, ainſi que nous apprenons
es Loix & Ordonnances que Simon Comte de
ontfort & d'Albigeois établit en ſes Terres, le
mier Decembre de la même année mil deux cent
uze, ſelon la Couſtume de France & uſage prés
ris, entre autres pour le don ou legs du quint des
opres ; voicy les termes de l'un des articles que
Catel en rapporte en ſon Hiſtoire des Comtes
Tholoſe, livre 2. chapitre 6. *Item, ſera permis*
chacun, ſoit Chevalier ou roturier, donner ou
ner de ſon propre heritage en aumoſne, juſqu'au
uint, ſelon la Couſtume de France & uſage prés
ris. Item, *cuilibet ſive militi, ſive ruſtico lici-*
um erit legare in eleemoſina, de hareditate pro-
ia uſque ad quintam partem ad conſuetudinem
uſum Franciæ circa Pariſios, ſelon l'Auteur de
Franc aleu, chapitre 11. page 371. M. J. Tronçon
ent que par le preſent article & le deux cent qua-
tre-vingt-treize, l'on peut par teſtament diſpoſer à
l'âge de vingt ans du quint de ſes propres. Tournet
it, que la faculté de teſter ſe reſtraint, en quelque
ge que ce ſoit, aux meubles & au quint des pro-
es. Le Caron eſtime pour les meubles, acqueſts &
immeubles, qu'il faut avoir vingt ans accomplis ;
pour le quint des propres, vingt-cinq ans accom-
; ſinon que le teſtateur n'eût meubles, acquêts,
conqueſts immeubles : Car lors ayant paſſé vingt
s accomplis, il pourra teſter du quint de ſes
opres, ſelon les articles 192. & 29. . *ex l. cum*
famil. 40. *ff. de leg.* 3. *l. fin. ff. de condit.* &

demonſtr. l. fin. C. de his qui veniam ætat. impet.
d'autant que les meubles, acquêts & conquêts
procedans du labeur, induſtrie & bon ménage du
teſtateur, ſemblent eſtre en la plus libre diſpoſition
d'iceluy, que ſes propres qui luy ſont venus de
ſes anceſtres, ou pere & mere, & qu'il ſemble
aucunement obligé par une loy civile, à garder à
ceux de ſa famille. M. C. Guerin tient qu'il faut
vingt cinq ans pour teſter des meubles & conqueſts, & du quint des propres. M. Marion au
ſeptiéme Plaidoyé, a tenu qu'en l'ancienne Coûtume, il falloit vingt-cinq ans, tout de même que
le don d'entre-vifs ne peut eſtre fait avant vingt-
cinq ans, ſuivant deux articles qui eſtoient lors
ſous un titre commun des teſtamens & dons; l'un
deſquels contenoit que toute perſonne âgée &
uſant de ſes droits, pouvoit donner entre-vifs
tous heritages propres & acqueſts à perſonne capable; l'autre que toute perſonne âgée & uſant
de ſes droits pouvoit par teſtament diſpoſer de ſes
meubles, acqueſts immeubles, & quint de ſes
propres, à perſonne capable, dont on pouvoit inferer que l'âge n'eſtant diſtingué en double eſpece,
mais énoncé indifiniment ſous ces mêmes titres en
mêmes mots, & ſans aucune marque de diverſité,
doit eſtre entendu d'un ſeul & même âge, en l'un
& en l'autre article, *ſcilicet*, de l'âge qu'on appelle
plein, parfait, entier & legitime, tant parce que
le mot *commun* ſimplement proferé doit eſtre pris
en ſa plus notable ſignification, comme parce qu'il
eſt certain & hors de doute, que le don entre-
vifs ne peut eſtre fait avant vingt-cinq ans, &
que la Couſtume a parlé de ce qui touche l'âge,
conformement à une eſpece comme en l'autre, parce que luy eſtant toutes deux pour ce regard en
pareille raiſon, elle entend auſſi qu'elles ſoient re-
glées par un ſeul & même âge : Ce qu'il confirme
encore par l'article 31. que l'homme tenant fief eſt
reputé

uté âgé à vingt ans accomplis, d'où s'ensuit
lez que le testament, que l'on tient comme un
miroir des mœurs de l'homme, estant notoirement un acte plus grave que n'est un simple hommage, ne peut être fait qu'en âge plus meur;
autrement quelle ineptie seroit-ce à la Coustume,
qu'elle eust desiré quinze ou vingt ans, en ce qui
est moindre, & se contentast de douze ou quatorze ans en ce qui est plus? qu'elle rendist le vassal
capable d'aliener le fief, avant qu'il fust capable
d'en faire l'hommage? qu'il fust estimé assez sage
& prudent pour le donner de gayeté de cœur, selon sa fantaisie, sans autre cause que son simple
plaisir, à un legataire auquel il ne doit rien; avant
qu'on le repute assez avisé pour se presenter aux
yeux ou à la porte de son Seigneur, duquel il le
tient comme un pur benefice, pour luy rendre
l'honneur de la reconnoissance qui luy en est deuë?
Aussi elle ne permet pas aux hommes simplement
âgez, de donner entre-vifs, ou à cause de mort :
mais elle veut qu'ils soient conjointement âgez,
& usans de leurs droits, la Coûtume ayant dénié
le pouvoir de tester à tous les mineurs de vingt-
cinq ans, par le mot, *âgées*, y conjoint les majeurs, mis en curatelle, par ces mots, *& usans
de leurs droits*, lesquels confirment l'exclusion du
mineur adulte, parce que n'ayant ses biens en gouvernement, non plus que l'impubere ou l'insensé,
d'autant qu'ils sont regis, non par luy-même, mais
par son tuteur; il ne peut aussi non plus estre dit,
usant de ses droits. Quand la Coust. parle d'une puissance nullement restrainte ny limitée, elle use de
termes purs & absolus, sçavoir que toute personne âgée & usant de ses droits, peut donner entre-
vifs; que toute personne âgée & usant de ses droits,
pour faire testament, pour faire connoistre que
ce qu'elle énonce, non par note de similitude,
mais par signe de pleine verité, doit aussi estre

vrayement accomply par l'âge de 25. ans , regulierement legitime en tous actes , & par une abfo-
luë ufance de droit , & non par fiction ou par dif-
penfe extraordinaire & particuliere ; auffi le mot,
âgées , fignifie , *majeures de 25. ans*, en l'ancienne
Couftume ainfi qu'en la nouvelle , comme il pa-
roift par l'article 66. qui parle de la préfcription
de dix ans. En confequence de ce Plaidoyé , l'an
1570. intervint 2. ou 3. Arrefts interlocutoires ,
qui firent que le legataire , moyennant peu de
chofe , fe départit de fon legs , qui paffoit en valeur cent mille francs ; depuis quand on reforma
la Couftume l'an 1580. cette plaidoirie y fut ra-
menteuë , & ce qui n'avoit fervy qu'à parfaire un
Arrreft par l'accord des parties , fervit enfin à faire une loy en paroles expreffes. *1.*

ARTICLE CCXCIII.

Age requis pour tefter.

Pour tefter des meubles , acquefts & con-
quefts immeubles , faut avoir accomply l'âge de
vingt ans 1 *, Et pour tefter du quint des pro-*
pres , faut avoir accomply l'âge de vingt-cinq
ans. Voyez l'article precedent , le fuivant , & les 272. & 289.

1 On a douté s'il falloit fuivre la difpofition du
Droit Civil aux Couftumes qui ne difpofent point
de l'âge. Il a efté jugé par Arreft du 10. Avril
1600. qu'en ce cas , on peut tefter à 12. ans pour
les femmes , & à 14. ans pour les mâles. M. R.
Chopin en allegue un plus ancien en la Couftume
de Meaux , du 7. Janvier 1581. M. Marion en fon
feptiéme Plaidoyé eft d'avis , qu'au defaut de la
Coûtume on peut tefter , *in plena pubertate*, qui

… & … un Arreſt en ſemblable cas
… … 1571. Que ſi le legs paſſant le quint
… peut prendre en la Coûtume de Paris, il ſe
… fur les biens ſcituez aux autres ſieux
… legs paſſe le quint, jugé par Arreſt du 3.
… 73. ſi ce n'eſt qu'expreſſement le teſtateur
… le quint; car en ce cas le quint ſe pourra
… ſur ſes propres, quelque part qu'ils
… par Arreſt du 10. May 1573. T.
… cet article 295. il eſt dit, que pour teſter des
… bles, acqueſts & conqueſts immeubles faut
… 20. ans accomplis, & du quint des propres
… accomplis : à la lecture duquel les Eccle-
… ayant remontré, qu'étant loiſible à 16.
… diſpoſer de ſa perſonne, à faire vœu de
… gion, il le doit être auſſi de ſes biens, quand
… entre en Religion & fait profeſſion. Le-
… ſieur Marion pour la Nobleſſe dit, que la
… ſtume ſe doit faire pour la conſervation des
… ſons & familles, qui ſeroient grandement in-
… ; ſi un mineur audit âge pouvoit diſpoſer
… biens, & les donner aux Monaſteres ou à
… perſonnes, à quoy le tiers Eſtat ayant adhe-
… fut ordonné que leſdits articles 293. & 294.
… meureroient ainſi qu'ils avoient été accordez :
… le chap. 52. des Plaidoyers de M. J. Cor-
… & l'article 299. cy-deſſous. I.
… Arreſt du 28. Fevrier 1615. les parties
… & Simon Rubentel, d'une part, &
… d'autre, la Cour a limité l'âge de teſter à
… en Couſtumes qui n'en diſpoſent point. Et
… ſuivant le droit Romain, tant ancien que
… veau, en la loy *A qua ætate. ſ. qui teſtam. fac.*
… en la loy *Si frater. Cod. eod.* Par Arreſt
… d'audience du 16. Janvier 1615. Charles De-
… des parties, jugé que la delivrance de
… … de meubles leguez, doit eſtre faite
… temps du teſtament. Ce qui eſt conforme à la

loy *Si ita esset legatum. 7. D. de auro & argent. legato. id legatum videtur quod testamenti tempore fuisset. L.*

Nouvelle Addition.

☞ Dans l'addition aux notes sur le liv. 1. chap. 27. du Recueil de M. Bardet tom. 2. il y a une dissertation, pour distinguer en quelles Coûtumes, parmy celles qui n'ont point reglé l'âge de tester, on doit suivre le droit Romain. *

ARTICLE CCXCIV.

Qui n'a que propres, peut tester du quint, aprés vingt ans.

Toutefois si le testateur n'a meubles, acquests, ne conquests immeubles 1 *, peut audit cas tester du quint de ses propres, aprés vingt ans accomplis.* Voyez les deux articles precedens & suivans.

1 C'est une exception du precedent article ; à vingt ans on peut leguer le quint des propres, quand le testateur n'a aucuns meubles, ny acquests & conquests. Icy on pourra remarquer la distinction des âges portez en cette Coûtume, pour divers effets.

A douze ans aux femelles, & à quatorze ans aux mâles, finit la garde bourgeoise, *art. 268.*

A vingt ans aux mâles, & à 15. ans aux femelles, finit la garde-noble. *ibidem.*

A 20. ans aux mâles, & à 15. ans aux femelles, se fait la foy & hommage, *art. 32.*

A vingt ans on peut disposer des meubles par donation entre-vifs, & à 25. ans de tout son bien, *art. 271.*

A vingt ans on peut témoigner en teſtament, art. 289.

A vingt ans on peut teſter des meubles, ac-quests & conquests immeubles, *article 293.* & du quint des propres, s'il n'y a meubles; *article 294.*

A vingt-cinq ans on peut teſter deſdits meubles, acquests, & conquests immeubles, & du quint des propres, *art. 293. T.*

ARTICLE CCXCV.

Heritiers ſe tenans aux quatre quints.

Si l heritier ſe veut contenter de prendre les quatre quints des propres, abandonner les meubles, acquests & conquests immeubles, avec le quint deſdits propres, à tous les lega-taires, faire le peut : [1] *en quoy faiſant, il de-meurera ſaiſi deſdits quatre quints, & leſdits legataires prendront le ſurplus, les dettes toute-fois prealablement payées ſur tous les biens de l'heredité. Voyez l'article 298. en la fin.*

[1] L'heritier eſt ſaiſi par la loy commune de la France, il eſt donc maître & Seigneur, & doit le legataire luy demander delivrance de ſon legs, Arreſt du Jeudy dernier Avril 1579. cy-deſſous article 318. mais s'il retient les quatre quints, & abandonne le quint & les meubles & conquests aux legataires, tel abandonnement vaut delivrance, pour être priſes leſdites choſes par les legataires, les dettes auparavant payées ſur toute la maſſe de l'heredité : Si bien que qui plus en prend, plus en paye, ſçavoir eſt au ſol la livre. On compare les

quatre quints à la legitime de l'heritier, & on dit
qu'il les doit avoir franchement & quittement :
Secus judicatum, par Arreſt du 19. Decembre 1596.
allegué par Monſieur Loüet lettre I. nomb. 7.
contre un heritier qui avoit diſpoſé des meubles
ſans en avoir fait inventaire. Mais envers les legataires, il eſt bien vray que l'heritier doit avoir
les quatre quints, *ſine onere legatorum,* en aban-
donnant les meubles & conqueſts, & quint des
propres, par Arreſt de l'an 1542. & l'Arreſt des
Boulaids du 14. May 1562. & celuy des Burons
du 4. Juillet 1587. L.

Par cet article 295. l'heritier qui ſe contente
des quatre quints des propres, abandonne les
meubles, acqueſts & conqueſts, & le quint deſdits propres, aux legataires, les dettes payées ſur
tous les biens de l'heredité : ſuivant cet article
par Arrreſt du premier Septembre 1637. il fut ordonné que delivrance ſeroit faite par Loüis Gif-
fart, heritier de Monſieur le Clerc, Conſeiller de
la Cour, à Sanſon Paſquier ſon Clerc, & Jeanne
le Clerc ſa femme, legataires univerſels des meubles, dettes actives, & acqueſts dudit defunt, dudit legs ; & que ledit Paſquier, en qualité d'executeur teſtamentaire, avanceroit les frais de l'execution d'iceluy teſtament, ſauf à les repeter, &
permis de diſpoſer de l'Office de Conſeiller dudit
defunt ; & que les lettres de proviſion dudit Office, quittance du droit annuel, & autres pieces
concernantes iceluy, ſeroient miſes en ſes mains,
& ledit Arreſt vaudroit procuration : Ledit Gif-
fart demeura ſaiſi des quatre quints des propres
dudit defunt. I.

ARTICLE CCXCVI.

C'eſtoit le 94. article.

Mary ne peut teſter que de ſa moitié.

Le mary par ſon teſtament ou ordonnance de derniere volonté , ne peut diſpoſer des biens meubles , & conqueſts immeubles communs entre luy & ſa femme,
au préjudice de ſadite femme [1] , ny de la
moitié qui luy peut appartenir en iceux
par le treſpas de ſondit mary. *Voyez les
articles* 225. *&* 282.

[1] Autre choſe eſt par donation entre-vifs , par
laquelle le mary pendant le mariage , peut diſpoſer de la communauté , cy-deſſus article 225. mais
par teſtament & donation à cauſe de mort , il ne
peut , à cauſe que l'effet de telle donation ceſſe au
temps que le mary perd ſon authorité , & la femme a autant de droit à la communauté , que les
heritiers du mary. C'eſt pourquoy fut dechargée
la moitié d'un conqueſt adjugé à la femme , nonobſtant le legs de tout le conqueſt que le mary
avoit fait à la Marguillerie de Chaumont , où la
Coûtume ne defend telles diſpoſitions : Le Juge de
Chaumont avoit confirmé le legs , la Cour infirma
ſa Sentence ; par Arreſt de l'Audience du 21. Janvier 1608. M. Loüet lettre D. nombre 48. &
comme le mary ne peut teſter de la part de la femme , auſſi ne peut-il la confiſquer par forfait &
condamnation pour crime , Arreſt pour Marie
Chaſtel du 29. Novembre 1556. allegué en ce lieu
par Charondas , qui dit l'avoir veu. *T*

Par cet article 296. le mary ne peut teſter que

de fa moitié des meubles & conquefts communs à
luy & à fa femme; d'autant que l'effet de telle difpofition teftamentaire s'étend au temps que l'autorité du mary ceffe ; & que la femme a autant de
droit aux biens communs, que les heritiers du mary , felon le Caron. *I.*

L'Arreft cy-deffus allegué eft conforme au droit
Romain , en la loy *Si marito.* 31. *ff. foluto matrimonio ,* qui dit, *Si marito publico judicio damnato,
pars aliquando bonorum ejus publicetur, fifcus cre-
ditoribus ejus fatisfacere neceffe habet, inter quos
uxor quoque eft.* La raifon eft , que *focietas reos
fceleris non facit; Nec enim affinitas aut amicitia
nefarium crimen admittunt. Peccata fuos teneant
auctores: nec ulterius progrediatur metus, quam re-
periatur delictum. Hoc fingulis quibufque judici-
bus intimetur. l. Sancimus.* 21. *Cod. de pœnis.* Et
non-feulement le mary confifquant, ne confifque
la part des meubles & conquefts immeubles , laquelle doit appartenir à fa femme ; mais auffi fon
doüaire & fes autres conventions matrimoniales
luy font refervées fur les heritages de fon mary ,
nonobftant la confifcation. *l. res uxoris.* 24. *Cod.
de donat. inter vir. & uxorem.* L.

ARTICLE CCXCVII.

C'eftoit le 95. article.

*Executeurs comment faifis , & à quoy
tenus.*

Les executeurs teftamentaires font faifis
durant l'an & jour du trefpas du defunt ,
des biens meubles demeurez de fon decez,
pour l'accompliffement de fon teftament.

ſi le teſtateur n'avoit ordonné, que ſes executeurs fuſſent ſaiſis de ſommes certaines ſeulement. *Et eſt tenu ledit executeur de faire faire inventaire en diligence, ſitoſt que le teſtament eſt venu à ſa connoiſſance : l'heritier preſomptif preſent, ou dûëment appellé.* Voyez l'article 228. vers la fin, 2,7. en la fin. 240. vers le milieu, & 269. au milieu.

L'execution teſtamentaire eſt volontaire, & depend de la volonté de celuy qui peut l'accepter, ſans autre plus grande & expreſſe declaration ; & ſuffit qu'il en faſſe les actes, dont le principal eſt la confection de l'inventaire des meubles du teſtateur, qu'il doit promptement faire, l'heritier preſomptif preſent ou appellé : Et par ce moyen eſt ſaiſi des meubles malgré l'heritier, par Arreſt du 13. Juin 1563. Les meubles doivent être vendus à ſa diligence, & livrez au plus offrant & dernier encheriſſeur, & de l'argent qui en viendra doit accomplir le teſtament, & payer les dettes mobiliaires, & avant toutes autres, acquitter les obſeques & funerailles, & au bout de l'an ſon execution finie, il doit rendre compte à l'heritier : dont il y a une exception en cet article, quand le teſtateur a voulu que ledit executeur fuſt ſeulement ſaiſi d'une certaine ſomme, moyennant laquelle à luy fournie par l'heritier, il ne pourra être ſaiſi des meubles, ſurquoy Rebuffe cite un Arreſt du 27. Octobre 1498. ſur les Ordonnances. Mais pour le regard des immeubles, il n'en eſt, ny doit être ſaiſi, poſé le cas que les meubles ne fuſſent ſuffiſans pour accomplir le teſtament, jugé par Arreſt de l'an 1494. cité au troiſiéme livre des Réponſes de Charondas. Mais comme l'executeur ne peut être contraint de bailler caution,

aussi ne peut-il être exempt de faire faire inventaire, encore que le testateur l'en eust déchargé
par son testament, & en outre de rendre compte. *T.*

Des executeurs testamentaires mentionnez par
cet article 297. Voyez l'indice de Ragueau, &
M. J. de Joinville en la vie du Roy saint Louys,
qui disoit, qu'un sage homme, tandis qu'il vit,
doit faire tout ainsi qu'un bon executeur d'un testament, à sçavoir, que le bon executeur premierement & avant tout œuvre, doit restituer, &
rétablir les torts & griefs faits à autruy par son
trespassé; & du residu de l'avoir d'iceluy mort,
doit faire les aumônes aux pauvres de Dieu, ainsi
que le Droit écrit l'enseigne. *l.*

Par Arrest de l'Audience du 12. Janvier 1555.
ordonné que pour l'empêchement que les heritiers
avoient fait à l'executeur testamentaire, l'an ne
commenceroit que du jour qu'ils l'auroient saisi
des meubles: ce qui leur fut enjoint de faire dans
huitaine. La raison est, d'autant que l'an de l'execution testamentaire est utile, & ne doit courir
contre celuy qui est empêché en l'execution du
testament. *L.*

*Joan. Oldendorpius scripsit de Executoribus ulti-
marum voluntatum, quid leges, quid item Pontifi-
cii canones sentiant; & est imprimé à Troyes,
chez Nicolas Paris 1542. sous ce titre, Collatio
Juris civilis & canonici, maximam adferens boni
& æqui cognitionem.* L.

ARTICLE CCXCVIII.

Legitime, ce que c'est.

*La legitime est la moitié de telle part & por-
tion que chacun enfant eust eu en la succession*

lesdits pere & mere, ayeul, ou ayeule, ou
autres ascendans [1], si lesdits pere & mere, ou
autres ascendans, n'eussent disposé par donations entre-vifs, ou de niere volonté. Sur le
tout déduit les dettes & frais funeraux. Voyez
l'article 27. vers le milieu, & à la fin des
295. & 307.

[1] La legitime, aprés les dettes payées, se prend
sur tous les biens, desquels les pere & mere, ayeul
ou ayeule ont disposé, soit entre-vifs, soit par
testament, par l'Arrest des Brinons du 27. May
1558. Elle n'a lieu qu'aprés le decez, & ne peut
estre damandée durant la vie des pere & mere, nonobstant leur mauvais ménage, par Arrest du 25.
Decembre 1583. Et n'a lieu aussi qu'en ligne directe, tant ascendante que descendante, dont il y a
plusieurs Arrests, & specialement pour la mere,
le dernier prononcé en robes rouges par Monsieur
le President de Verdun le 7. Septembre 1615. pour
Marguerite de Phevenon, mere de Jean Buisson.
Faut voir M. Robert, livre 1. chapitre 1. de ses
Arrests, M. Loüet lettre L. nombre 1. Legitime
est définie la moitié de ce que chacun des enfans
eust eu *ab intestat*. Ce qui oste beaucoup de questions du Droit écrit : Et on voit clairement que la
legitime par nôtre Coûtume, est deferée, *divisim*
sive disjunctim, *& non conjunctim*, pour retrancher les subtilitez du Droit, *adcrescendi &*
de petentium & non petentium partibus. Ce que le
nom de *chacun* montre assez : *vox enim est disjunc-*
tiva, & sic cessat jus adcrescendi, la part & portion de ceux qui renoncent, ou en sont exclus,
étant confuse en l'heredité, de laquelle legitime
les enfans sont saisis, sans qu'il soit besoin de la
demander, & peuvent demander partage des biens

recta via, même former complainte en cas d'empêchement. Voyez M. Loüet au lieu cy-dessus
allégué. Bref, le legitimaire ne peut retenir qu'u-
ne legitime ; & ne peut avoir la quarte legitime
& la Trebellianique ensemble au pays Coûtumier,
& n'a lieu la legitime entre collateraux ; sinon en
cas de droit, entre les freres & sœurs, *turpibus*
personis instituti. Il a été douté si la fille renonçant à ses droits successifs par contrat de mariage,
moyennant certaine somme de deniers baillée par
le pere, sans renoncer specialement à la legitime,
est receuë à demander le supplément de sadite legitime, & se faire relever de la renonciation par
elle faite à ses droits successifs, attendu les grandes richesses laissées par son pere, mort riche de
cinq cent mille francs, & qu'elle n'avoit receu
que quatre mille cinq cent livres pour tous droits ?
Cette question fut jugée & decidée par Arrest prononcé en robes rouges en la prononciation de la
Pentecoste 1585. confirmatif de la Sentence du
premier Juge, qui avoit debouté la fille de sa
demande & de l'entherinement de ses lettres. Cet
Arrest est au Recueil de M. Montholon chap. 35.
dont il y a toutefois une exception, quand les Coûtumes rappellent pour la legitime, comme celle de
Lorris, Orleans, Berry, Chartres & de Montfort. Jugé pour Nogent Gaillaut, & en l'Audience, par Arrest du 14. Fevrier 1585. A été pareillement jugé, que l'enfant ne peut renoncer à sa legitime, en fraude de ses creanciers. Par Arrest à
la prononciation de Pâques l'an 1589. dans le susdit Montholon, chap. 55. fut condamné le fils
faire cession à son creancier de ses droits pour se
pourvoir contre le testament du pere. *T.*

Cet article 298. ajuge aux enfans, pour legitime la moitié de ce qu'ils eussent eu en la succession de leurs pere & mere, ayeul & ayeule, s'ils
n'eussent donné entre-vifs, ou testé : il ne dit

rien de celle deuë aux pere & mere, selon le Caron, Chopin sur la Coutume d'Anjou liv. 2. tit. 4.
Bacquet chap. 5. du droit de bâtardise, n. 12. &
13. Robert liv. 1. chap. 4. Tronçon, Tournet,
Mornac sur le titre 2. liv. 15. du liv. 5. du Digeste : Mais M. Loüet en la lettre L. nomb. 1. &
M. J. Brodeau, & M. C. Guerin soûtiennent que
la legitime n'est point deuë aux pere & mere, ayeul
& ayeule, en pays coûtumier, d'autant que les
Coûtumes n'en parlent point, & qu'en pays de
Droit écrit, elle est deuë sans doute : Mais l'on
peut répondre que les raisons qui militent pour
le pays de Droit écrit, ne militent pas moins pour
le pays Coûtumier, que M. A. Robert a doctement representées, celle-cy entr'autres tirée de
Papinian, que l'ordre de la mort naturelle étant
renversé, il n'y a pas moins de pieté de laisser
quelque chose au pere & à la mere, qu'aux enfans ; que les pere & mere sont creanciers de leurs
enfans en tout temps ; & leurs enfans toûjours
leurs redevables : & l'Arrest de 1583. donné en la
Coûtume de Laon, doit être suivy en toutes les
autres, qui ne disposent point au contraire, suivant l'avis de M. Servin. I.

Nouvelle Addition.

☞ Les ascendans n'ont point de legitime dans
cette Coûtume, mais il seroit peut-être dangereux
de decider la même chose en general pour tout le
pays coûtumier. *

M. Charles du Molin en sa Note sur l'article 3.
titre 18. de la Coûtume de Berry, dit que l'enfant
est saisi & peut former complainte pour sa legitime, & que ce droit est general ; *In Gallia filius
non tenetur venire per actionem supplementi : Sed est
saisitus de sua legitima & habet interesse, pour recta
demander partage & sequestre in casu mora.* Par

Arrest du quinziéme Decembre 1612. en la cinquiéme Chambre des Enquêtes, au rapport de M. Haste, Emonde Lombat, l'une des parties, a été confirmée une Sentence du Senéchal de Lyon, ou son Lieutenant, par laquelle il fut jugé que l'action pour la legitime dure jusques à trente ans, contre le droit Romain, qui l'a limitée à cinq ans en la loy *Scimus* 36. *C. de in offic. testamento.* L.

Nouvelle Addition.

 Dans le cas de plusieurs donations faites à des enfans, qui blessent la legitime des autres enfans, il avoit été jugé par Arrest d'Audience de la grand'Chambre du 14. Mars 1675. que les premieres donations, comme les dernieres, devoient contribuer à la legitime ; mais il est depuis intervenu un Arrest contraire aussi en l'Audience de la grand'Chambre le 19. Mars 1688. dans la XI. Part. du Journ. du Pal. qui juge qu'on doit épuiser les dernieres donations, avant que de toucher aux premieres.

Par Arrest du 27. Mars 1629. qui est au recueil de M. Bardet tom. 1. liv. 3. chap. 37. il a été jugé que les enfans du second lit ne peuvent prendre leur legitime sur le douaire de ceux du premier lit; & dans l'addition aux Notes il y a une dissertation pour le justifier, qui établit incidemment qu'on peut être legitimaire sans être heritier. *

TITRE XV.

DE SUCCESSION EN LIGNE
directe & collaterale. [1]

1 LA succession ou heredité, est le pouvoir &
faculté d'heritier ou succeder au droit universel qu'avoit le defunt au temps de la mort, *l. 24.*
ff. de verb. signific. l. 62. ff. de regul. Jur. le Caron
au 3. livre des Pandectes chap. 1. & en ses Memorables dit, que l'heredité est la succession au droit
universel qu'avoit le defunt, c'est à dire, un droit
de succeder universellement à ce qui appartenoit
au defunt. *I.*

ARTICLE CCXCIX.

C'estoit l'article 120. de l'ancienne Coustume.

Si l'institution d'heritier a lieu.

Institution 2 d'heritier n'a lieu, *c'est à
dire, qu'elle n'est requise, & 3 necessaire pour
la validité d'un testament : Mais ne laisse de
valoir la disposition jusqu'à la quantité des
biens, dont le testateur peut valablement disposer par la Coûtume.* Voyez les articles 292.
& 294.

2 Elle n'est necessaire, ne saisit, mais vaut comme un simple legs. Recours à mon Commentaire. *C. M.*

3 Ny la substitution, pour la raison icy expri-

mée, dérogeant à la forme testamentaire du Droit
écrit, d'autant qu'en pays coûtumier, il n'y a point
d'heritier testamentaire, tellement que tous sont
heritiers *ab intestat*, en prenant proprement le
mot *d'heritier* : Mais si le mot d'heritier est mis en
un testament, la disposition directe est convertie
en oblique, étant tenu tel heritier pour legataire,
dont il y a quelque argument pris de la loy *pater* §.
fin ff. de leg. 3. & l. Scavola ff. ad S. Trebell. Cela se trouve avoir été jugé par Arrest du mois de
Septembre 1566. Au contraire, ce qui est prohibé par le Droit, est approuvé par les Ordonnances, & l'usage de France, de faire des institutions
d'heritier contractuelles : l'Ordonnance d'Orleans, article 56. & celle de Moulins, article 57.
Et neanmoins telles institutions & substitutions
par contrat de mariage, sont tenuës pour donations entre vifs irrevocables, sujettes à insinuation dans les six mois aprés qu'elles auront été faites : Et de ce, il y a un Arrest celebre rapporté
par Monsieur Bouguier en son Recueil, lettre S. 2.
nomb. 10. ledit Arrest est du 21. Janvier, & un
autre precedent dans M. Loüet du 5. Decembre
1586. lettre S. nombre 9. L.

. M. Marion au 7. de ses Plaidoyers, rend la raison pour laquelle l'institution d'heritier n'a lieu par
cet article, *scilicet*, que les particuliers sont as-
traints d'un lien ferme à la reconnoissance de leur
parenté, dont nos Coûtumes ont du tout aboly
l'adoption & l'institution, colonnes principales de
la liberté vrayement effrenée du droit Romain.
Car en quoy pourroit être la loy plus prodigue,
qu'en donnant puissance à son citoyen de se feindre
un enfant durant sa vie, & un heritier aprés son
decez ? &c. L'ancien usage de nôtre France ne
met aucune distinction entre les enfans, & les collateraux, à defaut d'enfans, mais les rend heritiers tous également, & de même titre chacun en

comme il se lit encore au procez ver-
nôtre Coûtume, redigée en l'an 1510.
seule & même legitime étoit commune à
que le collateral avoit pareil droit sous le
de bail, que l'ascendant par la garde-noble;
entre gens mariez, le don mutuel des meu-
conquests par usufruit, & le gain des meu-
le survivant noble, avoient aussi bien lieu
avantage des descendans, que des collate-
Ainsi on ne peut encore aujourd'huy, sans
raisonnable, exhereder les uns non plus que
autres, mais faut toûjours par necessité qu'ils
heritiers & seuls heritiers, d'autant que la
Coûtume les honore elle-même d'une institution si
ble & si excellente, qu'elle refuse toute autre
compagnie, & de là vient, que le testamentaire
lieu par nos mœurs, mais est seulement per-
de disposer pour cause de mort à titre singu-
de don ou de legs, des meubles & acquests,
nos majeurs ont tenu peu de compte, & du
des immeubles venus par succession, que
nous appellons *propres*, dont la Coûtume a toûjours tant de soin, & singulierement de les conserver aux familles d'où ils sont procedez, qu'il
par force qu'à tout le moins les quatre quints
d'iceux demeurent libres en l'heredité, pour la
naturelle des hoirs legitimes, même des colla-
raux, ainsi que des enfans. Aussi *magis heres fi-*
nascitur quam scribitur : dit Publius Syrus,
comme M. J. Tronçon a observé. I.

En quelque pays Coûtumier, sçavoir est en
Berry, il y a heritier testamentaire : Cela se voit
à l'article premier du titre des Testamens de la
Coûtume de ce pays de Berry, portant que chacun peut faire testament, & par iceluy faire premiere institution d'heritier. Cette Coûtume de
Berry est conforme en cela au Droit Romain, par
lequel l'institution d'heritier est tenuë pour une

marque d'honneur ; & l'exheredation pour note
& marque d'infamie, en la loy *Multi* 18. *ff. de li-*
beris & posth. l. cum te pietatis. 18. *Cod. de inoff.*
testamento. l. cum quidam. 24. *Cod. de legatis.* Le
legs est aussi une marque d'honneur par le Droit
Romain, en la loy *Amicissimos.* 36. *ff. de excusat.*
tutorum. l. sed & si 3. §. 2. *ff. de legat. prastan. l.*
Divus. §. 1. *ff. Ad leg. Cornel. de falsis. l. sed & si*
suscepit. 52. §. 2. *ff. de judiciis* ; dont Monsieur
Brisson a fait une observation. *l. 4. Selectar. ex jure*
civili antiquit. cap. 19. L.

ARTICLE CCC.

C'estoit le 121. article.

Nul heritier & legataire de mêmes biens.

Aucun ¹ ne peut estre heritier & legataire d'un defunt ensemble. ² *Voyez l'article*
suivant, & les 251. *&* 361.

1 Mais bien donataire en ligne collaterale, &
non en directe. *C. M.*

2 La Coûtume ne reçoit les prelegs en la personne d'heritier ; en cela dérogeant aussi au droit
écrit ; pour ce qu'elle rend le plus qu'elle peut à
l'égalité naturelle : Ce qui a lieu tant en ligne directe que collaterale, & en succession de biens de
diverses souches, jugé par Arrest du neuviéme
Février 1610. pour le testament de Marguerite
Boite. M. Loüis Charondas cite l'Arrest d'entre les
sieurs de Monceaux, mais sans date, pour exclure les heritiers & legataires, tant en ligne directe
que collaterale, ce qui s'étend aussi, tant à l'heritier pur & simple, que par benefice d'inventaire, comme a été jugé par Arrest du 15. Mars 1564.

par Arrest prononcé en robes rouges par
le Président de Harlay, le Mardy 7. Septembre 1595. rapporté par M. Loüet lettre H.
nombre 23. Voyez le même pour la prohibition,
tam in directa, que in collaterali, ead. lit. H. num.
& 17. Neanmoins en diverses Coûtumes, on
peut être legataire & heritier, c'est l'Arrest pour
les heritiers de M. Pierre Bureau Avocat en Parlement, du mois de Janvier 1573. rapporté par
Charles du Molin sur le 93. article, & par M.
Loüet lettre S. nomb. 16. Il y a une exception de
cette regle generale en l'article suivant, où une
même personne peut être heritiere & donataire
ensemble, *diverso tamen jure*, sçavoir donataire
entre-vifs, & heritiere en ligne collaterale d'un
même donateur, & testateur, sans être tenu de
rapporter. Mais en ligne directe, le Pere est tenu
rapporter le legs fait à son enfant par les ascendans; c'est l'article 306. *Secus in collaterali*,
par Arrest du 12. Juin 1549. on selon aucuns du 8.
Fevrier 1589. A la maxime de l'article precedent
on peut aussi ajouter celle-cy; Nul ne peut être
heritier & heritier du pere ensemble, par l'article 251. jugé par Arrest pour M. le President
Loüet du 23. Fevrier 1545. & un autre pour M.
Magelone, Conseiller au Chastelet, le 9. Avril
1551. T.

M. Marion au même Plaidoyé 7. cotté cy-dessus p. 645. rend encore la raison de cet article,
à sçavoir que nul n'est heritier & legataire d'un
mort; *scilicet*, pour retrancher l'inégalité des
legs ajoutez au titre d'heritier : Car il avenoit
souvent que les volontez paravant dévoyées du
droit naturel envers leurs plus proches, étans ainsi
remises à la trace du sang, se perdoient encore en
beau chemin, parce qu'elles convertissoient le
vice premier de trop grande froideur envers tous
parens, au vice contraire de trop grande ar-

deur envers aucuns d'eux ; & au lieu de suivre les
pas de la loy par sa droite sente, cherchoient des
détours égarez, en y mêlant leurs dispositions :
tellement que l'inégalité des prelegs ajoutez au titre d'heritier, en faveur des uns, & au mépris
des autres, égaux en parenté, causoit des envies
& simultez entr'eux ; ce que la Coûtume a voulu
retrancher, rendant le legataire incapable de l'heredité, & l'heritier incapable des legs : *N. Valla
tit.* 3. *de reb. dub. n.* 5. *in fin.* & 6. *ait rationem
hujus consuetudinis esse, ut sit inter heredes aqua-
litas.* M. J. Brodeau, sur les Arrests de M. Loüet,
in lit. H. *num.* 16. en ajoute une autre ; à sçavoir,
que le titre universel d'heredité, absorbe ce qui
est du titre particulier du legs ; & l'heritier étant
saisi dés l'instant du decez du testateur, par la
Coûtume generale de France ; si le legs subsistoit
il se trouveroit en même-temps debiteur & creancier de luy-même. Or la disposition du present
article a lieu, non-seulement en ligne directe,
mais aussi en la collaterale, même és biens de diverse souche ou ligne & nature, scituez en une
même Coûtume ; de sorte que l'heritier des propres paternels ne peut être legataire des biens de
la ligne maternelle : Car la diversité des biens
n'empêche pas que ce ne soit une même heredité,
une succession d'une même personne, *unicum pa-
trimonium*, comme il a été jugé sur l'interpretation de cet article, par Arrest du Mardy matin
neuviéme Février 1610. M. Forget Président ;
plaidans Germain, P. Pietre, le Feron, & Fremin, & M. l'Avocat du Roy le Bret, pour legs
faits par M. Jean Versoris, Avocat en Parlement,
& Damoiselle Marguerite Boite, à Pierre & François Joulet, sieurs de Chastillon ses consins ; par
lequel la Cour ordonna, que les legataires auroient delivrance du legs, en renonçant à la succession de la defunte, ce qu'ils seroient tenus d'op-

ter dans quinzaine, autrement l'option referée.
Brodeau allegue cet Arrest au lieu susdit, aprés
M. J. Corbin, lequel au 52. de ses Plaidoyers rapporte exactement le fait, ainsi qu'il s'ensuit. M.
Jean Versoris Avocat au Parlement, ayant acquis plusieurs biens, fait son testament, par lequel aprés les legs pies, il divise tout son bien,
qu'il dit être d'acquest, en deux, la moitié ausdits Joulets, enfans de Damoiselle Marguerite
Versoris sa sœur, l'autre moitié à Marguerite Boite,
fille de Damoiselle Catherine Versoris, aussi sa
sœur; disant que c'est du consentement d'icelle:
aprés sa mort, ladite Catherine Versoris se trouvant à l'ouverture du testament, en consent encore l'execution: elle decede quelque temps aprés,
& sa fille Marguerite Boite aprés elle, qui fait testament âgée de vingt-quatre ans, & legue ce
qu'elle a eu de son oncle ausdits Joulets ses cousins
germains, & leur donne encore tout ce que la
Coûtume luy permet; & n'entend pour cela qu'ils
soient exclus de leur portion en la succession de
sa mere leur tante. M François Baillot, second
mary de ladite defunte Catherine Versoris, pretend que le consentement prêté par elle aprés le
testament est nul; comme sans son autorité, celuy porté par le testament sans preuve, & pareillement nul, l'un & l'autre en fraude, d'autant que
cette succession luy appartenoit, & devoit entrer
comme acquest en sa communauté; que ce consentement étoit le seul fondement du testament,
le testateur n'ayant voulu priver sa sœur de cette
succession, sinon par son consentement, & autrement ne l'eût fait. Les heritiers *ab intestat*, de
Marguerite Boite, disoient, que n'étant âgée de
vingt-cinq ans, elle étoit par la Coûtume de Paris
incapable de tester de ses propres; qu'entre iceux
étoit le legs de M. Jean Versoris d'autant que par
le moyen du consentement, cela avoit comme

paſſe par les mains de ſa mere : & d'ailleurs, que tel legs fait par un, auquel on pouvoit ſucceder *ab inteſtat*, devoit tenir lieu de propre ; Bref, qu'en tout cas les Joulets ne pouvorent être heritiers & legataires tout enſemble ; qu'ils le ſeroient toutefois, ſi le teſtament étoit executé, d'autant qu'outre le legs, ils étoient appellez aux autres propres. On repondoit au premier point, que le conſentement de Catherine Verſoris n'étoit le fondement du teſtament, mais l'expreſſe volonté du teſtateur, *vitiatur & non vitiat inſtrumentum* : En ſecond lieu, que le legs de M. J. Verſoris à Marguerite Boite, étoit pur acqueſt, dont elle avoit pû diſpoſer aprés vingt ans : Au troiſiéme qu'il falloit diſtinguer en l'interpretation de ces mots de la Coûtume, *heritier ne peut être donataire* ; que cela s'entend d'une ſeule nature de bien : Mais qu'en nos ſucceſſions il y a trois ſortes de biens, propres paternels, maternels, meubles & acqueſts, & qu'on peut être heritier des propres d'un côté, & legataire ſur l'autre nature, comme il a été jugé par Arreſt rapporté par du Molin, ſur la Coûtume de Montfort, en l'explication du même article : Et combien que cet Arreſt ne ſoit *in indi-viduo*, il eſt ſemblable pour les biens, ſcituez en diverſes Coûtumes. Par l'Arreſt ſuſdit, Baillot eſt debouté & mis hors de Cour & de procez, & le teſtament de M. J. Verſoris confirmé, ſans avoir égard ou conſentement, & le legs fait à Margue-rite Boite, adjugé aux Joulets, qui ne pouvoient être heritiers & legataires ; & partant qu'ils opte-roient le legs ou la ſucceſſion. I.

Ce qui eſt dit en cet article, que l'on ne peut être heritier & legataire enſemble d'un defunt en ligne directe, s'entend ſous même Coûtume, ſe-lon la Note de M. C. du Molin ſur l'article 92. de la Coûtume de Montfort, qui eſt conceu en mê-mes termes que celuy-cy, cette Note portant ;

[...] Ca[...] par-quand [...]qu'il avoit jugé par [...] du [...] mois de fu[...] [...] Me [...]e Pierre Buteau, [...] lendi dernier d'Octobre 1[...] [...]ere & une sœur & plusieurs neveux [...] de deux sœurs, auxquels il avoit [...]bles & acquests. Et parce qu'il n'y avoit [...]quests à Montfort, les neveux ne prenoient [...] ledit testament à Montfort : Et par- [...] qu'ils prissent tous les meubles & ac- [...] à Paris, ils ne laisserent de succeder [...]tation aux propres estant à Montfort, [...] exclure leurs tantes aux fiefs. L.

Nouvelle Addition.

Cet Arrest ne doit point être tiré à conse- [...] pour dire qu'on peut être héritier dans [...]tume, & legataire dans une autre, con- [...] regle de cet article, qui ne distingue point ; [...]compatibilité des deux qualitez ne peut [...]é que par des coheritiers, & c'est le [...] dot Arrest de 1624. pour la succession de [...] Roy.

[...] fondement il a été jugé par Arrest d'Au- [...] de la grand'Chambre du premier Avril [...] en la x. Part. du Journ. du Pal. qu'entre les [...] collegataires universels, l'un d'eux peut [...] un prélegs.

[...] autre Arrest de la quatriéme Chambre des [...]es du 9. Aoust 1687. en la xi. Part. du [...] du Pal. jugé qu'un ascendant ne peut pas [...]heritier & donataire du même, & que l'arti- [...]plique aux ascendans, comme aux descen-

ARTICLE CCCI.

Mais bien donataire & heritier, &
comment.

*Peut toutefois entre-vifs estre donataire &
heritier en ligne collaterale.*[1] Voyez l'article
precedent, & le 251.

1 Et n'est telle donation faite entre-vifs, sujette
à rapport, en vertu de la Coûtume qui donne les
deux qualitez en ligne collaterale, en laquelle elles
ne sont incompatibles : *Secus*, aux autres lieux où
la Coûtume n'en dispose point, où en ligne collaterale celuy qui veut être legataire ou donataire
& heritier, doit rapporter son legs ou son don,
sinon au cas qu'il aime mieux se tenir à son don,
selon l'opinion de M. C. du Molin sur l'article 42.
de la Coûtume de la Rochelle, allegué par M.
Loüet en la lettre H. nombre 17. La raison de cet
article est prise de la diverse rencontre du don
entre-vifs, & d'un legs testamentaire : *quia ne-
mo inter vivos tam liberalis præsumitur, quam in
testamento* M. R. Chopin liv. 2. titre 5. nomb. 17.
sur cette Coûtume. *T.*

Nouvelle Addition.

☞ Tournet abuse de la Note de M. C. du
Molin sur la Coûtume de la Rochelle, qui fait la
même regle, dans la ligne collaterale, comme in-
directe ; pour inferer que dans les autres Coûtumes qui n'en disposent point, on doit admettre
l'incompatibilité & le rapport en collaterale ; ce
qui est contraire aux principes. *

Par Arrest du 7. Fevrier 1589. au rapport de
Monsieur de Grieux entre du Croc & Lormier,
jugé

en cette Coustume, qu'en ligne collaterale on
legué au fils de l'heritier, sans que l'heri.ier
tenu de rapporter le legs & don fait à son en...

Nouvelle Addition.

Un oncle donne à sa niéce en la mariant une
...me de 40000. livres, avec la condition du rap-
en cas qu'elle, ses enfans, ou son pere, vins-
la succession de luy donateur. Le pere de la
...re decede avant son frere donateur, & laisse
... & La fille donataire. Le donateur decede
...: la donataire renonce à sa succession dans la
...de le décharger du rapport; mais elle est ac-
par le frere de la donataire, par d'autres fre-
...sœurs du défunt, & des enfans & des freres,
à dire, que la succession est partagée par sou-
entre cinq têtes d'heritiers collateraux. Jugé
Arrest d'Audience de la Grand'Chambre du 23.
1688. en la XI. Partie du Journal du Palais,
le frere de la donataire (quoiqu'il ne fût pas
...mmé dans la clause de rapport, & qu'on puisse
...re donataire entre-vifs, & heritiers en ligne col-
...rale) devoit neanmoins rapporter la somme de
...00. livres donnée à sa sœur, & que le rapport
...attaché au degré.

ARTICLE CCCII.

C'estoit le 121. article.

Si les enfans heritiers succedent
également.

Les enfans heritiers d'un défunt vien-
...également à la succession d'iceluy dé-
..., fors & excepté des heritages te-

nus en fief, en franc-aleu noble, selon
la limitation mentionnée au titre des
fiefs. *Voyez les articles* 13. 15. 16 17. 18.
& 68.

1 Cet article, avec les huit qui suivent, reglent
les successions, pour les distribuer & partager également entre les enfans par lots & portions égales,
sinon és biens feodaux, esquels se garde le droit &
la prérogative ou préciput en faveur des aînez, dont
il a esté parlé cy-dessus au premier titre, articles 13.
14. 15. 16. 17. 18. & 19. Et pour garder l'égalité
entre les enfans, il est parlé aux titres suivans des
rapports & renonciations par eux faites, se tenans à
leur don : Ce qu'ils peuvent faire, pourvû que ce
qui a esté donné égale leur legitime, ainsi jugé pour
un appellé Lizart, par Arrest du sept May mil cinq
cens cinquante-huit.   Mais pour les biens situez és
Coustumes qui admettent les heritiers, nonobstant
leur renonciation, a esté jugé qu'ils pouvoient venir à partage par Arrest du cinquiéme Avril mil
cinq cens soixante-dix-neuf.   Monsieur Robert liv.
1. de ses Arrests, chap. 15. *T.*

Par cet article 302. les enfans heritiers d'un défunt, viennent également à sa succession, excepté
és fiefs, d'autant qu'une même & égale faveur doit
assister & conjoindre ceux qu'une nature égale a
conjoints: *jungat liberos æqualis gratia, quos æqualis junxit natura*, comme dit saint Ambroise.
Mais aux fiefs l'on garde le préciput de l'aîné,
dont il a esté traitté cy-devant au premier titre.
Et l'une & l'autre disposition de cet article Simon
Comte de Montfort voulut estre pratiquée en ses
terres d'Albigeois l'an 1212. comme Catel l'a rapporté en son Histoire des Comtes de Tholose, liv.
2. chap. 6. en voicy deux articles, *Item*, tant entre les Barons & Chevaliers, que Bourgeois & ru-

villageois, les heritiers succederont en
tages, selon la Coustume & usage de Fran-
de Paris. Item, le Comte est tenu garder à ses
de France, & autres, ausquels il a donné
pays, le même usage & la même Coû-
a observe en France prés Paris, és plaids,
mens, dots, fiefs & partages de terres. Chose aussi le premier article, au titre 5. nom-
au livre i. sur cette Coustume; l'Auteur du
les rapporte en Latin au chapitre ii.
inter Barones & milites quàm inter bur-
rurales succedent haredes in hareditatiâ
secundum morem & usum Francia circa
Item, in placitis, judiciis, feudis, par-
territorium, Comes tenetur servare Baro-
de Francia, & aliis, quibus dederit ter-
partibus istis, eundem usum, & eandem
qua servatur in Francia circa Pa-
Voyez le même Auteur, p. 148. & 149. où
vers de Guillaume Guiart d'Orleans en son
des Royaux lignages, faisant mention d'u-
Angleterre, l'an 1263. pour le partage
selon l'usage possible de France destors,
enfans d'un pere nez,

faisoient legaument;
oissent leur ygaument,
l'autre qu'ils devoient,
de France faisoient.

vers il dit que Guiart se mécompte,
égalité en France entre les enfans au

par Arrest prononcé en robes rouges en l'an
ayeul ayant marié son fils bastard, &
de mariage, luy ayant baillé la qua-
naturel & legitime, ses petits enfans,
legitimes heritiers, doivent l'admettre
avec eux également. M. Anne Robert,
cap. 18. rerum judicatarum, traitte cette

queſtion. Jugé par Arreſt du 17. de Juin 1595. ſu[r]
procez par écrit, au profit de Louis de l'Eſtang &
Antoinette le Brun, que les enfans condamnez pour
délit par contumace, ne peuvent ſucceder, & que
leurs creanciers ne ſont bien fondez à s'adreſſer aux
biens de leur pere ou de leur mere. Ce qui a lieu
quand les condamnez par contumace ne ſe ſont re-
preſentez dans les cinq ans de l'Ordonnance pour
purger leur contumace & eſter à droit : Car tant
que les condamnez par contumace ſe peuvent purger, ils ſont capables de ſucceder : Et ſur ce, peut
eſtre alleguée la loy *Ergo* 4. au commencement, *ff.*
de fideicom. libertatibus. Les bannis à perpetuité
ne ſont auſſi capables de ſucceder en pays Couſtumier, ainſi qu'en pays de Droit écrit : la raiſon eſt,
qu'ils doivent eſtre tenus pour morts, *deportatos*
enim mortuorum loco habendos, dit la loy *in con-*
tra. 1. §. *filium.* 8. *ff. de honor. poſſ. contra tab.*
Jugé par Arreſt de l'Audience de la Grand'Chambre du 15. Juin 1618. que les enfans iſſus de celuy
qui ayant eſté condamné à un banniſſement perpetuel, s'eſtoit marié depuis ſon banniſſement, bien
que legitimes, n'eſtoient capables de ſucceder à leur
pere, & la ſucceſſion adjugée aux heritiers & con-
ſanguins du banny, à l'excluſion de ſes enfans, les
heritiers condamnez de leur payer une penſion de b.
cent livres par chacun an. La raiſon de l'Arreſt eſt,
parce que par la condamnation du pere *deſinunt eſſe*
liberi, ſi maxima capitis deminutio interveniat,
jus quoque cognationis perit, ſed etſi in inſulam
quis deportatus ſit, cognatio ſolvitur, aux Inſtitutes, titre *de capitis deminutione,* & en la loy
Sive 2. §. 2. *ff. ad Senatuſc. Tertull. mater me*
mihi mater eſſe deſinit. Quia morti ſimiliter adſi-
milatur, dit Monſieur Cujas en ſa Note ſur le texte
des Inſtitutes, cy-deſſus allegué. *L.*

ARTICLE CCCIII.

C'eſtoit le 124. article.

Ne peuvent eſtre avantagez l'un plus que l'autre.

Pere & mere ne peuvent par donation faite entre-vifs, par teſtament & ordonnance de derniere volonté, ou autrement 1, en maniere quelconque, avantager leurs enfans venans à leurs ſucceſſions, l'un plus que l'autre. *Voyez l'article ſuivant, & & le 307.*

1 Ce mot, *autrement*, s'entend par partage où il y a inegalité fait par pere ou mere, & qu'il y a leſion évidente au préjudice du droit de l'aîné, par Arreſt ſolemnel du 14. Aouſt 1566. & 14. Mars 1603. Tel don doit eſtre inſinué, comme a eſte dit cy-deſſus en l'article 284. Ce qui ſe doit entendre pour le regard des creanciers auſquels tel don non inſinué ne pourroit préjudicier, encore qu'ils fuſſent poſterieurs, ainſi qu'il a eſté jugé par Arreſt du ſept Juin 1605. Quant à l'égard des heritiers, on tient au Chaſtelet que l'inſinuation n'eſt neceſſaire, *quia factum defuncti tenentur praſtare*, dont il y a Arreſts, l'un du quatorziéme Juin 1587. l'autre du dix-ſeptiéme Juin 1606. Monſieur Loüet lettre D. nombre 4. *T.*

Par cet article 303. les pere & mere ne peuvent avantager leurs enfans leur ſuccedans l'un plus que l'autre, parce que les enfans deſcendus d'un même pere, ſont diſtans également de luy, ainſi que d'un tronc commun, & ſont comme des lignes, leſquelles tirées également d'un même

contre par une égale diftance ou circonference, doivent être tenuës pour pareilles & égales : De forte
que tout ainfi que les peres & meres ont donné également la vie à tous leurs enfans, auffi doivent ils
pourvoir également à l'entretien de leur vie, & non
comme d'un poids inégal donner moins aux uns,
& plus aux autres, felon le mouvement d'un efprit
leger & non égal : *Ut quemadmodum parentes om-*
nibus liberis ex æquo vitam impertiti funt, ita
etiam æquabiliter vita ipforum profpiciant, non
autem velut ancipiti libra, his levius quiddam,
illis verò gravius pro inæquabilitate animi fui
attribuant ; ainfi qu'il eft porté par la Novelle
& Ordonnance 19. de l'Empereur Leon le Philo-
fophe : car il n'eft pas jufte & raifonnable que les
peres & meres n'ayent un pareil foin de ceux qui ont
tiré d'eux une pareille naiffance, & qu'ils n'épar-
gnent & n'ayent pitié des uns qui vivroient dans la
carence & mifere, & qu'ils defirent que les autres ayent plus de biens. *Quinimo nec illud con-*
fentaneum eft, ut parentes iis, qui pariter ex
ipfis nati funt, non parem curam exhibeant, fed
alios quidem uberiores facultates habere, aliis ve-
rò nihil parcere, neque illorum mifereri, tametfi
inopes in miferia victuri fint, velint, comme dit
le même Empereur. *I.*

Cet Arreft du 14. Mars 1603. allegué par Tournet, a efté donné entre Jean de Mailly, d'une part,
& Laurent de Herancourt, d'autre ; voyez la loy
Si filia. §. *fi pater. D. famil. ercifc.* & ce qu'a dit
l'Empereur Juftinien en fa Novelle 22. chap. 48. *Ut*
parentes ftudeant æqualitatem inter liberos primi
& fecundi matrimonii fervare. S. Ambroife *lib. de*
Jofepho Patriarcha, en ces termes ; *Numquid na-*
tura divifit merita filiorum ? ipfa vos doceat non
difcernere patrimoniis, quos titulo germanitatis
æquaftis, Par Arreft du 5. Mars 1586. entre Maître Hierofme Fayereau Procureur à la Rochelle,

part, & Jean Berger & consorts, d'autre part,
en la Coustume de la Rochelle, qui est comme
cy, prohibitive d'avantager en succession dite, l'un de ses heritiers plus que l'autre, que la
nation faite aux petits enfans est nulle, tout ainsi
e si elle estoit faite à leur pere.   La donation n'est
s nulle, mais elle est sujette à rapport, aux
rmes de l'article 306. cy aprés.   Sous ce mot,
fans, les descendans sont compris; *Liberorum*
pellatione, omnes qui ex nobis descendunt, con-
netur; hos enim omnes suorum appellatione lex
odecim tabularum comprehendit, omnes qui ex
dem genere orti sunt, liberorum appellatione
prehenduntur, natura nos quoque docet paren-
s pios, qui liberorum procreandorum animo ex
o uxores ducunt, filiorum appellatione omnes
ex nobis descendunt, contineri: nec enim dulciori
mine possumus nepotes nostros, quam filii appella-
dit la loy *liberorum* 220. *ff. de verborum signifi-*
catione.   Et Ciceron, *ad Quirites post reditum,*
quid dulcius hominum generi à natura datum est,
quam sui cuique liberi?   Et en son Oraison *pro*
Cluentio, Spes parentis, memoria nominis, subsi-
lium generis, heredes familia, designati Reip. ci-
es. Par Arrest de l'Audience du 9. Mars 1607. a
esté declarée bonne & valable la donation entre-vifs
ite par Portail Chirurgien, à ses petits enfans, de
lle part & portion qui pourroit appartenir en sa
ccession à Jacqueline Portail sa fille, mariée à Me
Louis Besle, pour en joüir lors du decez dudit
Portail donateur, sauf aux creanciers à se pour-
oir sur les biens donnez jusques à la concur-
ce de la legitime qui appartenoit à sa fille sur
dits biens.   Cet Arrest est fondé en la raison de la
y *Si furioso.* 16. §. 2. & 3. *ff. de curat. furioso*
& aliis extra minor. dandi, en ces termes : *Potuit*
ater & alias providere nepotibus suis, si eos jus-
sit heredes esse & exheredasset filium, eique quod

sufficeret, alimentorum nomine, ab eis certum legasset, addita causa necessitateque judicii sui, sed quid, si nec ad hoc consensurus esset prodigus ? sed per omnia judicium testatoris sequendum est : ne quem pater vero consilio, prodigum credidit, eum magistratus, propter aliquid fortè suum vitium idoneum putaverit. L.

ARTICLE CCCIV.

Au lieu du 123. article.

♭ *Rapport en partage, ou moins prendre.*

[Les enfans ¹ venans à la succession de pere ou mere, doivent rapporter ce qui leur a esté donné ² pour avec les autres biens de la succession, estre mis en partage entr'eux ³ ou moins prendre. *Voyez l'article 246. en la fin, 278. 306. & 308.*

† 1 Les enfans sont empêchez de venir à la succession de leurs pere & mere, ou pour le délit desdits pere & mere, ou pour leur propre délit : quand les enfans sont nez d'un pere ou d'une mere condamnez à mort, ils ne leur peuvent succeder, parce que *sunt hujusmodi parentes condemnati, mortui civiliter, & matrimonium contrahere non possunt, nec liberos legitimos habere :* Il y en a un Arrest celebre prononcé en robes rouges le quatorze Aoust mil cinq cens quatre vingt-cinq contre les enfans d'une mere condamnée. Monsieur Loüet lettre E. nombre 8. Et Montholon en l'Arrest Presidental 36. Ou ils ne peuvent succeder pour leur propre délit, par Arrest du 25. Juin 1595. d'autant que *civiliter mortui jus non habent succedendi.* Et même lorsque les condamnez par contumace, ne se sont point

ntez dans les cinq ans , ledit Loüet lettre S-
bre 25. F.

r cet article 304. les enfans venans à la succes-
de pere ou mere , doivent rapporter ce qui leur
té donné , pour le partager ou moins prendre ;
afin que l'égalité soit gardée entre les enfans ,
laquelle est fondé le droit de collation & rap-
rt entr'eux , d'autant que ce qui est donné par
re & mere à leurs enfans , est reputé en avance-
nt de leur future succession ; selon le Caron :
quum est enim ut de una substantia quibus com-
t æqua successio, alii abundanter affluant ,
paupertatis incommodis ingemiscant , ainsi que
porte Cassiodore , livre 1. epistre 7. Ce qui ar-
veroit sans cette collation , ou rapport de biens ,
a une équité manifeste , selon Ulpian , *l. 1. ff. de*
llation. bonorum ; où il montre aussi *in §. sed et si*
§. l. 1. que celuy qui moins prend , est censé con-
ter & rapporter , ce qui se pratique entre les Noles comme entre les roturiers , ainsi qu'il paroît
l'Histoire de Montmorency , livre 3. chapitre 9.
Colart d'Angleterre , sieur de Bourlemont de-
are par des lettres de rachat du vingt-un Juillet
il quatre cens quatre vingt quatre qu'au traité de
ariage d'entre luy & Damoiselle Marguerite de
Montmorency , fille de Jean II. Baron de Mont-
orency , & Dame Marguerite d'Orgemont, il luy
accordé qu'elle pourroit venir au partage de la
ccession de son pere , en rapportant les terres &
gneuries de Conflans Sainte Honorine , Vitry ,
Feulardé en Brie , appartenances & dépendances
celles , & generalement tout ce qu'elle avoit eu
ur sa part & portion : Mais le rapport men-
né par cet article , selon le Caron , ne s'en-
d, point des petits meubles , étrennes , & au-
es presens de courtoisie & honnesteté : Et ainsi
e fille non mariée , à laquelle le pere & la mere
oient tant fait de largesse & courtoisie qu'elle

avoit en habillemens, bagues & joyaux, la valeur
de mille à douze cens écus, n'a esté tenu de les rapporter, parce qu'ils estoient destinez pour la vêtir,
orner & entretenir honorablement, en intention de
la marier, jugé par Arrest du 9. Février 1563. ni la
dépense faite par pere ou mere aux études du fils,
ni livres baillez ne se doivent rapporter, selon le
même Caron & Mornac sur la loy 50. *ff. famil. er-*
cisc. jugé par Arrest du 8. Avril 1585. ni les ban-
quets des fiançailles & nopces, car ils n'apportent
utilité ni avantage aux mariez. *1.*

2 Soit par donation simple ou remuneratoire, jugé contre un nommé Guignard, le 8. Juin 1555. soit
par quittance d'un présupposé, jugé par Arrest du
12. Mars 1563. Aussi ce qui a esté presté au fils par
le pere est sujet à rapport, par Arrest du 13. Decembre 1574. Voyez d'autres Arrests sur ce intervenus dans M. Anne Robert, livre 2. chapitre 5. &
M. Loüet lettre R. nombre 13. Peut icy être rapportée la question jugée par Arrest solemnel, prononcé en robes rouges, en Septembre 1599. sçavoir
si le rapport se doit faire entre les heritiers par benefice d'inventaire, attendu la qualité d'heritier beneficiaire, non permanente ni perpetuelle, à laquelle il est permis de renoncer : Par ledit Arrest fut
ordonné que le rapport se feroit entre lesdits heritiers beneficiaires, Montholon, chapitre 90. Davantage il a esté jugé qu'entre les petits enfans, s'il
y en a quelqu'un qui ait reçu don ou legs de l'ayeul
ou de l'ayeule, il faut que tel don ou legs soit rapporté quand les autres coheritiers representans une
même mere, veulent succeder à leur ayeule, encore
que le donataire ou legataire se tienne à son don ou
legs, & qu'il renonce, dont il y a Arrest, prononcé
à Noël mil six cens six. Voyez le même Montholon chapitre 109. Il a esté cy-dessus parlé des habits, livres, dépense d'étude, non sujets à rapport,
dont il y a Arrest du huitiéme Avril mil cinq cens

...cinq. Pour le banquet des fiançailles &
..., vêtemens des mariez, ils se rapportent sui-
...la convention faite par le contrat de mariage,
...ment il n'y a rapport, s'il n'en est point parlé.
...le père rendant compte des biens de la mere de
...en la mariant, peut mettre en ligne de com-
...les frais & habits nuptiaux, par Arrest du pre-
...Juillet 1596. Pour le regard du rapport des
...tes, on en jugeoit autrement par le passé. Les
...de judicature non venaux, n'estoient rappor-
..., dont est l'Arrest de M. Favier du sept Sep-
...bre 1582. rapporté dans Monsieur Loüet lettre
...nombre 13. Maintenant estant changée la nature
...Etats reputez venaux, ils sont sujets à rap-
...*T.*
...Et rendant les coheritiers indemnes, autrement
...rapporter en espece. Recours à mon Commen-
...*C. M.*
Par Arrest du 4. Janvier 1544. au rapport de M.
...ete, estant partie Claude Parent, a esté jugé que
...luy des heritiers qui est en demeure de rapporter
...ce qu'il a plus reçu que ses coheritiers, en doit les
...quand ils sont demandez, de même qu'en la
...*Filius §. §. D. de dotis collatione*, il est dit
...*que si filia, quæ soluto matrimonio dotem conferre*
...*debuit, moram collationi fecit, viri boni arbitrio*
...*usuras quoque dotis conferre.* Par Arrest du
...onze Avril mil cinq cens cinquante deux en l'Au-
...dience, plaidant Menillet, a esté jugé qu'entre les
...freres & soeurs, y ayant procez sur leurs rapports,
...qui ne peuvent estre promptement terminez, on ne
...doit laisser de passer outre au partage en baillant cau-
...tion. Par Arrest du 7. Février 1592. confirmatif d'u-
...ne Sentence donnée par le Prevost de Paris, la Cour
...renvoyé absous le petit fils heritier de son ayeul,
...du rapport à luy demandé du douaire paternel,
...comme d'un benefice particulier du droit coustu-
...mier, octroyé au petit fils proprietaire d'iceluy.

pluftoft qu'une donation ou largeffe de l'homme.
Par Arreft du dernier d'Avril 1605. au rapport de
M. Gelas, en la cinquiéme Chambre des Enquêtes,
jugé que la fille mariée venant aux fucceffions de fes
pere & mere, eftoit tenuë de rapporter actuellement les deniers de fon mariage, ou moins prendre
és fucceffions de fes pere & mere, & qu'elle n'é-
toit recevable à en rapporter l'action qu'elle avoit
pour la repetition d'iceux, contre les heritiers de
fon mary decedé infolvable, encore qu'elle mît en
fait, avoir efté mariée par fes pere & mere en âge de
minorité, dont la raifon eft que *Minus eft actio-*
nem habere quam rem, en la loy *Minus* 204. ff.
de reg. Juris. T.

ARTICLE CCCV.

Forme de rapport d'heritages.

Si le donataire lors du partage, a les
heritages à luy donnez en fa poffeffion, il
eft tenu les rapporter [1] *en effence & efpece,*
ou moins prendre en autres heritages de la
fucceffion de pareille valeur & bonté. Et
faifant ledit rapport en efpece, doit eftre
rembourfé par fes coheritiers des impenfes
utiles & neceffaires. Et fi lefdits coheri-
tiers ne veulent rembourfer lefdites impen-
fes, en ce cas le donataire eft tenu rappor-
ter feulement l'eftimation d'iceux herita-
ges, eu égard au temps que divifion &
partage eft fait entre eux, deduction faite
defdites impenfes. Voyez l'article 48. en la
fin, & le 309.

[Par cet] article appert que le rapport se doit fai-
[re en es]pece & essence, si elle est encore en nature,
[pourvû qu]e le donataire n'en ait point disposé : s'il en à
[disposé], il sera tenu de rapporter seulement la va-
[leur] & juste estimation faite par le contrat, & non
[telle qu]'elle se trouve au temps du partage, par Ar-
[rest en] Office de Commissaire du Chastelet du
[...] Avril 1603, Autre Arrest de M. le President
[...]onneau du 4. Février 1614. Mais la Coustu-
[me ra]pporte la valeur au temps du partage ou suc-
[cessi]on échuë, ce qui a lieu quand la chose donnée
[n'aur]a esté reduite à juste & à certain prix par le
[contr]at de donation. Et quant aux Offices, ils
[n'ont] pas leur estimation reglée, laquelle même est
[sujette] à restriction, à cause de la venalité qui est
[...]se. Mais generalement hors les Offices & l'es-
[tim]ation portée par les contrats, il faut regler l'es-
[tim]ation eu égard au temps du partage ou succes-
[si]on échuë. Le rapport neanmoins se doit faire
[seu]lement entre heritiers, & non les creanciers
[e]strangers, jugé en la Coustume d'Anjou le 1. Aoust
[160]9. T.

[...] Par cet article 305. le donataire doit rapporter en
[essen]ce ou especes les heritages donnez, s'il les pos-
[sede], ou moins prendre en autres, car d'autant
[qu']ils sont des biens de la succession, ils doivent être
[ra]pportez avec les autres biens pour estre partagez,
[sui]vant l'Arrest du vingt-trois Decembre mil cinq
[cent] vingt-quatre pour M. Claude des Asses Con-
[sei]ller de la Cour, contre René Picard & sa femme,
[M.] Maigret Rapporteur, par lequel jugé que l'on
[doi]t rapporter en partage l'heritage baillé en avan-
[ce]ment d'hoirie, quoyqu'il fût estimé en le baillant.
[M.] J. du Luc allegue cet Arrest au liv. 8. tit. 11. ch.
[...] &. Papon aprés luy, livre 2. titre 7. chapitre
[... &] ne suffit de rapporter l'estimation du pere,
[par] le contrat de mariage, parce que ce seroit un
[av]antage indirect en fraude de la Coustume, selon

Papon & le Caron : Mais si l'heritage baillé estoit vendu, il suffit de rapporter l'estimation du temps present, par Arrest du vingt-sept Février mil cinq cent cinquante-un, rapporté par les mêmes Auteurs *1.*

Cet Arrest donné au profit de Monsieur Tambonneau, Président de la Chambre des Comptes, en l'Audience de la Grand'Chambre du quatre Février mil six cens quatorze est celebre, & sert de loy en ce temps aux familles pour le rapport des Offices, ayant esté jugé par iceluy, que le fils rapporteroit cet Office de Président pour le prix que le pere avoit ordonné, & non ce qu'il pouvoit valoir lors & au temps de la succession échûë, quoyqu'il fût augmenté de prix de moitié, qui estoit l'estimation que les autres enfans du défunt soutenoient devoir estre faite de l'Office, attendu même que celuy qui en estoit pourvû, avoit d'ailleurs par les Coustumes, à cause des terres seigneuriales, plusieurs avantages. Auparavant il y avoit eu Arrest le deux Decembre 1610. M. Philippes Girard plaidant, par lequel la Cour avoir ordonné que le fils rapporteroit le prix d'un Etat, duquel il avoit esté pourvû par la resignation du pere, selon qu'il valoit lors, & non du temps de la succession échuë & du partage, auquel il valoit davantage. Ainsi n'est suivie en France la glose sur le §. *sed an id.* 16. de la loy premiere *de collationibus, in verbo dignitatis,* qui dit que l'estimation en doit estre faite du jour du decez du pere; Encore moins la resolution de Papinian, qui est en §. en ces termes : *Sed an id quod dignitatis nomine à patre datum est, vel debetur, conferre quis in nomine cogatur : & ait Papinianus non esse cogendum: hoc enim propter onera dignitatis præcipuum haberi oportere : sed si adhuc debeatur, hoc sic interpretandum est ut non solus oneretur is, qui dignitatem meruit; sed commune sit omnium hæredum debitum.*

Charles du Molin propose une espece remarquable qu'il resout en sa Note sur l'article 10. des
additions de la Coustume de Nivernois, en ces
termes: *Pater & mater dederunt filiæ terram quæ
est matris tantùm*, en mariage, il advient qu'elle
n'est pas heritiere de son pere, mais seulement de sa
mere: Ses freres veulent qu'elle compte ladite terre
entierement en la succession de la mere. *Resp. mere
non rectè petunt, sed filia potest offerre de rappor-*
ter tout in successione materna, dummodo sibi
salur legitima de bonis patris usque ad valorem
medietatis dictæ terra : post enim pater dotare de re
aliena, & frater dotatâ patris hæres, tenetur
ad evictionem, l. ult. Cod. de dot. promiss. Secus, si
esset vitricus.

Par Arrest du trois de Mars mil cinq cens cinquante-un, les parties Estienne Dareau, & Marguerite Harincourt, a esté jugé que l'heritage donné en avancement d'hoirie, ayant esté vendu, il
suffit de rapporter l'estimation du temps de la succession échuë. Par Arrest du dixiéme Janvier 1624.
rendu contre René Picard, qu'encore que l'heritage
baillé en faveur ou avancement d'hoirie, ait esté estimé, venant à partage, il doit être rapporté à la masse
de la succession, autrement ce seroit un avantage
indirect. Telle estimation ne peut pas préjudicier
veritati neque justis probationibus. l. 1. C. arbi-
trium tutelæ. l. Si is, cui 80. §. 1. ff. ad leg. Fal-
cidiam. L.

A R T I C L E CCCVI.

Rapport de ce qu'ont reçu les enfans des
heritiers.

Pareillement ce qui a esté donné aux en-
fans de ceux qui sont heritiers, & vien-
nent à la succession de leurs pere, mere, ou

autres ascendans, est sujet à rapport¹ ou au moins prendre, comme dessus. Voyez les articles 304. & 308.

1 Cet article & le 308. ont une parité de raison pour le rapport du pere & du fils venans à la succession de l'ayeul ou de l'ayeule : Le pere doit rapporter ce que l'ayeul a donné à son fils, & le fils ce que ledit ayeul a donné à son pere, Arrest donné au profit de M. Nicolas Bavert, Elû à Compiegne, le 4. Février 1584. celuy de Cadot Procureur au Chastelet, du 14. Février 1575. & depuis un solemnel en la prononciation de Noël le 22. Decembre 1606. Il y a neanmoins un Arrest prononcé en robes rouges à la Pentecoste l'an mil cinq cens quatre-vingt-seize par lequel fut declaré non sujet au rapport le don que l'ayeul avoit fait à une pe ite fille, qui estoit de mil écus pour aider à la marier, & pour les bons offices qu'il avoit reçus de ladite pe ite fille donataire, selon qu'il l'avoit declaré, comme il se voit plus au long audit Arrest dans Montholon chap. 83. Ce qu'il faut prendre en ligne directe, comme démontre ce mot *enfans* ; car en ligne collaterale, il n'y a point de rapport, jugé en un legs fait au fils de l'oncle heritier du testateur, lequel ne laissa de succeder sans rapport du legs, dont délivrance fut faite à son fils par Arrest, rapporté par M. L. Charondas, le seize Juin mil cinq cens soixante-cinq, & un autre plus recent du vingt Février 1605. prononcé par M. le premier President de Harlay. Voyez le Commentaire de Monsieur Loüet lettre D. nombre 17. T.

Pour les articles 306. 307. & 308. Voyez le Caron. I.

Cet article a esté tiré de la raison des Loix *Ut liberis* 17. *Illam* 19. *Cod. de Collationib.* de la loy *Quoniam* 29. *C. de inofficioso testam.* de la loy *Dotem*

Jem. 6. ff. de Collation. parce que *ex substantia ejus profecta est donatio vel dos, de cujus haereditate agitur : Et que officium avi circa nepotem vel neptem, ex officio patris erga filium pendet : Occurrit aquitas rei, ut quod pater meus propter me filia mea nomine dedit, proinde sit atque ipse dederim.* L'Arreſt prononcé en robes rouges à la Pentecoſte de l'an 1596. cy-deſſus allegué, eſt conforme à l'avis de M. C. du Molin cy-aprés rapporté ſur l'article ſubſequent. L.

ARTICLE CCCVII.

On ſe peut tenir à ſon don, la legitime reſervée aux aux autres.

Neanmoins, ou celuy auquel on auroit donné ſe voudroit tenir à ſon don, faire le peut : en s'abſtenant de l'heredité, la legitime reſervée aux autres enfans. Voyez les articles 298. & 316.

1 Cela eſt conforme au droit : *repudians haereditatem non tenetur ad collationem, l. ex cauſa, C. famil. erciſc.* ainſi jugé par Arreſt du 29. Aouſt 1571. donné au rapport de M. Angenouſt : & a lieu tant en donation entre-vifs que teſtamentaire. Ce qui eſt ajouté à la fin (*la legitime reſervée*) a eſté jugé par Arreſt du 27. May 1558. en la cauſe des Brinons. T.

Il eſt dit cy-devant en l'article 298. ce que c'eſt que la legitime.

Cet article 307. ainſi que les precedens 305. & 306. ont eſté ajoutez pour avoir lieu à l'avenir, ſans préjudice de ce qui a eſté gardé par le paſſé, comme il ſe voit par le procez verbal.

M. C. du Molin ſur l'ancienne Couſtume, §. 17.

n. 4. fait distinction entre ce qui est donné en avancement d'hoirie, *in anticipationem successionis*;
ce qui est donné purement & simplement, ou po[ur]
recompense de ses services, *si causa anticipation[is]
non sit expressa, sed vera donatio perpetua & irre-
vocabilis fortè mentione facta benè meritorum, s[ed]
in genere pro stilo consueto, & non in specie.* Po[ur]
l'un, il dit que, *si filius donatarius non velit es[se] hæres, resolvitur donatio tanquam causa finali[s] non
secuta, & res revertetur ad corpus successionis, in
commodum quorumcunque etiam remotiorum &
collateralium hæredum, vel etiam ad commodum
creditorum, qui fortè nullo se gerente pro hærede
facient deputari curatorem bonis seu hæreditati ja-
centi. Non licet igitur hoc casu filio se tenere ad donationem sibi factam, abstinendo à successione, sed
necesse habet vel adire vel rem donatam restituere,
& solum lucratur fructus perceptos durante vita
patris donatoris.* Pour l'autre cas, il dit, *Liberum
filio, si velit abstinere se ab hæreditate donatoris,
dono suo se contentare, nec tenebitur ad aliqua
onera hæreditaria.* Et c'est en l'espece de l'Arrest
prononcé en robes rouges en 1596. alleguè sur l'article precedent. *L.*

Nouvelle Addition.

☞ La distinction de M. C. du Molin est re-
prouvée, & le rapport n'a lieu ni en l'un ni en l'autre cas. *

ARTICLE CCCVIII.

Rapport à succession d'ayeul ou ayeule.

L'Enfant ayant survêcu ses pere & mere, &
venant à la succession de ses ayeul ou ayeule,
survivant lesdits pere & mere, encore qu'il re-

la succession de sesdits pere & mere, est
neanmoins tenu rapporter [1] à la succession de
sesdits ayeul ou ayeule, tout ce qui a esté donné à sesdits pere & mere, par lesdits ayeul ou
ayeule, ou moins prendre. Voyez l'article

Idem est de ce qui auroit esté presté à sesdits pere & mere, par l'ayeul ou ayeule; nonobstant la
renonciation à la succession du pere, comme il a été
jugé en la cause des Favereaux, par Arrest du 23.
Decembre 1574. remarqué icy par M. L. Charondas & M. Loüet lettre R. nombre 13. M. Anne Robert liv. 2. chap. 5. T.

Cét Arrest est daté du 23. d'Octobre 1574. dans
le Commentaire de M. J. Tronçon, disant qu'il a
esté donné entre les Favereaux & les Lievres, jugé
par iceluy que la fille rapporteroit à la succession de
sa mere, l'argent presté à son mary par la défunte,
encore qu'elle eût renoncé à la communauté, & que
l'on allegue un Arrest contraire du 3. d'Aoust 1586.
depuis la nouvelle Coustume.

Par Arrest prononcé le seize Mars 1596. sur procez par écrit, au rapport de Monsieur de Refuge,
entre Laurent le Fevre & Catherine Cagnart sa
femme, appellans d'une Sentence donnée par le
Bailly de Beauvais ou son Lieutenant, le quatorze
Avril 1593. la Cour a mis l'appellation & Sentence
dont estoit appellé au neant, en ce que ledit le Fevre
& Cagnart avoient esté condamnez à rapporter en
la succession de Charles Cagnart pere, la somme de
trois mille livres donnée à ladite Cagnart, par
Guillemette Martin son ayeule paternelle, & en
attendant la Sentence, ordonné que ladite somme donnée luy demeureroit, sans estre sujette à
rapport en la succession de Charles Cagnart son
pere. Et ainsi jugé en la Coustume de Senlis sem-

blable à celle-cy pour cet article 308. que la chose donnée par l'ayeul ou l'ayeule paternel ou maternel, à son petit fils ou à sa petite fille, n'est
sujet à rapport par le petit fils ou la petite fille,
en venant à la succession de son pere, lequel estoit
persona intermedia, & présomptif heritier du donateur. *L.*

Nouvelle Addition.

☞ Il y a Arrest de la troisiéme des Enquestes
du 1. Avril 1686. en la dixiéme Partie du Journal du
Palais, qui a jugé que les petits enfans, heritiers
de leur ayeule, en conséquence des renonciations
faites par leurs meres, sont tenus pour parvenir au
partage de la succession de cette ayeule, de rapporter jusqu'à concurrence de ce qu'ils amendent de la
succession, les avantages faits à leurs meres, en-
sorte qu'aucun d'eux n'y pourra rien prétendre,
qu'au préalable le moins avantagé ne soit égalé au
plus avantagé, & ce du fond de la succession ; sans
neanmoins qu'en cas que les effets ne suffisent pour
l'également, ils soient tenus de contribuer au rapport de leur bien particulier. *

ARTICLE CCCIX.

De quel jour se rapportent les fruits & profits, & à quelle raison.

Les fruits de la chose donnée par pere &
mere, ayeul ou ayeule, soit heritages ou
rentes, ne se rapportent, sinon du jour de la
succession échuë. [1] *Et s'il y a deniers bail-*
lez, les profits se rapporteront depuis ledit
temps, à raison du denier vingt. Voyez l'article 305.

1 Deux chofes pour le rapport des fruits : le temps auquel ils doivent eftre rapportez, & le prix de l'intereft.   Le temps ne court que du jour du decez du donateur, & de fa fucceffion échüe, à caufe que le donataire, du vivant du donateur a poffedé de bonne foy ; mais aprés fon decez, la chofe étant fujette à rapport pour entrer en la maffe commune de la fucceffion, il commence à eftre poffeffeur de mauvaife foy, retenant ce qui n'eft pas à luy. Pour le regard du prix de l'intereft, il fe regle au denier vingt, comme eftant l'intereft le plus moderé & proportionné aux fruits des heritages, dont il y a Arreft donné au profit de M. Couiton, contre M. Crecy, le dix Mars mil cinq cens foixante-quinze. Ainfi pour le regard d'un Office, il fe rapportera eu égard à l'eftimation du temps de la fucceffion échüe, s'il n'a efté eftimé par la donation, comme cy deffus. *T*.

Par cet article 309. les fruits de l'heritage ou rente donnée par pere, mere, ayeul ou ayeule, fe rapportent du jour de la fucceffion échüe, & les profits des deniers baillez dudit jour au denier vingt; c'eft felon le Caron, pour proportionner les fruits des heritages avec les profits des deniers, & reprefenter le moderé intereft. *l. 3. §. fin. ff. ad l. Falcid.* fuivy par l'Arreft du 10. Mars 1575.   Toutefois M. J. du Luc au lieu fufdit, & Papon, alleguent un Arreft donné par Commiffaires, du vingt-un Aouft 1546. par lequel jugé que la fille venant à partage, doit rapporter les deniers baillez en mariage pour fa dot, & non le profit d'iceux, lequel Arreft Papon a mal interpreté, comme il paroît par les termes de du Luc. *I*.

La raifon pour laquelle les fruits des heritages & les arrerages des rentes fe rapportent eft, que les fruits font partie de l'heredité, & l'augmentent ; & cette raifon eft en la loy *Si poft* 2. *C. de petitione hæreditatis,* en ces termes : *Fructibus enim*

*augetur hæreditas cum ab eo poſſidetur, à quo petï
poteſt.* Et de cette Loy, & des Loix *Non eſt ambi-
guum* 9. *Et cohæredibus* 17. *C. Familia ercifc* a
eſté tiré cet article. Voyez M. C. du Molin en ſon
Traité des Uſures, queſtions vingt, & quatre-
vingt-huit.

Par Arreſt du mois de Septembre 1595. au rapport de M. Catinat, en l'inſtance d'ordre du Comté
de Tonnerre, pendante en la Chambre de l'Edit, jugé que l'hypotheque de ces fruits n'eſt acquiſe que
du jour du partage fait des biens de la ſucceſſion,
ſuivant la loy *Non ſolum* 56. *ff. famil. ercifc.* en ces
termes, *In familia erciſcunda judicio præteriti quoque temporis fructus veniunt. L.*

ARTICLE CCCX.

C'eſtoit le 117. article.

*La portion de celuy qui renonce, accroît ſans
droit d'aîneſſe.*

Le droit & part de l'enfant qui s'abſtient,
& renonce à la ſucceſſion de ſes pere ou
mere, accroît aux autres enfans heritiers
ſans aucune prérogative d'aîneſſe de la portion
qui accroît. Voyez les articles 27. 250. en
la fin, & 324.

La part de l'aîné qui renonce, accroît aux autres heritiers également ſans droit d'aîneſſe, dont a
eſté parlé cy-deſſus, article 6. & article 27. à cauſe
qu'il ne peut y avoir deux droits d'aîneſſe en une
même ſucceſſion, & ſe trouve ainſi jugé par
Arreſt du ſept Septembre 1552. Auſſi ſe doit entendre cet article de la renonciation de l'aîné, &
non des autres. En d'autres cas le droit d'aîneſſe

en ligne collaterale où il y a heritages féo-
… Entre filles venans à la succession
fs, tant en ligne directe que collaterale, arti-
en cas de doüaire préfix ou coustumier, les-
ayant renoncé à la succession du pere, arti-
50. Quant aux renonciations à succession, le
se peut faire subroger au lieu de son debi-
qui s'abstient ou renonce, en l'indemnisant,
Arrest du vingt-huit Mars mil cinq cens qua-
vingt-dix. Un autre contre une veuve endetée,
oncé en la prononciation de Pâques le 9. Avril
par Monsieur le President Forget. Et quand
renoncé à la succession de son pere, le petit fils
droit d'accroissement, ou representation, *vel*
jure, n'est recevable au lieu de son pere vivant,
emander la même succession, par Arrest de l'Au-
noce du onze Decembre mil six cens douze sur un
el du Lieutenant de Soissons. Ce qui a esté jugé
pays de Droit écrit, dont il y a plusieurs Arrests
par Montholon en l'onziéme de ses Arrests
oncez en robes rouges, & en l'Arrest 79.
yez le Plaidoyé de M. Anne Robert sur cette
tion, livre 2. chapitre 5. *T.*

Nouvelle Addition.

Il seroit difficile de justifier la limitation de
umet, que cet article se doit entendre de la
nonciation de l'aisné, & non des autres; car s'il
tend de la renonciation de l'aisné, l'application
est pas moins naturelle à la renonciation des
biens entre eux, & la seule restriction qu'on y
apporter, est de ne le pas retorquer à l'aîné,
a sans difficulté la même prérogative d'aînes-
sur la portion d'un puisné qui renonce, comme
les autres biens des pere ou mere qui sont à par-
: les derniers mots de l'article qui ont esté
tez lors de la reformation, ne veulent dire

autre chofe, finon que le fecond fils ne peut pretendre la prérogative d'aînefle, ni par la renonciation
de l'aîné, dont la portion accroît à tous les enfans
heritiers, ni par la renonciation pofterieure de l'un
des puifnez, dont la portion accroît encore également à tous.

On peut voir fur l'art. 27. ce qui eft ajouté pour
le conferer avec cet article 310.

Par cet article 310. la part de celuy qui renonce
accroît aux autres, fans droit d'aînefle, d'autant
que, felon le Caron, l'aîné ayant furvêcu fes pere
ou mere, a acquis le droit d'aînefle qui luy appartient, non tant comme heritier, que comme fils aîné, quoyqu'il y doive venir par droit hereditaire,
lorfqu'il veut fucceder, donc s'abftenant de la fucceffion, il fait qu'il n'y a plus d'aîné; car celuy qui
le fuit ne fe peut dire aîné, puifqu'il y en a un autre qui le precede, & eft aîné au temps de la fucceffion échuë : *Quia viventis nulla eft hereditas, l.*
1. ff. de heredit. vel act. vend. Outre que le fils
aîné fe tenant au don de fes pere ou mere, & par
ce moyen s'abftenant ou renonçant à leur fucceffion,
ce don eft reputé en luy, tenir lieu de fon droit d'aînefle; & ainfi n'y en faut prendre d'autre, car il n'y
a deux droits de prérogatives d'aînefle en mêmem
fucceffion, demeurant au renonçant cette qualité
d'aînefle, *l. 1. Cod. quan. non petent.* Par Arreft
du 9. Septembre 1552. ainfi que le même Caron a
obfervé fur l'art. 21. I.

Par Arreft de l'Audience du 11. Decembre 1612.
fur un appel du Bailly de Vermandois ou fon Lieutenant à Soiffons, les parties de Vieumaifons, plaidant M. P. Mauguin, jugé qu'un majeur ayant renoncé à la fucceffion de fes pere ou mere, ayeul ou
ayeule, en peut eftre reftitué dans le temps de trois
ans, introduit par les Conftitutions des Empereurs
en la loy derniere, *Cod. de repudiandâ hered.*

Nouvelle

Nouvelle Addition.

☞ Trois autres Arrefts ont jugé la même cho-
l'un du quatriéme Decembre 1628. l'autre du
Septembre 1682. & le dernier du 27. May 1687.
porteez en forme dans le Recueil de M. Bardet
liv. 3. chap. 15. avec une differation pour
justifier. *

L'Arreft du 28. Mars 1590. icy remarqué, a été
vu fous l'offre par luy faite d'acquiter les dettes paffives de la fucceffion, jufques à la concurrence d'icelle, tout ainfi que l'heritier beneficiaire.
Suffit aux creanciers de prefenter requefte par-
vant le Juge de leur debiteur pour être fubrogez
en fon lieu, pour l'apppehenfion de l'heredité qui
y eft écheuë, en faifant lefdites offres. Ce qui eft
fondé en la raifon de la loy *Qui occidit.* 30. *ff. ad
legem Aquiliam*; en ces termes : *Creditori danda eft
actio utilis : quia poteft intereffe ejus, quod debitor
vendo non fit.*

Par Arreft de l'Audience du 21. Mars 1688. les
parties Nicolas Charlet tuteur de fa fille, & Nicolas l'Alement, jugé que la portion defaillante de
la petite fille qui renonce, accroift à toute l'heredité, & partant que tous les petits fils partageront
par fouches & branches également, les biens de
l'ayeule, fans rapporter ny deduire le don qu'elle a
fait à fa petite fille, ce qui eft tiré de la loy *Si Titio.
n. 1. ff. de ufufructu*, qui eft de Papinian *lib.17.
quaeftionum*, difant *Portio, velut alluvio, per-
petuo adcrefcit,* & de la loy *Si in teftamento. 5. ff. de
vulg. & pup. fubftit. Qui ex parte heres eft, partem
etiam deficientis per legem vindicat,* & de la loy
*Cum ex duabus 53. ff. de acq vel omit. hered. Defi-
cientium partes etiam invitus excipit, id eft, tacité
deficientium partes etiam invito adcrefcunt.* Le
droix d'accroiffement a lieu en donation entre-vifs.

ainſi qu'en legs, & donation par teſtament & ſucceſſion, ſuivant la loy unique *C. Si liberalitatis
Imperialis ſocius ſine herede deceſſerit.*

Nouvelle Addition.

☞ Cet Arreſt de 1588. n'eſt point ſuivy, & il
y en a un contraire prononcé en robes rouges le
22. Decembre 1606. qui juge, que le petit fils
d'une branche venant à la ſucceſſion de ſon ayeul,
doit rapporter tout ce qui a été donné à ſes freres
& ſœurs qui renoncent. *

Pour ce qui eſt de l'uſage des Renonciations,
voyez M. C. du Molin en ſon Conſeil cinquante-
trois, & en ſa Note ſur l'article 305. de la Coûtume de Bourbonnois. M. Anne Robert *lib.2. rer.
judicat. cap.* 5.

Ces derniers mots, *ſans aucune prerogative d'aîneſſe de la portion qui accroſt.* ont été ajoûtez, n'é-
tans en l'article 127. de l'ancienne Coûtume ; &
ont été tirez d'un ancien Arreſt donné entre les
Bouchiers le cinquiéme Septembre 1552. rapporté
par *Lucius, lib 8. Placitorum tit.* 10. *cap* 2. Voyez
M. C. du Molin en ſon Commentaire, §. 9. *gloſſ.*
4. *in verbo*, deux enfans venans. Il y a d'autres caſs
que ceux cy-deſſus rapportez, où il n'y a droit
d'aiſneſſe en cette Coûtume, quoy qu'il n'y en ait
article & n'y ſoient exprimez : Il a été jugé en
cette Coûtume, qu'il n'y a droit d'aiſneſſe en deniers procedans de la vente d'une terre feodale,
venduë par le pere de ſon vivant, à la charge du
decret, qui n'auroit été fait qu'aprés ſon decez.
Arreſt pour la terre d'Ablege adjugée au ſieur de
Maupeou. Par Arreſt du 8. Janvier 1576. entre
Hornet & Fouquet, d'une part, & M. Jean Du-
queſnel d'autre part, jugé que les deniers prove-
nans du fief acheté à faculté de rachat dans onze
ans, & racheté aprés le decez du pere, & la ſuc-

écheu, se partiroient comme roture &
[...]les. Bacquet au Traité des droits de Justice,
[...] nomb. 21. remarque, qu'en cette Coû-
[...]e, il n'y a prérogative d'aisnesse aux acquisi-
[...] faites par le pere ou mere survivant, en cas
[...]continuation de Communauté avec leurs en-
[...] de fiefs & terres seigneuriales. Tel est aussi
[...] de M. R. Chopin sur la Coûtume d'Anjou,
[...]e II. livre 3. tit. 1. Et en la Coustume d'Or-
[...], il y en a un article, qui est le 216. L.

ARTICLE CCCXI.

C'étoit le 128. article.

[...]cendans comment succedent aux meubles,
acquests & conquests.

Pere & mere succedent à leurs enfans
[...] en loyal mariage, s'ils vont de vie à
[...]pas sans hoirs de leurs corps [2], aux
[...]ubles, *acquests* & conquests immeubles,
[...]n défaut d'eux, l'ayeul ou l'ayeule, & as-
[...]dans. Voyez les articles 313. 314. & 315.

Idem de l'ayeul & ayeule, & tous deux sont
[...] par le pere ou la mere. Recours à mon
[...]mentaire. *C. M.*
Cet article & les quatre suivans, jusques au
[...] parlent de la succession des ascendans à leurs
[...], & autres descendans. Le 311. defere la
[...]ssion des enfans naturels & legitimes, à l'ex-
[...] des bâtards aux pere & mere survivans
[...] enfans decedez sans enfans, & à leur de-
[...], à l'ayeul & ayeule, quant aux meubles,
[...] & conquests immeubles ; & en ce cas

precedent les freres & sœurs de leurfdits enfans
predecedez, qui eft un ancien droit & ufage de Paris., felon les anciennes Ordonnances d'icelle de
l'an 1294. rapporté par M. René Chopin en ce
lieu ; en quoy l'ordre de fucceder eft gardé au défaut l'un de l'autre, le pere ou mere excluant
l'ayeul ou ayeule ; & le bifayeul le frere & la
fœur, jugé par Arreft du 7. Janvier 1559. L'E-
dit des meres n'eft à propos de cet article ; car il
n'a été fait fpecialement que pour le pays de Droit
écrit, en abrogeant le Tertyllien : Et d'ailleurs,
par l'Edit des meres, il n'eft point fait mention
de l'ayeule : Bref, il ne fe garde point où il y a
Coûtume expreffe qui en difpofe, comme celle-
cy. *T.*

Par cet art. 311. les pere & mere fuccedent aux
enfans de loyal mariage, morts fans hoirs, & au
défaut d'eux, l'ayeul ou l'ayeüle, & autres afcendans, aux meubles, acquefts & conquefts immeubles ; d'autant que, felon le grand Couftumier,
liv. 2. tit. de fucceffion, ils font plus prochains que
les freres du trefpaffé, quant aux meubles & conquefts : Et combien que cette fucceffion foit luc-
tueufe & contre l'ordre de la nature, elle eft toutefois receuë pour la commiferation des pere &
mere, & autres afcendans, & pieté des enfans envers eux : *l. 15. ff. de inoffic. teftam. l. jure fuccur-
fum. ff. de jure dot.* Cette difpofition pour les pere
& mere eft conforme à l'ancienne loy Salique,
laquelle au §. 1. du titre 62. les admet même à la
fucceffion des propres : *Si quis homo mortuus fue-
rit, & filios non dimiferit, fi pater aut mater fu-
perfuerint, ipfi in hereditatem fuccedant, id eft,
alodem feu proprium,* ainfi que M. Pithou & Bignon
ont obfervé ; le premier, en fon Gloffaire, fur ce
titre ; le fecond fur le livre premier des Formules de Marculphe. Pour l'ayeul & l'ayeule, Chopin rapporte une vieille Sentence ou Ordonnance

...an 1294. qui declare que par la Coustume de
...l'ayeul & l'ayeule sont plus prochains hoirs,
...aux meubles & acquests de leurs neveux &
...leurs niéces, que freres ny sœurs ; c'est au
...s. nomb. 6. du livre 2. de cette Coustume.
...l'article 315. l'ayeul & l'ayeule succedent en
...ne proprieté aux heritages acquis par leur fils,
...a laissé un enfant, decedé aprés sans enfans,
...freres, ny sœurs, car tels biens ne viennent du
...mun estoc & souche, dont descendent les pa-
...collateraux de l'acquereur, autres que les
...& sœurs, suivant les Arrests alleguez par le
...; laquelle disposition est pareillement con-
...à l'ancienne Coustume de Paris, de l'an
...o. rapportée par Chopin au lieu susdit, nomb.
I.
Ces mots, *& en défaut d'eux, l'ayeul ou l'ayeu-*
& autres ascendans, ont été ajoutez, comme
...voit par le procez verbal ; & ce conformé-
...à la Note de M. C. du Molin, cy-dessus
...portée.
Par l'Edit du Roy Charles IX. donné à Saint
...aur, au mois de May 1567. verifié en Parle-
...le 29. Juillet ensuivant, il est ordonné que
...lieu doresnavant en aucun endroit de son
...oyaume, l'observance & maniere de succeder
...la loy & constitution faites par les anciens Em-
...eurs de Rome, par laquelle la mere survivant
...es enfans, leur succede non-seulement en leurs
...eubles & conquests, mais és propres provenus
...la ligne paternelle ; & l'abroge en tant que
...in seroit, & veut que lesdits biens retournent
...ux à qui ils doivent retourner, sans que les
...res y puissent succeder : Et ordonne qu'elles
...rederont és meubles & conquests provenus
...lleurs que du côté & ligne paternelle, & ou-
...que pour tout droit de legitime, part & por-
...dudit heritage, elles jouïront leur vie durant

de l'ufufruit de la moitié des biens propres appa
ten ans à leurs enfans, avant qu'ils fuſſent decede
Cette Ordonnance a lieu, non-ſeulement en pa
Coûtumier, mais en païs de Droit écrit, au reſ
ſort de ce Parlement, & non aux autres païs d
Droit écrit, par Arreſt du 18. Avril 1576. prononc
en robes rouges par M. le premier Preſident d
Harlay. Eſt encore à noter que cette Ordonnanc
a lieu pour les peres, bien qu'elle n'en parle poin
tout ainſi que pour les meres où elle a lieu, & qu'el
le n'a derogé aux Coûtumes contraires ; comm
celle d'Anjou, art. 270. Et que celle de Bourgogn
titre des ſucceſſions, art. 15. déroge à cet Edit, e
ces termes ; *Nonobſtant l'Edit donné à S. Mau*
au mois de May 1567. auquel Edit a été derogé. Su
cet article peut être alleguée la raiſon de Papinia
Tam etſi parentibus non debetur filiorum heredit
propter vetum parentum & naturalem erga fili
charitatem, turbato tamen ordine mortalitatis no
minus parentibus quam liberis, pià relinqui deb
Ce ſont ſes termes, qui ſont en la loy *Non eſt* 1
ff. *de in officioſo teſt.*

Cet article, par Arreſt du 15. Fevrier 1610.
rapport de M. Ribier en la cinquiéme Chambr
des Enqueſtes, entre Claudine Nugon & Anto
nette Labron, en païs de Droit écrit, au reſſo
de ce Parlement, a été ſuivy. Pareil Arreſt d
l'Audience du 20. Juillet 1610. les parties Anto
ne Reſnel, & Marie Leſcure ; & ordonné qu
l'Arreſt ſeroit leu au ſiege d'Aurillac, pour ſervi
de loy à l'avenir, à été ſuivie la Novelle 118
chap. 2. M. C. du Molin en ſon Conſeil 15. De l
repreſentation aux lignes ſuperieures, il y a un ex
cellent & docte Traité de M. Jacques Leſchaſſier
ancien Avocat en Parlement, qu'il a fait impri
mer de ſon vivant. *L.*

ARTICLE CCCXII.

C'étoit le 129. article.

En directe, propres ne remontent point.

Succession en ligne directe [1], propre
ne remonte : *& n'y succedent les*
mere, *ayeul ou ayeule*. Voyez les trois
suivans.

que la maxime est observée en païs
tier, *paterna paternis : materna maternis :*
est écheu à l'enfant du côté du pere dece-
remonte à la mere, mais va aux heritiers
du pere, *idem de maternis*. Autrement se-
entrer les biens d'une ligne en l'autre. Il
Arrests donnez en diverses Coûtumes,
Valençon Avocat, du trente-un May mil
soixante. Un autre du 29. Fevrier 1563.
Coûtume de Sens. Un autre entre les Moi-
Jean de Picaux & sa femme, en la Coû-
Chaumont du 20. Juillet 1571. *Aliud est,*
quand les propres profectifs du pere ou
mere, aprés le decez desdits enfans, retour-
pere ou à la mere, par droit de reversion,
biens retournent sans charges de dettes, par
pour la Generale de Cailly, contre les
de son fils defunt, au mois d'Aoust
tel retour a lieu où la Coustume n'en dis-
point, par Arrest du 29. Avril 1606. en la
de Chaulny, M. C. du Molin est de ces
ses Apostilles. T.
cet article 312. propre heritage ne remonte
succedent les pere & mere, ayeul ou ayeule :
consequence de cette disposition, M. le premier
le Maistre fut debouté de sa demande de

la somme de cinq mille livres tournois, par luy
bailiée & stipulée par le contrat de mariage de Damoiselle Claudine le Maistre sa fille , & du sieur
de la Marsiliere, Conseiller au grand Conseil, son
futur époux, qu'elle seroit employée en achat d'heritages , pour estre propres à ladite Dame , ses
hoirs & ayans cause de son costé & ligne : l'em-
ploy non fait , & ladite Dame morte , & Gilles
Berziau de la Marsiliere son fils ensuite , elle fut
adjugée à M. Jacques de la Vergne , Avocat en la
Cour , & Damoiselle Geneviefve le Maistre sa
femme, tante dudit Gilles Berziau , comme heritiere des propres d'iceluy, en la personne duquel
cette somme, quoy que propre seulement conventionnel , & non naturel, avoit fait souche, à l'exclusion dudit sieur President , par Arrest de l'an
1554. contre la loy 6. *ff. de jure dot.* & contre la
stipulation de la somme, qui n'estoit qu'un propre
conventionnel , & non naturel : *Et sic deficienti-*
bus filia liberis . à luy reversible. Il pouvoit ajouter , pour fortifier d'abondant sa juste demande ,
l'ancienne Coustume de Paris , contenuë par la
Sentence ou Ordonnance de l'an 1294. rapportée
sur l'article precedent en faveur de l'ayeul & de
l'ayeule ; à cause dequoy, afin de bannir cette disposition barbare de cet article 312. pour l'avenir ,
l'an 1580. l'on ajousta l'article 313. qui porte, que
les pere & mere, ayeul & ayeule, succedent és choses données à leurs enfans decedez sans enfans &
descendans d'eux conformement à ladite loy 6.
ainsi qu'ont remarqué M. R. Chopin, nomb. 28.
tit. 1. du liv. 1. nomb. 15. tit. 5. du liv. 2. sur cette
Coustume , M. J. Bacquet, nomb. 302. 303. 304.
& 305. chap. 21. des droits de Justice ; estant raisonnable que la chose donnée retourne à celuy de
la liberalité duquel elle est procedée : M. A. Mornac sur ladite loy 6. *ff. de jure dot.* & cette succession est appellée droit de *retour* ou *reversion* , selon

[...] Auteurs, & M. Loüet & Brodeau sur [let]tre P. nombre 47. & sur la lettre R. nom[...] où ces deux articles 312. & 313. sont encore [alle]guez, & M. Bouguier en la lettre V. nomb. 4. I. [C]'est seulement à ce qu'ils ne sortent hors de [lig]ne. C. M.

[M.] C. du Molin sur l'article 75. de la Coustu[me du] Comté d'Artois, qui porte, comme celle [...] qu'heritage propre, qu'heritage patrimonial, [re]monte point, & n'y succedent & ne sont heritiers [pe]res & meres, a noté en ces termes, *excepté aux [... de leur] part*; car alors ce n'est pas *remonter*, [ny] *retourner*, l. si unus. §. pactus ne peteret. ff. de [...]tis. Les Coustumes *pingui soluta minerva ca[...]nt compositum pro simplici*, *remonter* pour *mon*[te]*r*. Et tel propre est appellé *propre de reversion*. A [cet]te Note de M. C. du Molin, est conforme l'ar[tic]le suivant 313. Et l'Ordonnance de 1567. cy[des]sus alleguée n'a pas eu d'autre intention, com[me] il appert par les termes d'icelle, *voire les biens [ap]portez par une étrangere*, appellant la mere étran[ger]e, pour le regard des biens propres, provenus [&] procedez de la ligne paternelle des patrimoines, [les] biens qui sont de l'estoc, tige & souche pater[nel]le.

[Par] Arrest prononcé en robes rouges le 25. No[ve]mbre 1511. en l'ancienne Coustume, M. Clau[de] de Gart est maintenu & gardé en la succession [de] son fils, quant aux propres, à l'exclusion du [fis]que.

ARTICLE CCCXIII.

Ascendans succedent és choses par eux
données.

Toutefois succedent és choses par eux don[né]es à leurs enfans, decedans sans enfans &

descendans d'eux. Voyez l'article 230. en la
fin, & le 315.

1 Exception du precedent article ; par laquelle
ce qui est donné par le pere ou ayeul à ses enfans,
retourne audit pere ou ayeul, au cas susdit que lesdits enfans n'ayent laissé hoirs de leurs corps aprés
leur mort: Surquoy est celebre l'Arrest de l'Argentier de Troyes, auquel, comme ayeul de la fille de
sa fille, fut adjugée la rente qu'il avoit donnée en
mariage à Jeanne l'Argentier sa fille, mariée au
sieur de Passy, par Arrest donné en l'Audience le
25. Fevrier 1602. en la Coustume de Troyes. Ce
droit de retour s'appelle en ce lieu, *succession,* duquel est traité amplement par M. Loüet lettre P.
nomb. 47. *T.*

La raison de cet article est celle qui est renduë
de pareille disposition par l'Empereur Justinien aux
Institutes, *iii. Per quas personas nobis adquiritur,*
en ces termes : *Quæ enim invidia est, quod ex pa-*
tris occasione profectum est, hoc ad eum reverti? Et
non celle qui est renduë en la loy unique, *Cod. de*
his qui ante apertas tabulas, en ces termes : *Ut*
habeant solatium tristitiæ suæ, quibus est merito
consulendum, qui est pour les enfans & autres descendans. De même que celle de la loy unique au
Code Theodosien, *Cum lex ipsa natura, successo-*
res eos faciat. Une autre raison de cet article peut
estre renduë en ces termes de la loy *Jure 6. ff. de*
jure dotium. Jure succursum est patri, ut filia amis-
sa solatii loco cederet ; si redderetur ei dos ab ipsa
profecta ; ne & filia amissa, & pecunia damnum
sentiret. Il y en a une autre raison en la loy *Consti-*
tutionis 2. Cod. de bonis quæ liberis, (de laquelle,
ainsi que de la loy *Quod scitis* suivante, sont com-
posez cet article & le suivant) en ces termes :
Nullus æstimet quod ab ipso parente datum, vel do-
tis vel ante nuptias donationis causa præstitum, ut

[...]ædum, si casus tulerit, revertatur: pro-
[...]dum est enim, ne hac injecta formidine, pa-
[...]circa liberos munificentia retardetur.

[...] Arrest prononcé par Monsieur le President
[...] le 14. Aoust 1591. Grasseteau partie, la
[...] d'une rente ameublie par la femme au pro-
[...] communauté de son mary & d'elle, ayant
[...] enfant, auquel la moitié de cette rente étoit
[...] par la succession de son pere, l'enfant
[...], a été ajugée à la mere, comme heritiere,
[...] seulement des meubles & acquests, mais des
[...] venans d'elle. L.

ARTICLE CCCXIV.

Usufruit des pere & mere, & reversion de biens.

Les pere & mere jouïssent par usufruit des
[...]s delaissez par leurs enfans, qui ont été ac-
[...] par lesdits pere & mere, & par le decez
[...]'un d'eux avenu de l'un de leursdits enfans,
[...] qu'ils soient & ayent été faits propres aus-
[...] enfans. [1] *Au cas toutefois que lesdits enfans*
[...]dent sans enfans & descendans d'eux. Et
[...]s le decez desdits pere & mere, qui ont
[...] desdits biens, retournent aux plus proches
[...]s desdits enfans, desquels procedent les-
[...] biens. Voyez l'article precedent, &
[...] suivant; le 230. en la fin, & le 263.
[...] la fin.

[1] Il faut entendre cet article selon l'exception
[...]rtée en l'article deux cent trente, pourveu que le

decedé n'ait laissé aucuns freres , ou sœurs, les
quels survivans succedent ausdits biens en pl[eine]
proprieté , sans que le survivant desdits pere [&]
mere y puisse prendre l'usufruit , par Arrest [du]
premier Avril mil cinq cent soixante-six , pour [la]
succession de Pierre & René de Gaumont. Ce so[nt]
les mots dudit article deux cent trente. *An ce*
qu'il n'y ait aucun descendant de l'acquereur. Po[ur]
confirmation de l'Arrest cy-dessus ajugeant la succession de l'enfant decedé, sans hoirs, aux freres [&]
sœurs , faut voir l'Arrest donné le huitiéme Ma[rs]
en la même année , au profit d'une sœur uterin[e]
Didier Leger, & le pere de deux siens enfans, Jea[n]
& Pierre du Bois nez du second lit, & predecedez , dans M. Bouguier , qui est le dernier de se[s]
Arrests , lettre V. nombre 4. où cet article e[st]
clairement expliqué & conferé avec l'article precedent 230, 7.

Loüet lettre P. nombre 18. & le Caron sur ledit article. *I.*

Le premier des Arrests rapportez sur cet articl[e]
est aussi allegué par M. J. Tronçon , mais d'un[e]
autre date , disant qu'il a été donné le premie A-
vril mil cinq cent quatre-vingt cinq, au rapport de
M. Boüin, au profit de M. Jacques le Grand , &
Denyse de Gaumont sa femme , & que par icelu[y]
ont été ajugées les successions de Pierre & Ren[é]
de Gaumont leurs freres, Anne le Comte leur mere deboutée de l'usufruit par elle demandé, condamnée de rendre & restituer les fruits de ce qu[i]
leur étoit écheu de la succession paternelle, suivant le Droit Romain en la loy 2. *Cod. de bonis*
quæ liberis. Nam jure veteri fratres vel sorores ex-
cludunt matrem in filiorum successione aux Institutes , *lib. 3. tit. 3. §. 3. De Senatusconsulto Tertil-*
liano. De sorte que suivant cet Arrest , faut ajoû-
ter à cet article, aprés ces mots , *sans enfans &*
descendans d'eux , & sans freres & sœurs.

...rrest appellé l'Arrest des Danisy, du 9. Octo-
...yys rapporté par *Lucius lib.* 9. *tit.* 10. *cap.* 5.
...num, jugé que les acquests du pere, faits
...pres du fils, si le fils meurt sans enfans, se
...gent par moitié, entre ses heritiers paternels
...ternels, encore que les uns soient plus pro-
...hes que les autres. *L.*

Nouvelle Addition.

Un immeuble propre, mobilisé jusqu'à con-
...nce de 10000. liv. par un mary, pour entrer
...la communauté de sa femme, se retrouvant
...la succession de leur fille unique, qui avant
...decez étoit heritiere de son pere predecedé; ce
...pre ainsi mobilisé est toûjours consideré à l'é-
...rd de la femme survivante, comme un conquest
...sa communauté, dans la succession de sa fille de-
...dée sans enfans, & la mere en doit joüir aux ter-
...a de l'article 314. jugé par Arrest de la premie-
...des Enquestes du 7. Janvier 1688. en la XI.
...r. du Journal du Palais.

ARTICLE CCCXV.

Ayeuls comment succedent en proprieté.

...le fils fait acquisition d'heritages ou au-
...s biens immeubles, & il decede delaissant
...n enfant lesdits heritages; & ledit enfant
...de aprés sans enfans & descendans de luy,
...sans freres & sœurs, l'ayeul ou ayeule suc-
...ent ausdits heritages en pleine proprieté, [1] *&*
...luent tous autres collateraux. Voyez l'ar-
...le 230. en la fin, & le 311.

1 icy eſt un cas auquel le propre heritage monte aux aſcendans au defaut d'heritiers en droite ligne, quand le fils acquiert heritages qu'il delaiſſe à ſon enfant, comme propres, ſi ledit enfant decede ſans enfans, & freres ou ſœurs, tels propres montent à l'ayeul ou a l'ayeule en pleine proprieté; & en ce, ſont preferez à tous collateraux, à cauſe que ce ſont propres naiſſans, qui ont fait ſouche nouvelle au fils, & non anciens. Il y a ſur ce Arreſt des 9. Aouſt 1572 & 27. Juillet 1576. & du Parlement de Bourgogne du 28. Mars 1581. ce qui eſt un ancien droit de la ville de Paris, remarqué par M. R Chopin au lieu cy-deſſus alleguè des anciennes Ordonnances de ladite ville. *T.*

Voyez le premier des Arreſts rapportez par Tournet ſur l'article precedent 314. *L.*

ARTICLE CCCXVI.

C'eſtoit le 130. article.

Adition d'heredité eſt volontaire.

Il ne ſe porte heritier qui ne veut. *Voyez l'article ſuivant, & le 307.*

1 Cela ſe verifie par la pratique judiciaire, preſque generale par toutes les Coûtumes, par laquelle l'heritier preſomptif doit avoir quarante jours pour deliberer s'il ſe portera heritier ou non. Et ne peut être contraint de ſe declarer heritier avant les quarante jours paſſez: Neanmoins au cas qu'il ſoit maintenu avoir fait acte d'heritier, il ſera contraint de conteſter contre ledit acte, ſans delay de deliberer: mais au principal il ne pourra être contraint de conteſter, attendu qu'il ne porte la qualité d'heritier debatuë & conte-

Dont il y a Arrest du 5. Mars 1561. donné
à l'audience, infirmatif de la Sentence du Juge
qui avoit ordonné que le maintenu heritier conte-
roit à toutes fins. *T.*

La raison de cet article est en ces termes en la
loy 87. *ff. de legat.* 1. qui est de Papinien :
*Nunquam impugnatur judicium ab eo, qui justis
causis noluit negotiis hereditariis implicari.* A
quoy est conforme ce qui est dit en la loy *Quia po-*
4. *ff. ad Senatusc. Trebell.*

Par Arrest du cinq May 1578. entre Nicolas
ayant appellant du Prevost de Paris, & Claude
Touillart, intimé, plaidans M. Loüis Buisson
Martin, a été jugé, qu'un majeur ayant apprehendé une succession avec un mineur, & le
mineur se trouvant lezé en l'adition d'heredité,
se faisant restituer & relever, le majeur doit
estre relevé en consequence de la restitution du
mineur ; Surquoy peut être rapportée la loy *Si
tutorem* 10. *ff. Quemadmodum servitut. amittan-*
Et cela est sans doute en droits individus. Par
mot *heritier*, n'est pas seulement compris celuy
qui est le plus proche, mais les plus éloignez qui
descendent. *l. Haredis.* 65. *ff. de verbor. signific.* L.

Nouvelle Addition.

Il y a apparence que cet Arrest de 1578. n'a
pas jugé la question ; autrement il seroit contraire aux principes & à l'usage. *

ARTICLE CCCXVII.

Comment on fait acte d'heritier.

Et neanmoins, si aucun prend & appre-

hende les biens d'un defunt, ou partie d'icelle
quelle qu'elle soit, sans avoir autre qualité...
droit[1] de prendre lesdits biens ou partie, il fait
acte d'heritier, & s'oblige en ce faisant à payer
les dettes du defunt. Et supposé qu'il luy fut
deu aucune chose par le defunt, il le doit deman-
der, & se pourvoir par justice: Autrement... il
prend de son autorité, il fait acte d'heritier.
Voyez l'article 105.

1 Puis qu'être heritier dépend de la volonté, il
faut que les actes en soient volontaires & conformes à la volonté. Ce qui est expliqué clairement
en cet article, ou pour ôter tout doute d'acte volontaire d'heritier, il faut faire une demande judiciaire, & non prendre chose hereditaire de
propre autorité, ce qui est fort au long expliqué
aux textes de droit, *l. pro hered. 10. l. 11. &*
ff. de acq. vel omit. hered. l. 1. Cod. de jure del
& en plusieurs autres lieux, si ce n'est que l'heritier presomptif soit executeur testamentaire
en laquelle qualité il peut prendre de son autori-
sans être declaré heritier. Et l'effet de l'acte d'heritier est de s'obliger aux dettes du defunt, *l. m-*
re. ff. de acq. vel omit. hered. l. apud Julianum
in fin. ff. quib. ex cauf. in poss. eat. dont il n'y a que
les mineurs qui en soient relevez. Par la Coûtume
de Bourbonnois, art. 315. qui paye les creanciers
ou les legs, fait acte d'heritier, dont il ne peut
être relevé, pour quelque protestation qu'il
ait faite au contraire, il est toûjours tenu pour
heritier. *Molinaus ibid. Nisi in funeralibus vel...*
rituris, quod intelligitur secundum jus. dict. l. ...
herede. ff. eod. T.

Voyez sur cet article Monsieur Loüet, lettre
R. nombre 20. I.

Cet article est tiré de ce que l'Empereur Justinien
en les Institutes au §. dernier *de heredum quali-*
& differentia ; & des loix *Pro herede* 20. *Si*
21. *Gerit.* 88. *ff. de adq. vel omitt. hered.*
debitum 2. *Potuit.* 5. *Si avia.* 6. *C. de jure*
liberandi. Si paterna. 1. *&* 2. *C. de repudianda*
hereditate, dont la raison est renduë au lieu cy-
us allegué des Institutes, §. 7. en ces termes :
pro herede enim gerere, est pro domino gerere ; ve-
res enim heredes pro dominis appellabant : Sicut
item nuda voluntate extraneus heres fit, ita con-
traria destinatione statim ab hereditate repellitur.
en ceux cy de la loy *Pro herede* cy-dessus alleguée : *Nam hoc animo esse debet, ut velit esse he-*
res. Cæterum si quid pietatis causa fecit, si quid
custodiæ causa fecit, si quid quasi non heres egit,
quasi alio jure dominus, apparet non videre pro
herede gessisse.

Par Arrest de l'Audience du dernier de Decembre 1610. a esté jugé au profit de Damoiselle Anne de Fleury, veuve de François de Seneton, tant
en son nom, que comme tutrice des enfans d'i-
celuy défunt & d'elle, que les enfans prennent la
separation civile, comme enfans, & non comme
heritiers de leur pere homicidé ; dont cette raison
peut estre renduë, tirée de la loy *Pro herede*, cy-
dessus alleguée, §. *finali*, en ces termes ; *qui*
nihil ex bonis patris capit, non videtur bonis im-
miscere; hac enim actio potius pœnam & vindictam,
quam rei persecutionem continet. A quoy est conforme ce qui est dit en la loy *Sepulchri.* 6. *ff. de*
sepulchro violato; hac actio non ad rem familiarem,
sed magis ad ultionem pertinet. Et en la loy *Quasi-*
10. *ff. eod.* qui est de Papinien, en ces termes :
his tamen si egerit, hereditarios creditores timebit:
& etsi per hereditatem obtigit hac actio, nihil ta-
men ex defuncti capiatur voluntate : neque id ca-
pitur quod in rei persecutione, sed in sola vindicta

fit conftitutum. Par Arreft de l'Audience du feizié-
me Decembre mil fix cens huit, jugé qu'une fille
bâtarde peut demander l'intereft civil, de l'homicide commis en la perfonne de fon Pere naturel.
Ce qui eft conforme à l'avis de *Boërius*, queftion
111. Et la raifon eft, que telle demande peut être
faite *citra nomen & jus heredis.* L.

ARTICLE CCCXVIII.

C'étoit le 132. article.

Heritier faifit à l'inftant du decez.

[1] Le mort faifit le vif, fon hoir *plus*
proche [2] *& habile à luy fucceder.* Voyez l'article 256. & le 284.

1 Cela eft general par toutes les Gaules, &
quafi par toute l'Europe. *C. M.*

2 C'eft ce que dit Balde. *Mortuum aperire ocu-*
los viventis fine aliquo actu etiam ficto, in l. fin.
Cod. Comm. de manumiff. Auffi le mort faifit &
met en poffeffion le vif, fans aucun acte corporel,
ny apprehenfion, ou adition, ce qui s'entend de
l'heritier *ab inteftat*, & non du teftamentaire,
comme il a été jugé par l'Arreft de Montefpan de
l'an 1561. Et s'entend l'heritier plus proche, tant
en ligne directe que collaterale : & outre ce, habile à fucceder. Ce qui fait que le bâtard, le condamne à mort, encore que ce foit par contumace,
le banny a perpetuité, les Religieux profez, &
autres ne font faifis par la Coûtume, n'étans
capables de fucceder. Sur la regle generale de
cet article, on allegue les Arrefts de Bordeaux
du 23. Juin 1526. & du 22. Fevrier 1536. Tiraqueau a fait un Traité entier fur cette regle,
Mortuus faifit vivum.

[...] article 318. le mort saisit le vif son hoir
[pro]che & habile à luy succeder, c'est à dire,
[la] possession du defunt est transmise & con-
[tinu]ë en son heritier *ab intestat*, telle qu'il l'a-
[voit de]s l'heure de son decez ; sans aucun acte
[d'ap]prehension corporelle : ou, que le defunt en
[mou]rant eût fait son heritier possesseur de tous les
[biens] qu'il delaisse par son decez ; de sorte que la
[mes]me possession du defunt se continuë en l'heri-
[tier], sans aucun acte corporel, selon le Caron.
[Cette] disposition est ancienne, ainsi qu'il paroist
[par] l'Arrest du 7. Septembre de l'an 1341. donné
[entre] Charles Comte de Blois, & Jean Comte de
[Montf]ort, pour le Duché de Bretagne, où elle est
[cit]ée deux ou trois fois, comme pratiquée au
[Par]lement & en la ville de Paris, en consequence
[de] laquelle, ledit Comte de Montfort, comme
[frere] naturel & legitime du Duc Jean III. & plus
[pro]chain en degré de sang, habile à succeder en
[ce] loc, soûtenoit qu'il étoit son heritier univer-
[sel] en tous les biens desquels il se trouvoit avoir
[esté] saisi & jouïssant lors de son decez, entr'au-
[tre]s du Duché de Bretagne, d'autant que par la
[cou]tume generale de France, *le mort saisit le vif*,
[&] que par cette regle ledit Comte devoit être te-
[nu] & reputé saisi dudit Duché, & de toutes ses
[ap]partenances, exclusivement aux autres plus
[pro]chains en degré : *Eratque idem Comes frater*
[natu]ralis & legitimus Joannis Ducis prædicti, &
[pro]ximior in gradu & consanguinitate, qui appare-
[bat] specialiter ex latere, unde obvenerat Ducatus
[præ]dictus, & per consequens hæres universalis ejus-
[dem] Joannis Ducis in omnibus, quibus erat sai-
[si]tus tempore mortis suæ, & quod per generalem con-
[suetu]dinem Regni nostri, qua mortuus saisit vivum,
[dictus] Comes & hæres universalis reputabatur saisi-
[tus de] Ducatu & pertinentiis antedictis & omnibus
[...] de quibus idem Dux Joannes saisitus & vesti-

tus obierat, & ob hoc à nobis seu nostro nobili officio requirebat, ut eum solum & in solidum in fide & homagio nostris de Ducatu & Pairia reciperemus, offerendo nobis os & manus à l'exclusion de Charles Comte de Blois, à cause de sa femme, Jeanne Comtesse de Penthievre, niéce dudit defunt, de par Guy son pere, qu'il n'entendoit recevoir pour partie ; c'est à dire, selon Pasquier, chap. 20. liv. 4. des Recherches, que representation n'avoit point de lieu, puis que luy, comme plus prochain, devoit être saisi du Duché ; & outre que par la Coûtume de France, femme n'est receuë en succession de fiefs en ligne collaterale, quand il y a hoirs mâles : mais d'Argentré le contredit au chap 4. du liv. 6. de l'Histoire de Bretagne, parce que representation avoit lieu en Bretagne ; & les femelles étoient capables des-fiefs ; & que le Comte de Montfort disoit qu'il falloit juger la cause, non par les Coûtumes du pays, ains par celles de France, specialement du Parlement & de la ville de Paris, comme chef desdits Duché & Pairie ; autrement que ce seroit juger le chef par les loix des membres : *Cum Ducatus & Pairia ressortiant immediatè ad nostrum Parlamentum Franciæ, ut pars & membrum Coronæ nostræ, & per consequens de ratione communis usus & observantia regni nostri cum feuda moventia de aliqua Castellania & immediatè ressortantia ad cum judicentur & terminentur, secundum usum & consuetudinem loci unde movent; & usus & consuetudines Franciæ, & specialiter Parlamenti & civitatis nostræ Parisiensis (ut capitis in dictis Ducatu & Pairia) debent quad hoc totaliter observari.* Voyez le chapitre 35. de l'Histoire de Bretagne de Pierre le Baud. M. Pithou sur le tit. 16. de la Conference des loix Mosaïques & Romaines, estime que cette maxime est possible tirée de la loy *Cum miles, ff. ex quibus causis majores* ; Et Monsieur

...chesbry ; par son plaidoyé en la cause de
...Marguerite, le 20. May 1606: où il tient
...l'intention des peres est de se dessaisir à leurs
...ns, & que leur possession descende comme
...te à l'heritier, ainsi que dit Paul Jurisconsulte,
...il est venu ce que nous disons en France, *le mort
saisit le vif*, par le mot emprunté de la Langue
sainte, comme a observé le docte Mercier, sur le
...*Nachal, quod in piel & hiphil transit ad duo
...tia* : faire heritier ou succeder, laisser par
...cession : *quomodo & in hiphael ferè sumitur, sed
...et propriè quod vernaculè dicimus*, se dessai-
...mains d'un autre, *ut vulgò dicunt, mortuus
...vivum seu investit eum hereditat* ; d'où vient
...le mot *nachala*, c'est à dire, succession &
...*quoniam hereditas tanquam propria jure
successionis in aliquem derivatur ac manat, non
...ac torrens alveo defertur, nec extra lineam
...sfertur.* I.
...Par Arrest du 23. Aoust 1585. sur un appel des
...parties du Palais, sur cette question, si les he-
...ritiers d'une personne de longue absence, se peu-
...vent dire saisis de sa succession, à été ordonné
...qu'il seroit informé de la mort ou vie de l'absent:
...& cependant que les presomptifs heritiers joui-
...ssent de sa succession, comme depositaires &
...sequestres d'icelle.
...La raison de cet article peut être renduë par la
...l. 138. *D. de regul. juris, Omnis hæreditas quam-
expostea adeatur, tamen cum tempore mortis con-
nuatur. Idem l. 193. Omnia ferè jura heredum,*
...&c. *Et l. 194. qui per successionem, &c.*
...Sur cet article 318. peut estre dit ce qui est en
...loy *Cum miles 30. D. Ex quibus causis majores:
...ssio defuncti quasi juncta descendit ad hæredem.*
...pays de droit écrit qui est du Parlement de
..., cet article a lieu & s'observe. L.
...*De hac regula apud nos vulgata*, le mort saisit

le vif, *notandà quæ scripsit Ant. Contius libro singulari de hereditatibus & bonorum possess. quæ ab intestato deferuntur. L.*

ARTICLE CCCXIX.

C'estoit le 133. article.

Representation en ligne directe, infinie.

En ligne directe, representation a lieu infiniment 1, *& en quelque degré que ce soit.* Voyez les articles 308. 311. en la fin, 315. & 324.

1 C'est presqu'une Coûtume generale, conforme au Droit écrit, & se doit entendre la ligne directe des descendans ; & non des ascendans : Autrement ce seroit contre l'ordre de la nature, qui ne permet pas aux peres de representer leurs enfans : Ainsi le petit fils vient à la succession de son ayeul, par la representation de son pere, encore qu'il renonce à sa succession, par Arrest du dernier jour de Decembre 1556. & ne peut être privé ou desherité par son ayeul à cause du delit de son pere, condamné par Justice, parce que le crime du pere ne passe à l'enfant, par Arrest du 22. Decembre 1584. & encore un plus recent, qui est l'Arrest des Bermondets, prononcé en robes rouges par Monsieur le President Molé, le 24. Mars 1603. rapporté tout au long avec les Plaidoyez de M. Servin, au liv. 10. de ses Plaidoyez, M. Robert livre 2. chapitre 10. Autre chose seroit, si le pere ou la mere avoit renoncé à la succession de son pere par contrat de mariage : en ce cas les petits enfans ne pourroient venir à la succession de leur ayeul par representation, Arrests des 16. Juin 1537. & 5. Avril 1568. cy-dessus men-

tionnez. M. Robert livre 2. chapitre 5. *T.*

Par cet article 319. en ligne directe , representation a lieu infiniment en quelque degré que ce soit. Representation, selon quelques-uns , n'est autre chose que la succession des parens plus éloignez avec les plus proches du defunt , au droit universel qu'il avoit à l'heure de sa mort , pour prendre par representation d'autres personnes aussi plus proches , lesquelles si elles vivoient pourroient être heritieres , selon d'autres , c'est la maniere d'exercer & obtenir l'effet de la qualité d'heritier donnée par la Coûtume , & acceptée par la personne qui en use : *Ex propria persona & suo jure sibi à lege delato, non autem ab aliqua persona mediante transmisso ,* ou la mesure , modele , maniere & patron , selon lequel lesdites personnes plus éloignées partagent ; Jean André , *ad specul. tit. de succession. ab intest.* tient *quod est privilegium ut tertius gradus succedat cum secundo.* Et cette representation en ligne directe , s'entend principalement des petits enfans & autres descendans qui representent leurs peres; & succedent au lieu d'iceux à leur ayeul, ou autres ancestres avec leurs oncles ; ce qui est conforme à l'ancien usage , sous la premiere race de nos Rois de France , introduite par l'Ordonnance du Roy Childebert d'Austrasie l'an 20. de son regne , qui est le 599. de nôtre salut , selon M. Fauchet , liv. 5. chap. 1. ou 595. selon le Pere Sirmond , au premier tome des Conciles de la France , par laquelle il ordonna que les enfans du fils ou de la fille , appelléz neveux en Latin, succederoient à leur ayeul par representation de leurs pere & mere , avec leurs oncles ou tantes : *Ita Deo auxiliante Atipiaco Kalend. Mart. anno 20. regni nostri convenit, ut nepotes ex filio , vel ex filia ad Aviaticas res cum avunculis , vel amitis sic venirent in hereditatem , tanquam si pater aut mater vivi fuissent :* M. Bi-

gnon l'a rapportée fur le chap. 10. du liv. 2. des
Formules de Marculphe ; & le Caron au 3. des
Pandectes, chap. 15. & nous aprés eux , au titre
1. du livre 8. de la Conference des Ordonnances.
M Pafquier ne l'a pas veuë, non plus que Chopin, Tronçon. M. C. Guerin, ny le dernier Commentateur : car le premier, au chap. 10. du livre
4. des Recherches, tient que par le droit ancien
de nôtre France, nous ne reconnoiffons aucune
reprefentation, tant en ligne directe que collaterale, & que le fils excluoit l'arriere-fils és fucceffions des peres & meres : Les autres difent
qu'en cette Coûtume de Paris, la reprefentation
n'a été introduite qu'en l'an 1510. Voyez au lieu
fufdit nôtre Réponfe aux objections de Pafquier, qui fervira à celles de M. C. Guerin &
Chopin , livre 2. titre 5. nombre 2. de cette
Coûtume. I.

Nouvelle Addition.

☞ Quoy que l'opinion de Joly foit fingu-
liere touchant la Chronologie & l'ufage de la ré-
prefentation en ligne directe dans le pays Coûtumier , elle n'eft peut-être pas fans fondement, &
meriteroit quelque examen avant que d'être re-
jettée. *

M. C. du Molin fur l'article 241 de la Coûtume du Maine , a fait une Note, qui eft fort remarquable pour la vraye intelligence de cet article
& des articles des autres Coûtumes, qui ont auffi
introduit la reprefentation , tant en fucceffion directe que collaterale, partant que ces articles fe
doivent entendre de la perfonne morte & non vi-
vante, Ses termes font : *Nota quod reprefentatio
nunquam eft de perfona viventis , fed tantum de
parente mortuo naturaliter vel civiliter , l. Si qua
pœna. ff. de his qui funt fui vel alieni juris. Ita*

matre

matre repudiante, filii ejus non possunt venire per representationem, etiam in linea directa : sed benè veniunt jure suo, ex successorio edicto, si sint proximiores in gradu, vel æquè propinqui cum aliis succedentibus vel reprasentantibus concurrendo.

Par Arrest de l'Audience du 11. Decembre 1612. plaidans M. P. Mauguin & Papillon, a été le petit fils debouté de la succession de son ayeul, que son pere avoit repudiée, & icelle succession adjugée à l'oncle. En cette Coûtume de Paris, la representation n'a été introduire que l'an 1510. ainsi qu'il appert par le procez verbal, qui fut lors fait, sur l'article 76. M. C. du Molin sur l'article 76. de la Coûtume de Boulenois, (qui dit la representation n'a lieu en quelque succession que ce soit) a aussi fait une Note qui merite d'être remarquée sur ce sujet, en ces termes : *Valde injusta & corrigenda in directa : tamen omnes fere consuetudines, à Parisiis trans Sequanam, versus Belgiam & Aquilonem pares olim fuerunt, & habent rationem in hoc, ne filii audeant contrahere matrimonium & generare nepotes sine consensu parentum qui possunt eos habilitare ad succedendum* Qui est ce que nous disons, *Les peuvent rappeller à leur succession.* L.

ARTICLE CCCXX.

Representation comment a lieu en ligne collaterale.

En ligne collaterale, representation a lieux [1], quand les neveux ou niéces viennent à la succession de leur oncle ou tante, avec les freres & sœurs du decedé : Et audit cas de representation, les representans succedent par souches, & non par testes.

Voyez l'article 323. & en la fin, des 325.
326. & 328.

1 Cet article avec les trois suivans, a été ajoûté de nouveau en faveur de la representation en ligne collaterale, laquelle n'avoit lieu en l'ancienne Coûtume : Et au defaut de ce, l'oncle pouvoit rappeller à sa succession les enfans de son frere decedé, pour succeder au lieu de leur pere, avec ses freres survivans, par Arrest prononcé en robes rouges, la veille de Nôtre-Dame de Septembre 1564. pour la succession de feu Loüis de Merle Escuyer sieur de Beaubourg. Cette representation est telle, que celle introduite par Justice, Novelles 118. & 127. *Authent. Cessante C. de leg. her.* hormis la difference des conjoints des deux côtez, & ceux d'un côté ôtée par cette Coûtume, articles 340. & 341. La representation collaterale, ou bien est entre conjoints en degré different, comme entre les oncles, où les tantes & les neveux, & alors la succession se fait par souches, *in stirpes*, ou en pareil degré, comme en l'article suivant, & se fait *in capita, viritim*, ou également. Si les freres & sœurs renoncent à la succession de leur frere ou sœur, se tenans à leurs legs, les neveux des autres freres ou sœurs predecedez succederont *in stirpes*, nonobstant la renonciation de leurs oncles ou tantes, *quia tels* renonçans *sunt heredes potentia vel jure*, jugé en la Coûtume d'Orleans, par Arrest du 9. Juin 1602. plaidans Navarrot pour l'appellant du Lieutenant d'Orleans, & Germain, pour l'intimé, au rôle de Chartres. Et la raison en est donnée par M. René Chopin, qui allegue cet Arrest, livre 2. tit. 5. nombre 5. sur cette Coûtume, d'autant que *frater legatarius defuncti fratris legatum retinet, quod hereditario juri aquipollet : Secùs ergo esset, si nullo accepto, purè abstinuisset hereditate.* Cy-aprés

sera cité un Arrest contraire à celuy-cy de l'an 1589. Et si les oncles ou tantes renoncent, leurs enfans ne peuvent succeder comme neveux du defunt, *repudiata hereditas non transmittitur*, elle accroît aux autres heritiers, jugé en la Coûtume de Poictou, y ayant lieu de representation, par Arrest du vingt-uniéme Janvier mil cinq cens nonante-cinq. *I.*

Cet article 320. admet en ligne collaterale la representation en faveur des neveux ou niéces, venans à la succession de leur oncle ou tante, avec les freres ou sœurs du decedé, pour les biens roturiers : Mais le 322. contient une exception pour les fiefs : car par iceluy les mâles venans d'une fille, & succedans par representation, ne prennent rien és fiefs de leur oncle & tante decedez, non plus que leur mere eust fait : Mais si les femelles viennent d'un mâle, qu'elles representent, elles prendront en la succession de leur oncle part aux fiefs par luy delaissez, ainsi qu'eût fait leur pere, succedant avec ses freres, comme il a été jugé par Arrest du 21. Mars 1631. aprés une enquête faite par turbes au Châtelet, que M. J. Tournes, & C. Guerin, ny le dernier Commentateur de la Coûtume, n'ont point veu, car ils n'en ont point fait mention ; & lesdits Tournet & Guerin semblent de contraire avis à la teneur d'iceluy : c'est pourquoy je le rapporteray icy tout entier, étant fort notable, & donné en interpretation dudit art. 322. mais ce sera aprés avoir mis l'espece du fait, & les raisons de droit que j'ay apprises par la communication d'un Factum, ainsi qu'il s'ensuit : Jacques Beroul, proprietaire de la moitié du fief des trois Villes, sis au village de Chieux, decede sans enfans, & delaisse pour ses heritiers legitimes Mathurin Beroul son frere, Claude Beroul sa sœur, femme de René Baudart ; Elisabeth Beroul, femme de Maistre

Antoine Ollin, Eleu en l'Election de Paris, &
Claude Beroul, femme de Maiſtre Antoine Noyau,
leſdites Elizabeth & Claude Beroul heritieres en
partie dudit defunt, comme filles de defunt Jean
Beroul, & le repreſentans. Conteſtation ſe'meut
en procedant au partage pour les portions du fief,
qui appartenoient au defunt, ſcis audit village de
Thieux dans la Prevôté de Paris, Mathurin Beroul pretendant que ce qui appartenoit au defunt
en ce fief, lors d' ſon decez, luy étoit écheu, a
l'excluſion de ſa ſœur & de ſes niéces : Leſquelles
ſoûtenoient au contraire, qu'elles repreſentoient
leur pere capable de ſucceder au fief; & partant
la moitié des portions qui avoient appartenu audit defunt leur oncle, leur devoit être délivrée,
Par Sentence contradictoirement renduë en la ſeconde Chambre des Requêtes du Palais, le 21. Janvier 1625. le fief eſt ajugé audit Mathurin Beroul,
frere dudit defunt, à l'excluſion deſdites Eliſa-
beth & Claude Beroul ſes niéces, qui appellent
de ladite Sentence : Leurs moyens d'appel ſe re-
ſolvent en deux principaux, dont le premier eſt
fondé ſur le preſent article 320 par lequel repreſentation a lieu, quand les neveux ou niéces viennent à la ſucceſſion de leur oncle avec les freres
ou ſœurs du decedé ; & diſent que la même repreſentation qui les a renduës capables de ſucceder
aux autres biens, & de les partager avec ledit
Mathurin Beroul, intimé, les rend auſſi capables
de ſucceder aux heritages feodaux : Le ſecond
moyen eſt, que les niéces qui viennent à la ſucceſſion de leur oncle, doivent repreſenter leur
pere ; & au degré, & au ſexe, autrement la repreſentation ſeroit imparfaite : car par ledit article 32. de cette Coûtume, les mâles venans d'u-
ne fille, & ſuccedans par repreſentation, ne prennent aucune choſe au fief delaiſſé par leur oncle
ou tante : Donc par argument contraire les filles

venans d'un mâle , & succedans par representation , doivent prendre aux heritages feodaux même portion que leur pere eust pris , s'il fust venu
à la succession ; & que la Coûtume du Perche &
d'Orleans l'a ainsi decidé en la question qui se presente par l'article 321. qui porte en termes exprés,
que *la fille venant d'un mâle , represente son pere en la succession de son oncle decedé*; Arrest ensuite du 6. Avril 1626. par lequel il est ordonné ,
qu'il sera informé par deux turbes au Châtelet ,
sur l'usance dudit article 322. l'une d'icelles du 2.
Aoust 1627. montre par raison & vray-semblable,
que cet article peut avoir lieu, *in contrario sensu*,
lors que la fille est issuë du frere de l'oncle , pour
avoir le même droit de son pere qu'elle represente, si tant est que le droit procede plutôt du re-
presenté , que du representant : Mais quelques
Conseillers du Châtelet ont contredit cette turbe,
par leur avis du 19. Septembre 1628. qui porte
entr'autres , que la representation de soy n'est autre chose que la maniere, mesure & proportion ,
modele & exemple, selon lesquels les neveux &
niéces partagent avec leurs oncles & tantes :
Nempe in stirpem, de leur pere ou mere ; ou *in
stirpes*, s'il y a plusieurs enfans de plusieurs peres
ou meres, qui est une modification donnée à leur
benefice, pour ne prendre que ce qui seroit pris
par leursdits pere ou mere, s'ils étoient vivans :
Et ainsi c'est de leur chef, *& ex propria persona
& suo jure*, que les neveux heritent pour partager par representation, qui n'est la cause efficiente
ny formelle d'heriter par les neveux & niéces
avec leurs oncles & tantes : Mais c'est le seul benefice & disposition de la Coûtume , qui par son
autorité les a exceptez de la regle literalement entenduë, *le mort saisit le vif son plus prochain*, pour
les faire succeder, ainsi que s'ils étoient au second
degré, auquel étoient leurs pere & mere, & les

faire concourir avec leur oncle & tante : de forte
que l'oncle exclud les niéces , quoy que filles d'un
frere , de la succession des fiefs de leur oncle decedé , en la Prevôté & Vicomté de Paris. M. J.
Tournet estime que cela semble devoir être plutôt
suivy : le docte Caron dit, que plusieurs sont d'a-
vis que la fille du mâle succedant par representation, exclud les enfans de sa tante, quoy que mâles , des fiefs de la succession de leur oncle : par
la raison de l'article 325. parce que celuy qui represente , entre au droit & condition de la personne par luy représentée , tant pour le degré
que pour le sexe, *ex Tiraquell. de jure prim.
quæst.* 14. Voicy la teneur de l'Arrest susdit, conforme aux moyens d'appel , intervenu en faveur
des filles , contre l'opinion de M. J. Tournet.
Entre Maistres Antoine Ollin, & Antoine Noyau,
comme maris d'Elisabeth & Claude Beroul leurs
femmes , heritieres par representation de feu Jacques Beroul leur oncle , appellans d'une Sentence
donnée aux Requêtes du Palais le 21. jour de Janvier 1625. d'une part, & Mathurin Beroul aussi
heritier dudit feu Jacques Beroul son frere , intimé d'autre : Veu par la Cour ladite Sentence dont
est appel , par laquelle auroit été ordonné , que le
fief dont est question , demeureroit & appartiendroit audit Mathurin Beroul, frere dudit feu Jacques Beroul , à l'exclusion desdites Elisabeth &
Claude Beroul ses niéces ; & sans dépens : Arrest
du 15. Avril 1625. par lequel sur ledit appel les
parties auroient été appointées au Conseil : Causes d'appel , réponses , productions desdites parties , contredits & salvations d'icelles : Arrest du
6. Avril 1626. par lequel la Cour avant proceder
au jugement de ladite instance , auroit ordonné
qu'il seroit informé par turbes au siege de la Prevôté du Châtelet de Paris , sur la commune usance & observance de l'article 322. de la Coûtume

de Paris, portant que les mâles venans d'une fille
& succedans par representation ne prennent aucune chose és fiefs délaissez par le trépas de leur
oncle & tante, non plus que leur mere eût fait,
venant à la succession avec ses freres: Et si ledit article s'observe à contre-sens, pour dire que la fille
venant d'un mâle, & le representant, doit prendre à la succession de son oncle part aux fiefs par
luy délaissez, ainsi qu'eust fait son pere venant à la
succession avec ses freres, pour lesdites turbes faites & rapportées, faire droit ausdites parties, ainsi qu'il appartiendroit par raison, dépens reservez;
Ladite enquête par turbes faite par les Conseillers commis le 30. Juillet 1627. Arrest par lequel
icelle enquête auroit été receuë pour juger en ladite Cour, du 8. Janvier 1628. Lettres Royaux ob-
tenuës en Chancellerie le 8. Juin 1629. par ledit
Mathurin Beroul, tendant à ce qu'il fust receu à
articuler & prouver, tant par titres que témoins,
les faits y contenus : Defenses, appointement en
droit, & joint : Productions desdites parties ;
Contredits desdits Ollin & Noyau esdits noms,
suivant l'Arrest du   jour de
Forclusions de contredire par ledit Beroul: Requête dudit Beroul, & pieces par luy produites de
nouvel, le 24. Avril 1630. Requête desdits Ollin
& Noyau esdits noms, employée pour contredits ; & tout consideré : DIT A ESTE, que
la Cour, sans s'arrêter ausdites Lettres, faisant
droit sur ladite appellation, A mis & met icelle,
& ce dont a été appellé, au neant : en émendant,
A ordonné & ordonne, que le fief des trois Villes assis à Thieux, mentionné au procez, sera
partagé également entre lesdites parties ; & ausdits Ollin & Noyau appellans, esdits noms, baillé la moitié d'iceluy, comme enfans de feu Jean
Beroul leur pere, & par representation de leurdit
pere, en la succession de feu Jacques Beroul leur

oncle, avec restitution des fruits de ladite moitié,
par ledit Mathurin Beroul, pris & perceus ; le
tout sans dépens. Prononcé le 21. Mars 1631. Signé, RADIGUES. I.

Cet article, avec les 321. 322. & 323. ont été
ajoutez & accordez pour nouvelle Coûtume ; &
par l'avis de tous les Etats, l'ancienne Coûtume,
par laquelle représentation n'avoit lieu, a été
abrogée : Et servent ces articles à l'interpretation
les uns des autres : Comme aussi se voit par la conference d'iceux articles, que cette Coûtume fait
une loy generale, qu'en ligne collaterale les heritiers en pareil degré, succedent par testes, &
non par souches, & partagent également entr'eux
les biens de la succession du defunt. L'article
327. suivant ajoute ces mots, *non tenus & mouvans en fief*, à cause de l'article 25. du titre des
fiefs, par lequel il est dit, qu'en *fief en ligne collaterale, les femelles n'heritent point avec les mâles
en pareil degré.* Pour ce qui est de la question, à
sçavoir si cet article a lieu aux biens feodaux pour
y succeder par les filles avec leur oncle, par la representation de leur pere, frere du decedé, qui
étoit en pareil degré de masculinité, faut voir
& considerer les articles 320. 321. & 322. de la
Coûtume d'Orleans, d'autant plus considerales,
qu'ils ont été ajoutez à la nouvelle Coûtume
d'Orleans, redigée par Messire Achilles de Harlay, & M. Maistres Jacques Viole d'Aigremont,
& Nicolas Perrot, Conseillers du Roy en sa Cour
de Parlement à Paris en 1583. peu de temps après
la reformation de cette Coûtume de Paris, & la
Note de M. C. du Molin sur l'article 54. titre des
Fiefs de la Coûtume de Vitry, par laquelle il dit, il
que ce qui defaut en une Coûtume, peut & doit
être suppléé par les Coûtumes voisines, *maxime quod in processu verbali Consuetudinis & ejus
conclusione, non est facta prohibitio allegandi alias*

Consuetudines, nisi contrarias vel derogantes.
Aliud igitur de diversis & omissis, quæ tamen sunt
rationabiles & in communi circumvicinorum usu :
Nam aliud omissio, aliud abrogatio. Voyez aussi
ce qui est dit cy-aprés, sur l'article trois cens
quarante-deux. L.

ARTICLE CCCXXI.

Succedans par testes, & non par souches, partagent également.

Mais si les neveux en semblable degré,
viennent de leur chef, & non par represen-
tation, succedent par testes, & non par sou-
ches [1] *: tellement que l'un ne prend non plus*
que l'autre. Voyez les articles 327. 328.
& 339.

[1] Les Arrests ont confirmé cet article, contre
l'opinion de M. C. du Molin, qui tient l'avis
d'Accurse sur l'Autentique *de hered. ab intest. ve-*
nien. §. *si igitur*, & de quelques autres, comme il
soutient sur la Coûtume de Mons en Hainault,
chapitre 3. laquelle dit que la succession d'oncle
ou tante, écheuë aux neveux ou niéces, se partit
par estoc, c'est à dire, *in stirpes*. Mais il y a des
Arrests contraires, approuvans la plus commune
opinion des Docteurs & anciens Jurisconsultes,
Theophile, Ulpian, Cajus, & autres. Il y en a
un rendu à l'Audience du 15. May 1589. qui jugea que la division entre neveux se feroit par têtes, encore qu'il y eût un oncle frere du defunt,
legataire, & non heritier ; bien qu'il y ait un Arrest posterieur de 1602. contraire à celuy-cy pour
le fait de l'oncle legataire, cité sur le precedent article. M. R. Chopin, liv. 2. tit. 5. nomb. 4. sui-

cette Coûtume, refute l'opinion de la Glofe, &
de M. C. du Molin, & rapporte plufieurs Arrefts
conformes à cet article, *lib 3. de Privileg. ruftic.*
cap. 8. Il y a neanmoins un Arreft dans Montholon, qui eft le 49. donné en la Coûtume de Bourbonnois, l'an 1587. en la prononciation de la
Nôtre-Dame d'Aouft, par lequel fut jugé que
les neveux feuls entr'eux fuccederoient *in ftirpes*
& *non in capita.* T.

Nouvelle Addition.

☞ Les Arrefts de 1589. & de 1602. ne font
point contraires, parce que tous ceux qui citent
le premier, remarquent que l'oncle defunt avoit
ordonné par une claufe precife de fon teftament,
que fa fucceffion feroit partagée également entre
tous fes neveux & fes niéces; ce qui fut le motif
particulier de l'Arreft. *

La Note de M. C. du Molin fur le 3. chapitre de
la Coûtume de Mons en Hainault, qui porte ces
mots : *Les patrimoines d'oncle & tante fe doivent*
partir, s'ils échievent à leurs neveux & niéces par
eftoc; c'eft à entendre qu'autant y devront avoir un
neveu ou niéce d'un mariage, que quatre ou cinq
d'un autre, merite d'être confiderée : elle eft conceuë en ces termes : *Id eft, in ftirpes juxta opi-*
nionem Accurfii & communem five Dyni, Barthol.
Philippi Cornæi in Authent. Ceffante. Cod. de legit.
hered. quæ eft vera & communis fententia, maximè
in feudis. Albert. Bru. confil. 76. inter conf. feu-
dalia. Idem Joan. Faber in §. Caterum. Inftitu-
tionib. de legit. adgnat. fuccef. Jacobus Alvarot.
cap. 1. de fucced. feudi in ufib. feudor. Latè Stephan.
Bertran. conf. 2. Vifo confutationis. lib. 1. Et latius
Andr. Tiraquell. in tract. retract. proxim. §. 11.
glof. 11. Dixi in annot. ad Alexandr. confil. 5.
num. 4. lib. 4. & ad Philip. Decium in l. 3. Cod.

unde legit. & plenè in consuetud. Paris. §. 146.
quamvis aliter scripserit Zasius in novis suis intel-
lect. nimium verbosè contra communem velitatus.
Et à ce est conforme l'Arrest de l'an 1587. rapporté par Montholon au lieu cy-dessus allegué. *1.*

ARTICLE CCCXXII.

En fiefs , les mâles venans de filles , ne
representent point avec leurs oncles.

Toutefois les mâles venans d'une fille, &
succedans comme dit est , par representation,
ne prennent aucune chose és fiefs delaissez par
le trépas de leur oncle & tante : non plus que
leur mere eust fait venant à succession avec ses
freres. Voyez l'article precent , le 25. & le
326. au milieu.

1 C'est une exception de l'article 320. pour la
succession des fiefs en ligne collaterale par representation. Le neveu , enfant mâle , né d'une sœur
du defunt , ne prend rien aux fiefs , non plus que
sa defunte mere eust pû prendre par le trépas de
l'oncle ou tante , cela se trouve jugé en la prononciation de Noël 1550. Mais si entre les neveux
succedans *in pari gradu* , il y en a d'issus des freres du defunt leur oncle , & les autres des sœurs ,
sçavoir s'ils succedent également aux fiefs , *varie*
judicatum. Voyez icy M. L. Charondas. Et
neanmoins les Arrests panchent la pluspart pour
les issus des mâles , Arrest en la Coûtume de
Chartres du 14. Aoust 1546. & en la Coûtume
de Vitry le 10. Mars 1579. mentionné iey par
M. R. Chopin. Il y en a un en faveur de l'é-
galité du 10. Decembre 1558. On allegue encore

sur cet article plusieurs Arrests du 24. Septembre
1565. du 25. Janvier 1567. du 7. Septembre 1576.
entre M Cauchon & P. Augenoust. Au reste, cet
article a été examiné depuis peu par la turbe faite
au Châtelet, en execution d'Arrest de la Cour,
par Messieurs Bouchet & le Clerc Conseillers en
ladite Cour, laquelle turbe a été recueillie par
M. Jean du Bois Avocat en Parlement, & l'un des
Avocats oüis en cette turbe, lequel a montré la
gentillesse de son esprit, qu'il a exurcé sur ce sujet ; montrant par raisons & vray-semblables,
que cet article peut avoir lieu, *in contrario sensu*,
lors que la fille est issuë du frere de l'oncle (pour
avoir le même droit de son pere, qu'elle represente) si tant est que le droit procede plutôt du re-
presenté, que du representant Et est cette turbe
du 2. Aoust 1627. Mais cette turbe a été contre-
dite par l'avis d'aucuns Conseillers au Châtelet,
Maistre Roland Croyer, Pierre du Plessis, Pros-
per de la Mothe, Jean Baptiste Hautin, & Augustin le Roux, publié le 19. Septembre 1628.
sur l'execution dudit Arrest du 6. Avril 1626. entre Ollin & Noyau, appellans des Requêtes du
Palais du 21. Janvier 1625. d'une part : Et Beroul intimé, d'autre : Et la resolution dudit ad-
vis, est que l'oncle exclud les niéces, combien
que filles d'un frere, de la succession des fiefs de
leur oncle, decedé en la Prevôté & Vicomté de
Paris : ce qui semble devoir être plûtôt suivy. *T.*

Voyez ma Note sur l'article 320. cy-dessus. *I.*

ARTICLE CCCXXIII.

Mais les enfans du frere y succedent avec leur tante, & font une teste.

Et si en ladite succession collaterale, il

y a fiefs, les enfans des freres n'excluent leurs tantes, sœurs du defunt, ains y succedent lesdites tantes de leur chef, comme étant les plus proches avec les enfans des freres [1] : Et s'ils sont plusieurs enfans de freres, succedent seulement pour une teste avec leur tante. Voyez l'article precedent, & les 25. 320. & 335.

[1] La tante succede avec le neveu aux fiefs, *in vim gradus, tamquam proximior*, le neveu ne succedant que par representation, car en ligne collaterale *in pari gradu*, seulement sont excluses les femelles de la succession des fiefs, *& non in gradu inæquali*. Ce qui est expressément disposé en cette Coustume, article 25. & 326. *Aliud* si la Coûtume generalement excluoit des fiefs les femmes, *in quocunque gradu*. Toutefois à cet article, il y a Arrest des Bureaux contraire, du 5. Juillet 1565. & celuy du Vidame d'Amiens, excluans les tantes des fiefs, au profit des neveux. Mais ces articles ont été expressément ajoustez en la Coustume reformée. T.

Voyez Brodeau sur M. Loüet, lettre R. nomb. 9. qui explique cet article 323. *l*

La raison de la derniere partie de cet article, qui porte, que s'ils sont plusieurs enfans de frere, ils succedent seulement pour une teste avec leur tante, est que *omnes quasi unus sunt*, comme il est dit en la loy *Si nepotes. 7. ff. de collatione bonorum*, qui est aussi la raison de la derniere partie de l'article suivant, qui porte, que *s'il n'y a que filles, elles representent leur pere toutes ensemble pour une teste*. L.

ARTICLE CCCXXIV.

Au lieu du 134. article.

En succession d'ayeuls, qui a le droit d'aînesse.
Et comment, si ce sont filles.

Les enfans du fils aisné, soit mâles ou
femelles, survivans leur pere, venans à la
succession de leur ayeul ou ayéule, repré-
sentent leurdit pere au droit d'aisnesse[1] : S'il
n'y a que filles[2], elles representent leur
pere toutes ensemble pour une teste, au
droit d'aînesse, & sans droit d'aînesse entr'elles. *Voyez les articles* 3. 19. & 331.

1 Le droit d'aisnesse est conservé par representation aux enfans descendus de l'aisné, soient mâles
soient femelles : Mais s'il y a des mâles avec les
femelles, les mâles seuls ont le droit d'aisnesse aux
fiefs. Si ce sont toutes filles descenduës de l'aisné,
elles excluent les oncles & leurs enfans, & toutes
ensemble representent l'aisné & ont droit d'aisn-
nesse conjointement, mais entr'elles partissent ég-
lement. Voyez l'article 19. Ce qui a été en l'ancienne Coustume de Melun confirmé au droit d'aisn-
nesse par contrat de mariage stipulé par les enfans,
jugé qu'une fille representant son pere excluoit son
d'oncle, le 7. Septembre 1553. prononcé par M.
President Meigret, si cela a lieu par stipulation
de contrat, *multo magis*, en vertu de la disposition de la Coustume. T.

2 Mais qu'elles ayent droit d'aisnesse contre
leurs oncles, il a été jugé par Arrest 1550. Recourez
à mon Commentaire, à qvoy est aussi conforme
la Coustume de Montfort, article 105. C. M.

La raison de la derniere partie de cet article, ainsi que de l'article 19. du titre des fiefs, qui porte le même, que *quand il n'y a que filles venans à succession directe ou collaterale, droit d'aisnesse n'a lieu, & partissent également,* & que les filles *in aliam familiam transgrediuntur, ut dicebat Labeo, authore Agellio lib.* 13. *noctium Attic. cap.* 10. Se- *paranturque ab ca domo in qua natæ sunt;* & que le droit d'aisnesse est introduit & étably pour conser- ver les familles. *Fœminarum liberos in familia ea- rum non esse, palam est : quia qui nascuntur, Patris non Matris familiam sequuntur,* dit la loy *Fami- lia.* 196. § 1. *ff. de verb. signific.* Ce que donne à entendre le §. dernier de la loy precedente, *Pro- nunciatio* 195. qui porte, *Mulier familia sua & caput & finis est.* L'Arrest du 7. Septembre 1553. prononcé en robes rouges, est rapporté par M. L. Charondas sur cet article, & au 2. livre de ses Réponses. *L.*

ARTICLE CCCXXV.

Au lieu du 145. article changé.

Collateraux plus prochains ont les meubles & acquests ; & il y a representation.

En ligne collaterale, les plus proches parens d'un enfant decedé sans hoirs, luy succedent quant aux meubles & acquests immeubles, *sans exclure toutefois les enfans des freres & sœurs venans par representation,* comme il est dit cy-dessus. Voyez l'article sui- vant, & les 320. & 338.

En cas de meubles & acquests on regarde seu- lement la proximité de l'heritier, habile a succe-

det , *& non jus duplici vinculi* , comme il
jugé par Arreſt , allegué par M. C. du Molin
6. Aouſt 1539. d'autant que les meubles & acq[ue]
ne ſe deferent point par eſtoc & ligne , comme
propres qui viennent de l'ancienne ſouche , & ſo[nt]
deferez à ceux qui ſont en la ſouche , par la re[gle]
paterna paternis , materna maternis , ſelon le d[e]
gré de proximité : *Sucus* , des meubles qui proce[e]
dent de ménage, labeur & induſtrie , & auſſi vo[nt]
aux plus proches de quelque côté qu'ils ſoien[t]
ou en pareil degré , ou par repreſentation d[e]
neveux avec les oncles , ſuivant les articles 340
& 341. T

L'Arreſt allegué par M. C. du Molin du
d'Aouſt 1539. eſt tiré de ſa Note ſur l'article 8[.]
de la Couſtume d'Amiens , qui porte ces mot[s]
Non eſt hic locus repraſentationi , nec duplici[tâ]
vinculi, ut conſilio meo judicatum fuit die 26. Ja
nu. 1535. inter Joan. le Teſtû, *patruum defun[cti]*
& Honoratum la-Greve, *nepotem ex ſorore germa*
na: Adjudicavi patruo non ſolum mediam des meu
bles & acqueſts du defunt ; mais auſſi la moitié de[s]
heritages cottiers ou roturiers qui ont appartenu [à]
l'ayeul paternel dudit defunt, & la totalité des fief[s]
qui ont appartenu audit ayeul paternel : Et aud[it]
Honoré l'autre moitié deſdits meubles & acqueſt[s]
& moitié deſdits roturiers anciens , avec la tota[li]
lité des acqueſts faits par le pere du defunt *etiam*
feodaux , & totalité des heritages maternels dud[it]
defunt : *Et quamvis argutiis D. P. Stella tum nov[a]*
in Senatu Pariſienſi , quo appellatum erat, Conſi
liarii, juris quidem periti , ſed praxis & Conſuetu
dinum inexpertis, Senatus de multis dubitaverit, &
confuſis teſtimoniis inquiſiverit ſupervacuo, tam[en]
ea ſententia tandem ſolemni arreſto confirmata fuit
die 13. Martii , anno 1539. *ante Paſcha. Concur*
runt ergo in bonis indifferentibus tanquam pares in
gradu , ſed in hereditiis quiſque accipit ea , quæ ſun[t]

qui lateris, non habita ratione duplicitatis vinculi,
ut impertinenti, Bald. Phil. Corn. l. 1. C. de legitim.
hered. Dixi in annot. ad Alex. consil. 9. in fine
lib. 5. & in l. 2. in princ. n. 18. ff. de verbor. obli-
gat. in lectione Dolana. M. L. Charondas dit encore qu'il a été ainsi jugé par l'Arrest de Marueil,
du 6. Aoust 1543. L.

Nouvelle Addition.

☞ La pensée de M. Auzanet, (que le mot,
enfant, au lieu de *defunt*, s'est glissé par erreur
en cet article) se verifie par la seule lecture de
l'article 145. de l'ancienne Coustume, *quand au-*
cun va de vie à trespas sans hoir, &c. & du procés
verbal de la nouvelle, où il n'est point dit qu'on
ait eu dessein d'ajouster ce mot, *enfant* ; aussi Guerin qui met en Latin le texte de tous les articles,
se sert en celuy-cy de cette expression : *proximi*
agnati defuncti absque liberis. *

ARTICLE CCCXXVI.

Au lieu du 147. article.

Comment succedent aux propres, en fief &
roture.

Et quant aux propres heritages, luy succedent les parens qui sont plus proches du
costé & ligne dont sont avenus & écheus
au defunt lesdits heritages ; encore qu'ils
ne soient plus proches parens du defunt :
Fors & excepté, qu'en fiefs le mâle exclud les femelles, en pareil degré :
Sans aussi exclure les enfans des freres & sœurs
venans par representation, comme dessus.

Voyez l'article 25. les 94. & 141. en la fin
230. au milieu, 320. 325. 329. & 331.

1 Icy jufques à l'article 332. il eft parlé de la
fucceſſion des collateraux, en laquelle a lieu la regle generale au pays Coûtumier, *paterna paternis,
materna maternis.* Mais la difficulté eft touchant
les plus proches du defunt, & les anciens propres,
pour ſçavoir ſi à iceux ſuccedent ſeulement ceux
qui ſont defcendus de la ligne & du coſté du premier acquereur d'iceux, à cauſe de l'article 329.
nouvellement ajouſté, lequel ne fait diſtinction
entre les parens plus proches du côté & ligne d'où
ſont avenus leſdits heritages propres ; & ceux
qui ne ſont defcendus de celuy, qui a le premier
acquis leſdits heritages. M. René Chopin ſuivy
de pluſieurs autres, fait diſtinction entre les propres anciens, & ceux qui ont fait ſouche en la
perſonne des ſucceſſeurs de l'acquereur, qui ſont
propres naiſſans : aux premiers ſuccedent ceux
qui ſont defcendus de l'eſtoc & ligne du premier
acquereur : aux ſeconds ſuccedent les plus proches
collateraux, jugé aprés autres Arreſts plus anciens,
le 23. Septembre 1595. en la cauſe des Graſſins
allegué par ledit ſieur Chopin. M. Loüet rapporte
deux Arreſts, l'un dit l'Arreſt de Courtilier du
13. Avril 1548. l'autre des Guiberts, du 23. Decembre 1595. Neanmoins ſe trouve un Arreſt plus
recent, qui m'a été communiqué par Monſieur
Charpentier, ancien Avocat de la Cour, aucunement contraire à l'avis de M. R. Chopin, &
aux precedens Arreſts, lequel a été donné entre
Touſſaint Lot, & conſorts, intimez, & Nicolas
Roger, appellant, frere conſanguin de François
Roger : L'appel premierement du Bailly de Villeroy, qui avoit adjugé audit Lot & conſorts, intimez, les acqueſts faits par Martine Eguillon

mere dudit François Roger, à l'exclusion dudit
Nicolas Roger frere confanguin dudit François
Roger decedé, en la perfonne duquel les acquefts
faits par ladite Eguillon, pendant fa viduité, &
par elle delaiffez aprés fa mort audit François Roger, avoient commencé à faire fouche en luy, &
aprés fon decez, adjugez per ledit Bailly de Villeroy, audit Lot & conforts, parens plus proches
de ladite Eguillon, premiere acquefhereffe : Ledit
Nicolas Roger appella au Prevoft de Paris, qui
coñfirma ladite Sentence, dont derechef il appella à la Cour ; par Arreft donné en la cinquiéme Chambre des Enqueftes, au rapport de M. le
Coigneux, l'appel au neant, fans amende, la
Sentence confirmée, & l'appellant condamné aux
dépens, prononcé le 14. Mars 1626. Mais tout
cet article, & ce qui peut eftre douteux fur cette
difficulté eft doctement, clairement & au long
expofé par le Commentateur dudit fieur Loüet,
en la lettre P. nombres 28. & 29. T.

Par Arreft du 2. Decembre 1595. il a été jugé,
aprés une Enquefte faite par turbes au Chaftelet,
que tant en l'ancienne Couftume que reformée,
pour fucceder aux propres qui ont fait fouche,
appellez *propres anciens*, il falloit être parent du
côté & ligne de celuy qui premierement avoit ap-
porté les heritages en la famille. La raifon que les
Feudiftes rendent de la preference des mâles aux
fiefs pour en exclure les femelles, eft que *bello-*
rum neceffitas peperit feuda, les fiefs ont été intro-
duits par les guerres. M. C. du Molin fur l'article
60. de la Couftume de Vitry en Partois, dit le
François, portant ces mots : *car en ligne collate-*
rale, le mafle exclud la femelle, quand ils font en
pareil degré, des terres nobles & feodales, a noté en
ces termes : *Ratio generalis facit generaliter intelli-*
ligi etiam in infinitum, etiam quando nepos & nep-
tis veniunt per reprafentationem, five fint ejufdem,

vel diversa cellula, seu linea : facit infra §. 67. Et sur l'article 68. ensuivant, qui porte la même raison pour le regard des neveux contre les niéces. Etiam ex fœmina: ad hoc quæ dixi in consuetudines Paris. in §. 12. & §. 16. num. 2. Et ita per Arrestum solemne anno 1550. biduo ante-Natale, pronuntiatum per Dom. Bertrandi. L.

Nouvelle Addition.

☞ Il a été jugé par Arrest d'Audience de la grand'Chambre du Mardy de relevée 3. Aoust 1688. suivant les conclusions de Monsieur l'Avocat general de la Moignon, en infirmant une Sentence des Requestes du Palais, que l'heritier des propres ne doit point de recompense à celuy des acquests pour le bastiment nouveau, où la réedification, que le defunt a faite sur une place qui luy étoit propre ; & il a été ordonné que l'Arrest seroit lû & publié au Chastelet. *

ARTICLE CCCXXVII.

C'étoit le 146. article quelques mots changez.

Succession collaterale , comment se partit en roture.

Les heritiers d'un defunt en ligne collaterale, partissent & divisent également entr'eux par testes, *& non par souches*, les biens & succession dudit defunt, tant meubles qu'heritages [1], non tenus & mouvans en fief. *Voyez les articles* 25. 320. 321. 23. *& 331. en la fin.*

[1] Cét article & le suivant ont été expliquez cy-

deſſus, & dépendent des articles 321. 322. & 323.
Et cè qui eſt dit en cet article 327. en ces mots,
non tenus & mouvans en fief, dépend de l'article
23. au titre des Fiefs, par lequel en ligne collaterale en fiefs, les femelles n'heritent avec les mâles
en pareil degré : jugé au profit de Monſieur du
Fautray, heritier à cauſe de ſa mere, de Monſieur
le Preſident Forget. Et fut dit, que ledit ſieur du
Fautray, neveu, excluroit ſa ſœur niéce du Preſident Forget, en ce qui ſeroit en fief, par Arreſt
du 5. Janvier 1617. T.

Par cet article 327. les heritiers collateraux
partiſſent également les heritages non tenus en
fief, en conſequence duquel pour le fief jugé au
profit de Monſieur du Fautray, contre ſa ſœur,
qui ſe fondoit ſur l'article 328. par lequel les enfans des freres & ſœurs font une teſte & partiſſent
entr'eux également, ainſi que le dernier Commentateur a obſervé. I.

Cet article eſt tiré d'un ancien Arreſt du 10.
Janvier 1527. donné au rapport de M. de ſaint
Barthelemy entre Jean le Camus & ſa femme, appellans, & Nicole Galicher, & conforts intimez,
par lequel il a été jugé, que les enfans de pluſieurs
freres on ſœurs ſuccedent à leur oncle par teſtes,
& non par ſouches. Et par l'article ſuivant 328.
les neveux ſuccedent avec leurs oncles *in ſtirpes*,
qui eſt, que l'oncle ſeul a autant en la ſuceſſion
que tous ſes neveux ; ce qui eſt conforme au droit
Romain, *in Authent. Ceſſante. C. de legit. heredi-*
bus, qui dit que *ceſſante ſucceſſione linea deſcenden-*
tis ; & ejus quæ ſola ſit aſcendentis, vocantur pri-
mo fratres ; fratriſque præmortui filii in ſtirpes. Ce
qui eſt tiré de la Novelle 118. chap... & de la Novelle 127. chapitre 1. Voyez M. Cujas ſur icelles. L.

ARTICLE CCCXXVIII.

Enfans des freres & sœurs font une teft. & leur oncle une autre.

Excepté les enfans des freres & sœurs, qu
partiffent & font tous enfemble une tefte, au
lieu des pere & mere, s'ils fuccedent avec leur
oncle [1], *& entr'eux ils partißent égalemen*
Voyez les articles 320. & 321.

1 Quand la Couftume ne difpofe point de la re
prefentation en ligne collaterale, il a été jugé que
les neveux font exclus, & ne fuccedent avec leur
oncle ou tante, par Arreft rapporté par Monfieur
Robert, du 16. Avril 1585. (prononcé par Mon
fieur le Prefident Briffon) au liv. 4. rer. jud. ca
15. T.

L'Arreft au profit de Monfieur du Fautray, al
legué fur le precedent article, a été donné en l'Au
dience de la grand'Chambre le 5. Janvier 160
contre la Damoifelle du Fautray, heritiers, à
caufe de leur mere, de M. le Prefident Forget. E
par cet Arreft il a été jugé, qu'en fucceffion coll
terale d'un oncle, pource qui eft au fief, le neve
& la niéce concurrens, le mâle exclud la femell
jure fuo, fans tranfmiffion, & fans confiderer l
reprefentation, encore qu'ils ayent fuccedé av
leurs tantes. Les termes qui font en cet article,
entr'eux ils partiffent (ou partiront) *egalement*
faifoient la principale difficulté, & fur iceux la D
moifelle du Fautray fe fondoit principalemen
L'article precedent 327. qui excepte les heritag
tenus & mouvans en fief, & l'article 25. titre d
Fiefs, qui dit, qu'en fucceffion ou hoirie en lign

collaterale en fief, les femelles n'heritent point avec les mâles en pareil degré, l'ont decidée & jugée, & il est dit, *en pareil degré*, au sujet & à cause de l'article 323. qui montre que les femelles sont capables de succeder aux fiefs *C. du Molin tit. I. §. 16. num. 2. De Consuetudine nostrâ fœmina non sunt inhabiles nec incapaces successionis feudorum, sed aque in illis, sicut in cateris patrimonialibus & paganicis succedunt, nisi quatenus hac consuetudo plus favet masculis. L.*

ARTICLE CCCXXIX.

Comment sont reputez du costé & ligne.

Et sont reputez parens du costé & ligne, supposé 1 *qu'ils ne soient descendus de celuy qui a acquis l'heritage.* Voyez les articles 141. en la fin, 230. au milieu, & 314. aussi en la fin.

1 Cecy est un droit nouveau pour l'avenir, qui a changé l'ancienne Jurisprudence, par laquelle en la vieille Coustume falloit estre le plus proche de l'estoc & ligne du premier acquereur de l'heritage, tout ainsi qu'au retrait lignager, il ne suffisoit d'être parent du côté & ligne, mais il falloit être descendu de l'estoc du premier acquereur. Par la Coustume reformée il est autrement disposé, par une certaine fiction, denotée par ces mots, *reputez*, comme en Droit le mot *videtur*, emporte une fiction. Tellement que ceux-là sont reputez parens du côté & ligne du defunt, encore qu'ils ne soient descendus de la premiere tige & ligne de l'acquereur, étant assez qu'ils soient de la proche parenté de ceux, ausquels les heritages ont fait souche. Et sur ce voyez les Arrests cy-dessus cottez, & M.

J. Brodeau fur ces articles en fon Commentaire
de M. Loüet audit lieu. Il y a Arreſt pour M. Nicolas Champin, couſin germain de Catherine de
Nevers, qui avoit jouy en propre de la maiſon de
la Roſe rouge à petit Pont ; & ne s'étant trouvé
heritier des premiers acquereurs de ladite maiſon, no
le remploy d'icelle montant à deux mille ſept cens
ſoixante & treize écus deux tiers, fut ajugé audit
Champin, plus proche parent collateral de ladite
de Nevers ſa couſine germaine, & du côté paternel, dont furent exclus les Eſcalopiers, heritiers
maternels ; ledit Arreſt prononcé le vingt-huitiéme Juin 1602. T.

Pour les articles 329. & 330. Voyez M. Loüet
& M. Brodeau lettre R. nomb. 9. & 29. & Caſſio-
dore epiſt. 8. liv. 6. dont les termes ſont tels : *Pro-
ximos defunctorum nobis legaliter anteponis, qui
in hoc caſu Principis perſona, poſt omnes eſt, ſed hinc
optamus non acquirere, dummodo ſint, qui relicta
debeant poſſidere*, qui conviennent à cet article,
comme le Caron a remarqué, jugé par Arreſt de
l'an 1537. contre le ſieur de la Trimoüille. T.

Cet article 329. ſe doit entendre ſuivant l'Arreſt de Courtillier, cité cy-deſſus, du treize
Avril 1548. avant Pâques, & rapporté par Papon au titre des ſucceſſions : *Nam in ea ſpecie
linea vel perſona immediata attendenda eſt, juxta
l. quod ſcitis. (ubi Paulus Caſtrenſis) C. de bonis
quæ liberis. Et qui prior eſt præfertur, Authent.
Poſt fratres. 2. C. de legetimis hered. L.*

ARTICLE CCCXXX.

**Défaillans ceux d'un côté & ligne, ſuc-
cedent ceux de l'autre côté.**

*Et s'il n'y a aucuns heritiers du côté &
ligne dont ſont venus les heritages, ils appartiennent*

...tiennent au plus prochain habile à succeder
...l'autre costé & ligne [1], en quelque degré
...ce soit. Voyez l'article precedent, &
...es 167. & 326. au milieu.

1 Tant qu'il y a quelqu'un de la parenté, le fis-
...e, ou le Seigneur haut-Justicier, ne succede point: *...cus post omnes est*, comme dit Cassiodore : cela ...it que la desherence n'a lieu. Et bien qu'il n'y ait ...cuns heritiers de la ligne d'où sont venus les heri-...ges, l'autre ligne y est appellée, *usque ad 10. co-...nationis gradum, omnibus ex hac linea deficien-...bus, à qua profectum est feudum, omnes alia ...nea æqualiter vocantur, ut in feudis obtinet, cap. ...a. in fin. tit. de nat. success. feud. lib. 2. feud.* Il ...a un Arrest de ce du dix-huit Juin 1597. en la cin-...quiéme Chambre des Enquestes, au rapport de Monsieur de Mesmes, publié au Chastelet, pour ...s biens de Isaac le Tourneur, échûs de la succes-...ion de Louise du Hamel sa mere, les du Hamel dé-...illans, les biens de ladite du Hamel furent adjugez ...ux Tourneurs heritiers paternels. Ainsi la veuve ...en la succession du mary sans heritiers, exclud le ...fique, par Arrest prononcé à la Nostre Dame de ...ptembre par Monsieur le premier President de ...arlay, l'an 1600. Il y a un Arrest dans M. Bou-...tier du 6. Aoust 1604. exprés pour cet article let-...re H. nombre 3. T.
...M. C. du Molin en sa Note sur l'article 5. de la ...coustume de Monstreüil, qui porte qu'aux acquests ...sur la premiere succession, ni à costé ni ligne, ...y viennent les plus prochains de quelque costé ...ligne qu'ils soient parens du trépassé, a dit en ...termes : *Etiam in antiquis herediis si non ap-...reant habiles ad succedendum de illa linea, qui-...a agnoscant, alias proximiores cujusvis linea fis-...excludunt, ut dixi in consuetud. Paris.* 145. Et

suivant cet article a esté fait & redigé cet article de la nouvelle Coustume, qui doit estre gardée aux Coustumes qui n'en disposent point, comme estant conforme au Droit François & Coustumier, ainsi même qu'il se peut voir par cette Note de M. C. du Molin. L.

Par Arrest de l'Audience du neuf Mars mil six cens vingt-deux, sur appels de Sentence donnée aux Requestes du Palais, & d'autre Sentence de la Prevosté de Paris, a esté ajugé au pere, heritier de sa fille decedée sans enfans, une maison sise en cette ville de Paris, ruë Saint Honoré, qui estoit du propre & costé maternel, duquel il n'y avoit aucun parent, à l'exclusion des collateraux qui n'estoient du costé & ligne d'où estoit venuë la maison, laquelle ils prétendoient leur appartenir par les articles 312. 326. 330. de cette Coustume : Le pere au contraire, soustenoit, qu'il estoit capable de percevoir la succession de sa fille, n'y ayant personne plus proche en degré de consanguinité que luy, ni de l'estoc des biens du propre, dont il s'agissoit; que cet article 330. ne se devoit entendre qu'à l'exclusion du fisque, & non du pere, qui ne doit estre exclus par des collateraux éloignez. *Interdum turbato ordine mortalitatis & præposteritate Natura parentibus debetur liberorum hereditas, licet contra votum parentum & naturalem erga liberos charitatem, ut ex Papiniano proponitur in l. Nam & l. 15. ff. de inofficioso testamento.* L.

Le titre *Unde vir & uxor*, est observé en France; même aux Coustumes qui n'en disposent point. Il a esté ainsi jugé par l'Arrest cy-dessus allegué prononcé par Monsieur le premier President de Harlay le sept Septembre 1600. à la prononciation de la Nostre-Dame, suivant un autre precedent Arrest du vingt-deux Aoust 1582. Et il est encore allegué un plus ancien de l'an 1537. donné en la premiere Chambre des Enquestes contre le sieur de l

rimoüille. Par ces Arrests, il a esté jugé, que si
l'un des conjoints decede sans heritiers, soit l'homme ou la femme, le survivant luy succede, à l'exclusion du Seigneur haut-Justicier, soit le Roy, soit un
autre. Mais la veuve d'un étranger decedé en France, n'a pas ce droit contre le Roy, parce qu'en France
la succession des étrangers, non naturalisez ou non
privilegiez par les loix du Royaume, n'appartient
qu'au Roy : Il y en a Arrest de l'Audience de la
Grand'Chambre du 23. Novembre 1568. plaidans
M. F. Buisson, & M. P. Broussel, tenant l'Audience Monsieur le President de Thou. *L.*

ARTICLE CCCXXXI.

C'estoit le 148. article.

Il n'y a droit d'aînesse en ligne collaterale.

En ligne collaterale, les heritages tenus
& mouvans en fief, se partissent & divisent entre coheritiers [1], sans droit ou prérogative d'aînesse. *Voyez les articles* 19. 324.
& 327. *en la fin.*

1. Le droit d'aînesse est en ligne directe, le fils
aîné representant le pere & ses enfans aprés luy,
en fiefs : Mais en ligne collatera'e, cesse le droit
d'aînesse ou primogeniture : On ne considere que
la proximité, *quia collaterales non agnoscendo, sed
transverso succedendo fiunt heredes.* Ce qui s'entend, soit que lesdits collateraux succedent seuls
entr'eux *in pari gradu*, soit qu'ils viennent par representation avec leurs oncles ou tantes : car en
ce cas *in gradu impari*, les femelles succedent avec
les mâles, les tantes avec les neveux, cy-dessus,
article 323. *idque per stirpes.* Voyez ce qui a esté
dit en ce lieu, & en l'article 321. & 327. Et faut

toûjours icy se souvenir de l'article 15. par lequel
en ligne collaterale en pareil degré, les mâles excluent les femelles en fiefs. D'ailleurs il seroit
absurde en une même succession d'admettre deux
aînez. *T.*

Par cet article 331. il n'y a droit d'aînesse en
ligne collaterale : car selon le Caron le droit d'aînesse est introduit en faveur du fils aîné, pour la
conservation de la famille ; & en une même succession ne peuvent estre deux droits d'aînesse, soit
que les collateraux succedent avec leurs oncles par
representation, soit par testes entre eux, joint que
la concurrence des deux droits singuliers y resiste.
Voyez Monsieur Loüet & M. Brodeau sur la lettre
D. nombre 14. 15. & 16. & sur la lettre P. nombre
13. & la loy 2. & 7. *Cod. de hereditar. action.* que
Tronçon & Tournet ont mal attribuez au titre *de
petit. heredit.* I.

La raison de cet article 331. est que le droit ou
prérogative d'aînesse n'a esté introduit qu'en faveur
du fils aîné, *primitivo hominum jure, ut patet
Geneseos cap.* 15. 27. 43. *& 49. & 1. Paralip. cap.*
5. Et confirmé *lege divina per Mosem lata, Deu-
teronomii cap.* 21. *vers.* 16. *&* 17. portant que *si vo-
luerit homo substantiam inter filios suos dividere,
agnoscet primogenitum, dabitque ei de his quæ ha-
buerit, cuncta duplicia : Iste est enim principium
liberorum ejus & huic debentur primogenita.* Sur
ce il a esté remarqué par le Serenissime & tres-docte
Hugo Grotius in annotatis ad vetus Testamentum
qu'il a fait imprimer à Paris chez S. & G. Cramoi-
sy en 1644. lorsqu'il estoit Ambassadeur de Suede
en France, que *debentur primogenita ex jure anti-
quissimo, ante legem; quod in primogenitis, nempe
maribus, dabat principatum in familia, duplam
hereditatem in bonis à patre possessis, & sacerdotium
sacrorum familiæ. Et cap. 49. Geneseos in hæc verba,
Prior in donis, magis in imperio, fuisses scilicet*

ff te eo jure privasses delinquendo, primogeni-
rum erat pars major in hereditate & principatu.
Et cap. 4. ejusdem libri Geneseos, in hæc verba, sub
erit appetitus ejus & tu dominaberis ei. Primoge-
niti enim, per patris aut mortem aut absentiam,
paternam quodammodo auctoritatem in fratres
habebant : Sed hoc jus peccato amitti poterat, ut
apparet infr. 49. v. 3. 4. & 1. Paral. v. 1. adde
Reg. 1. v. 25. & seqq. Ce qui est dit dans le Deu-
ronome, au lieu cy-dessus rapporté, *principium*
roboris, au chapitre 49. de la Genese, qui porte les
dernieres paroles de Jacob à ses enfans : *Audite filii*
Jacob, audite Israel patrem vestrum, Ruben pri-
mogenitus meus, tu fortitudo mea & principium
roboris mei (il y en a plusieurs Editions par erreur,
doloris) c'est le commencement, le chef & la force
de la famille. Il n'y est parlé que des fils : Il se
peut dire que suivant ce droit primitif, & cette loy
divine ; il est ordonné par cette Coustume, qu'aucun heritier collateral n'a prérogative d'aînesse.
Cela est aussi dit par la Coustume de Meaux, qui en
rend même raison, au ch. 12. art. 164. en ces termes : *En ligne collaterale n'y a point de droit d'aî-*
nesse ; car aînesse présuppose naissance de proche de-
gré d'estoc. Aü Commentaire de M. C. du Molin
fur la premiere partie de l'ancienne Coustume, §. 1.
n. 19. *in verbo*, droit d'aînesse, ne se trouve point
qu'iceluy du Molin ait dit, que regulierement les
Coustumes de France ne reçoivent aucun droit d'aînesse en la succession de l'aîné. L.

ARTICLE CCCXXXII.

C'estoit le 150. article.

Succedans également, payent les dettes
également.

Les heritiers d'un deffunt en pareil de-

gré, tant en meubles qu'immeubles, font
tenus personnellement de payer & acquitter les dettes de la succession [1] chacun pour
telle part & portion qu'ils font heritiers
d'iceluy défunt, *quand ils succedent également.* Voyez les articles 321. & 334.

[1] Et non pour la part du profit, finon aprés les
meubles & acquefts épuifez. Recours à mon Commentaire. *C. M.*

[2] Cet article, avec les trois qui fuivent immé-
diatement, traitent de la façon que les heritiers
doivent entr'eux payer les dettes de la fucceffion.
Surquoy il y a quatre maximes generales, qui ex-
pliquent tous ces articles : La premiere, tous heritiers acceptans une fucceffion, s'obligent perfonnellement aux dettes créées par le défunt : La feconde, les heritiers d'un défunt font obligez aux
dettes, *pro modo emolumenti,* pour telle part &
portion qu'ils amendent de la fucceffion : C'eft la
difpofition de droit, de la loy des douze Tables, *l.
hereditas. §. idemjuris. ff. famil. ercifc.l. ea qua.
6.Cod.eod.tit.l.1 Cod. fi cert.pet.&c.* La troifiéme,
les aînez, pour le regard de leur préciput & droit
d'aîneffe, ne payent pas davantage des dettes,
que leurs autres coheritiers. La quatriéme, les heritiers font tenus aux dettes perfonnellement, pour
telle part & portion qu'ils amendent : Et s'ils font
détempteurs d'heritages hypothequez, folidaire-
ment un feul & pour le tout, fauf leur recours
contre leurs coheritiers. En cet article eft parlé
de le premiere regle pour la dette perfonnelle des
heritiers en pareil degré, & fuccedans également.
Il eft dit *en pareil degré,* à caufe de la reprefentation, en laquelle tous les neveux reprefentans leur
pere, ne payent que pour tous enfemble : Et fi le
creancier de l'heritier veut, il peut diftraire les

ermages d'iceluy, & est préferable aux creanciers
la succession dont il est heritier, pour le regard
e laquelle il est seulement personnellement obligé,
ar Arrest pour un appellé Sachot, du huit May
1563. *T.*

Cet article est conforme à l'une des loix des douze Tables (qui est appellée *vetus jus* en la loy *Ne-*
que aquam. 1. *C. si certum petatur.* & en la loy *De-*
bitores 1. *C. de except. & præscript.*) & en a esté
tiré & composé, ainsi que d'icelle loy des douze Tables ont esté tirées, & composées lesdites loix *Ne-*
que aquam, & *Debitores,* & la loy *Ea qua.* 6. *C.*
familia erciscunda, le §. *Idem juris.* 13 de la loy
Heredes ejus 25. *ff. eodem,* la loy *Creditores.* 7. *de*
hereditariis action. la loy *Actio* 2. *Cod. si unus ex*
pluribus hered. la loy *Debitores.* 1. *Cod. de excep-*
tionibus seu præscription. & la loy *Pacto* 26. *Cod. de*
pactis, qui toutes veulent & ordonnent le même,
disant en ces termes : *ex lege* 12. *Tabularum,* ou
per legem 12. *Tabularum,* ou *secundum formam*
veteris juris, ou *antiqua lege, as alienum, here-*
ditaria onera ad hæredes pro portionibus heredita-
riis, non pro modo emolumenti pertinere, explorati
& indubitati juris est. Il y a en l'article 167. de la
Coustume de Melun, & en l'article 94. de la Coûtume de Sens, une addition, laquelle doit decider
pareille question, en cas qu'elle soit aussi meuë en
cette Coustume; & le doit avec raison d'autant
plus fortes, que la redaction de ces trois Coustumes a esté faite en presence du même Juge, Messire
Christophe de Thou President. Cette addition est
en ces termes : *Toutefois le creancier se peut, si bon*
luy semble, adresser pour raison de sa dette, tant con-
tre lesdits heritiers, qui succedent aux meubles,
acquests & conquests immeubles, *que contre les he-*
ritiers des propres, qui en répondront, chacun pour
leur regard, sauf leur recours l'un contre l'autre.
Et à ce ne convient la raison des loix *Debitorum.*

25. C. *de pactis* & *Licet* 23. *Cod. Famil. ercisc.*
parce qu'en cette addition il n'est point parlé, comme en ces deux loix de pactions & conventions entre coheritiers pour le payement des dettes de la succession. L.

ARTICLE CCCXXXIII.

Et s'ils sont détempteurs d'heritages obligez, comment.

Toutefois s'ils sont détempteurs d'heritages qui ayent appartenu au deffunt, lesquels ayent esté obligez & hypothequez à la dette par ledit deffunt[1], chacun des heritiers est tenu payer le tout, sauf son recours contre ses coheritiers. Voyez les articles 99. & 101.

[1] La discussion n'ayant lieu en cette Coustume, par l'article 99. les heritiers détempteurs des heritages obligez, sont tenus personnellement & hypothequairement, à cause de la concurrence des deux actions, sauf leur recours, par Arrest du 29. Decembre 1607. Le remede leur estant ouvert par le déguerpissement, & ce faisant, ils ne sont tenus que personnellement pour leur part & portion : Il y en a des Arrests dans M. Robert livre 4. chapitre 5. de l'an 1583. & 1584. suivant la loy *Cum hereditate* 55. *ff. de acq. vel omitt. hered.* Il y a un autre Arest plus recent, coté par M. L. Charondas du vingt-trois Aoust mil six cens un, qui se trouve dans M. Loüet, lettre H. nomb. 19. *Quid*, si la dette vient du crime & condamnation du défunt ? jugé que l'heritier en est tenu hypothequairement, & comme détempteur pour les reparations civiles, dommages & interests, si mieux il n'aime purger

memoire du défunt, jugé par Arreſt prononcé par M. le Preſident Seguier le vingt-ſept Novembre 10. *Qui*, ſi la dette eſtoit pour une obligation *ad faciendum* ? il a eſté jugé qu'elle eſt ſolidaire en l'un des heritiers, ſauf ſon recours, par Arreſt du 10. Février 1565. contre les heritiers d'un maſſon, obligé à baſtir. *T.*

Voyez pour cet article 333. & le ſuivant 334. Ciceron, *pro Quin. Roſcio*, où il compare la ſocieté à l'heredité ou ſucceſſion : *Simillima & maximè gemina ſocietas hereditatis eſt, quemadmodum ſocius in ſocietate habet partem, ſic heres in hereditate habet partem ; ut heres ſibi ſoli, non coheredibus petit ; ſic ſocius ſibi ſoli non ſociis petit, & quemadmodum uterque pro ſua parte petit, ſic pro ſua parte diſſolvit, heres ex ſua parte qua hereditatem adiit, ſocius pro ea qua ſocietatem coiit. I.*

Cet article, ainſi que le precedent, eſt tiré de la loy *Actio. 2. Cod. ſi unus ex plurib. hered. cred. vel debitoris* ; & pour le reconnoître, il ne faut que conferer les termes de ces articles, avec ceux de cette loy : *Actio quidem perſonalis inter heredes pro ſingulis portionibus quaſita, ſcinditur ; Pignoris autem jure multis rebus quas diverſi poſſident, cum ejus vindicatio non perſonam obliget, ſed rem ſequatur, qui poſſident, tenentes non pro modo ſingularum rerum ſubſtantia conveniuntur, ſed in ſolidum ; vel ut totum debitum reddant, vel eo, quod detinent, cedant.* Et là raiſon, tant de cet article, que de la ſeconde partie de cette loy, eſt que *indiviſa pignoris cauſa eſt, propter indiviſam pignoris cauſam*, comme il eſt dit par Papinian en la loy *Rem hereditariam. 65. ff. de Evictionibus.* A ce convient ce qui eſt dit en la loy *Si fideicommiſſum. 10. §. Tractatum. 1. ff. de Judiciis.*

Par Arreſt du dernier Decembre 1583. entre Jean Nozieux, & conſorts, d'une part, & Claude Bournigale, ſieur du Clozet, d'autre, jugé que l'heritier & détempteur pour se liberer de la condamnation hypothequaire, doit faire en Justice déguerpissement & abandonnement de ce qui luy est échû en son lot, obligé à la dette.

Par Arrest du vingt-deuxiéme Septembre 1569. entre les le Moyne coheritiers, jugé que l'un des heritiers ayant payé au creancier, qui s'estoit adressé à luy solidairement, comme bien-tenant, peut aussi s'adresser à l'un de ses coheritiers, pour le tout, sa part seulement confuse en luy, le creancier luy ayant cedé ses actions, pour ce qu'il luy auroit payé. *L*.

A R T I C L E   CCCXXXIV.

Succedans inégalement, contribuent *pro rata*. Et l'exception.

Et quand ils succedent, les uns aux meubles, acquests & conquests, les autres aux propres; ou qu'ils sont donataires, ou legataires universels [1] : *ils sont tenus entre eux contribuer au payement des dettes, chacun pour telle part & portion qu'ils en amendent. En quoy ne sont compris les aînez* [2] *en ligne directe, lesquels ne sont tenus des dettes personnelles en plus que les autres coheritiers, pour le regard de leurdite aînesse.* Voyez l'article suivant, & le 14.

1 C'est la regle generale, *pro hereditariis portionibus, pro modo emolumenti, æs alienum dissolvitur, l. pro hereditariis. Cod. de hered. act. qui plus capit, plus solvit.* Il y a trois sortes de personnes

fuccedent à titre univerfel. 1. Les heritiers des
meubles, acquefts & conquefts immeubles. 2. Les
heritiers des propres, tant paternels que maternels.
Les donataires & legataires univerfels : Entre
lefquels eft faite eftimation & évaluation de
tous les biens, & contribution à raifon de ce qu'ils
prendent. Surquoy eft l'Arreft des Boulards, legataires univerfels des meubles, acquefts & conquefts de M. Jean Boulard leur pere, & du quint
des propres, par lequel ils furent condamnez aux
dettes mobiliaires du défunt, au *pro rata* de ce qu'ils
avoient amendé : ledit Arreft eft du quatorze May
1562. & un autre du quinze Juin 1598. Celuy donc
paye le plus qui prend le plus, & qui prend moins,
paye moins. Autre Arreft du treize Aouft 1586. ci-
par M. Loüet, lettre P. nombre 13. & en la lettre D. nombre 14. *T.*

2 Le Droit d'aîneffe & préciput eft acquis aux
aînez, franc & quite, fans charge de dettes, à cau-
que que c'eft la loy qui le donne, & non la difpofition de l'homme ; tellement qu'il ne paye pas davantage des dettes que les autres heritiers : car ce
droit *eft extra emolumentum fucceffionis, exemplo*
prælegatorum, dicta l..1. Cod. fi cert. pet. &
autres citez cy-deffus. Il y a une infinité d'Arrefts
qui ont jugé cela. M. Robert en rapporte un du
quatorze Juin 1584 *lib. 4. rer. jud. cap.* 13. M.
Loüet en la lettre D. nombre 19. du vingt-trois
Aouft 1586. au rapport de M. de Montholon, un en
la Couftume d'Amiens, Artois, Coucy, & Clermont, entre le fieur de Longueval, Seigneur de
Harcourt, & Jean de Goüy, Vicomte d'Arcy, le
24. May 1577. Voyez dans les Arrefts de M. Montholon le chapitre 37. *T.*

Par Arreft de l'Audience de la Grand'Chambre
du 24. Mars 1620. plaidans M. Talon, lors Avocat des parties, & M. Ph. Cornuaille, fur le teftament fait par M. Gillot, Confeiller en la Cour ;

Juge tres-docte & tres-judicieux, *aqui*, *rectique*
Justitiaque, *factis dictisque*, *tenax*, lequel testament contenoit plusieurs legs particuliers à ses pré-
somptifs heritiers ; à l'un de son Office ; à l'autre
de sa Bibliotheque ; à l'autre de ses rentes sur la Ville ; à l'autre du surplus de ses biens, que l'on soute-
noit legataire universel, & partant seul tenu des
dettes, jugé que tous les legataires contribueroient
aux dettes. Ce qui est jugé suivant la premiere partie de cet article 334. & comme étant ce testament
un partage fait entre ces legataires ; *potius suprem.*
judicii divisionem continens quam donationem
comme il est dit en la loy *Si Filia*. 20. §. *si pater*.
3. *ff. Famil. ercisc.* à quoy sont conformes les lo[ix]
Quid ergo. 90. §. 1. *De legat*. 1. (qui est aussi du
plus celebre des Jurisconsultes Papinian) & la loy
Quoties 10. *C. Famil. ercisc.* L.

Jugé par Arrest du 1. Avril 1586. au profit de
Deluynes, donataire de sa cousine, que les donataires & legataires universels doivent payer les dettes à raison de la donation ou du legs qui leur est
fait, comme tenant lieu de l'heritier. Pour ce qui est
des legataires ou donataires particuliers de certaine
somme, ou autre chose certaine & particuliere, ils
ne sont tenus payer les dettes. *l. Creditores*. 7, *C.*
de hered. act. & l. si patri. 24. *Cod. de donat*. &
l'heritier les en doit acquitter, si quelque creancier
se presente & les en poursuit. L.

Par Arrest de l'Audience de la Grand'Chambre,
du cinquiéme d'Aoust 1619. plaidans M. Pierre
Mauguin, & M. Samuël Stuart sur l'article trois
cent soixante de la Coustume d'Orleans, (lequel,
pour ce qui est de la premiere partie, est entierement semblable à celuy-cy) & en les interpretant,
il a esté jugé entre Jean Arnault, comme heritier
aux meubles & acquests délaissez par sa fille, &
Thomas Trippart, comme oncle & heritier des
propres du costé maternel, qu'ils contribueroient

payement des dettes à raison de l'émolument, & ce qu'ils amendoient de la succession de la défun- : Et que l'Arrest seroit publié au siege, tant de la Prevosté, que du Bailliage, pour y estre observé à l'avenir. En la 2. partie dudit art. 360 il est ajoûté ces mots, *& rentes constituées*, qui ne sont pas en la 2. partie de nostre art. 334. & resolvent la difficulté & question qui peut être faite au sujet, qu'en icelle partie de cet art. 333. il est seulement dit, que les aînez ne sont tenus en plus que leurs autres coheri- tiers des dettes personnelles, & il n'est point parlé des rentes constituées à prix d'argent, qui est une dette mixte, personnelle & réelle, tellement qu'il se pourroit dire, que les aînez en seroient tenus à pro- portion de ce qu'ils amenderoient de la succession, tout ainsi que des rentes foncieres & seigneuriales : Ce que Messieurs les Commissaires qui ont esté presens à la redaction de cette Coustume d'Orleans (qui est l'une des plus proches de celle-cy de Pa- ris) faite en 1583. ont jugé ne devoir estre. Ce qu'il ne faut entendre de celles qui sont constituées pour l'achat du fief, comme il est montré par M. J. Bacquet en son Traité des droits de Justice, cha- pitre 21. nombre 11. où il ne dit rien contre l'opi- nion de M. Charles du Molin ; au contraire, il dit: Pour ce regard, il est besoin de voir du Molin sur le onziéme article de la Coustume de Paris, *num* 16. 17 *& seqq*. Et encore aprés au nombre 15. il dit, Et pour sçavoir si ce que dessus doit avoir lieu au fils aîné, faut voir du Molin sur la Coustume de Paris, art. 11. nomb. 1.

Par Arrest du vingt-quatre May 1577. en l'an- cienne Coustume, il fut jugé que l'aîné est tenu de payer les rentes foncieres & seigneuriales, à raison de l'émolument du fief, & de ce qu'il en possede. Il en est de même des autres charges réelles, des- quelles le fief est chargé; comme d'un doüaire coustumier, ou d'une pension de Religieuse, par-

ticulierement affignée & conftituée fur le fief , terre
& feigneurie. Voyez M. J. Bacquet au lieu cy-deffus allegué , où il en rend cette raifon , que telles
rentes , *non funt verè debita hereditaria, fed onera
realia ratione rei five feudi debita , quæ feudum
fequuntur , & à feudi poffefforibus exfolvenda funt
pro modo detentionis, l. Cum poffeffor. 3. ff. de Cen-
fibus , l. Imperatores. 7. ff. de publicanis & vectigalibus , Imperatores refcripferunt in vectigalibus
ipfa prædia , non perfonas , conveniri :* Et il dit, que
de ce il eft allegué un Arreft donné entre les heritiers de du Val, Changeur du Trefor , & un autre
Arreft donné entre la veuve & les enfans de Mailly.
M. J. Tronçon en fon livre intitulé, Le Droit
François , titre 15. des Succeffions , dit que c'eft
par la raifon de la Conftitution de l'empereur Valerian en la loy premiere (il faut dire feconde, &
cette Conftitution n'eft pas de Valerian feul , mais
auffi de Gallien) *Cod. de annonis & tributis,* que
l'on appelle communément *la loy des ainez* ; (il
qualifie de même un peu auparavant la loy 1. *Cod.
fi certum petatur*) qui porte, *Æs quidem alienum
proportione ex qua quifque defuncto heres extiterit
præftari oportet : Annonas autem is folvere debet,
qui poffeffiones tenet & fructus percipit :* Et il fe peut
encore dire , que c'eft par la raifon de la loy *Indic-
tiones. 3. Cod. eod.* qui porte que *Indictione non per-
fonis , fed rebus indici folent : & ideo ne ultra mo-
dum earumdem poffeffionum quas poffidet convenia-
ris, præfes provincia profpiciet.* Ce qui convient à ce
que Papinian a dit en la loy *Cum proponebatur,*
cy-deffus alleguée : *Omnes pro modo prædiorum pecuniam tributi conferant.* Monfieur le Prefident
Briffon en fon livre *de verbor. fignificatione,* à écrit,
*Indictio accipitur pro munere feu onere quod patri-
moniis indicitur , annuaque penfitatione , quæ pro
poffeffionibus præftatur.* Telles font les rentes fei-
gneuriales & foncieres. *Afconius Pædian. in* 4.

rrin. Omne genus penſitationis, in hoc capite po-
tum eſt, Canonis, Oblationis, Indictionis. L.
Jugé par Arreſt du 7. Septembre 1552. entre Claude Gaſtelier, Baptiſte & Jean les Gaſteliers, qui
ayant eu depuis la ſucceſſion du pere ou de la mere
échuë, quelques terres en fief, venduës pour le
payement des dettes de la ſucceſſion, l'aîné peut demander recompenſe par préciput & hors part, ſur
les pu.ſnez, de ce qui luy eſt baillé par la Coûtume,
ſur les autres biens reſtans, ſa part confuſe en luy.
Ce qui eſt conforme à la loy *Si in rem* 12. *Cod. ſi*
tertum petatur. L.

Article CCCXXXV.

Idem, où il y a fief & roture, en ſucceſſion collaterale.

En ſucceſſion collaterale, quand il y a
mâles & femelles, ſuccedans en fief & ro-
ture 1*, chacun paye pour portion de l'émo-*
lument. Voyez l'article precedent, & le
323.

1 Puiſqu'en ligne collaterale les mâles excluent
les femelles és fiefs en pareil degré; & neanmoins
à cauſe qu'il n'y a droit d'aîneſſe en ligne directe,
& que les femelles ſuccedent avec les mâles pour
les rotures, les dettes ſe doivent payer à raiſon
de ce que tous les heritiers amendent chacun pour
ſa part, ſans que les mâles pour les fiefs, auſquels
les femelles ne prennent rien, puiſſent prétendre
aucun droit de préciput : Et par ce moyen eſtima-
tion ſera faite de tous les biens du défunt, pour ſa-
tisfaire aux creanciers, tant ſur les fiefs qu'autres
biens, ſelon la part de chaque heritier : Et qui en
prend le plus, il en paye le plus ; ainſi jugé par Ar-

reſt entre les heritiers de M. Boiſvert, Conſeiller
aux Requeſtes du Palais, le 13. Aouſt 1586. cité
dans M. Loüet en l'article precedent. *T.*

ARTICLE CCCXXXVI.

C'eſtoit le 151. article.

*Les parens ſuccedent aux Eccleſiaſtiques
ſeculiers.*

Les parens & lignagers des [1] Evêques,
& autres gens d'Egliſe ſeculiers [2], leur
ſuccedent. *Voyez l'article 318.*

1 Mais ſi l'Evêque avoit acquis au nom de ſon
Egliſe, cela ne ſeroit pas hereditaire, comme il a
eſté jugé par Arreſt contre les heritiers d'un Evêque
de Chartres. *C. M.*

2 Gens d'Egliſe ſeculiers, comme uſufruitiers de
leurs revenus peuvent diſpoſer d'iceux, comme bon
leur ſemble, en faire acquiſitions, & laiſſer leurs
parens heritiers de leurs biens meubles, propres,
& acqueſts immeubles : c'eſt pourquoy les fruits de
leurs Benefices ſe partagent entre le ſucceſſeur du
défunt Beneficier & ſes heritiers, *pro rata temporis*, de l'an auquel il ſeroit decedé, à commencer
l'an du premier Janvier ; jugé par Arreſt du dix-
neuf Avril 1577. rapporté par M. Robert *lib. 3. rer.
jud. cap. 5.* Et un autre Arreſt du quatorze Aouſt
1587. Ce qui a lieu, poſé le cas que l'Evêque eût
eſté Mendiant ou Religieux, eſtant decedé en ſon
Evêché, les parens luy ſuccedent en tous les biens
meubles & immeubles, par Arreſt pour les heritiers d'un nommé Fourel, Evêque de Châlons
ſur Saone, qui avoit eſté Jacobin, contre le Convent
des Jacobins de Chartres, en la prononciation de
Pâques

Pâques le quinze Avril mil cinq cens quatre-vingt-
cinq. M. Robert livre 4. chapitre 3. M. Loüet lettre
E. nombre 4.   Il y a un cas excepté icy, remarqué
par M. L. Charondas , & M. C. du Molin.   Auſſi
ſont exceptez les Religieux profez en l'article ſuivant , auſquels les parens ne ſuccedent , & ne peuvent auſſi à eux ſucceder, ni le Monaſtere pour eux.
Arreſt du vingt un Juillet 1600. rapporté dans M.
Loüet , lettre R. nombre 42.   Quant aux Chevaliers de l'Ordre de ſaint Jean de Jeruſalem , il y a
Arreſt , qu'ils ne ſuccedent , ni en proprieté , ni en
uſufruit , le vingt-deux Decembre 1573. & fut prononcé en robes rouges par Monſieur le Preſident de
Thou.   Il y en a un plus recent de Clinchamps , du
deux Juillet 1612. rapporté dans ledit ſieur Loüet ,
lettre C. nombre 8.   Pour l'âge des Religieux fai-
ſans profeſſion , voyez l'article 28. de l'Ordonnance
de Blois. T.

Par cet article 336. les parens & lignagers des
Evêques , & autres gens d'Egliſe ſeculiers leur
ſuccedent ; ce qui eſt conforme à la loy generale
du Royaume , mentionnée par Jean le Cocq ,
queſtion 290. Auſſi gens d'Egliſe peuvent ſucceder à leurs parens, comme les Laïcs , ſelon le Caron : Ce qui ſe peut induire de l'article ſuivant 337.
par lequel les Religieux & Religieuſes profez ne
ſuccedent à leurs parens , ni le Monaſtere pour
eux : Donc les autres Eccleſiaſtiques non Religieux peuvent ſucceder.   Il y en a des marques
dans ſaint Sidoine Apollinaire, Epiſtre 1, livre 5.
Epiſtre 3. livre 9. où M. J. Savaron allegue pluſieurs autres belles autoritez : & s'ils ſont fils aînez du défunt , ils ſuccederont au droit d'aîneſſe ,
ſelon M. le Cirier , & Tiraqueau en leurs Trai-
tez du droit de Primogeniture. M. Loüet & Brodeau , ſur la lettre E. nombre 7. en conſequence
de ce, Frere Jerôme de la Noüe, Preſtre Hermite de l'Imitation S. Antoine en l'an 1633. préten-

dit devoir estre reçu au partage de la succession de
ses pere & mere, ainsi que Prêtre Seculier : Mais
d'autant que depuis l'an mil six cens huit jusqu'a-
lors il avoit vêcu en habit d'Hermite en un Hermi-
tage & solitude, sequestré du monde, il en a esté
debouté, comme Religieux profez, suivant ledit
article 337. à la charge toutefois d'une pension ali-
mentaire, de la somme de quatre cens livres tournois par an, par Arrest du dix-sept Février mil six
cens trente-trois. M. Guerin n'a pas lû l'Arrest; car
il dit, que la Noüe a esté seulement debouté de la
succession de sa mere : Il est rapporté tout au long
dans le deuxiéme tome du Recueil des Plaidoyez &
Arrests notables, imprimez par Pepingué l'an 1644.
pages 156. 157. 158. 159. & 160. conformement audit article 337. Le Roy Henry IV. l'Epitome & le
recueil des plus grands Rois, par son Edit fait en
faveur & pour le rétablissement des Jesuites, a ordonné que tous ceux de leur Societé, tant ceux qui
ont fait les simples vœux seulement, que les autres,
ne pourroient prendre ni recevoir aucune succession, soit directe, ou collaterale, non plus que
les autres Religieux, ni aucuns biens immeubles
de ceux qui entreront en leur Societé, ains seront
reservez à leurs heritiers, ou à ceux en faveur
desquels ils en auront disposé avant que d'y entrer :
cet Edit est de l'an mil six cens trois, il est allegué
par M. C. Guerin sur le present article, & par M.
J. Brodeau sur la lettre C. nombre 8. Il est rapporté
tout entier par M. J. Chenu en sa question 117.
& dans le Recueil des Plaidoyez susdits, page 121.
jusqu'à 129. *quia eorum successio de terra migravit
ad cœlos* : Mais comme les Religieux profez ne succedent à leurs parens, aussi leurs parens ne leur
succedent pour leur pecule ou épargne du revenu
de leurs benefices, ains appartient à l'Abbé & Superieur, par Arrest rapporté par M. Loüet en la
lettre R. nombre 42. & en la lettre E. nombre 4.

& M. J. Brodeau : Voyez M. Servin en son Plaidoyé
& Arrest du 22. Novembre 1601. sur la question &
demande du frere d'un Religieux homicide, contre le Prieur, des frais faits pour la reparation de
l'homicide, qui fut absous par ledit Arrest en consequence de son offre d'abandonner le pecule dudit
Religieux. *I*.

Le cas excepté par M. C. du Molin, & par M.
L. Charondas est, si l'Evêque, ou autre Ecclesiastique, a acquis au nom de l'Eglise ; parce que c'est
comme un don par luy fait à l'Eglise. Il est en la
Note de M. C. du Molin, rapporté cy-devant sur
cet article. *L*.

ARTICLE CCCXXXVII.

C'estoit le 152. article.

Reguliers ne succedent à leurs parens, ni le
Monastere.

Religieux & Religieuses profez, ne
succedent à leurs parens [1], ne le Monastere pour eux. [2] *Voyez l'article* 158.

1 *Hæc sententia vicit rejecto cuique privilegio*
Cisterciensium. C. M.

2 Cet article, conforme à l'usage de toute la
France, déroge à l'ancien Droit, & aux Constitu-
tions des Empereurs, qui sont pour ce regard parmy nous abrogées, l'Autentique *Ingressi Cod. de*
sacros. Ecclef. Novella de sanctiss. Episc. §. sed &
hoc præsertim, Authent. nisi rogati. Cod. ad S. Tre-
bell. cap. in præsentia, de probat. Et la Constitution de Justinien, *l. Deo nobis. §. hoc etiam cognitum.*
Cod. de Episcop. & Cleric. Rebuff. in procemio Con-
stitutionum Regiarum. Et le Religieux n'a point
d'autre heritier que son Abbé ou le Monastere :

Et pareillement ses parens ne luy peuvent succeder, tout de même que le Religieux ne peut succeder à ses parens, *ut in eo sit eadem & reciproca succedendi ratio.* Faut voir sur ce Monsieur Loüet en la lettre E. nombre 4. & en la lettre R. nombre 42. M. René Chopin livre 3. titre 1. nombre 4. sur cette Coustume, & livre 2. titre 5. nombre 10. Aussi n'est gardée en France la forme de dispenser par Bulles du Saint Pere, en faveur d'un Religieux, de pouvoir succeder aux successions legitimes de ses parens, bien par lettres de privilege du Prince, telle dispense quelquefois se donne, *aliàs.* tout Religieux profez est inhabile & incapable de succeder, encore qu'il se rendît apostat, & se mariât; ainsi que Chassanée a remarqué sur la Coustume de Bourgogne, titre des Successions, §. 14. nombre 5. & depuis peu jugé en la Chambre de l'Edit le vingt six Mars 1627, prononçant Monsieur le Président Seguier, contre Louis d'Estampes, Chevalier de Malthe, demandant partage avec ses freres, dont il fut debouté, & défenses à luy faites sur peine de la vie de frequenter celle avec laquelle il s'étoit marié.

Voyez le Journal des Audiences de du Fresne, liv. 3. chap. 34.

Il faut toutefois icy entendre le Religieux qui a fait profession en l'âge requis par les Edits & Ordonnances : car nommément par l'Ordonnance d'Orleans article 19. il est dit, que si le Religieux a fait profession & presté serment de Religion avant le temps & âge de majorité, préfix par l'Ordonnance, il pourra succeder à ses parens, & disposer de sa succession, comme bon luy semblera. Suivant ce, la Cour de Parlement donna son Arrest le neuf Janvier 1593. entre Jean Rhitoc, & Jeanne l'Escuyer sa femme, auparavant veuve de Pierre Bachelot, appellans du Prevost de Paris pour lesquels plaidoit Fortin, & Pierre l'Escuyer, & Antoine ſſe intimez, Chauvelin plaidant pour eux. *T.*

ARTICLE CCCXXXVIII.

C'eſtoit le 153. article.

L'oncle exclud le couſin germain.

1 L'oncle ſuccede au neveu avant 2 le couſin germain. *Voyez les articles* 318. *&* 85.

1 Mais il viendroit en concurrence avec le neveu collateral du défunt. *C. M.*

2 Cet article & le ſuivant, eſt pour la ſucceſſion des oncles, & tous deux dépendent de la computation des degrez de conſanguinité, ſelon la ſupputation du droit Civil, pour l'ordre de ſuccéder; Le frere & la ſœur ſont au ſecond degré, l'oncle & la tante & les neveux ſont au troiſiéme. Mais les couſins germains ſont au quatriéme, à celuy de la ſucceſſion duquel il eſt queſtion. L'oncle, comme plus proche, exclud le couſin germain en cet article, confirmé par Arreſt du 7. Septembre 1593. Mais l'oncle & le neveu eſtans en pareil degré, ſuccedent également, ſans que repreſentation ait lieu, d'autant qu'en ligne collaterale la repreſentation eſt limitée juſqu'aux neveux & niéces, & ne s'étend ni aux grands oncles, ni aux autres neveux, quand il a neveux ou niéces, par l'article 339. *T.*

ARTICLE CCCXXXIX.

Oncle & neveu, quand succedent également.

L'oncle & le neveu d'un défunt, qui n'
délaissé frere ni sœur, succedent également,
comme estans en même degré [1]*, & sans qu'au*
dit cas il y ait representation. Voyez les articles 321. & 332.

1 Cecy verifie la regle de succeder par testes, &
par estoc. *in linea collaterali :* car *successio in pari*
gradu fit per capita, in impari per stirpes. Neanmoins la Coustume d'Auxerre dispose autremen
entre neveux & oncles, & veut que les neveux excluent les oncles en tous biens meubles, acquests &
conquests immeubles, & aux propres procedans d
leur costé & ligne : comme aussi les oncles precedent les cousins germains en l'article 243. T.

ARTICLE CCCXL.

C'estoit le 154. article.

Freres & sœurs d'un costé seulement, commen succedent.

Freres & sœurs, supposé qu'ils ne soient
que de pere ou de mere, succedent également [1] avec les autres freres & sœur
de pere & de mere, à leur frere ou sœur,
aux meubles, *acquests,* & conquests immeubles. *Voyez l'article suivant, & les* 325.
& 326.

i La raison de cet article, & du suivant, a esté
duë cy-dessus article 325. En cas de meubles &
quests, *non attenditur duplicitas vinculi, sed
proximias cognationis*, dont il y a Arrest du 26.
oust 1564. pour un nommé Moyse. Et encore
qu'aucunes Coustumes préferent les freres & sœurs
conjoints des deux côtez à ceux qui ne sont que d'un
costé, pour les meubles, acquests & conquests immeubles, si est-ce qu'il les faut seulement entendre
les acquests faits par celuy *de cujus successione agitur*, & non de ceux qui procedent du commun pere
ou commune mère du défunt & de ses freres &
sœurs, comme il a esté jugé en la Coustume de
Blois, par Arrest du Parlement seant à Tours le 20.
Fevriér 1593. Il faut toûjours excepter *in pari gradu*, les acquests des fiefs, ausquels les femmes ne
succedent point, comme il a esté dit cy-dessus. T.

Par cet article 340. freres & sœurs de pere ou de
mere, succedent également avec les autres de pere
& de mere, aux meubles, acquests & conquests immeubles, de leur frere ou sœur : En conséquence de
cet article, la succession mobiliaire de Rachel Poignant, fut adjugée à Pierre & Louise Poignant,
Jean d'Aumont & Philippes Poignant heritiers de
ladite Rachel leur sœur, à l'exclusion de Nicolas
le Noir son mary, qui la prétendoit comme heritier
de son enfant âgé de quatre mois & demy, tiré par
incision du costé de ladite Rachel, morte en cet en-
fantement, sans délivrance, ledit enfant tiré mort,
n'ayant remué ni mouché, selon la déposition du
Chirurgien, quoyque la Sage-femme eût déposé le
contraire par fragilité du sexe, ou par corruption :
l'Arrest adjudicatif est du 17. Avril 1635. les Avocats des parties M. Huaut & G. Rosée. I.

ARTICLE CCCXLI.

Idem, aux autres collateraux, joints d'un costé.

Ce que deſſus a lieu aux oncles & au-
tres parens collateraux 1 *, qui ne ſont joints*
que d'un coſté. Voyez l'article precedent.

1 Cecy s'entend avec la reſtriction precedente
quant à la ſucceſſion des biens meubles, acqueſts
& conqueſts immeubles, & non des propres qui retournent toûjours à l'eſtoc d'où ils ſont venus, ainſi
qu'il eſt diſertement porté par la Coûtume de Ca-
lais, art. 130. & celle de Meaux, art. 44. *T.*

M. C. du Molin ſur l'article 92. de la Couſtume
de Chartres, *Jus duplicis vinculi non habet locum*
in herediis, ubi ſufficit conjunctio lateris unde pro-
cedunt. Et ſur la Couſtume de Dreux, article 9.
Sed fallit in herediis, in quibus non attenditur
duplicitas utriuſque vinculi. Et encore ſur l'art.
103. de la Couſtume de Troyes, *Ergo etiam ſi ſint*
fratres conſanguinei vel uterini, tamen non ſucce-
dunt in propriis herediis lateris, unde juncti de-
functo non ſunt. Et ſic neceſſario praſupponit quod
alii remotiores collaterales non aſcendentes, ſucce-
dunt in dictis propriis ex eorum latere. L.

ARTICLE CCCXLII.

L'heritier simple n'exclud le beneficiaire, en ligne directe.

L'heritier en ligne directe, qui se porte he-ritier par benefice d'inventaire [1], n'est exclus par autre parent, qui se porte heritier simple. Voyez les deux articles suivans.

Il se pratiquoit autrement en l'ancienne Coû-tume, dont il y a encore des vestiges au style de Chancellerie, *Pourveu qu'il n'y ait autre qui se die heritier simple.* Mais par la nouvelle Coûtume cela a été reformé, comme en cet article, & au ...ant, selon l'opinion de M. Loüet, à cause de ...rrest des Auberts. En ligne directe, l'heritier ...& simple n'est exclus par l'heritier beneficiai-...ledit Arrest est du 3. Juillet 1571. par luy rapporté en la lettre H. n. 21. & encore qu'ils ...ent en pareil degré, les uns aînez, les autres ...nez, l'aîné par benefice d'inventaire, n'est ...lus par les puînez heritiers purs & simples, par ...est en la prononciation de Pâques, prononcé ... Monsieur le President de Thou le 17. Avril ...02. M. Bouguier en la lettre H. nombre 1. Ce ...i a aussi lieu quand il y a diversité de biens en ...ne directe, & des heritiers concurrens en di-...rse sorte de biens, comme entre la mere heri-...re des biens de son fils, & les freres dudit fils ...itiers des propres, la mere se peut porter heri-...re par benefice d'inventaire, sans être excluse ... les freres heritiers simples, Arrest du 7. Sep-...mbre 1566. autre du 5. Juillet 1608. Voyez le ...mmentaire de M. Loüet audit lieu. *T.*

L'heritier beneficiaire mentionné par les articles 342. 343, & 344. a été d'autant plus favo-
blement receu, que le benefice d'inventaire selon Alexandre Conf. 19. livre 5. n'augmente ny
diminuë rien de sa qualité, ains seulement a ce
que l'heritier n'est tenu outre les facultez hered-
taires : nous en voyons l'usage dés l'an 1451 en
la Maison de Montmorency, ainsi qu'il paroist par
l'extrait d'un Registre d'Enquêtes, en ces termes : *Sententia Præpositi Parisiensis ad utilita-
Guillelmi de Pratis militis, executoris testame-
defuncta Dionysia de Thorote uxoris suæ contra Dio-
nysiam de Montemorentiaco Dominam de Crissé, dicta defuncta per beneficium inventarii hæred-
ratione quatuor mille librarum Parisiensium in
stamenti complementum petitarum, per Arrest-
confirmata 24. Martii 1451. ante Pascha.* Cet extrait est rapporté au chap. 8. livre 4. de l'Histoi-
de Montmorency. I.

La raison pour laquelle cet article 341. ne par-
que de la ligne directe, est qu'en ligne collateral-
l'on a toûjours dit & observé que l'heritier simp-
quoy qu'il soit en degré plus éloigné, exclud l'heritier beneficiaire, si ce n'est que celuy qui se po-
te heritier simple, soit mineur, comme il est
en l'article suivant 343. La raison pour laque-
l'heritier simple exclud l'heritier par bene-
d'inventaire, en ligne collaterale, quand il y
differents heritiers & differents biens, l'un éta-
heritier par benefice d inventaire des meubles
acquests, l'autre heritier pur & simple des propres ; peut être tirée de la loy *Si cum* 2. *Cod.
minor ab hæred se abstineat*, qui dit en sommai-
que *Hereditates quæ ex diversis testamentis vel
diverso jure deferuntur, non intelligantur invit-
conjungi, & ideo admittitur earum separatio*: co-
me en la loy *Hereditas.* 3. *Cod. de petitione her-
ditatis*, celuy qui a été exclus d'une succession,

à pas d'une autre, paternelle ou maternelle
n autre côté, *hereditas matertera petita non in-*
git alterius hereditatis petitionem, quæ venit
alia successione. Ainsi jugé par Arrest du 6. Sep-
mbre 1608. en la seconde Chambre des Enquê-
, entre Ravelde heritiere simple de François
gault, & Hector Liegault, heritier par bene-
d'inventaire. L.

ARTICLE CCCXLIII.

Si le mineur le peut exclure.

Le mineur qui se porte heritier simple, ne
ut exclure l'heritier par benefice d'inventaire,
il est [1] en plus proche degré. Voyez l'ar-
le precedent & le suivant.

Il semble que ce soit une exception de l'arti-
e precedent, pour montrer que la considera-
on du plus proche degré maintient l'heritier par
enefice d'inventaire en ligne directe, encore qu'un
tre se fust porté heritier simple, d'autant qu'en
ne collaterale, l'heritier pur & simple exclud
eritier par benefice d'inventaire, jugé par Ar-
t entre les freres de Monsieur du Mesnil Avo-
t general du Roy, le 2. Fevrier 1571. posé le cas
e l'heritier simple collateral fust en degré plus
oigné, jugé par Arrest du Jeudy 7. May 1602.
oyez d'autres Arrests des Charlets & de Ma-
eco dans Montholon chap. 94. Quant à la qua-
é d'heritier par benefice d'inventaire, elle est
olontaire, & ne peut être forcée, encore que
testateur ait defendu à ses heritiers de se por-
r heritiers par benefice d'inventaire : Sur-
oy il y eut Arrest donné en l'Audience au rôle
Lyon, un testateur ayant mis en son testa-

ment la clause prohibitive à ses enfans de se porter heritiers par benefice d'inventaire, il fut dit &
jugé par ledit Arrest, que telle clause ne pouvoit empêcher l'effet du benefice d'inventaire : Il
y avoit requête pour évoquer le principal , plaidans Cornuaille pour l'appellant, & Doublet pour
l'Intimé , le Lundy 7. Juillet 1625. *T.*

La raison de cet article 343. est que le mineur
peut être relevé de l'apprehension de l'heredité ;
Et partant la qualité d'heritier simple ne peut être
asseurée en sa personne, si ce n'est que de sa part,
il soit baillé caution de personne majeure , qu'il
ne se fera relever de l'adition d'heredité ; car en
ce cas, nonobstant ce qui est dit par cet article
343. le mineur heritier simple exclura l'heritier
par benefice d'inventaire ; mais non en ligne directe. Par Arrest du 23. Fevrier 1602. sur un appel du Bailly de Vermandois , jugé en ligne directe, que le mineur qui n'étoit pas né au temps
la succession écheuë ne pourroit exclure l'heritier
beneficiaire ; lequel auparavant en cette qualité
avoit apprehendé la succession. *L.*

ARTICLE CCCXLIV.

Comment l'heritier beneficiaire , & le curateur aux biens vacans, font vendre les meubles.

L'heritier par benefice d'inventaire, ou cu-
rateur aux biens vacans d'un defunt , ne peut
vendre les biens meubles de la succession ou cura-
telle , sinon en faisant publier la vente devant
la principale porte de l'Eglise de la Paroisse,
où le defunt demeuroit , à issuë de Messe paro-

thiale , & delaissant une affiche contre la porte de la maison du defunt. Voyez les articles 34. 151. & 167.

1 Icy est prescrit à l'heritier beneficiaire ce qu'il doit faire , pour vendre seurement les biens de la succession , dont il s'est porté heritier par benefice d'inventaire : Auquel il conjoint le curateur aux biens vacans d'un defunt , non qu'ils soient du tout semblables , mais à cause qu'ils sont tous deux sujets à rendre compte & à faire inventaire , étant comme depositaires des biens dont ils sont responsables jusques à la concurrence dudit inventaire : c'est pourquoy ils en doivent faire la vente par autorité de Justice pour la seureté des creanciers , & éviter aux fraudes , par Arrest donné aux grands Jours de Moulins l'an 1550. Au tré au Parlement de Paris de l'an 1565. Aussi doit ledit heritier beneficiaire payer aux plus anciens creanciers les premiers , sur peine d'en être tenu en son privé nom , par Arrest du 2. Avril 1577. & s'il ne garde la solemnité icy prescrite , il sera condamné à l'augmentation de la prise du parisis , par Arrest du 4. Mars 1581. & qu'il tiendra compte des meubles , selon l'estimation de gens , dont les parties conviendront. Arrest du 16. Fevrier 1582. Mais s'il a soustrait des biens meubles , ou papiers & titres , sans les faire inventorier , il sera privé du benefice d'inventaire , & condamné à payer en son nom , par Arrest du 16. May 1603. *T.*

Ce n'est point contre la loy *Scimus* 22. *Cod. de jure deliberandi;* mais conformément à icelle qu'il a été jugé en cette Coûtume , par Arrest donné entre les Rollans & Mathieu , le 21. May 1605. que l'heritier par benefice d'inventaire , qui a recelé ou soustrait des biens de la succession , est

privé du benefice, & tenu au payement des dettes
en son nom : La raison est, *Ne legis beneficio*
perfruatur, quam contemnendam esse censuerit,
dictæ l. scimus. §. sin vero 12.

Par deux Arrests, l'un donné le 21. May 1599.
en l'Audience, entre de Sainction & d'Orleans,
l'autre du 28. Juillet 1599. il a été jugé qu'un heritier par benifice d'inventaire est tenu de rapporter en l'inventaire tout ce qui luy a été donné
en faveur de mariage ou par donation entre-vifs
en avancement de succession : Et ne se peut tenir
à ce qui luy a été donné, aprés avoir pris qualité
d'heritier par benefice d'inventaire, ny être doüai-
rier, ny demander sa legitime, ainsi jugé par
Arrest du neuf Avril 1591. prononcé en robes
rouges. *L.*

TITRE XVI.

DES CRIE'ES. [1]

1　EN cette Coûtume les criées sont quatre pro-
clamations publiques d'un Huissier ou Sergent, qui declare par quatre Dimanches, à l'issuë
de la grande Messe Parochiale, de quatorzaine en
quatorzaine, qu'à faute de payement, l'immeuble
saisi sera vendu & adjugé par decret en l'Audience
judiciaire au plus offrant & dernier encherisseur
en la maniere accoûtumée.

L'adjudication par decret, est la vente de l'immeuble saisi, & criée-faite deuëment, par le Juge au Siege & Audience judiciaire, au plus offrant
& dernier encherisseur. *I.*

ARTICLE CCCXLV.

Cet article, & tout le reste est mis au lieu des 187.
188. 189. & 190. articles de l'ancienne
Coûtume.

Forme de saisies & criées de fiefs.

Par la Couftume & ftile de la Prevôté
& Vicomté de Paris, pour la validité des
criées des fiefs, seigneuries & terres nobles, faut se transporter sur les lieux :
Et suffit saisir les principaux manoirs de
chacun fief & seigneurie, avec les appartenances & dependances, sans qu'il soit
besoin de les declarer par tenans & abou-
tiffants, ne autrement entrer esdits manoirs. ² Et faut que lesdits fiefs, seigneuries, & terres nobles soient nommées,
tant par la main-mise, qu'en la premiere
criée : Et outre declarer les causes de la
saisie. *Voyez l'article suivant.*

2 Pour mieux entendre ce titre, faut lire ce
qu'a écrit M. le Maître fur l'Ordonnance du Roy
Henry II. de l'an 1551. touchant les criées, de
laquelle font tirez les articles 345. & 346. & autres de ce titre : Et nommément la forme de sai-
fir les fiefs, comme en cet article : En la saisie
desquels il suffit de declarer le principal manoir,
avec les appartenances & dépendances, & les
droits seigneuriaux, encore que ledit sieur le Maître, chap. 6. soit d'avis que le sage acquereur
les doit faire declarer par le menu : Mais il rend

la raiſon de l'Ordonnance ; laquelle eſt faite p[our]
les ventes forcées & neceſſaires , & non pour l[es]
volontaires , eſquelles il eſt aiſé de ſpecifier p[ar]
le menu tous les droits : Mais en cas de vent[e]
contrainte des fiefs , il ſeroit mal-aiſé de fai[re]
toutes les declarations en ſpecial , à cauſe que [le]
ſeigneur ſaiſi retient les aveux pardevers lu[y.]
Neanmoins quand il y a des appartenances du [di]t
fief ſaiſi en diverſes paroiſſes , il faut que les crié[es]
ſoient faites en toutes les paroiſſes , par Arreſt d[u]
7. Mars 1602. ſi ce n'eſt que toutes les appartenan[-]
ces & droits ſoient compris dans un ſeul bail [;]
ainſi qu'il a été jugé en la Seigneurie de Luzarches , & qu'il ſuffiſoit les criées être faites en l[a]
paroiſſe du fief , nonobſtant les dépendances ſci[-]
tuées en autres , par Arreſt du mois d'Avril 160[1.]
Il faut auſſi ſuppoſer en toute ſaiſie le comman[-]
dement prealable , ſans lequel il y auroit nullit[é]
aux criées par l'Ordonnance de 1539. ledit com[-]
mandement requis articles 74. & 95. lequel , com[-]
me auſſi la ſaiſie & premiere criée , doit conte-
nir les cauſes de la ſaiſie , ſur qui elle ſe fait , &
à qui les biens appartiennent : car ſi c'eſt ſur un
mineur , diſcuſſion doit être premierement faite
de ſes meubles , par Arreſt au rapport de M. Des-
landes , le 13. Mars 1574. & autres mentionne[z]
au Comm. de M. Loüet, lettre M. nombre 15. Davantage , ſi les biens appartiennent à la femme ,
elle doit être compriſe au commandement & ſaiſie, & non le mary ſeul autrement le decret eſt nul,
& pourra la femme , ſon mary decedé , vendi-
quer ſon bien ſur l'adjudicataire , & faire caſſe[r]
le decret ; par Arreſt pour Jeanne d'Eſpinay du
17. Juin 1563. & en la prononciation de Pâque[s]
le 5. Avril 1583. T.

Cet article 345. contient en ſubſtance les articles 187. & 188. de l'ancienne Coûtume : En l'un
deſquels il y a ces termes : *Saiſis , arreſtez* &[c.]

mis en la main de Juftice : Et en l'autre ceux-cy,
Saifis & mis en la main du Roy noftre Sire, fur
lefquels M. C. du Molin a mis cette Note, ou
d'autre Seigneur ayant Juftice. L.

M. Jacques Lefchaffier a fait une docte Obfer-
vation des hypoteques & adjudications des heritages par decret, qui fe trouve en la feconde
Edition de fes Oeuvres, faite à Paris en 1652. par
la diligence de M. Lefchaffier, Maiftre des Comptes, fon neveu. L.

ARTICLE CCCXLVI.

Au lieu des fufdits articles.

Pour faifies & criées des terres roturieres.

Quant aux terres roturieres, il les faut
declarer par le menu, tenans & aboutiffans[1], tant par la main mife, qu'en la
premiere criée, & les caufes de la faifie.
Voyez l'article precedent.

1 Cette declaration des tenans & aboutiffans
eft effentielle, & l'omiffion d'icelle rendroit le
decret nul ; *fecus*, en la vendition volontaire,
n'étant nulle pour l'omiffion des limites. *Baxt. in
l. cum pater. 77. §. fin. ff. de legat.* 2. Mais au
decret elle eft neceffaire pour les rotures, article
premier de ladite Ordonnance de 1551. ainfi qu'il a
été jugé par Arreft de l'Audience le Mardy 30.
Decembre 1603. par lequel un decret fut caffé
pour l'omiffion des tenans & aboutiffans en terres roturieres, & défenfes faites au Juge de plus
prononcer comme il avoit fait, *pour eftre venduës
felon qu'elles fe comportent,* encore que par erreur

lefdits mots euffent été omis ; la Rochemaillé
plaidoit en la caufe pour Damoifelle Renée Beau-
faict , appellante du decret , Thibaut pour l'intimé , & Lamet, défendeur en fommation : car la
faifie verbale & generale eft nulle. *T.*

Par cet article 346. aux terres roturieres il faut
declarer par le menu les tenans & aboutiffans en
la main-mife. & premiere criée , avec les caufes
de la faifie , afin que, felon le Caron , la main-
mife foit certaine , & l'adjudication faite en confequence d'icelle , ainfi qu'en la vendition volontaire , *l. Titius heres* , 48. *ff. de action. empt. nam
cujufquè intereft fines fundi fui agnofcere & tueri.
l. fi ita legatus* 16. *ff. de ufu & habitat.* & auffi
afin que fi quelqu'un avoit intereft en la faifie,
foit en tout , ou en partie, connoiffant ce qui eft
compris dans les limites de la main-mife , il puiff
feurement former oppofition , mais principalement les oppofans afin de diftraire, qui par la de-
fignation & fpecification defdits tenans & aboutiffans , connoîtront fi ce qu'ils pretendent , eft
compris en la faifie , ou non ; felon M. Adam
Theveneau en fes Commentaires fur les Ordonnances , liv. 6. tit. 4. §. 1. I.

ARTICLE CCCXLVII.

Au lieu defdits articles.

*Pour les criées de rente fur l'Hoftel
de Ville.*

Quand une rente conftituée fur l'Hôtel de Ville de Paris, eft faifie & mife en
criés , faut faire les criées & proclama-
tions devant la principale porte de l'E-
glife Parochiale dudit Hoftel de Ville.

mettre affiches & pannonceaux contre
portes de ladite Eglise , & Hostel de
ille. *Voyez l'article* 352.

Cet article & les suivans , jusques au 356.
tient des biens reputez & censez immeubles ,
autre nature que les heritages , tels sont les ren-
& les Offices cy-dessus, articles 94. & 95. pour
respondre aux termes de l'Edit des criées , par lesquels il est dit *heritage , ou chose immeuble.* Entre
immeubles sont les rentes , tant foncieres que
constituées sur l'Hôtel de la Ville de Paris, voyez
article 94. pour lesquelles decreter doivent être
gardées les solemnitez icy requises , & qui sont
assez clairement exposées. Quant aux affiches &
pannonceaux qui sont les Armes du Roy , & non
autre Seigneur , ils doivent être mis dés la premiere criée , tant contre la maison du saisi , que
contre la porte de la Paroisse , à peine de nullité,
par Arrest du Jeudy dernier Mars 1557. Et faut
le tout notifier au saisi avec signification du siege
où les criées se rapportent , & où se fera l'adjudication. Et si les choses saisies & criées sont scituées
dans l'Eglise succursale , il faudra mettre les affiches à la porte de l'Eglise bâtie pour le secours de
l'Eglise matrice : ainsi qu'il a été jugé touchant
une maison scituée aux fauxbourgs Saint Jacques,
& fut dit que les criées faites à la porte de l'Eglise
S. Benoist , principale Paroisse , étoient nulles , &
qu'il les falloit faire à l'Eglise succursale du faux-
bourg , par Arrest de l'Audience , contre Isam-
bert Procureur de la Cour , plaidant M. Philippes
Girard. Quant aux autres solemnitez requises aux
rentes sur l'Hôtel de Ville , il faut , outre les susdites , garder celles qui sont exprimées en cet article. T.

Par cet article 347. une rente sur l'Hôtel de

Ville étant mife en criées, lefdites criées fe font
devant la principale porte de l'Eglife Parochiale
d'iceluy , avec affiches & pannonceaux Royaux,
qui contiennent au deffous , que ladite rente eft
faifie & mife en criées , comme les autres immeubles , fuivant l'Edit de 1551. afin de faire connoi-
tre à chacun qu'elle eft mife en la main du Roy
par autorité de Juftice : & que perfonne ne s'in-
gere d'en joüir , & prendre les revenus & arréra-
ges , non plus que les fruits & loyers des terres &
maifons , ny empêcher le Commiffaire étably , &
que nul n'achete du proprietaire , lequel , non
plus que le creancier, ne peut vendre de fon autorité privée , ains la Juftice , felon Monfieur le
Maiftre fur le troifiéme article de ladite Ordonnance de 1551. en quoy il eft mal contredit par
Theveneau , au lieu fufdit , article trois ; où
s'implique par aprés. M. J. Tronçon fur cet article , & le 352. femble convenir avec Monfieur
le Maiftre : car il dit que les pannonceaux font
mis à trois fins ; la premiere , pour autorifer davantage la vente qui fe fait fous l'autorité de la
Juftice ; la feconde , qu'elle foit connuë à un chacun par l'affiche des armes du Roy ; la troifiéme,
pour montrer *quantum & quale jus fit hafta fif-*
calis ; & F. Ragueau en fon Indice , où il declare
que pannonceau eft placard des armes du Roy
que l'on affiche fur l'entrée d'une maifon qui eft
faifie & mife en criées, en figne qu'elle eft faifie &
mife en la main du Roy & de la Juftice , & M. C.
Guerin, qui tient que *poffeffio ad folum Regem per-*
tinet, à qua, fola autoritate regia, aliquem dejicere
licet ; & la raifon particuliere du prefent article
347. eft, que *reditus fuper publica Lutetiana domo*
conftituti, debitorem fpecialem non habent, fed Præ-
fectum & Scabinos urbis qui non fuo, fed civitatis
nomine creditori obligati funt, felon le même Guerin, qui femble toutefois s'être impliqué en la rap-

portant sur l'article suivant trois cens quarante-
huit, où elle ne convient nullement, car il porte,
quand une rente constituée par un particulier, est
mise en criées, il suffit les faire devant la principale
porte de l'Eglise Parochiale du saisi, creancier d'i-
celle, avec affiches & pannonceaux contre sa maison, & en ladite porte de l'Eglise ; d'autant que,
selon Charondas, dit le Caron, les obligations des
debiteurs adherent à la personne des creanciers, *l.*
quis ergo, 16. *ff. de pecul. l. ea verò,* 3. *ff. pro socio.* I.

A R T I C L E CCCXLVIII.

Idem.

Criées de rente constituée par un particulier.

Et quand une rente constituée par un
particulier, est saisie & mise en criées, il
suffit de faire les criées devant la principale porte de l'Eglise Parochiale du saisi,
creancier de ladite rente : Et faut mettre
affiches & pannonceaux[1], tant contre la
maison dudit saisi, qu'en la principale porte de ladite Eglise & Paroisse dudit saisi
creancier de la rente. *Voyez l'article prece-*
dent, & le 352.

1 C'est d'autant que les obligations des debiteurs
consistent en la personne des creanciers qui en sont
les possesseurs, comme en Droit, *ubicumque servus*
est, peculium illius semper ad dominum pertinet, l.
quis ergo, 16. *ff. de pecul. l. ea vero,* 3. *ff. pro socio.*
C'est pourquoy en cas de rentes on suit le domicile
du creancier, auquel elles appartiennent, & non

le lieu de celuy qui doit, ou bien où se doit payer
la rente. *T.*

ARTICLE CCGXLIX.

Idem.

Des rentes foncieres en même forme que pour
les heritages y sujets.

Quant aux rentes foncieres [1], les criées
doivent estre faites en la même forme que
des heritages sujets ausdites rentes. *Voyez*
les articles 73. 87. & 346.

1 La rente fonciere ou de bail d'heritage, represente le fonds de même : C'est pourquoy elle reçoit les mêmes conditions que la terre: Quand elle
est rachetée sont deus lods & ventes, cy-dessus article 87. Elle se peut retirer par retrait lignager,
article 137. Et icy se decrete tout ainsi que le fonds
des heritages. *T.*

ARTICLE CCCL.

Idem.

D'Office Royal, comptable, & de provision
du Roy.

Quand un Office est saisi & mis en criées,
si ledit Office est Royal, & la provision
d'iceluy prise du Roy, & ledit Office comptable en la Chambre des Comptes à Paris,
les criées se doivent faire devant la prince

le porte de l'Eglise S. Barthelemy, Pa-
ïsse de la Chambre des Comptes [1], & les
ïches & pannonceaux, estre mis, tant
ntre la principale porte de ladite Eglise,
ue contre la maison où est demeurant le
biteur, au cas qu'il soit demeurant en la
ille ou faux-bourgs. *Voyez l'article suivant,
le 95.*

1 Icy est remarqué par M. L. Charondas, que
ur saisir & adjuger par decret un Office Royal,
faut premierement faire discussion des autres
ens du debiteur, comme il se trouve avoir été
gé pour l'Huissier de Launay, & pour Pingaut,
rgent Royal au Chastelet de Paris, le 8. May
71. Et encore est à noter ce qu'il rapporte, que
s criées d'un office de Sergent à cheval au Châ-
let de Paris, se doivent faire audit Chastelet, &
s affiches se mettre aux principales portes de
Germain l'Auxerrois, Paroisse dudit Chastelet,
ncore que celuy sur lequel ledit Office est decre-
, ne fust demeurant à Paris, mais en une autre
ille, où la Coustume veut en l'article 352. estre
ises affiches, par Arrest du premier Decembre
88. T.

ARTICLE CCCLI,

Idem.

Criées des autres Offices.

Et pour le regard des autres Offices, se
oivent faire les criées en la Paroisse du sie-
e [1], dont dépend & se fait le principal
xercice dudit Office. *Voyez l'article prece-
ent.*

5 Ce qui a été confirmé par Arreſt, coré en l'article precedent pour les Offices des Sergens
Chaſtelet, où les criées ſe doivent faire, car
ſont Officiers du ſiege de la Prevoſté. Il faut a
rematquer que la ſaiſie des Offices Royaux n'
valable, ſi elle n'eſt ſignifiée à Monſieur le Cha
celier, & lors ſ'Office venal ſe dit avoir ſuite
hypotheque, comme immeuble, pour être cri
decreté à la forme des immeubles: Voyez l'arti
95. & M. Loiier, lettre O. nombre 5. Il faut nea
moins icy entendre les Offices venaux, & n
ceux de Judicature, qui ne peuvent être ſ
ſis ny decretez, ainſi qu'il a été jugé par Arreſt
19. May 1600. par lequel la Sentence du Prevo
de Paris fut infirmée. T.

ARTICLE CCCLII.

Idem.

Et quand le debiteur n'eſt demeurant à Pari
comment.

Et ſi le debiteur eſt demeurant hors
ville & faux-bourgs de Paris, fautout
la ſolemnité ſuſdite, faire les criées,
quatre quatorzaines en la Paroiſſe du do
micilé du debiteur ſaiſi: Et mettre affiche
& pannonceaux, tant contre la principal
porte de l'Egliſe Parochiale, que contre l
maiſon du debiteur 1 ſaiſi. *Voyez l'arti*
precedent, & le 348.

1 La ſaiſie & affiche en la maiſon du ſaiſi eſt ne
ceſſaire, pour la raiſon cy-deſſus dite, encor
que les rentes & offices ſoient droits incorporel
neanmoi

neanmoins sont établis commissaires ausdits offices saisis pour la validité des criées, lesquels recevront les gages, droits & profits desdits offices : Mais quant à l'exercice, lesdits commissaires ne s'y entremettront point, à cause qu'ils ne sont pourveus, si ce n'est qu'ils ayent commission des Superieurs, pour faire les receptes des Receveurs. Pour le regard des autres Offices, de ceux des Notaires, & Sergens, on ne peut y commettre ; ains ils continuent en l'exercice de leurs charges, jusques à l'adjudication de leurs Offices, par Arrest du 9. Janvier 1570. Et combien que la Coustume ordonne pannonceaux être mis aux maisons : toutefois s'il n'y a que simples heritages, sans bâtimens aucuns, il a été jugé que les pannonceaux n'y sont pas necessaires par Arrest de l'Audience rôle d'Amiens du 10. Janvier 1607. plaidant Germain. On demande, s'il y a intermission d'une quatorzaine, s'il faut recommencer ? Si c'est par le fait & artifice du saisi, bien verifié, suffira faire une cinquiéme quatorzaine superabondante, comme au fait des troubles, par Arrest du 27. May 1571. & de l'an 1595. Si c'est par la faute du saisissant ou Sergent, faut tout recommencer, il y a Arrest general pour les criées du 23. Novembre 1598. qui est inseré à la fin de cette Coustume tout au long. T.

ARTICLE CCCLXIII.

Idem.

Establir Commissaires en toutes choses saisies
même és Offices.

En toute chose saisie, & mise en criées, faut établir Commissaire. 1 Et és Offices où il y a gages, sera étably Commiss-

faire pour recevoir les fruits. *Voyez l'ar-*
ticle 34.

1 Par l'Ordonnance des criées, article 4, in
continent aprés la saisie avant la premiere criée
faut établir Commissaire, sur peine de nullité,
car le Commissaire est sequestre & depositaire de
la chose saisie, par le moyen duquel le saisi est
depossedé, & la saisie est valable & réelle; autrement seroit nulle, par Arrest des grands Iours de
Lyon, du 27. Septembre 1546. Aussi ledit Commissaire joüit durant sa commission, & pour ce
doit faire proceder au bail à ferme pour trois an-
nées, si tant la commission dure : Et si elle passe
outre, le bail doit être renouvellé de trois en trois
ans, par Arrest du 19. Novembre 1576. Quant
aux Commissaires, ny le saisi, ny le poursuivant
criées, ny les opposans, ne peuvent être Commissaires, ainsi que M. le Maistre rapporte avoir
été jugé par Arrest du 6. Decembre 1537. Celuy
qui a trois tutelles, peut être dechargé de cette
commission, Arrest du 11. Mars 1577. & s'il avoit
trois commissions, il seroit dechargé de la quatriéme : Et celuy qui est par trop éloigné des lieux
saisis, peut être dechargé, Arrest du 30. Mars
1601. *Novissimè,* les Commissaires des Tailles
par l'Edit de leur creation, sont exemptez des commissions, & ne peuvent être contraints d'être gardiens des biens saisis, par l'Edit du mois de Novembre 1616. verifié en la Cour des Aydes, le 1er
Decembre de la même année. Bref, pour ce qui
est de la charge du Commissaire, & devoir du
Sergent en le constituant; il est prescrit par l'Ordonnance ou Edit de Blois, article 174. Et faut
que le Sergent fasse signer par le Commissaire
l'exploit de commission, ou par un Notaire à sa
requête en presence de témoins, ou par deux témoins. Et au defaut de Notaire ou Tabellion

dit exploit de commission pourra être signé par le Greffier des lieux ; autrement il y auroit nullité. Si toutefois le Commissaire a accepté & geré, il sera tenu de rendre compte, encore qu'il n'ait signé la commission, par Arrest du 19. May 1579. & s'il est troublé au fait de sa commission, doit sommer le saisissant pour soustenir sa saisie. On a demandé s'il y avoit peremption en cas de saisies réelles, & de criées ? En quoy on apporte cette distinction, ou bien le debiteur est depossedé par les Commissaires, & le bail à ferme fait, & lors elles ne sont sujettes à la peremption, la saisie conservant le droit des creanciers jusques à trente ans, encore que les criées n'ayent point été certifiées, jugé par Arrest du 18. May 1611. en la Chambre de l'Edit, où presidoit Monsieur de Jambeville, plaidans le Feron, Delamet, & Monsieur l'Avocat du Roy, le Bret : Les criées avoient été discontinuées l'espace de douze ans, sans avoir été certifiées : Ordonné par ledit Arrest, qu'il seroit procedé à la certification. Ou bien le proprietaire n'a point été réellement & actuellement depossedé, ny fait établissement de commissaire ou bail à ferme, & lors la saisie & criées sont sujettes à peremption, ainsi jugé par Arrest du dernier de Janvier 1586. presidant M. Brisson, & plaidans Charpentier, Navarcot, & Monsieur Faye Avocat du Roy, Nicolas des Bots, & Renée Fichepin parties plaidantes : Depuis est survenuë l'Ordonnance des Estats tenus à Paris en 1614. par le Roy Loüis XIII. article 91. par laquelle est ordonné, que toutes instances & criées perissent par la discontinuation de trois ans, nonobstant l'établissement de commissaire. T.

Tournet sur cet article 353. allegue un article par lequel toutes instances des criées perissent par la discontinuation de trois ans, nonobstant établissement de Commissaire ; cet article est tiré

de l'Ordonnance de 1629. (non verifié) & no
de 1614. comme il dit. 1.

ARTICLE CCCLXIV.

Idem.

*Oppositions, quand doivent & peuvent être
formées.*

Si on veut s'opposer afin de distraire,
ou annuller, ou afin de faire adjuger à
quelque charge, telle opposition se doit
former auparavant l'adjudication 1, & non
après. Mais l'opposition afin de conserver
son droit, pour être mis en ordre sur le
prix, est receuë 2 jusqu'à ce que le decret
soit levé & séellé 3. *Voyez les articles* 131.
& 136. *en la fin.*

1. Après la certification des criées, il faut former les oppositions avant l'adjudication & le decret levé & séellé. Car après le decret levé &
séellé, on n'est plus receu à s'opposer : Les oppofitions sont de trois sortes, afin de distraire, d'annuller, & de conserver. Celles de distraire & d'annuller se doivent vuider avant l'adjudication :
Mais celles qui se font afin de conserver, sont
receuës jusques au decret levé & séellé : Et les
oppositions afin de distraire concernent la proprieté de partie de la chose saisie que l'opposant pretend luy appartenir, & non au saisi ; & ne peut le
decret être adjugé que telles oppositions ne soient
vuidées, jugé par Arrest du 29. Janvier 1580.
Il est vray que par le style des Requestes du Palais
& de la Cour, les oppositions afin de distraire
doivent former avant le jugement du congé d'adjuger au quarantiéme jour, comme il est porté

porté en l'Arreſt de la Cour ſur les adjudications
par decret du 23. Novembre 1598. Mais au
Chaſtelet & par noſtre Couſtume, elles ſont receuës juſques à l'adjudication. Il y a un Arreſt
pour l'Egliſe de Vatan, du 3. May 1605. Les oppoſitions afin d'annuller, ſont formées par le ſaiſi
prés que les criées ont été certifiées, il a été appel-
é pour voir interpoſer le decret, fournir moyens
de nullité, & les oppoſans bailler cauſes de leur
oppoſition. Ainſi le ſaiſi peut ſouſtenir les criées
nulles pour le defaut des ſolemnitez, ou qu'il
ne doit rien, & doit telle oppoſition eſtre vui-
ée avant le congé d'adjuger: Et ſi ladite oppoſition eſt frivole, l'oppoſant eſt debouté avec
amende, tant envers le Roy que le pourſuivant
criées, article 15. de l'Edit des criées : Et ſi elle
eſt receuë, les criées & tout ce qui a été fait,
ſera declaré nul, & le pourſuivant condamné és
dépens, dommages & intereſts. Et ne ſe peuvent
les autres creanciers ſervir deſdites criées, ains
il faut qu'ils recommencent tout de nouveau, &
par nouvelle ſaiſie, par Arreſt du 8. Fevrier 1563.
Pareillement, s'il y avoit appel des criées, il ne
ſe peut faire aucun adjudication avant l'appel
uidé, quel qu'il ſoit, par Arreſis du 11. Aouſt
604. & 28. Juillet 1607. & autres, au Commentaire de M. Loüet lettre D. nombre 65. Pour
oppoſition afin de conſerver quelque droit réel,
faut auſſi la faire avant l'adjudication : Et icelle
paſſée, tel oppoſant juſques au decret levé &
ſeellé, peut ſeulement être receu en ſon ordre à
la diſtribution des deniers, pour être payé en l'eſ-
timation deſdits droits & charges réelles par luy
pretenduës. *Idem* de l'oppoſition afin de diſ-
traire aprés l'adjudication, elle ſe peut recevoir
juſques au decret levé & ſeellé, afin d'eſtre mis
oppoſant en ordre ſur le prix des choſes dont il
demandoit diſtraction, & non plus à faire la diſ-

traction , par Arrest du 13. Decembre 156[8]
l'article de cette Coustume 356. T.

Sur cet article 354. Tournet allegue un A[rrest]
du 3. May 1605. pour l'Eglise de Va[tan], [&]
Tronçon le rapporte tout au long, comme [ser-]
vant de reglement pour les oppositions afin de [con-]
traire. I.

2 Et non pas à encherir aprés l'adjudica[tion]
pure & simple. C. M.

3 Et se doit par style loüable, garder 24. h[eu-]
res avant que d'être scellé. C. M.

Cet article 354. est au lieu de l'article 189.
l'ancienne Coustume , sur lequel M. C. du [Mou-]
lin a mis deux Notes , cy-dessus rapportées,
pour la derniere partie elle ne peut avoir été c[om-]
posée de l'art. 5. ny d'aucun autre article de l'[Or-]
donnance des criées du Roy Henry I I. qui [a esté]
faite en 1551. puis que le même est dit par l'ar[t.]
189. de l'ancienne Coustume , qui a été red[igé]
par écrit en 1510.

Par- Arrest de l'Audience de la grand'Cham[bre]
du 3. May 1605. entre les Prieur , Chanoines [&]
Chapitre de Saint Laurian de Vatan, & M. A[ntoine]
Thiau Vicaire en icelle Eglise , appellans d[e la]
Sentence des Messieurs des Requestes du Pal[ais]
d'une part , & René de Fronteau , sieur de la [Ri-]
viere , & sa femme , intimez d'autre part , p[lai-]
dans M. Anne Robert , & M. L. Choart ,
M. Servin pour M. le Procureur general ,
que l'opposition afin de conserver la rente fonc[iere]
des appellans , & que l'adjudication fust fa[ite à]
cette charge de la payer & continuer , seroit [re-]
ceuë, nonobstant la Sentence de congé d'adju[ger]
M. Servin ayant dit que le reglement gener[al de]
la Cour ne se peut étendre aux Requestes du [Pa-]
lais , à se prendre par les termes du Regle[ment]
qui contient que les oppositions seront rec[euës]
jusques à l'Arrest , sans parler des S[entences]

...mens des Juges inferieurs, où il y a lieu de les
voir pour l'Eglise. Depuis cet Arrest en l'an
[160]6. le Roy Henry le Grand a fait un Edit qui a
verifié par la Cour en Fevrier 1608. par l'article duquel est ordonné que les Ecclesiastiques
pourront estre contraints à souffrir le rachat des
rentes foncieres qui dependent de leurs Benefices.
Arrest du 7. Mars 1609. entre Antoine Bou-
d'une part, & P. Boutard, & Jeanne Gar-
sa femme, d'autre part, jugé qu'une adjudi-
tion par decret ne peut être faite par provision
préjudice d'un appel : Et defenses faites au Senechal de la Marche ou son Lieutenant à Gueret,
passer outre doresnavant à l'adjudication par
decret des heritages saisis en vertu de Sentence de
provision, nonobstant l'appel qui en seroit interjetté, à peine des dépens, dommages & interests.
Usage du Chastelet est de ne poursuivre les criées
jusques à la certification exclusivement, quand
la saisie a été faite en vertu de Sentence de provision. L.

ARTICLE CCCLV.

Idem.

Si le Seigneur feodal ou censier se doit
opposer.

Le Seigneur feodal ou censier n'est tenu
opposer aux criées pour son droit de fief,
censive : ains est entendu l'adjudication
decret estre faite à la charge desdits
droits de fief ou censive, fors & excepté
le regard des arrerages, ou profits
deux precedans l'adjudication, pour lesquels lesdits Seigneurs sont tenus de s'op-

poser autrement en sont exclus. *Voyez l'ar-*
ticle 358.

1 Cet article, avec le 357. & 358. parle de l'opposition des Seigneurs feodaux ou censiers, & fait
distinction, où il s'agit du droit seigneurial, & de
chef cens ou champart seigneurial, & lors il n'est
besoin de s'opposer, où il est question des gros
cens ou surcens & rentes foncieres, & de bail
d'heritage, & des droits deus des quints, & requints, reliefs, vente, amendes & arrerages
en ce cas ils se doivent opposer, article 358. On
se doit aussi opposer pour les servitudes, tant
urbanes que rustiques, combien que M. R. Chopin soit d'avis qu'il n'est besoin de s'opposer pour
servitude urbane apparente, comme il a été jugé
par Arrest du 16. Fevrier 1588. si elle n'apparoist
faut s'opposer, Arrest contre Monsieur Servin, du
10. Mars 1603. Il faut aussi s'opposer pour droit
de substitution ou fideicommis, ou par donation
conditionnée, & se doit faire l'adjudication à la
charge de reversion, par Arrest du dernier Fevrier
1570. *Idem*, pour le douaire coustumier, la femme
doit s'opposer & les enfans, & sera faite distrac-
tion de la moitié des heritages: Mais si c'est douaire prefix, ils viendront à la distribution des deniers
avec les autres creanciers, par Arrest du 26. Avril
1597. Bref, au cas que les creanciers ne se soient
opposez avant le decret levé & séellé, ils peuvent
s'opposer à la distribution des deniers du prix, dans
les 24. heures avant le decret séellé, & aprés iceluy proceder par saisie sur les deniers revenans
borsés mains du Receveur des consignations: aussi
il a été jugé que le creancier negligent à s'opposer
perdroit le prix qu'il eust pû toucher, s'il se fust
opposé, distribué aux creanciers posterieurs, par
Arrest prononcé solemnellement par Monsieur le
President Seguier à Pâques, le 2. Avril 1602. T.

ARTICLE

ARTICLE CCCLV.

Idem.

Opposition sur le prix, quand se peut former;
& des vingt-quatre heures du séel.

Toutefois si aucun avoit omis à s'opposer afin de distraire, ou de faire ajuger
l'heritage à quelque charge, il peut s'opposer, pour venir sur le prix avant le decret
levé & séellé, & non aprés. [1] Et doit le dit
decret être levé vingt-quatre heures és
mains du séelleur avant que de le séeller.
Voyez les articles 136. & 354.

[1] Bien que par l'Ordonnance derniere du Roy
Henry II. de 1551. l'opposition afin de distraire
se puisse faire auparavant l'adjudication & le decret séellé & levé, toutefois cela se garde au Châtelet, & non à la Cour de Parlement, où les oppositions afin de distraire doivent être formées avant
le congé d'adjuger, par Arrest de la Cour sur les
formes des adjudications par decret du 23. Novembre 1598. Mais la Coustume donne un remede en cet article à ceux qui n'ont pû s'opposer afin
de distraire auparavant le decret adjugé, séellé &
levé, qui est pris de l'article 14. de l'Edit des
Criées, pouvant venir en leur ordre à la distribution des deniers pour l'estimation de leurs droits
réels & fonciers, ou de proprieté par eux pre-
tenduë : car ils peuvent avoir juste cause de ne
s'être pû plustost opposer : Et davantage, telle opposition ainsi formée, ne fait prejudice à l'adjudication, ainsi qu'il se trouve jugé par Arrest du 13.
Decembre 1598. cité icy par M. L. Charondas. z.

Tome II.   T

ARTICLE CCCLVII.

Idem.

N'est besoin d'opposition pour chef-cens.

Et où lesdites redevances seroient de
chef-cens, n'est besoin d'opposition. *1 Voyez*
l'article suivant, & les 124. & 255.

1 Cecy est conforme à l'ancien Coustumier, qui
dit, *que le chef-cens, ou cens capital, est en signe*
& remembrance, ou pour reconnoissance du Sei-
gneur: Et pour non soy opposer à criées, il ne perd
point son chef cens: Mais le gros cens qui est aprés
le chef-cens n'a mis tel privilege,& le Seigneur le
perd pour ne s'opposer à criées. On allegue un Arrest sans date contre Messieurs de Sainte Geneviefve,
qu'il n'étoit pas tenu de s'opposer pour sa censive,
mais bien pour la rente créée aprés le cens; combien
que Bacquet soit d'avis contraire au traité des
Francs-fiefs, chap. 7. nomb. 28. Autant en faut-il
dire du droit de champart seigneurial, pour lequel
on ne doit point s'opposer aux criées, par Arrest sur
ce,du 20.Juillet 1587. en la 5e. Chambre des Enquêtes, au rapport de M. Scaron , entre le Chapitre de
S. Spire de Corbeil, & la veuve Caumont , remarqué par M. Loüet , lettre C. nomb. 19. T.

ARTICLE CCCLVIII.

Idem.

Seigneurs , pourquoy sont tenus encore
s'opposer.

Comme aussi sont tenus lesdits Seigneurs

eux oppoſer pour droits de quints, reliefs,
ventes & amendes, & autres droits ſe-
gneuriaux qu'ils veulent prendre ſur l'heritage decreté. 1 Et en ce faiſant ſont
preferez à tous autres creanciers. *Voyez
l'article 355.*

1 M. le Maiſtre chapitre 41. des Criées, expo-
ſe cet article en ces termes, ſelon l'uſage du Châ e-
let, *le Seigneur n'eſt tenu s'oppoſer pour ſon droit
de tenuë feodale, reliefs, rachats, quints, requints
ou autres droits & devoirs feodaux : Car adjudications par decret ſe doivent faire à cette charge;
Mais s'il pretend quelques arrerages deſdits droits
feodaux luy être deus pour autres mutation prece-
dentes, il faut s'oppoſer pour iceux.* Et fut ainſi jugé
par un arreſt notable donné au plaidoyé le Mardy de
relevée 29. May 1554. plaidans de la Vergne &
Porteau Avocats des parties, entre un appellant du
Seneſchal de Poitou ou ſon Lieutenant à Poitiers,
& Pierre Girard intimé. Et pour tels arrerages,
quand le Seigneur s'eſt oppoſé, il eſt preferé à
tous autres creanciers, même aux frais des criées,
ainſi jugé par Arreſt au Parlement de 1467. M. le
Maiſtre. *T.*

ARTICLE CCCLIX.

Idem.

*De l'ajournement à voir a juger, & com-
ment courent les quarante jours.*

Avant que proceder à l'adjudication des
choſes ſaiſies ; eſt requis que le ſaiſi ſoit
ajourné parlant à ſa perſonne, pour voir

adjuger par decret ¹ quarante jours aprés
le jugement donné: lesquels quarante jours
ne courent que du jour de la premiere affiche mife. Et où l'on ne pourroit parler à
la perfonne dudit faifi, fuffit de faire l'a-
journement au domicile du faifi, & au Prof-
ne de l'Eglife Parochiale du lieu où l'heritage eft affis, avec affiche à la principale
porte de ladite Eglife. *Voyez l'article 30,
vers la fin.*

　　1 Congé d'adjuger fuit le congé de crier. Le
congé de crier fe fait aprés le commandement &
faifie en vertu d'obligation : Le Juge declare ledit
commandement, faifie, établiffement de Commiffaires, bons & valables, & ordonne que fur
iceux, il fera procedé aux criées par quatre quatorzaines. Lefdites quatorzaines achevées, & les
criées certifiées, c'eft à dire declarées bien & deuëment faites & regiftrées, le faifi appellé pour voir
interpofer le decret & bailler moyens de nullité,
fuivant la forme prefcrite en ce prefent article, le
tout executé, foit par production, foit par defaut,
le Juge donne le Jugement de congé d'adjuger au
quatriéme jour, à compter du jour de la premiere affiche dudit Jugement fignifiée au faifi, ainfi
qu'il eft icy ordonné, & les quarante jours expi-
rez fait l'adjudication. Les encheres faites pendant quarante jours font mifes au Greffe, publiées
en l'Audience, & la premiere eft affichée à la porte de l'Auditoire pour y demeurer l'efpace de quinze jours entiers & accomplis : Et fi durant ladite
quinzaine il y a encheres, il faut les faire fignifier
au dernier encheriffeur ou à fon Procureur : à cet
effet l'Edit veut que les encheriffeurs mettent Procureur, chez lequel ils élifent leur domicile : E

la quinzaine écheuë se fera l'adjudication, aprés
laquelle nulle enchere n'est receuë, suivant l'Ordonnance de Moulins, & Arrest de la Cour du 5.
Juin 1601. & autres precedens, & depuis donnez.
L'adjudicataire est tellement fait seigneur de la
chose à luy adjugée, qu'il est tenu incontinent aux
lods & ventes : encore qu'il y ait appel, à la charge
de bailler caution de les rendre, au cas que le decret
soit infirmé, par Arrest du Vendredy de relevée 8.
May 1602. Le decret se doit interposer, *judice stante pro tribunali*, & non à l'extinction de la chandelle, ny à la baguette, jugé par les Arrests donnez en l'Audience, l'un des Colommiers, du 27.
May 1585. l'autre du 23. Novembre 1599. Et pour
sçavoir, si aprés dix ans on peut se pourvoir contre
le decret. Voyez M. Loüet & le Commentaire, lettre D. nomb. 16. *T*.

Cet article 359. est au lieu de l'article 190. de
l'ancienne Coustume, qui porte ces termes :
*Jusques à ce que tel proprietaire & possesseur soit
ajourné à sa personne*, sur lesquels M. C. du
Molin a mis cette Note, *Ou son tuteur & curateur ; non pas en la cause, mais à la personne &
biens.*

Par Arrest des grands Jours de Poitiers, en
l'Audience, le 28. Septembre 1579. entre François Moreau & Marguerite Droüet sa femme, appellans d'une part, & Jacqueline Roüen intimée,
d'autre part, sur les conclusions de M. le Procureur general, défenses furent faites de proceder
d'oresnavant à la vente & adjudication par decret des immeubles à la chandelle éteinte : Et ordonné que l'Arrest seroit leu au siege d'Angers ;
l'appel étant d'une Sentence du Seneschal d'Anjou ou son Lieutenant à Angers. Les adjudications
des heritages, rentes ou offices, mis en criées se
doivent faire en pleine Audience, à jours de plaids,
de vive voix, jour & heure assignée, & non point

en la Chambre du Conseil, ny au frappement
la baguette, ny à la chandelle éteinte : Et de ce,
il y a plusieurs Arrests de la Cour. La raison en peut
estre renduë en ces termes de la loy : *Si quos.* 16. C.
de rescindenda venditione, Ne subnomine subha-
stationis publica locus fraudibus relinquatur, pof-
sessionibus viliore pretio distractis, plus exactor ex
gratia, quàm debitor ex pretio consequatur ? Ou
en ces termes de la loy, sed si. 11. §. 3. *de institoria
actione*, Ne quis causari possit ignorantiam. L.

ARTICLE CCCLX.

Idem.

*Opposans doivent élire domicile, qui ne finit
par la mort, &c.*

Les opposans aux criées, élisant domiciles, sont tenus nommer leursdits domiciles [1] en certain lieu de la ville, ou du
lieu où les criées sont poursuivies, & declarer la ruë & l'enseigne, ou autre marque publique & certaine, pour être appellez à la distribution du prix : Lequel domicile n'est finy par la mort du Procureur,
ou autre, en la maison duquel auroit été
ledit domicile éleu. Et valent tous exploits
de significations & autres, faits au domicile sur l'execution du decret, tant pour
l'ordre, que distribution des deniers. Voyez
l'article precedent.

1 Cet élection de domicile, ordonnée par l'Edit de
Blois article 175. & par celuy du Roy Henry le

Grand de l'an 1609. afin que les Sergens ayent à declarer le domicile du faififfant, pourfuivant criées, & executant, à peine de nullité : & valent telles élections de domicile pour toutes fignifications qui fe font en executions de contrat ou acte judiciaire, comme en cet article : touchant les oppofans, élifans domicile au lieu où le decret fe pourfuit, tant pour l'ordre que diftribution des deniers : Et ne laiffe de continuer le domicile éleu aprés la mort du Procureur. Quant aux deniers confignez pour être diftribuez, l'adjudicataire eft affuré contre tout danger & perte ou enlevement, comme auffi le debiteur fur lequel le decret aura été fait. De forte que fi par enlevement du Prince, malheur du temps, ou infolvabilité du Receveur, lefdits deniers fe trouvoient perdus, le peril tomberoit fur les oppofans, jugé par Arreft du premier Decembre 1594. & par un autre du 20. Juillet 1598. & fera portée telle perte par tous les creanciers oppofans au fol la livre, à l'acquit du debiteur. *T.*

Par cet article 360. le domicile éleu par les oppofans aux criées, n'eft finy par la mort du Procureur, ou autre où étoit ledit domicile ; & valent les exploits de fignifications & autres audit domicile fur l'execution du decret, pour l'ordre & diftribution des deniers ; conformément auquel, par Arreft du 6. May 1634. en la Chambre de l'Edit, au profit de François de Coffé, Duc de Briffac, il a été ordonné que tous les exploits neceffaires en l'ordre & diftribution des deniers de la terre de Marchais, qui feront faits aux domiciles éleus par les oppofans en la ville de Paris, vaudront comme s'ils étoient faits à leurs propres perfonnes ou domiciles, nonobftant le decez des oppofans, de leurs Procureurs, ou de ceux en la maifon defquels ledit domicile auroit été éleu. *I.*

Le Roy Henry le Grand en Janvier 1609. &

fait une Declaration, qui a
regiſtrée en Parlement le 9. Février
née, qui porte qu'il declare bons & v
decrets des heritages qui ont été fait
puis l'Ordonnance de Blois, auſquel
marquée autre nullité que ce defaut d'élection
domicile, ſans en ce comprendre les decrets
les Arreſts y mentionnez, ont été caſſez & an
leſquels Arreſts demeureroient en leur force &
leur. Et veut & entend à l'avenir, que trois
aprés la publication de ces preſentes, és Bailli
Senéchauſſées reſſortiſſans en ſadite Cour de P
ment, l'Ordonnance de Blois art. 89. ſur l'élec
des domiciles és decrets, ſoit gardée & obſe
exactement, à peine de nullité deſdits decrets, D

ARTICLE CCCLXI.

Idem.

Forme de proceder en execution du d

Leſdits oppoſans aux criées ſont te
dans la huitaine aprés la ſignification
eux faite aux domiciles par eux éleu
ou à leurs perſonnes, de porter leurs ti
pardevers le Commiſſaire commis po
fonder leurs oppoſitions : à tout le mo
dans un ſecond delay, qui ſera encore
huitaine pour tous delais. Et à faute de
faire, doit le Commiſſaire proceder à l'
dre des oppoſans qui auront fourny leu
titres, ſans avoir égard aux hypotheque
& oppoſitions des défaillans. Sur leſqu

ordre, le faisi & oppofans mis en ordre, ouys dans une autre huitaine pour tous delais [2], doit eftre procedé à la diftribution, felon que ledit ordre eft accordé.

[1] Il y a un livret intitulé, *Obfervations des hypotheques, & adjudications des heritages par decret*, que l'ufage que nous en avons, captieux aux hommes, n'eft point derivé du droit Romain, comme nous l'eftimons, par Jacques Lefchaffier Avocat en la Cour de Parlement, imprimé à Paris, chez Claude Morel en 1600. avec privilege de fa Majefté. L.

[2] Par Arreft de la Cour du 18. May 1598. contre le Receveur des confignations de Reims, a été ordonné que pour le regard des decrets volontaires aufquels il n'y a aucunes oppofitions, les adjudicataires ne peuvent être contraints de configner le prix des adjudications ès mains du Receveur, ny de luy payer aucun droit. Mais où il y a oppofans, le Receveur doit avoir fon droit de confignation. Il y a un autre Arreft du 5. Fevrier 1611. contre M. Claude Gaillard, Receveur des confignations de la Cour, au profit de Marguerite du Boullé, à laquelle fut ordonné que le decret feroit delivré fans configner, attendu qu'il n'y avoit aucuns oppofans. L.

ARTICLE CCCLXII.

Idem.

De renvoy fur les differends; & diftribution cependant.

S'il y a differend entre aucuns oppofans

pour raiſon dudit ordre, ſera fait renvoy
entre tels oppoſans ſeulement ; ſans comprendre au renvoy qui ſera delivré, les
oppoſitions, dires & remontrances, & ce
qui auroit été fait avec les autres oppoſans. [1] Et neanmoins on procede à la diſtribution entre les autres oppoſans, reſervant
les deniers appartenans aux oppoſans ren-
voyez, venans en ordie.

1 Ce dernier article montre ce qu'il faut faire
quand il y debat entre les creanciers pour l'ordre
& preference au payement des deniers ; mais la
regle generale eſt que *prior tempore potior eſt jure.*
Le premier en hypotheque eſt regulierement preferé, comme ſi quelqu'un a eu Sentence à ſon profit, dont il y auroit eu appel, & cependant ſi
avant l'Arreſt confirmatif, un autre contracte obligation avec le condamné, & puis Arreſt s'enſui-
ve confirmatif de ladite Sentence, celuy qui a eu
la Sentence confirmée par Arreſt, aura ſon hypotheque retroactive au jour de ladite Sentence,
ſuivant l'Edit de Moulins, article 53. jugé par
Arreſt en la ſeconde Chambre des Enqueſtes l'an
1587. Il y en a un autre du 8. Janvier 1607. M.
Loüet lettre H. nombre 25. Il y a auſſi certains
cas auſquels les poſterieurs en hypotheque ſont
preferez aux plus anciens, dont il a été parlé cy-
deſſus, au titre des Executions & Gageries : Et
faut voir ce qu'en écrit M. le Maiſtre au Traité
des Criées chapitre 45. Quant aux frais des criées,
ils ſont partie du prix, ſçavoir les ordinaires, qui
conſervent le droit en general de toutes les parties.
Voyez les Arreſts, entr'autres un du dernier Septembre 1589. dans M. Loüet lettre C. nombre
44. Coquille au chapitre des Executions, ſur la

... en ses Instituts : Et pour le dire en bref, les
... s'entendent *quidquid explicandarum vendi-*
...um causa impenditur, comme il est dit en la loy
...antitas 72. ff. ad l. Falcidiam l. debet 27. ff. de
...ilit. edict. Les ordinaires sont deus par l'adjudi-
...aire avec le prix de la chose adjugée. Quant
...x depens, ils viennent en distribution sur le prix,
...ie contractus. Pour le regard des réponses que
...ille le poursuivant aux causes d'opposition, let-
...es & titres des opposans, Monsieur le Maistre
...oust que les frais de telles réponses aux causes
...oppositions, ne viennent en frais de criées : Et
...cite un Arrest de la Cour du 12. Aoust 1504.
...ais pour les espices des Commissaires qui ont ju-
...é le procez des criées, oppositions & discussions,
...avoir si elles sont contenuës aux frais des criées,
...même Monsieur le Maistre n'en resout rien, &
...pporte seulement un Arrest du 18. Novembre
...24. par lequel cela est remis *arbitrio judican-*
...um, chap. 41. des criées : Mais maintenant
...lon que se pratiqué ordinairement au Châtelet, les
...pices des Sentences données par les Commissai-
...es, sont comprises sous les frais extraordinaires,
...& se prennent sur le prix : Mais d'autant que ces
...rticles touchant les criées, sont la plûpart tirez
...e l'Ordonarnce & Edit du Roy Henry II. de l'an
...51. où on peut avoir recours, il sera bon de mettre
...cy l'*Arrest de reglement des Criées*, selon la for-
...me qui s'observe au Parlement, qui est telle qu'il
...ensuit. T.

Adite Cour a ordonné & ordonne que *les ad-*
judications par decret des immeubles mis en
...riées, en execution d'*Arrests & executoires*, de
...adite Cour, seront faites en icelle, & les autres
...faites en vertu de *Sentences*, aux sieges esquels
...lles auront été données, & ce qui sera mis en
...riées par vertu d'*obligations & contrats* parde-

vant les Juges aufquels l'execution d'iceux app[ar]-
tient.

Tous pourfuivans criées en execution d'*Ar-*
& executoires de ladite Cour, feront tenus inc[on]-
tinent aprés la certification d'icelles, faites par [de]-
vant les Juges ordinaires, faire rapporter au Gr[effe]
de ladite Cour lefdites faifies & criées, pou[r]
être ladite faifie regiftrée, enfemble le nom [des]
parties & Procureurs : Et jufqu'à ce, afin qu'il [y]
ait ordre certain, ne feront aucunes oppofitions [re]-
çûës, lefquelles aprés ladite faifie regiftrée, fer[ont]
reçûës, & en cas de negligence ou contraventi[on]
dudit pourfuivant, auront les oppofans recou[rs]
contre luy.

Les oppofitions afin de diftraire, feront reçû[es]
jufques à l'Arreft, par lequel la vente des heri[ta]-
ges fera ordonnée aux 40. jours, & fera ledit A[r]-
reft à la diligence du pourfuivant criées, regiftré [au]
regiftre : aprés lequel Arreft lefdites *oppofitions a[fin]*
de diftraire, ne feront recevables ny regiftrées, fa[uf]
aux oppofans à fe pourvoir fur les deniers provena[ns]
de l'adjudication ; le tout fans deroger pour ce q[ui]
fe decrete pardevant les Juges ordinaires, à ce qu'i[ls]
ont accoûtumé de garder fuivant les Couftumes d[es]
lieux.

Les oppofitions afin d'hypotheque, ou payeme[nt]
des dettes, feront receuës jufques à ce que ledit de[-]
cret foit delivré, non aprés. Seront toutes *oppofitio[ns]*
afin de diftraire, ou *autres* nulles, fi elles ne fo[nt]
faites par acte au Greffe, regiftrées audit regiftre
ou receuë par le Sergent.

Ne feront les *encheres* receuës en ladite Co[ur]
qu'au prealable les oppofitions afin de diftraire, [fi]
aucunes il y a, ne foient jugées. Et feront les par[-]
ties enregiftrer audit regiftre l'Arreft intervenu fu[r]
l'oppofition afin de diftraire, afin qu'en procedan[t]
à l'adjudication, les heritages diftraits ne fo[ient]
compris.

La première *enchere* faite en ladite Cour, con-
dra au long les heritages faisis, le nom des fai-
ns & proprietaires, ensemble les charges. Et
e *enchere publiée* en jugement, copies baillées
Procureurs desdits faisissans, & proprietaires,
aucuns il y a, affichée à la Barre, portes du Pa-
, & autres lieux, affichée sur les lieux aux
roits accoûtumez, avec declaration, qu'au
rantiéme *jour*, sera procedé à l'adjudication,
outes encheres receuës au Greffe, sans aucune
re publication sur les lieux, pour être procedé
ladite adjudication suivant l'Ordonnance ; *Se*
ruant la Cour, pour faciliter les encheres, de
mmettre aux Juges des lieux élognez, la rece-
on desdites encheres pour heritages de peu de
eur, selon qu'elle veira être à faire sur les re-
tes, si aucunes à cette fin sont presentées ; pour
fait, & le tout être par ladite Cour procedé à
adjudication, demeurant les formes observées
les Juges ordinaires pour reïterer les publica-
ns de ce qui se vend pardevant eux, & autres so-
nnitez requises & accoûtumées par les Ordon-
ances.

Le Procureur *du poursuivant criées*, sera tenu,
rs que l'adjudication sera poursuivie & requise,
ttre *au Greffe* toutes les piéces necessaires pour
feureté du decret : Et les Procureurs qui auront
it enchere, de faire le semblable, à ce contraints
ar prison.

Les Procureurs ne seront tenus à *encherir*, sans
rocuration speciale, ny les parties sans constituer
rocureur, ausquels Procureurs ladite Cour en-
nt de garder l'Ordonnance, pour empécher la
pposition de personnes insolvables, ou autre
aude, à quoy enjoint au Greffier ou son Com-
is, (par lequel ledit regiftre sera fa. &
outes encheres receuës, non par autres) tenir la
ain.

Toutes encheres, aprés la premiere, seront
diligence de l'encherisseur *signifiées* au Procu
du precedent & dernier encherisseur, *fors &*
cepté les encheres faites le dernier jour de la q
zaine, qu'il ne sera be oin leur signifier, & ic
quinzaine passée, aucun ne sera reçeu à encherir

L'adjudicataire sera tenu consigner dans l
taine, & icelle passée, il y sera contraint
corps, à cette fin contre luy délivré contraint
poursuivant criées ou opposans, sans que le R
veur des consignations puisse faire les contra
tes.

Le poursuivant criées, ou *autre* qui sera po
suite de l'ordre & distribution des deniers,
tenu comprendre tous les opposans en *l'appoi*
ment à produire, ou appointement d'ordre, si
cun est fait entr'eux; à peine de repondre
leur nom de la dette du creancier qui auroit
obmis.

Le Greffier, Receveur des Consignations, ne
payement des deniers sur appointement, ny au
ment que par ordonnance de la Cour, avec tous
opposans, à peine d'en repondre en son privé no
Et pour rendre le present *Arrest notoire*, sera
publié en jugement, & envoyé aux Bailliages, Sé
chaussées, & autres Sieges du ressort, pour y
leu, publié à jour de plaids; iceux tenans, & re
stré. Fait en Parlement, & publié en jugemen
23. Novembre 1598. Signé, V O Y S I N.

M. J. Tournet a finy en sa sixiéme & dern
Edition, faite en 1623. ses Observations par
termes, *Coquille au chapitre des Executions,*
la fin en ses Institutes. Ce qui suit a depuis
ajoûté. Cet Arrest & Reglement ne peut
avoir servy à la redaction de cette Coûtume,
avoir été lors consideré, parce qu'elle a été fa
en 1510. Et ce n'a pas été de l'Ordonnance
l'an 1551. seule, que les articles de ce titre

té pour la plûpart tirez ; mais ç'a été tant de l'u-
sage ou coustume & style de la Prevôté & Vicomté
de Paris ; pourquoy les premier & second des quatre articles de l'ancienne Coûtume qui a été redigée
en 1510. mis sous le chapitre 17. intitulé, *Des criées
des quatre quatorzaines anciennes*, commencent
par ces termes : *Par les usages & style de la Prevôté & Vicomté de Paris.* Au lieu desquels il y a en
cette nouvelle Coûtume, *Par la Coustume & style
de la Prevosté & Vicomté de Paris* ; de l'Ordonnance qui a été faite par le Roy François I. à la
priere des Officiers du Châtelet de Paris , au mois
de Novembre 1527. verifiée en Parlement le 24. Mars
1528. de celles qu'il a faites en 1535. & au mois
d'Aoust 1539. aussi verifiées en Parlement ; ou de
celle du Roy Charles IX. 1566. Etats de Moulins,
de l'Arrest general du Parlement , qui est dans le
troisiéme volume des Bannieres du Châtelet de Paris, en datte du 17. Octobre 1576. Ces Ordonnances
font voir que non-seulement la forme d'ajuger par
decret , mais aussi les formes des criées , & de l'intervalle des jours qu'il faut garder en icelles , sont
prises des Edits & Ordonnances Royaux , qui sont
inserez & mis en cette Coûtume , ainsi qu'és autres
Coûtumes de chaque Bailliage ou Province , en y
mêlant ce que l'on a estimé devoir être retenu de
l'usage & style ancien du même Bailliage ou Province , comme étant fondé sur un bon & juste rai-
sonnement. *L.*

PROCEZ VERBAL.

L'An 1580. le Lundy 22 jour de Fevrier, No[us]
Christophe de Thou, Chevalier, Conseiller [du]
Roy nôtre Sire en son privé Conseil, & premier Pr[é-]
sident en sa Cour de Parlement, Claude Anjorra[nt]
Mathieu Chartier, Jacques Viole, & Pierre [de]
Longueil, Conseillers en icelle. Nous sommes tra[ns-]
portez en la Grand'Salle de l'Evesché de Paris, li[eu]
destiné pour y estre faite la convocation & asse[m-]
blée apour proceder à la redaction des Coûtume[s de]
la Prevôté & Vicomté de Paris, suivant les Lett[res]
Patentes du Roy à nous adressées ; desquelles, e[n-]
semble du mandement du Roy aux Prevost, Lieut[e-]
nans, Avocat & Procureur du Roy en ladite Pr[e-]
vosté & Vicomté, la teneur ensuit :

HENRY par la grace de Dieu, Roy de Fra[n-]
ce & de Pologne, à nos amez & fea[ux]
Messire Christophe de Thou, Chevalier Consei[ller]
en nostre Conseil privé, & premier Presiden[t en]
nôtre Cour de Parlement, Maistres Claude [An-]
jorrant, Mathieu Chartier, Jacques Viole, & Pi[er-]
re de Longueil, Conseillers en icelle, Salut & [di-]
lection : Comme aucuns de vous ayent par c[i-]
devant été commis par nos predecesseurs Rois, [à]
rediger & mettre par écrit les Coûtumes de n[os]
Pays & Provinces ressortissans en nôtredite Cou[r,]
qui n'auroient encore été accordées & redigée[s,]
ou si redigées & accordées avoient été, les pr[o-]
cez verbaux d'icelles étoient perdus & adirez, [ou]
bien chargez de plusieurs renvois faits en nô[tre]
                                                          d[ite]

dite Cour : dont se seroient meus plusieurs procez & differends sur l'interpretation desdites Coûtumes , & les parties appointées à informer par
turbes , aux grands frais & foule de nos sujets :
suivant lesquelles commissions , auroit été redigé
& mis par écrit , & reformé plusieurs Coûtumes.
desdits Pays & Provinces , au grand contentement
& soulagement de nosdits sujets. Mais les autres
n'ont encore pû , par la malice du tems , être
reformées , mêmement celles de nôtre bonne ville
de Paris , capitale de nôtre Royaume , à l'exemple de laquelle , les autres villes d'iceluy se reglent & conduisent : Et nous étans bien avertis ,
que plusieurs articles d'icelles sont obscurs & non
intelligibles , lesquels par usance , Jugemens &
Arrests , ont receu interpretation , laquelle n'a été
redigée par écrit : Et outre pour la varieté de
l'usage , ont besoin d'être interpretez ou refor-
mez : Et aussi qu'il y a plusieurs cas de l'usage
commun , esquels n'a été pourveu par la redaction , qui par cy-devant en a été faite : Sçavoir faisons , que nous desirant le bien & soulagement de nos sujets , la matiere par nous mise
en deliberation , avec aucuns Princes de nôtre
Sang , & gens de nôtre Conseil privé , étans lez
nous : Avons ordonné , voulons & nous plaist ,
que vous ayez à vacquer en toute diligence *à la*
nouvelle redaction & reformation desdites Coustu-
mes , de nôtredite Ville & Prevôté de Paris. Et
à cette fin faire convoquer & assembler les gens
des *trois Estats* d'icelle , lesquels à ce faire seront
contraints ; A sçavoir les gens de l'*Eglise* , par
prise & saisie de leur temporel , & les gens *Laios* ,
par prise & saisie de leurs biens , meubles , &
immeubles : Et ce , nonobstant oppositions ou
appellations quelconques , & sans préjudice d'icelles : En presence & du consentement desquels
Etats , vous enjoignons , ou à trois de vous

pourveu que vous *premier Président*, [...]
trois, de nouvel rediger & accorder, [...]
est, muer, corriger, augmenter, & d[iminuer]
lesdites Coutumes, ou partie d'icelles. Et fai[re]
bons procez verbaux, des *debats & oppositions* q[ui]
seront faits, en procedant par *vous*, au nomb[re]
que dessus, à la redaction & accord d'icelles, [en]
la maniere deuë & accoûtumée : Pour lesdit[es]
Coutumes redigées, accordées, moderées, aug[-]
mentées, ou corrigées, comme dit est, être p[u-]
bliées & registrées és Greffes de nôtredite Cour [de]
Parlement, & du *Chastelet* de Paris : Et dorefna[-]
vant gardées & observées, comme *Loy & Ed[it]*
perpetuel & irrevocable. Voulons aussi, & no[us]
plaist, que lesdites Coutumes, ainsi par vous r[e-]
digées, ayez à faire taxe des frais qu'il aura con[-]
venu faire pour la redaction d'icelles : Ensemb[le]
des vacations & salaires d'aucuns de nos Officie[rs]
& 'autres notables personnages, qui pour va[-]
quer à la visitation & reformation desdites Co[u-]
tumes, & assister à ladite redaction, auroient é[té]
distraits de l'exercice de leurs Offices & Etats [:]
& tous autres frais qu'il aura convenu faire, po[ur]
raison, & en consequence d'icelle redaction : Le[s-]
quels frais voulons être pris & levez sur les ge[ns]
des trois Etats de chacune desdites Provinces, q[ui]
auront été appellez, & convoquez à la redacti[on]
desdites Coutumes : Et ce, par les contraint[es,]
forme & maniere qui ont été par cy-devant o[b-]
servées à la levée des deniers par vous taxez [en]
semblables affaires & commissions. De ce fair[e]
vous donnons pouvoir, autorité, commission [&]
mandement special par ces presentes, en revo[-]
quant par nous toutes autres commissions au con[-]
traire, si aucunes il y a. Mandons & comma[n-]
dons à tous nos Justiciers, Officiers & sujets, [à]
vous en ce faisant obeïr : Car tel est nôtre pl[ai-]
sir. Donné à Paris, le quinziéme jour de Dece[mbre]

bre, l'an de grace 1579. & de nôtre regne le sixiéme. Ainsi signé par le Roy, Pinart. Et scellé en
simple queuë, du grand séel dudit Seigneur, de cire
jaune.

De par le Roy, Nos amez & feaux, Nous
avons entendu, que les Coûtumes generales de
nôtre Prevôté de Paris, ont été par vous, avec
aucuns notables & experimentez Avocats & Praticiens de nôtre Châtelet, reformées & augmen-
tées en ce qu'elles défailloient, & y avoit été obmis : Et pour ce que les Commissaires par nous
ordonnez, sur le fait de ladite reformation, nous
ont fait sçavoir, qu'ils avoient veu icelles Coûtumes selon ladite reformation, & qu'ils étoient
prests de faire ladite publication & decret d'icelles Coûtumes, le Lundy 22. jour de Fevrier 1580.
Nous voulons & vous commandons bien expressément, que fassiez incontinent sçavoir à tous les
Prevosts, & autres, tant nos Juges, qu'autres
étans en vôtre ressort, regis & gouvernez selon
les Coustumes de nôtredite Prevosté : Ausquels nos
Juges envoyez un *cahier desdites Coûtumes*, selon
ladite reformation, pour si-tost qu'ils l'auront receu, faire assembler au lieu le plus commode de
leur Jurisdiction, les gens *d'Eglise*, *Nobles*, &
gens du *tiers Etat*, de leur ressort. Et avec eux
voir ladite reformation, & faire bons memoires
de ce qu'ils y trouveront à dire, pour l'augmentation où diminution : Et qu'en ladite assemblée
ils nomment, & élisent *deux ou trois personnes*,
pour se trouver devant vous, le Jeudy 18. jour
dudit mois de Fevrier, precedent le jour cy-dessus, qu'entendons être procedé à la publication
desdites Coûtumes, au lieu que vous leur assigne-
rez, pour être ouïs & entendus sur les remontrances qu'ils voudront faire sur chacun article desdites Coûtumes : Et par même moyen ferez sçavoir, en la meilleure sorte que faire se pourra, à

tous Ducs, Comtes, Barons, Châtelains,
gneurs hauts Justiciers, Prélats, Abbez, Prie
Chapitres, Prevost des Marchands, & Esche
de nôtredite Ville, Juges, Praticiens, & au
bons & notables Bourgeois de nôtredite Ville
Prevosté, qu'ils ayent à eux trouver, & co
paroir en personne ledit jour vingt-deuxiéme
vrier en nôtredite ville de Paris, pour arrêter
accorder lesdites Coûtumes : Et à ce faire les c
traignez, à sçavoir lesdits *gens d'Eglise*, par
saisie de leur revenu temporel : Et lesdits *No*
& gens du tiers Etat, par la saisie de leurs fi
& autres leurs biens. Auquel jour se trouve
nos amez & feaux, Messire Christophe *de Th*
Seigneur de Cely, Conseiller en nôtre privé C
seil ; & premier Président en nôtredite Cour
Parlement ; Et Maistres Claude *Anjorrant*,
thieu *Chartier*, Jacques *Viole*, & Pierre *de L*
gueil, Conseillers en nôtredite Cour, pour
ladite *Publication*, *Arrest*, *& Decret* desd
Coûtumes. Et n'y faites faute ; car nous av
cette matiere en singulière recommandatio
pour le bien & soulagement qui en peut ven
nos sujets. Donné à Paris le dixiéme jour de
vier, l'an de grace 1580. signé HENRY,
plus bas, PINART.

Auquel lieu se sont trouvez plusieurs perso
des trois Etats, assemblez suivant les assignatio
eux baillées : Et aprés que de nôtre Ordonn
a été *fait lecture* par Nicolas *d'Obillon*, Cle
l'Audience du Chastelet de Paris, *Greffier* par
à ce commis, des lettres de nôtredite com
sion, & mandement du Roy ausdits Officier
Chastelet, A été dit par Maistre Jean *le Bour*
gnon, Avocat du Roy en ladite Prevosté, pr
& assistant Maistre Charles *de Villemontée*,
cureur du Roy en icelle : Que suivant le vo
du Roy, & en vertu dudit mandement, assi

tion auroit été donnée aux trois Etats de ladite
Prevosté audit jour , à comparoir audit lieu ,
pardevant nous, requerant qu'ils fussent appellez :
Ce qu'avons ordonné être fait , par Laurent *Tes-*
tart , Audiancier du Chastelet de Paris : Et ont
comparu , & se sont presentez ceux qui ensuivent :

Et premierement , Messire Pierre *de Gondy* ,
Evêque de Paris : Conseiller du Roy en son Conseil
privé , & Commandeur de l'Ordre du Saint-Esprit,
en personne , & par Maistre Jean *Longuet* son
procureur. *Les Doyen , Chanoines & Chapitre* de
l'Eglise de Paris, par Maistre Arnoul *du Mesnil* ,
Chanoine & Archidiacre de Brie, en l'Eglise de
Paris : Et Mathieu *de Macheco*, aussi Chanoine d'i-
celle Eglise , & ledit Maistre Jean *Longuet* leur
procureur.

Le Cardinal *de Bourbon* , Abbé de saint Germain des Prez lez Paris , & les *Religieux & Con-*
vent dudit lieu , Seigneurs à cause de ladite Abbaye,
du Bourg dudit Saint Germain , & des terres &
seigneuries de Pareil, Cachant, Villeneuve Saint
Georges , Yssi , & Vaugirard , & autres terres &
seigneuries , étans dans la Prevosté & Vicomté de
Paris , par Maistre Thomas *de Rochefort* , Avocat
en la Cour de Parlement , Bailly dudit Saint Germain , Pierre *Baran* , procureur en ladite Cour de
Parlement , & Jean *Doutre* , procureur au Chastelet de Paris , & procureur fiscal dudit Abbé & Convent ; Et par Frere Gilles *Maulrier* , Religieux &
procureur de ladite Abbaye.

Le Cardinal *de Guyse* , Abbé de Saint Denys en
France , & les *Religieux & Convent* dudit lieu ,
Seigneurs de ladite ville de Saint Denys en France ,
Pierre-Ficte , Haubervilliers, la Cour-neuve , le
Pré Saint Gervais , le port de Neüilly , le haut
& bas Roulle , la Villette-saint Denis , Asnieres ,
Genevilliers , Saint Ouyn , Rueil , Nanterre , Co-

lombes , Corbevoye , Puteaux , Vaucresson &
Touventienne, du grand & petit Tremblay , Vil-
le-pinte , de Cormeilles , la Ferté & Herbelay,
Montigny , Franconville , & Pierrelée, de Tra-
pes , & autres seigneuries qui sont assises en & au
dedans de ladite Prévosté & Vicomté de Paris , par
Frere Pierre *Bourgeois* , Religieux & grand Prieur
de ladite Abbaye , & Vicaire dudit Abbé , assisté de
Maistre Thierry *Cauchon* , Avocat en la Cour de
Parlement , Seigneur de Couble , & Bailly dudit
Saint Denis , & Maistre Jacques *le Grand* , Lieute-
nant audit Bailliage , & de Maistre Pierre *le Bossu*,
Avocat en Parlement.

Messire Charles *de Lorraine* , Abbé de Saint Victor lez-Paris, & les *Religieux, Abbé & Convent*
dudit lieu , à cause des terres , fiefs , & seigneuries
du Cardonnet, Jardin Dailles, Cultures prés Sainte
Catherine du Val des Ecoliers , appartenances &
dépendances , scituées en la ville & faux bourgs
de Paris, Fontenay sur le bois de Vincennes, &
Montreüil prés ledit bois en partie, Baigneux en
partie, de Victry aussi en partie, & du port à l'Anglois , & Beauroye : Le tout scitué en la Prevosté
& Vicomté de Paris , par Maître Jacques *de
Monthelon*, grand Archidiacre de Chartres , Vicaire general dudit Abbé.

Les Tresorier & Chanoines *de la Sainte Chapelle* du Palais Royal à Paris , Seigneurs de Montreüil sur le bois en partie , par Maistre Antoine
Caillot, & Maistre René *Foucher* , Chanoines de
ladite Sainte Chapelle , leurs procureurs.

Messire Claude *Dangennes* , Evêque & Comte
de Noyon , Pair de France, par Maistre Mathieu
Marteau, procureur au Chastelet de Paris , son
procureur.

Le Recteurs & Suppôts de l'*Université* de Paris,
par Maistre Nicolas *Vignier*, procureur de l'Université en personne.

Messire René Cardinal *de Biragues*, & Chancelier de France, Abbé de l'Abbaye de la sainte Trinité *de Tyron*, & les Religieux & Convent de ladite
Abbaye, par Maistre Guillaume *Morin*, procureur
en la Cour de Parlement.

Messire Loüis *de Brezé*, Evêque *de Meaux*, à
cause de son Hostel Episcopal, assis audit Meaux,
avec la grande place devant la porte d'iceluy Hôtel, & qui s'étend devant la principale porte de
l'Eglise Cathedrale dudit Meaux, ensemble des
fiefs & seigneuries de Chambres, de Massi, de
Monjon; Le tout assis en ladite Ville de Meaux,
& outre à cause des terres & seigneuries de Ger-
migny l'Evêque, de Varedes, Destre-pilly, de
Billevry, de Trilleport en partie, des fiefs de la
Croix de Crully, la ferme & seigneurie du Mans
en Brie; & generalement toutes les terres & seigneuries de l'ancien domaine & patrimoine dudit
Evêque de Meaux, par Maistre Anselme *de Cailly*, Seigneur de la Goupilliere, Chanoine de la
sainte Chapelle du Palais Royal à Paris, son procureur.

Les Religieux, Abbé & Convent *de Sainte Geneviéve* au mont de Paris, par Frere Joseph *Foulon*, Abbé de ladite Abbaye en personne, assisté
de Maistre François *Chauvelin*, Avocat en la Cour
de Parlement, *Maire* de la haute Justice de sainte
Geneviéve, & autres qui en dépendent, seigneurs
de Jossigny, Venves, Epinay, Quincy, Cratin,
Vergalle, Choisy, Trianon, Nanterre, Autheuil,
Rosny & Passy: Et Seigneurs en partie des Villages d'Icy, Vaugirard, Fontenay, Baigneux, Bourg
la Reyne, Aulnay, Roucy; & encore ledit Frere
Joseph *Foulon*, comme Curé de Saint Estienne du
mont.

Le grand *Prieur* de France, Commandeur *du
Temple* en cette ville de Paris, par Maistre Julien *Chauveau* procureur en la Cour de Parlement.

& Frere Pierre *Genyer*, Religieux de l'Ordre
Saint Jean de Jerusalem, Curé de la Chapelle-B
son en Champagne, & Chancelier du Chapi
provincial du Prieuré de France, Seigneur du
Temple, de Rully lez Paris, de Montreüil sur
Bois en partie, de Clichy en Launoy, Balisy,
Fromaul, de l'Hospital, de Cerney, & de l'Ho
pital lez Mesnil en partie, d'Armon, de Choisy
de Tour, de Taverny, de Bissancourt, & Ples
Bouchard, du Chasteau du Mail, de Satronville
de Sercelles, & de Villiers le Bel, de Gonnesse en
partie, Seigneur de Moisy le Temple, Sablon-
nieres, l'Hospital & hameaux qui en dépendent
Sentenay, de Sersay, & en partie de Ville-cresne
& de Sucy en Brie, de Choisy le Temple, Chad-
ny la Traffe, & du Temple de Piseux en France.
Et en partie de Marly la Ville, Belle-Fontaine
& Fontenay en France, par lesdits *Chauveau* &
Genyer. Maistre Pierre le *Roullier*, Conseiller en
la Cour de Parlement, Abbé de *Lagny* sur Marne
& les Religieux & Convent dudit Lagny, Seigneurs de Dampmartin, par Maistre Jacques *Gué-
ry*, procureur au Chastelet de Paris, Messire Nicolas *Fumée*, Evêque & Comte *de Beauvais*, Vidame de Gerberoy, Pair de France, Prieur de
Gournay sur Marne, Seigneur de Gournay, de
Roissy en Brie, le Chesnay & Noisier, par Mai-
tre Bertrand *Briant*, procureur au Chastelet de Paris son procureur. Maistre Antoine *Martin*, Conseiller & Aumosnier ordinaire du Roy, Abbé de
l'Abbaye de *Jully*, en personne, & les Religieux
& Convent dudit lieu. Les Religieux, Abbé &
Convent de Nostre Dame *du Val*, par Dom Noël
Cossard, Docteur en Theologie, & Dom Honoré *Robaut* Religieux de ladite Abbaye, assistez de
Maistre Claude *Guichard*, procureur au Chastelet
de Paris, & procureur desdits Religieux, Abbé
& Convent. Les Religieux, Abbé & Convent
d'Hermieres

d'Hermieres, par maiftre Claude *Hard*, procureur
au Chaftelet de Paris , & procureur de maiftre
Moyfe Vaillant, Confeiller & Aumofnier ordinaire du Roy , Abbé de ladite Abbaye , & par Maî-
tre Claude *Vincent*, procureur au Chaftelet de Pa-
ris, procureur des Religieux & Convent dudit lieu.
Les Religieux , Abbé & Convent *de Livry* , par
Frere Pierre *Abelly* , Abbé de ladite Abbaye , &
Frere Jacques *Guefdon* , Prieur de ladite Abbaye,
affiftez de maiftre Nicolas *Roffignol* procureur au
Chaftelet de Paris, leur procureur. Les Religieux,
Abbé & Convent des *Vaux de Cernay* , Seigneurs
de Cernay en partie, les grands & petits Fontieux,
Aile , Boutineau , Roiffy, la Verville , & Raches,
Charantoneau , les Cerifors , les Moynes blancs,
Montlhery , la Grange aux Moines , Saint Nom ,
& de la Bretéche , Saint Robert , Saint Benoift ,
les deux Maifons , les Jocques , les Enclaves , &
autres terres & Seigneuries qu'ils ont affifes au
dedans de ladite Prevofté & Vicomté de Paris ,
par meffire Mathurin *Vincent*, Abbé de ladite Abbaye, & Frere Laurent *Motthier* , Prieur de ladite
Abbaye, affiftez de maiftre Bertrand *Brian*, procureur au Chaftelet de Paris , leur procureur. Les
Doyen , Chanoines & Chapitre de l'Eglife Colle-
giale *de S. Paul* , fondez en l'exemption de faint
Denys , par maiftre Antoine *Joffe*, Preftre, Chanoine de ladite Eglife, affifté de maiftre Mathieu *Mar-*
teau , procureur au Chaftelet de Paris , leur procureur. Maiftre Gilbert *Fillol* , Abbé commendataire de l'Abbaye de faint Pierre de *Neaufles le*
vieil , & les Religieux & Convent dudit lieu , par
maiftre René *Broutefauge* , procureur au Chaftelet de Paris , leur procureur. Les Religieux , Abbé & Convent *de Joyenval* , par maiftre Mathieu
de *Macheco*, Chanoine de Paris. Les Doyen, Chanoines & Chapitre de *Saint Germain l'Auxerrois* ,
par maiftre Gilles *Sormify*, Chantre & Chanoine

de ladite Eglise, assisté de Maistre Claude H[...]
procureur au Chastelet de Paris, leur procu[...]
Les Chantre, Chanoines, & Chapitre de sa[...]
Honoré, par Maistre Pierre Mesart, Chanoine [...]
ladite Eglise, assisté dudit Maistre Claude H[...]
leur procureur. Les Doyen, Chanoines & Cha[...]
tre de saint Marcel, par Maistre Jean le Tellie[r]
Doyen, & Gabriel Dean, Chanoine de ladite Egl[i]
se. Les Chevecier & Chanoines de saint Medri[c]
par ledit Maistre Claude Hardy, leur procure[ur]
Les Chanoines & Chapitre de saint Benoist, p[ar]
Maistre Pierre le Bossu, Avocat en la Cour de Pa[r]
lement. Les Chevecier & Chapitre de sainte O[p]
portune, par Maistre Nicolas Godefroy, Chano[ine]
de ladite Eglise. Les Tresorier & Chanoines [de]
saint Jacques de l'Hospital, par Maistre Math[ieu]
Marteau, procureur audit Chastelet, leur pro[cu]
reur. Les Doyen, Chanoines & Chapitre de sa[int]
Thomas du Louvre par Maistre Michiel Chauve[t]
Chanoine de ladite Eglise, assisté de Maistre Je[an]
Longuet, procureur au Chastelet de Paris, leur p[ro]
cureur. Les Doyen & Chapitre de saint Maur [des]
Fossez, par Maistre Urbain du Mesnil, procur[eur]
audit Chastelet, leur procureur. Les Doyen, Ch[a]
noines & Chapitre de saint Cloud, par Maist[re]
Etienne du Bois, Chanoine de ladite Eglise, & M[ais]
tre Jean Longuet, procureur audit Chastelet, le[ur]
procureurs. Les Doyen, Chanoines & Chapi[tre]
de saint Merry de Linars, par Maistre Amable P[...]
& ledit Maistre Jean Longuet, leur procureur. [Les]
Abbé, Chanoines & Chapitre de saint Spire de C[or]
beil, par Maistre Renaut Soyer, Chanoine de [la]
dite Eglise, leur procureur. Les Chantre, C[ha]
noines & Chapitre de Nostre Dame de Corbeil, [par]
Maistre Laurent Perrier, Chanoine de ladite E[gli]
se, leur procureur. Les Chantre & Chanoines [de]
Montmorency, par Maistre Jean d'Y, Chanoine [de]
ladite Eglise, leur procureur & Receveur. Les T[...]

rier, Chanoines & Chapitre de la Chapelle *du
Vivier*, en Brie, Seigneurs hauts Justiciers de Ville-
Genart , & Autheüil, d'Escoublay, Lardy en partie , Marle en partie , Favieres en partie , du fief
d'Aigresin assis à Fontenay, des fiefs de la Bour-
bonniere , Pregontier, Mottegrappin, Miraul,
Pecy, Chanroye , Thure, de Courcelle , en partie
des trois Charmes , de Renouleux , seigneurs des
moulins & fours bannaux de Revernay, & en partie de Torcy , Rentigny , de saint Germain des
Noyers, des bois Chanoines, de l'isle & moulin
de Domire par Maistre Jacques *de Donon*, Tresorier de ladite Chapelle. Les Doyen , Chanoines
& Chapitre de *Dampmartin*, par Maistre Pierre
d'Amoraison, procureur Fiscal du Comté dudit
Dampmartin, leur procureur. Les Chevecier, Chanoines & Chapitre *de Poissy*, par Maistre Gervais
Senestre , leur procureur, assisté de Maistre Germain *Champenois*, procureur au Chastelet de Paris,
& ledit *Senestre* & Maistre Dominique *Boullard*,
comme deputez du Clergé de la Sous-baillie de
Poissy. Le Commandeur *de saint Jean de Latran*,
Seigneur de l'Ursine, de l'Hostel Jaune , de la
Tombe Ysore , de la Brosse , du Deluge, & de la
Ville-Dieu les-Maurepas, par lesdits Maistres Ju-
lien *Chauveau* & *Genier*. Les Prieur & Convent
de *saint Martin des Champs*, Seigneurs dudit saint
Martin, & autres terres, & eux disans hauts Justi-
ciers audit lieu , & avoir droit de censive en plu-
sieurs lieux & endroits de cette ville de Paris ; par
Dom Jacques *Amelot*, Prieur dudit lieu, en person-
ne. Les Religieux, Prieur & Convent de Nostre
Dame *de Vauverd*, Ordre Chartreuse lez-Paris,
Seigneurs de Ville-neufve le Roy, petit Vault,
Lieurains, des fiefs des Marniers , de Coulon, de
Brion, de Laussement & du Colombier, Mandre,
Thilly, Molineaux, & fiefs de Louviers , assis à
Ivry, & autres de la ville , Prevosté & Vicomté de

Paris, par Dom Denys *Guillebon*, & Dom Si
Morel leurs procureurs generaux en personn
garnis de maistre Gaspard *Demoiron*, procureu
chastelet de Paris, leur procureur. Les Religie
Prieur & convent *des Celestins* de Paris, par Fr
Pierre *Cudey*, & Jacques *d'Orleans* Religieux
dit convent, assistez de maistre Guillaume *le N*
mand, procureur au Chastelet de Paris, leur pr
cureur. Les Religieux, Prieur & convent
Bernardins, par Frere Jean *Huan*, Docteur, R
ligieux en la Faculté de Theologie, Proviseur du
Convent des Bernardins. Les Religieux, Prieur
convent *des Mathurins*, par Frere François Pe
Religieux & ministre dudit lieu, assisté de Mai
Pierre *Dollet*, procureur au chastelet de Paris,
procureur. Les Religieux, prieur & convent
sainte Croix de la Bretonnerie, Seigneur de Vi
sur Seine, en partie, Fromenteau, Grignon, & Ar
par Frere Robert *Trippier*, prieur dudit Prie
sainte Croix. Le prieur de *Souilly*, par maistre N
colas *Rossignol*, procureur au chastelet de Paris.
Religieux, prieur & convent *des Blancs-Mantea*
par frere Jean *Chanterel*, prieur dudit lieu,
gneurs du Plessis-Gassot en France. Les Religi
prieur & convent de Nostre Dame, dite la *Ch*
té des Billettes à Paris, Seigneurs du fief appel
Fief au Flamant, assis en cette ville de Paris,
lassise, & Ville-payen, de la paroisse de Croqu
ne en Brie, par frere Jean *Robert*, Prieur gen
de l'Ordre dudit lieu, assisté de maistre Jac
Guerry, procureur au Chastelet de Paris, leur
cureur. Les Religieux, prieur & convent *de*
Lazare, par Frere René *Hector*, prieur dudit
assisté de maistre Guillaume *Morin*, procureu
chastelet de Paris. Les Religieux, prieur &
vent *de S. Jacques du Haut-pas*, par Maistre
Longuet, leur procureur. Dom Pierre *Bequet*, pr
seigneur *de Marolles* en Brie, par Maistre Guil

le Normand, procureur audit Chaftelet, fon procureur. Frere Guillaume *Secret*, Preftre Religieux en l'Abbaye *Sainte Marie Magdeleine* de Chaufteaudun, prieur, curé de Claiz, par Maiftre Charles *Fauchet*, procureur audit Chaftelet, fon procureur Frere Thomas *Pion*, Preftre Religieux de l'Abbaye de *Iumieres*, prieur de faint Martin de Bonaffle, Diocefe de Chartres, en perfonne affifté de maiftré Jean *Doutre*, procureur audit chaftelet fon procureur. Maiftre Jacques *Fouyn*, prieur & Seigneur temporel *d'Argenteüil*, Seigneur de Satrouville, Sonnois, Bezons, Houilles, Chatenay & Lancourt, en perfonne, & par maiftre Pierre *le Roffu*, Avocat en la cour de Parlement, Bailly dudit Argenteüil. Maiftre Jacques *Brifart*, Confeiller en la cour de Parlement, prieur de *Longiumeau*, & les Religieux & convent dudit lieu, par maiftre Antoine *Badran*, procureur audit Chaftelet, leur procureur. Le Prieur de *faint Germain en Laye*, Seigneur dudit lieu, en partie, par maiftre Dominique *Boullard*, fon procureur. Maiftre Pierre *Boucher*, prieur *de Verfailles*, par maiftre Jean *de Lan*, praticien en Cour-laye, fon procureur. Maiftre Gafpard *le Fevre*, Prêtre, prieur commendataire du prieuré *de Bafainville*, Diocefe de Chartres, Seigneur temporel dudit Bafainville, affifté de maiftre Nicolas *Guynrt*, procureur au Chaftelet de Paris, fon procureur. Les Religieux, prieur & convent *de Rueil*, par Frere Antoine *Simon*, Religieux & procureur dudit Rueil, affifté de Maiftre Nicolas *Guynet*. Les Religieux, prieur & convent *de Grand-Champ*, Seigneurs dudit Grand-Champ, Ville-mineur, Morgoultin, les Effars, Rueil en partie, Tronchet, grand Gerard en partie, & du fief de Cocherel, Ucy fur Marne, & du moulin de Jacques Tancrou, en partie, par Dom Jean *Potier*, prieur dudit lieu, affifté de maiftre Jean *le Fevre*, procureur audit Chaftelet de Paris.

X iij

Frere Jacques *Reynault*, prieur de Claye,
de Maistre Nicolas *Rossignol*, procureur audit
relet de Paris. Les Religieux, Prieur & Con
de sainte *Catherine du Val des Escoliers*, par F
Jean *Chocquet*, leur procureur, Dom Jean *He*
rieur du prieuré *Saint Denys de la Chartre*, e
cité de Paris, Ordre de *Cluny*, par ledit Ma
Bertrand *Briant*, son procureur Maistre Ma
Spifame, Prieur du prieuré *Saint Thibault des*
gn.s, en personne. Maistre Jean *Tanchon*, P.
de saint *Julien le Pauvre*, par Maistre Loüis
Sainction, Avocat en la Cour de Parlement,
procureur. Maistre René *Boyer*, Avocat en
Cour de Parlement, Prieur de *Limours*, en
sonne. Maistre Estienne *Arnoul*, Prieur de
beville, par Maistre Jean *Longuet*, procureur
Chastelet de Paris, son procureur. Maître Ma
Richevillain, prieur *de Dueil*, sous Montmore
en personne. Les Marguilliers *laïcs de l'Eglis*
Paris, par Maistre Jean *Longuet*, l'un des qu
Marguilliers laïcs, leur procureur. Maistre Pie
d'*Abcilne*, prieur *de la Celle en Brie*, & les Religi
& convent dudit lieu, par Maistre Pierre *Mi*
procureur Fiscal dudit lieu. Les Religieuses, A
besse & convent *de Montmartre*, par Maistre He
ry *de Colomp*, procureur au Chastelet de Par
leur procureur. Les Religieuses, Abbesse & co
vent *de Chelles*, sainte Baldour, à cause de l
terre & seigneurie dudit Chelles sainte Baudou
leur terre & seigneurie de Villiers sur Morin, N
sy, par Maistre Nicolas *Rossignol*, procureur
Chastelet de Paris, leur procureur. Les Religi
ses, Abbesse & convent *d'Yerre*, par Maistre G
Briel *Guinet*, procureur en Parlement, & Mai
Gaspard *Demoyron*, procureur au Chasteler, l
procureur. Les Religieuses, Abbesse & conv
de *Malnoüe*, par Maistre Pierre *le Bel*, procu
au Chastelet de Paris, leur procureur. Les R

gieuſes , Abbeſſe & ·convent de *Gerſy*, par Maiſtre Jean *Coulomp* , procureur au Chaſtelet, leur pro-cureur. Les Religieuſes , Abbeſſe & convent de *Maubuiſſon*, par Maiſtre Robert *Alloy*, leur pro-cureur. Les Religieuſes , Abbeſſe & convent de *Saint Antoine des champs* par Maiſtre Pierre *Ba-ron* , procureur en la cour de Parlement, leur pro-cureur. Les Religieuſes , Abbeſſe & convent de *Port-Royal* , Dame dudit Port-Royal, & de Ger-main-ville , Launay, Champ-Garnier, Valmilier ſous Germainville , Villiers lez Baſcle ſous Chaſ-teaufort , petit Port Royal, Mondeville ſous Cor-beil , par ledit Maiſtre Gaſpard *Demoyron* , pro-cureur au Chaſtelet de Paris , leur procureur. Les Religieuſes, Abbeſſe & convent de *Faremonſtier en Brie*, Dames de Boiſſy , le Repos & Corfelix, par Maiſtre Pierre *Mallet* , leur procureur. Les Reli-gieuſes, Abbeſſe & convent de *Villiers lez la-Ferté-Aleps* , Ordre des Ciſteaux , par ledit Maiſtre Jean *Longuet*. procureur audit Chaſtelet de Paris , leur procureur. Les Religieuſes , prieure & convent des *Filles-Dieu*, par Maiſtre Pierre le *Baron*, pro-cureur en la cour de Parlement , leur procureur. Les Religieuſes , prieure & convent des *Cordelie-res Saint Marcel*, par Maiſtre Claude *Hardy*,pro-cureur audit Chaſtelet de Paris , leur procureur. Les Religieuſes,prieure & convent de *Long-champ*, par Maiſtre Jean *Cheneau* , procureur en Parle-ment , leur procureur. Les Religieuſes, prieure & convent de *Noſtre Dame des Champs* , par Frere Laurent *Gabout*. Maiſtre Joſeph *Nepveu*, curé de *ſainte Genevieſve des Ardens* , & de Songnoles,en perſonne , qui a dit eſtre deputé pour le Clergé du Bailliage de Brie-Comte-Robert. Maiſtre Jean *Deſchamps* , curé de *ſaint Joſſe* , chanoine du Se-pulchre à Paris , en perſonne. Maiſtre Claude *de Lair*, prieur & curé de *Fontenay en Brie*, Seigneur dudit Fontenay en Brie & de Marle en partie,& du

Mesnil Chaslé-Martin en Brie, en personne. M. Ey-
mond *Follam*, prestre, prieur de Nostre Dame
Beaulieu, prés Chevreuse, present en personne.
Maistre Guillaume *Bonne*, Tresorier & chanoin
de saint Jacques *de l'Hospital* en personne. Frere
François *Dumetz*, servant d'armes, de l'Ordre
de saint Jean de Jerusalem, commandeur & seigneur du grand & petit-Saulsoy, Auvergneraux
& Bandeleu, en personne. Maistre Germain *le Sec*
prestre, chanoine *de Lusarches*, pour le chapitre
dudit lieu, en personne. Maistre Jean *Lair*, bour-
sier du college *de Maistre Gervais Chrestien*, en personne. Maistre Jean *Colas*, curé *de sainte Opportune*
en personne. Maistre Antoine *le Tellier*, chanoine
de saint Cloud, en personne. Frere Loüis *Boldur*
Religieux *de Gournay*, en personne. Maistre Dominique *Boullard*, prêtre curé *de saint Germain en*
Laye, & de Crespiere, present en personne. Maistre Simon *Follet*, prieur *de Beaulieu*. Maistre Jean
du Bois, curé *de Creteil*. Maistre René *Planson*
chapelain *de l'Eglise de Paris*. Maistre Pierre *Bres-*
cheur, prêtre, curé *de Trappes*, tous en personne.
Maistre Jean *Bich*, curé de l'Eglise & Fabrique
saint Oüen, lez-Pontoise, par Maistre Jean *l'Hos-*
tellier, procureur en Parlement. Maistre Claude
Becquet, Docteur Regent en Theologie, curé *de la*
Magdelaine par maistre Jean de *Sevieres*, son Vicaire. maistre Pierre *la Pie*, curé de Fontenay sur
le bois de Vincennes, en personne. Maistre Jean
Papelart, prestre, curé *de Ville-neufve sous Dam-*
pmartin, par Baudichon *Julian*, son procureur.
Maistre Valentin *Moignard*, prestre, curé *de Hoüil-*
les, en la Carriere de saint Denys, son annexe, en
personne. Maistre Nicolas *Julian*, prestre, curé
de saint Martin de Bezoüert, en personne. Maistre
Pierre *Edeline*, chanoine prebendé en l'Eglise de
saint Martin, curé de *S. Denys Dugny*, & *du Bour-*
get son secours, en personne. Maistre François *Che-*
val, curé *de sainte Croix*, à Paris, en personne. Frere

Guillaume *Butel*, Religieux, commandeur de sainct Antoine en personne.

Et pour l'Estat de Noblesse, sont comparus maistre Antoine *Matharel*, procureur general de la *Reine Mere du Roy*, comtesse de Clermont & d'Auvergne, Dechesse de Valois, d'Orleans, comtesse de Melun, & Dame de saint Maur des Fossez, & de Crecy, à cause de sadite terre & seigneurie de saint Maur des Fossez, assistez de maistre Antoine *Loisel*, Avocat en la cour de Parlement, de ladite Dame. Maistre Michel *Buffet*, procureur general de *Monsieur frere du Roy*, Duc d'Anjou, & d'Alençon, assisté de maistre Simon *Marion*, Avocat en ladite cour de Parlement, & dudit Seigneur. Messire Henry *de Bourbon*, Prince de Condé, seigneur de la Ferté au Col, de Chavigny, & Bellet, par Maistre Estienne *Drouyn*, Avocat en la cour de Parlement, Lieutenant de ladite Ferté. Messire François *de Bourbon* Prince Dauphin d'Auvergne, tuteur des enfans mineurs d'ans, de feu messire Henry Robert *de la March*, Duc de Boüillon, à cause des terres, & seigneuries, & Baronnies de Bayne, Limours, & Grignon, par maistre François *de Laloüette*, Avocat en la cour de Parlement, & maistre Jean *le Noir*, Avocat en Parlement & chastelet de Paris. Messire Henry *de Lorraine*, Duc de Guise, & de Chevreuse, à cause dudit Duché de Chevreuse, Meudon, Dampierre, Domvillier, Mesnil, S. Denys, & autres terres unies audit Duché, par M. Nicolas *de Thumery*, Bailly dudit Chevreuse, son procureur. Dame Magdelaine *de Savoye* Duchesse de Montmorency, veuve de feu messire Anne, luy vivant Duc dudit Montmorency, Pair & Connétable de France, & messire Henry Duc de Montmorency, Pair & premier Mareschal, Gouverneur, & Lieutenant general pour le Roy au païs de Languedoc, à present fils aîné dudit feu messire Anne Duc de Montmorency, & de ladite Dame

Duchesse, à cause dudit Duché & Pairie de Montmorency, & autres terres qui en dépendent, comme Taverny, Tours dit de saint Prix, Conflans sainte Honorine, pour le comté de Dampmartin,
ses appartenances & dependances, pour la terre
seigneurie d'Escoüen, Villiers le Bel, Ezanville
& le Mesnil Aubry : Et aussi pour la Baronie
terre & seigneurie de Massi, par Messire Toussaint
Barrin, Abbé de Ferrieres. Messire René *de Villes-*
quier, chevalier des deux Ordres du Roy, premier
Gentilhomme de sa Chambre, Gouverneur &
Lieutenant general pour le Roy en la ville de Paris, & Isle de France, à cause de sa seigneurie,
chastellenie d'Evry, Grenay, & Melian, étans en
la Prevosté & Vicomté de Paris, par Maistre Antoine *Meshin*, procureur en la cour de Parlement
son procureur. Messire Albert *de Gondy*, Mare-
chal de France, à cause de sa seigneurie & chastellenie de Ville-preux, par maître Claude *Guilles-*
re, procureur au Chastelet de Paris. Messire Christophe *de Thou*, chevalier, conseiller du Roy en
son privé Conseil, & premier President en sa cour
de Parlement, seigneur de Bonneüil en France,
Stains, Emery & Charanton saint Maurice, par
maistre Jacques *le Grand*, Bailly dudit Stains, &
maistre Claude *de la Boissiere*, Prevost dudit Bonneüil. Et messire Nicolas *de Thou*, Evêque de
Chartres, seigneur & haut Justicier des terres &
seigneuries de Vil-bon la-plesse, de Villiers sou
Seaux, de Ville-feu, & autres seigneuries, assises
en ladite Prevosté & Vicomté de Paris, par maître Mathieu de *Macheco*, chanoine de l'Eglise de
Paris, son Vicaire general, & procureur special.
Et Messire Bernard *Prevost* conseiller du Roy nôtre Sire, en son Conseil privé, President en sa cour
de Parlement à Paris, Seigneur de Grossay, par
maistre Olivier *Cartier*, son procureur. Messire
Pompone de *Bellievre*, conseiller du Roy en

son conseil privé, & Président en sa cour de Parlement, seigneur en partie de la terre de Bussy saint Georges, par maistre Jean *Regnard*, procureur au chastelet de Paris, son procureur. Messire Henry *de Mesme*, seigneur de Roissy en France, conseiller du Roy en son conseil privé, par maître Nicolas *Guinet*, procureur au chastelet de Paris, son procureur. Messire François *de Balsac*, chevalier des Ordres du Roy, conseiller en son conseil privé, seigneur d'Antragues, le Bois-malerbe, Boissy, Esglier, & Marcoussis, par maître Yves *Robert*, son Bailly, en la terre de Boissy. Messire Nicolas *de la Mark*, chevalier des deux Ordres du Roy, comte de Maulevrier, seigneur en partie de la seigneurie & chastellenie de Bauves, & du Mesnil Madame Rance, à cause de Damoiselle Françoise de la Mark, fille mineure d'ans dudit sieur de Bauves, & de defunte Damoiselle Jacqueline d'Averton, ses pere & mere, en personne. Messire Thomas *de Balsac*, chevalier de l'Ordre du Roy, Gentilhomme ordinaire de sa Chambre, Baron, seigneur & Chastelain de saint Cler, & de Gemets le Chastel, de la Roüe, Villejust, & autres heritages, faisans partie de la terre & seigneurie de Marcoussis par maistre Jean *le Noir*, Avocat en la Cour de Parlement, & chastelet de Paris, son procureur. Messire Jean *de Balsac*, chevalier de l'Ordre du Roy, seigneur de la ville & chastellenie de Chastres, par ledit maistre Jean *le Noir*, maistre Estienne l'*Allemant*, seigneur de Voulsay, conseiller du Roy, & maistre des Requestes ordinaire de son hostel, à cause des fiefs & seigneuries de Montagut, de la Tasse au Noyer, & de Tressaucourt le grand, en la chastellenie de Poissy, Bretigny, en la chastellenie de Montlhery, & de bois Bryart, & Courcouronne, en la châtellenie de Corbeil, par maistre Nicolas *Rougeault*, procureur en Parlement, son procureur. Maistre

Claude *Anjorant*, conseiller du Roy en sa cour de
Parlement, seigneur de Claye en partie, & seigneur
d'Avernes, prés la Ferté au Col, & de la Pessiere
assis à Aunet sur Marne, par maistre Nicolas *Guinet*, procureur au Chastelet de Paris, son procureur. Maistre Mathieu *Chartier*, seigneur de La-
cy, & du petit Plessier prés Luzarches, conseiller du Roy en sa cour de Parlement à Paris, par
maistre Jacques *Blanchet*, procureur en ladite cour
son procureur. Maistre Estienne *Charlet*, conseiller
du Roy en son conseil privé, & President és Enquestes de sa cour de Parlement, seigneur de Tour-
voye lez le-pont d'Antony, par maistre Claude
Guilloire, procureur au chastelet de Paris, son
procureur. Maistre Jacques *Viole*, conseiller du
Roy en sa cour de Parlement, à cause de sa terre
& seigneurie d'Aigremont, & fief de Thilliers
dans Poissy, par maistre Mathieu *Chaillou*, son procureur & receveur. Maistre Pierre *de Longueil*,
conseiller du Roy en sa cour de Parlement, seigneur
de Gascloinet, de Bou, le grand & le petit, paroisse d'Esury sur Seine lez-Corbeil, & en partie
dudit Esury, par maistre Guillaume *le Normand*,
procureur au chastelet de Paris, son procureur.
Maistre Claude *Viole*, conseiller du Roy en sa cour
de Parlement, seigneur de Noyseau sur Amboile,
en partie, par maistre Jean *de la Corne*, praticien,
demeurant à Sucy en Brie, son procureur Fiscal.
Maistre François *le Cirier* conseiller du Roy en son
privé conseil, & President aux Enquestes de sa
cour de Parlement, seigneur de Sucy en partie &
de la Halle aux Moynes, par maistre Denys *Falle-
ry*, son receveur audit Sucy, assisté de maistre Jean
le Noir, Avocat. Maistre Barnabé *Brisson*, conseiller du Roy en son conseil privé, son Avocat au Parlement de Paris, à cause de sa seigneurie & chastellenie de Briel, & Espinay sur Orge, en la Prevosté
& Vicomté de Paris, par maistre Jean *Doultre*

procur. au chaſt. de Paris , ſon procur. M. Claude
de Faucon, Conſeiller du Roy en ſon conſeil privé,
& Preſident aux Enqueſtes en ſa cour de Parlement,
ſeigneur de Ris & la Boïde, & en partie d'Orengy
& Thorigny en la cheſtellenie de Corbeil. Meſſire
Claude *de Lens* chevalier de l'Ordre du Roy, ſieur
cheſtelain de Magny lez Eſſars , par Nicolas *Aſ-
taion*, ſeigneur de l'Exure, ſon procureur. Meſſire
Nicolas *le Gendre* , chevalier de l'Ordre du Roy,
ſeigneur *de Villeroy* , de Vaux lez-Eſtene , des
Montis, des Moncelets, & de Fontenay le Vicomte. Et meſſire Nicolas *de Neufville* , auſſi chevalier & conſeiller du Roy , & premier Secretaire
d'Eſtat , auſſi ſieur de Villeroy , de Malvoiſine, de
Noyſement , & Crevecœur , par maiſtre Jean *le*
Berger, prevoſt de Corbeil , leur procureur. François *Dangennes*, baron de Mont-jay, ſeig. de Licy,
Thorigny , le Pin , Couttery , en perſonne. Meſſire François Louis *Degouſt* , ſeigneur de Mon-
taubanc , de Beſt & de Moulor, Comte de Sault,
chevalier de l'Ordre du Roy, & ſeigneur de Savigny ſur Orge , Viry , Orangy , Thorigny, Trou-
ceau, & Champaigne , par maiſtre François *Billet*,
procureur en la cour de Parlement, ſon procureur.
Maiſtre Charles *de Dormans* , ſeigneur Chaſtelain
de Bievres, conſeiller du Roy, & maiſtre ordinaire en ſa chambre des Comptes, en perſonne. Meſſi.
re Claude *Chaſtillon*, chevalier de l'Ordre du Roy,
ſeigneur & baron d'Argenton, Boville, Farcheville, & la Maiſon-rouge, aſſiſté de maiſtre François
Philiponat, procureur au chaſtelet de Paris , ſon
procureur. Meſſire Louis *de la Ville-neufve*, chevalier de l'Ordre du Roy, ſeigneur d'Enville & Ro-
gonant, en perſonne, aſſiſté dudit maiſtre François *Philiponat*. Maiſtre Jean *le Charron* , ſeigneur
chaſtelain de Loüans, conſeiller du Roy en ſon
privé conſeil, par maiſtre Gabriel *Binot*, procureur en la cour de Parlement, Bailly dudit Loüans,

son procureur. Messire Claude *de Herville*, che-
lier, gentilhomme ordinaire de la chambre du Ro
seign. de Palaiseau, par M. Simon *le Fourbeur*, procureur au chastelet de Paris, son procureur. Mai
Jacques *Allegrin*, seigneur d'Amblainvillier, co
seiller du Roy en sa cour de Parlement, en pe
sonne, assisté de maistre Robert *Vorse*, procure
au chastelet de Paris, son procureur : Et enco
ledit *Allegrin*, & maistre Jacques *de Thumery*
seigneur de Boisize, aussi conseiller en ladite cou
seigneurs des fiefs de Beaumont & Marseval, a
à Dravel par ledit maistre Robert *Vorse*, leur pro
cureur. Maistre Claude *de Hacqueville*, co
seiller du Roy, & maistre ordinaire en sa chambre des comptes à Paris, seigneur de Garges,
maistre Joseph *de Hacqueville*, aussi conseil
du Roy, & Correcteur en ladite chambre d
Comptes, en leurs personnes. Maistre Jean *le Cler*
conseiller du Roy en son conseil privé, & en
cour de Parlement, president aux Requestes d
Palais à Paris, seigneur en partie du Tremblay
de Basoches, par maistre Laurent *Laudes*, pro
cureur en Parlement, son procureur. Maist
Adrian *du Drac*, aussi conseiller du Roy en sa co
de Parlement, tant en son nom, que pour m
Olivier *du Drac*, aussi conseiller du Roy,
maistre des Requestes ordinaire de son hostel. M
tre Jean *du Drac*, aussi conseiller dudit Seigne
en sa cour de Parlement, seigneurs en partie
fief des trois Pucelles, assis en cette ville de P
& encore ledit maistre Adrian *du Drac*, com
procureur de Damoiselle Marie *Boulard*, D
de Grand-ville, à cause de la terre & seigneu
de Brou, & de la Ville-neuve aux Aulnes. Mess
Robert *des Pois*, chevalier de l'Ordre du Ro
seigneur de Croüy, par Maistre Guillaume *le N*
mand, procureur au chastelet de Paris, son pr
cureur. Messire Michel *Gaillart*, chevalier, ch

lelain de Chailly lez Long-jumeau, en perſonne.
Meſſire Pierre *Bruſlard*, Chevalier, ſeigneur de
Croſne, & de Triel, conſeiller du Roy, & ſon
Secretaire d'Etat, par maiſtre Bertrand *Briant*,
procureur au chaſtelet de Paris, ſon procureur.
Jean *de Paillart*, eſcuyer, ſieur chaſtelain de Goupillieres, en perſonne, & par maiſtre Nicolas
Roſſignol, ſon procureur. Meſſire Gabriel *de la*
Vallée, chevalier de l'Ordre du Roy noſtre Sire,
gentilhomme ordinaire de ſa chambre, ſeigneur
de Deberly, Bouville, & de Montainville, par ledit maiſtre Bertrand *Briant* Jean *Hodoart*, eſcuyer
ſeigneur de Lugny, Chanteloup, le petit Violet-
te, & Moiſſi en partie. Maiſtre Henry *le Mareſ-*
thal, conſeiller du Roy en ſon grand conſeil, au
nom & comme tuteur des enfans mineurs de feu
maiſtre Gilles *Bourdin*, en ſon vivant, conſeiller
du Roy en ſon privé conſeil, & ſon procureur general en ſa cour de Parlement à Paris, à cauſe de
la terre & ſeigneurie de Bougyval, par ledit M^e
Bertrand *Briant*. Mre Jean *de Montceaux*, chevalier, ſeigneur de Ville-accoublay, la Houlſaye, &
Marle, en perſonne. Meſſire Jacques *du Manſel*,
chevalier de l'Ordre du Roy, ſeigneur de Feucherolle, par maiſtre Pierre *de Troges*, procureur en
Parlement, ſon procureur. André *Baillet*, ſeigneur de Sceaux, & de Treſne, Bailly du Palais Royal à Paris, par maiſtre Odo *de la Roye*,
ſon procureur. Maiſtre Pierre *de Maſparault*, conſeiller du Roy en ſon conſeil privé, & Martin *de*
Maſparault, eſcuyer auſſi conſeiller du Roy, &
maiſtre ordinaire en ſa chambre des comptes, ſeigneurs de Chenevieres ſur Marne, de Biezy, &
appartenances, par maiſtre Guillaume *le Nor-*
mand, procureur au chaſtelet de Paris, leur procureur. Maiſtre Nicolas *Potier*, conſeiller du Roy,
& maiſtre des Requeſtes ordinaire de ſon hoſtel,
ſeigneur de Blanc-meſnil, & du Bourget par le-

dit, *Chartier*, son procureur. Maistre Loüis
tier, conseiller du Roy, & secretaire en son
seil d'Etat, & de ses finances, par ledit *Char*
son procureur. Maistre Nicolas *Moreau*, con
ler du Roy, & tresorier de France, seigneur
Corbevoye, par ledit *Chartier*, son procur
maistre Guillaume *Lotin*, seigneur de Charny
de Vere en partie, conseiller du Roy, maistre
dinaire en sa chambre des comptes. Maistre T
mas *Gayant*, conseiller du Roy en son conseil p
vé, & en sa cour de Parlement, president
Enquestes d'icelle, seigneur de Voisins situé
Bric, prés Corbeil, & seigneur de la place & li
qui en dépendent, étans au Hurepois, sous
Prevosté & Vicomté de Paris, en personne. M
tre Jean *Huault*, seigneur de Vere, conseiller
Roy en sa cour de Parlement, en personne. M
tre Charles *Huault*, seigneur de Montmaig
conseiller du Roy en son grand conseil. Loüis
jorrant, escuyer, chastelain de Clayes, &
gneur de Soly, en personne. Jean *le Comte*,
cuyer, seigneur de Margueris, de la Mothe,
de Lauret, de Montfermeil, & de Ville-cre
en personne. Pierre *de Martine*, escuyer,
gneur d'Ormoy, en personne. Antoine *Tierna*
seigneur de la Riviere, en personne. Maist
Jacques *Lallemant*, seigneur de Sucy, en par
conseiller du Roy en son chastelet de Paris,
personne. Jean *de Riviere*, escuyer, seign
de Vaux la Reyne, Conlaville, en partie,
loiset & Courtabeuf. Antoine *de Pompon*, escuy
seigneur de Bondoufle, present en personne. A
dré *Dupuys*, Commissaire ordinaire des guer
seigneur de Choisy, sur Seine, & de Thier
Grignon, en partie, en personne. Loüis
Crocq, escuyer, seigneur de Chenevieres,
France, de Venars, Ville-parisis, en person
Jean *de Victry*, escuyer, seigneur de Crespier

& S. Souplex en *Mulcian*, en personne, Messire
Jean *Olivier*, seigneur de Limville, pont de Cha-
renton, & de Carriere, par maistre Jean *Polet*,
procureur au chastelet de Paris, son procureur.
Jean *de Vallans*, escuyer, seigneur de Verneüil,
par maistre Antoine *Chauveau*, Avocat en la cour
de Parlement. Messire François *de Maricourt*,
chevalier de l'Ordre du Roy, gentill.omme ordinaire de sa chambre, seigneur de Sery-fontaine,
par maistre Claude *Bertheau*, procureur en la cour
de Parlement, son procureur, pour la rente &
seigneurie de Montreüil sous le bois de Vincennes. Chrestien *le Boutellier*, escuyer, fils aîné &
principal heritier de defunt messire Girard le Boutellier, luy vivant, chevalier, Senéchal de Lorraine, seigneur de la moitié de la terre & seigneurie de Moussi le neuf, & de la tierce partie de
Brunel, prés Nantoüillet, par Guillaume *le Normand*, son procureur. Antoine *de Brehaut*, escuyer,
seigneur de Bonneüil sur Marne, gentilhomme
ordinaire de la maison de la Reyne mere du Roy,
par maistre Jean *Levesque*, tabellion & greffier de
la Queuë en Brie. Loüis *de Bonneval*, escuyer,
seigneur de Joüy sur Morin, & les habitans dudit
lieu, par maistre René *de Broutesauge*, leur procureur. Messire Pierre *de Herville*, chevalier,
gouverneur & bailly de Monstreüil, seigneur de la
Grange au bois, de saint Germain, de Morin-
ville, Maurepas, Plaisir, & des fiefs de Damars,
Gillart des Essars, & Arcy, pour les quatre parts
& portions, les cinq faisans le tout, tant en son
nom, que comme gardien, tuteur & legitime ad-
ministrateur des personnes & biens de Mathurin,
Henry, & Loüis *de Herville*, enfans mineurs
d'ans de luy, & de defunte Dame Loüise de la
Salle sa femme, seigneurs des terres & seigneuries
de Puisieux en France, & Carriere prés saint Germain en Laye, par ledit *Broutesauge*, son procu-

reur. André *de Mirot*, escuyer, seigneur de Ch
ne-bocard, gentilhomme de la chambre de Mo
sieur frere du Roy, present en personne. Mai
tre Dreux *Budé*, Secretaire du Roy, & l'un d
quatre Notaires de la cour de Parlement, S
gneur Chastelain d'Yerre, en personne. Pierre
dé, escuyer, seigneur de Villiers sur Marne,
Fleury prés Meudon, & d'Yerre, en parti
Maistre des Eaux & Forests de la Prevosté & V
comté de Paris, en personne. Jean *de Nogare*
sieur de la Valette, gentilhomme de la chamb
du Roy, seigneur chastelain de Fontenay en Br
par Maistres Nicolas *Roüillard*, & Claude *Mar*
procureurs au chastelet de Paris, ses procureu
Pierre *de Halde*, escuyer, Baron d'Aurilly, f
gneur chastelain de Beauchesne, & de Herma
vilier, premier valet de la chambre du Roy, p
Maistre François *Chauvelin*, Avocat en la cour
Parlement, son procureur. Maistre Geoffroy C
mus, conseiller du Roy, & Maistre des Reques
ordinaire de son hostel, & seigneur de Pont ca
ré ; par Maistre Guillaume *le Normand*, proc
reur au chastelet de Paris, son procureur. Mic
de Caujon, escuyer, seigneur d'Essuyer, en p
sonne. Maistre Estienne *Guybert*, Notaire & S
cretaire du Roy, seigneur de Neufville sur Or
paroisse de Fraigny, en personne. Maistre Jea
Picard, conseiller en la cour, seigneur de Vi
favereux, paroisse de Bievre, en personne. L
zare *le Mareschal*, escuyer, seigneur de Char
nes, païs de Gastinois, par Maistre Loüis Gi
procureur en la cour de Parlement. Maistre J
de saint André ; chanoine en l'Eglise de Par
seigneur de Villepesque en partie, par Mai
Jean *Concans*, Avocat en la cour de Parlem
Maistre Jacques *Canaye*, Avocat en la cour
Parlement, à cause de la terre & seigneuri
Eresne, prés le pont d'Antony, en personne. L

té *de Meaux*, escuyer, seigneur de la Marche & de Courtery, en partie, en personne. Jacques *Grancher*, escuyer, seigneur de la Boisliere, en personne. François *de Maillart*, conseiller du Roy, tresorier de France, & general de ses finances en Picardie, seigneur de Bernay en Brie, & des fiefs & seigneuries de Riche-bourg, Maison-rouge, la Relliere, Trousseauville, Seronville, Bostulle, & autres fiefs, en personne. Maistre Thierry *Graffin*, seigneur d'Ablon, par Maistre Olivier *Mesnager*, Avocat en la cour de Parlement, son procureur. Claude *du Crocq*, escuyer, seigneur de Mathau & de Clichy la Garenne, en personne. Claude *Berruyer*, seigneur de Cresne, tuteur & curateur des enfans mineurs de feu Maistre Jacques Berruyer, en son vivant, l'un des quatre Notaires & Secretaires de la cour de Parlement, & de feuë Damoiselle Anne le Moine, jadis sa femme : Et Maistre Jacques *Michon*, seigneur de Treve, & Damoiselle Catherine Berruyer sa femme, seigneur de Bordeaux, par maistre Guillaume *le Normand*, procureur audit chastelet, leur procureur. Maistre Jacques *Sanguin*, conseiller du Roy, & Lieutenant general des Eaux & Forests de France, seigneur & chastelain de Livry en Launoy, en personne. Maistre Jean *le Noir*, seigneur de la Garenne, & dépendances, scise à Ville-momble, & seigneur du fief du Jardin, autrement appellé Hauteloup, assis à Fontenay sur les bois, & és environs, en personne. Pierre *Hamelin*, seigneur du fief d'Auvel, dit du Beis, assis à la Ville-neuve sous Maurepas, en personne. Pierre *de Fiéte*, seigneur de Soucy, en la prevosté & chastellenie de Montlhery, & en partie de Bruieres le Chastel, de la Vicomté de Paris, en personne. Toussaint *Renaut*, escuyer, seigneur de Moligner, gentilhomme de la maison du Roy en personne. Hierosme *d'Escamyn*, seigneur de Lau-

nay & saint Michel sur Orge, autour de Lazan
& François *Boulard*, seigneurs de Champ-menil
en personne. Messire Charles *Do*, chevalier de
l'ordre du Roy, seigneur de Baillet en France, &
de Franconville au bois, de Burement, assis en la
Prevosté & Vicomté de Paris, assisté de maistre
Claude *Guichart*, procureur au chastelet de Paris, son procureur. Jean *le Tonnellier*, seigneur
de Breteul, Notaire & Secretaire du Roy, au
nom & comme tuteur & curateur des enfans mineurs d'ans de feu Simon *de Cressé*, luy vivant
conseiller du Roy, & general en sa cour des monnoyes, seigneur haut-Justicier de Challiau : Et
encore maistre Mathieu *Bardon*, Avocat en la
cour de Parlement, seigneur à cause de sa femme, avec ledit le Tonnellier, audit nom dudit
Challiau, en leurs personnes. Nicolas *le Rond*, escuyer, seigneur de Brevilliers Tangeux, & de
Godeffroy prés la Ferré sous Jouarre, assisté de
maistre Gaspard *de Moiron*, procureur au chastelet de Paris, son procureur. Maistre Guy *Pignard*,
conseiller du Roy, & maistre ordinaire en sa
chambre des comptes, seigneur du Chalifer, Ja-
vellines, Varennes, & Arigni, en personne.
François *de Vigny*, seigneur haut-Justicier de Forest, & de Ville-guiné, par maistre Nicolas *Guynet*, procureur au chastelet de Paris, son procureur. Messire Jean *de Launay*, chevalier, seigneur dudit lieu, & de Congnieres, à cause de
sa terre & seigneurie de Congnieres, en personne. Jacques *de Bougy*, seigneur de Laideville,
Richecorne & Bondis, en personne. Maistre Claude
Hennequin, conseiller du Roy, & maistre ordinaire
des Requestes de son hostel, seigneur de Bermain-
ville, Haulte-vesve, de Coudre, & de Compans
par maistre Nicolas *Chantereau*, procureur au
bailliage de Dampmartin. Maistre Germain *le Picard*, seigneur de Ville-verard, Tessonville, &

Boucqueval, conseiller en la cour de Parlement, commissaire és requestes du Palais à Paris ; par maistre Jean *de Villemart*, procureur au chastelet de Paris, son procureur. Emard *de Paris*, escuyer, seigneur de Boissy, & de Ville-parisis, en partie, par maistre Nicolas *Cuynet*, procureur au chastelet de Paris, son procureur. Loüis *de Paris*, conseiller du Roy aux Eaux & Forests à Paris, sieur en partie desdits Boissy, & Ville-parisis, en personne. Maistre Geoffroy *Luillier*, conseiller & secretaire du Roy, & maistre ordinaire en sa chambre des comptes, seigneur d'Orgeval, par maistre Nicolas *Jacquart*, procureur au chastelet de Paris, son procureur. Pierre *Viole*, escuyer, seigneur du Chemin, & Roquemont, prés Lagny sur Marne, & en partie de Noiseau sur Amboille, commissaire ordinaire des guerres, par maistre Nicolas *Rossignol*, procureur au Chastelet de Paris, son procureur. Maistre Thomas *le Pilleur*, conseiller, notaire, & secretaire du Roy, controlleur de l'Audiance de Paris, seigneur chastelain de la chastellenie de Bailly en Brie, de Serris, de Chatou, Magny le Hongre, & de Verre en partie, assisté ds Maistre Loüis *Bernage*, Avocat en la cour de Parlement. Maistre Loüis *Galopp*, Avocat en la cour de Parlement, seigneur des fiefs des Boursiers, autrement dit la grand'maison de Balainvilliers, en la chastellenie de Montlhery, par maistre Pierre *Loriot*, procureur au chastelet de Paris, son procureur. Maistre Jean *de Bragelongne*, seigneur haut-Justicier de Ville-juifve, en personne. Jean *de Grelle*, seigneur de Ville-Pelle en la chastellenie de Corbeil, paroisse de Lieursains, & de Beau-pré, en la paroisse d'Athis, prés Dampmartin, en personne. Tristan *de Raillac*, l'un des cent gentilshommes de la maison du Roy, escuyer, seigneur de Ponthaut, & Membray, par Michel *Trehet*, praticien en cour laye, son procu-

reur. Raoul *Moreau*, seigneur
en Brie, par maistre Jean *de l*
demeurant à Sucy, Prevosté d Grolbo
procureur. Maistre Regnault *Formé*, escuyer
cat en la cour de Parlement, seigneur de G
en personne. Jean *Guillemin*, seigneur du
Passy, assis à Sucy, en personne. Jean *de Vals*
escuyer, seigneur de Vermeil, par maistre A
ne *Chauveau*, Avocat en la Cour de Parlem
son procureur. Maistre Jean *Gaudais*, secre
du Roy, & de ses finances, seigneur du fie
Pont, assis à Lursiennes, & en partie le seig
de Piroy, & de Chartran, en personne, R
de Hongrie, seigneur du fief saint Victor,
à Lay, en personne. Christophe *du Cre*
Escuyer seigneur de Chenevieres, & Vem
par Loüis *du Crocq*, son procureur. Philippes
gennes, seigneur du Fargy, par Maistre Mar
Marteau, procureur au chastelet de Paris,
procureur. Antoine *de Billy*, escuyer seigneu
Mauregard, par Maistre Pierre *le Bel*, procu
au chastelet de Paris, son procureur. Jacque
Roy, seigneur de la Grange Nivelon, conseille
Roy, & tresorier de son Espargne, par Mai
François *Paillot*, procureur au chastelet de P
son procureur. Georges *de Selve*, escuyer, fils
né de Lazare de Selve, gentilhomme ordin
de la chambre du Roy, seigneur de Villier
chastel, prés la Ferté Aleps, en la chastelleni
Montlhery, & de Messis, en la chastelleni
Corbeil, en personne. Jean *de Marle*, seigneu
Forcille, à cause de sa terre & seigneurie de F
cille, prés Brie-Comté-Robert, en personne. M
sire François *de Paillart*, chevalier seigneur
Choqueuse, & de Bonviller, gentilhomme o
naire de la chambre du Roy; par Maistre G
laume *le Normand*, procureur au chastelet de
ris, son procureur. Messire Claude *de la Haye*

...on de faint Remy , feigneur des chaftellenies,
Maffliers , Mofault , Merville , Belhemont, &
Mal-maifon, chevalier de l'Ordre du Roy, gen-
homme ordinaire de fa chambre , par Maiftre
...cques *le Sec* , procureur au chaftelet do Paris ,
...n procureur. Anioine *du Vivier* , efcuyer fei-
...eur de Rhefne-moulin , au val de Galie, fecre-
...ire de Monfieur frere du Roy, en perfonne. Jean
...anger , efcuyer , feigneur de Liverdis , & du
...lly , grand & petit Gaigny , par Eftienne *Du-*
...nt , fon procureur. Maiftre Euftache *Allegrin*,
...igneur de Herbelay , & Montigny , en partie ,
...r Maiftre Dreux *Budé* , feigneur d'Yerre , fon
...rocureur. Adrian *Porchet* , feigneur de Montreuil
...x Lions , Montbathun , Haloup , Cramaille ,
... de la Gravelle , par Maiftre René *Leger* , pro-
...ureur au chaftelet de Paris , fon procureur. Jean
...ennequin, efcuyer feigneur de Croiffy , par ledit
...aiftre René *Leger*. Denis *Peaudeloup* , feigneur
...e Perigny , en partie, heraut d'armes du Roy,en
...erfonne. Nicolas *Tartereau*, feigneur de Boifval,
...ar ledit *Leger* , fon procureur. Nicolas *Aurillot*,
...cuyer , feigneur de Champlaftreux, & du fief de
...ital , bois Boudran lés-Luzarches , par Maiftre
...ean *Lamy* , procureur au chaftelet de Paris , fon
...rocureur. Pierre Loüis *de Martines* , efcuyer ,
...eigneur de Perry fur Orge , en perfonne. Jac-
...ues *de Paillart*, efcuyer, feigneur du Franc-aleu
...e Hautonne , affis en la ville de Paris , par Mai-
...re Nicolas *Roffignol* , procureur au chaftelet de
...aris , fon procureur. Mederic *de Donon*, efcuyer
...eigneur de Chaftres en Brie , de Loribet , Corfe-
...x , Bouteron , petit Mefnil , confeiller du Roy
...oftre Sire , & controlleur general de fes bafti-
...ens, en perfonne. Ifaac *Chantereau*, confeiller &
...ecretaire des finances du Roy , & de la Reyne fa
...ere , feigneur de Chafteaufort,& Croquetaines,
...x des fiefs de Precappon, le Bruffis , & Villo-

payen , par maiſtre Maurillo *de*
la cour de Parlement , ſon procureur, Loü
Lhoſpital ſeigneur de Victry , Goubeat & Song
lés en Brie , par maiſtre Adrian *Nauldier*,
reur au Chaſtelet de Paris , ſon procureur. Cl
Garault , ſeigneur haut-Juſticier de Belle-aſſi
prés de Joſſigny en Brie , par maiſtre Claude H
dy , procureur au Chaſtelet de Paris , ſon pro
reur. Georges *Dupuis* , eſcuyer , & Michel C
jon , auſſi eſcuyer ſieur de Bulloyer , tuteur & c
rateur de Merry *Dupuis* , eſcuyer, ſeigneur de D
gny : Et encore ledit Georges en ſon nom , en pe
ſonne. Maiſtre Robert *Boüet*, ſeigneur de Blemu
en perſonne , tant pour luy , que pour Euſtac
Boüet , auſſi eſcuyer , ſeigneur dudit lieu , ge
tilhomme de la maiſon du Roy , à cauſe de l
dite rente aſſiſe en la paroiſſe de Piſcot. Meſſi
Chriſtophe *du Crocq*, chevalier, ſeigneur de Vie
mes & de la haute Juſtice de Belloy en France ,
de la moitié de la moyenne , & en partie de Ch
nevieres , aſſiſté de maiſtre Antoine *Godard*, p
cureur au Chaſtelet de Paris, ſon procureur. Loü
du Cloz , eſcuyer , ſeigneur d'Orangy , en parti
en perſonne. Antoine *d'Alenville* , eſcuyer , ſe
gneur de Lardy & du Pleſſis ſaint Benoiſt , genti
homme ordinaire de la maiſon du Roy, par maiſt
Oudin *Crucé* , procureur au Chaſtelet de Paris
ſon procureur. François *de Coſtelas* , eſcuyer, ſe
gneur de Villiers le Baſcle , par maiſtre Hono
Rouſſeau , procureur au ſiege Royal de Chaſte
fort. Charles *de Manterne* , eſcuyer , ſeigneur
Voiſins le Cuit , en la chaſtellenie de Chaſteau
fort, par ledit maiſtre Honoré *Rouſſeau*, ſon pr
cureur. Pierre *Gilbert*, eſcuyer, ſeigneur de Vo
ſins les Bretonneaux , & du fief Michel le Bœuf
Verſailles , & de Guy de Meridon & Boullar
aſſis à Voiſins , & de Bonnieres , en perſonne
maiſtre Jacques *Leger*, ſeigneur de Clignancour

& de Montmartre, par Maistre Estienne *de Brie*, procureur au chastelet de Paris, son procureur. Maistre René *Chopin*, escuyer, seigneur d'Arnouville, & de Chaston en Anjou, Avocat en la cour de Parlement, en personne. Maistre Guillaume *le Bellandam*, escuyer, avocat en ladite cour de parlement, en personne. Maistre Pierre *Bicher*, seigneur du Val Coquatrix, & de la Grange, en la prevosté & chastellenie de Corbeil, par Maistre Ponce *Sauvage*, procureur au chastelet de Paris, son procureur. François *Bernardin*, escuyer, seigneur de Bry sur Marne, en personne. Maistre François *de Monthelon*, seigneur du Vivier lez Aubervilliers, & seigneur dudit Aubervilliers, en partie, par Maistre François *de Monthelon*, son fils. Maistre Jean *de Ville-coq*, Avocat en la cour de Parlement, seigneur de Longnes, par Maistre Benjamin *de Ville-coq*, son fils. Maistre Fiacre *Guesdon*, seigneur de Presles, & de Ville-passetour en Brie, Avocat en Parlement, à cause de sa seigneurie de Presles, pour la plus grande partie de ses fiefs, la Borde, & de Montlhery, leurs appartenances & dépendances, assis au village & en la paroisse dudit Presles : Et encore seigneur de la Cour lez Cercelles en France, fief de Robillac, Merle-fontaine, assis audit Cercelles, du Val, de Villiers, & du Moulin couppé, assis és environs dudit Cercelles, en personne. Maistre Michel *Cordelier*, Avocat en la cour de Parlement, seigneur des fiefs de la Croix de Montgazon, assis au Baillage de Brie Comte-Robert, & de la Brosse, assis en la Prevosté de Tournan en Brie, en personne. Jean *de Florettes*, seigneur en partie de Villiers-Adam, en personne. Nicolas *Chevalier*, seigneur en partie de Ville-neuve le Roy, en personne. Maistre Martin *Langlois*, Avocat en la cour de Parlement, seigneur de Chante ville, en partie, en personne, tant pour luy, que pour ses co-

seigneurs. Maistre Olivier R[...], Avo[cat]
Parlement, & Seigneur de Varastre prés Co[...]
en personne. Maistre Claude Frollo, Avoc[at]
Cour de Parlement, Seigneur du fief de Tire ch[a-]
pe, assis dans la ville de Paris, en personne. [Mais-]
tre Charles Mabeut, Seigneur haut Justicier [...]
Village, Terre, & Seigneurie de Seuran en F[ran-]
ce, en personne. Maistre René le Comte, Avoc[at]
Parlement, Seigneur en partie d'Arpenty[...]
Maistre Loüis le Cointe, son Procureur. Ma[istre]
Estienne Bouchard, Avocat en la Cour do P[arle-]
ment, Seigneur de Bouteron en Brie, en la Ch[astel-]
lenie de Tournan, en personne. Charles Bou[...]
Seigneur du petit Val en Brie, en personne. M[aistre]
Loüis Buisson, Avocat en la Cour de Parlem[ent,]
& Michel de Thelis, Procureur en icelle, [Sei-]
gneurs de S. Aubin, du Fief de Challueau &[...]
Mesnil, scituez en la Prevosté & Vicomté de [Pa-]
ris, au dedans de la Prevosté de Chasteaufort[, en]
personne. Pierre Brillet, Secretaire de la ch[am-]
bre du Roy, Seigneur de Limons, par M[...]
Philippes l'Ange, Procureur au Chastelet de [Pa-]
ris, son procureur. Maistre Pierre Mercier, [Pro-]
cureur en la Cour de Parlement, Seigneur de C[...]
montel, prés Luzarches, en personne. Maistre [Au-]
lien Chauveau, procureur en ladite Cour, [Sei-]
gneur de Ville-taneuse, en personne. Jean du C[...]
bourgeois de Paris, tuteur des enfans mineu[rs]
feu Jean Antoine, Seigneur de Chevriere[...]
Crespieres au Val de Galie, en personne. M[aistre]
Jean Huguet, Docteur, Regent, en la Facul[té]
Medecine en l'Université de Paris, Seigne[ur]
Saint Soupplex & du Forsery, du fief de B[...]
fis à Vinante, par Maistre Jean le Page, son [pro-]
cureur. Estienne Richer, Seigneur de Tousi[...]
personne. Maistre Guillaume du Mont, Seign[eur]
Merlan, bourgeois de Paris, par Maistre P[...]
le Bossu, Avocat en la Cour de Parlement, [...]

d'Argenteüil, son procureur. Maistre Michel *Bon-*
sault, Seigneur de Presle, par Maistre Estienne *de*
rie, procureur au Chastelet de Paris, son procureur. Maistre Jean *de Martines*, Conseiller du Roy
à son Parlement de Bretagne, sieur de la Hilqui-
niere, par Maistre Isaac *de Martines*, Avocat en la
Cour de Parlement, son fils. Loüis *Budé*, Escuyer,
Seigneur de Montgeron, en personne, & Damoiselle Anne *de Valenciennes*, Dame de Coppeaux,
& Villabé prés Corbeil, par ledit Loüis *Budé*, son
fils. Nicolas *de Thumery*, Ecuyer, Seigneur de Be-
queret, en personne. Robert Pied de fer, Seigneur
de Maisons sur Seine, en personne. Messire Mathieu *Coignet*, Conseiller du Roy, Maistre des Re-
questes de son Hostel, n'agueres Ambassadeur en
Suisse & Grisons, Seigneur de la Thuillerie lez
Champmartin, & de Bregy *en Mulcien*, en partie.
Maistre Jean *de Longueil*, Ecuyer, Seigneur de
Maisons sur Seine, en personne. Jean *le Charon*,
Ecuyer, Seigneur de Monceaux, Valet de Chambre du Roy, en personne. Pierre *le Gentilhomme*,
Chevalier, Seigneur de la Barre, Chastellenie de la
Ferté sous Joüare, en personne. Denis *de Bezan-*
in, Seigneur de Timecourt, & du fief Jean du
Champ en personne. François de *la Saurre* Seigneur
d'Esfraigny, en personne. François *Preud'homme*,
Ecuyer, Seigneur de Luzarches, en partie, en
personne. Girard *Sanguin*, Escuyer, Seigneur de
Igny, en partie, en personne. Laurent *le Vaux-*
ward, Seigneur de Neuf-Monstier, d'Astilly, &
des Chappelles en Brie, en personne. Charles
de *Meaux*, l'aîné, Ecuyer, Seigneur de Beru.
François *de Corbie*, Seigneur de Jagny en France. Maistre Jean *Barré*, Ecuyer, Seigneur de
la Vallée. Maistre Antoine *Cognet*, Avocat en la
Cour de Parlement. Laurent *de Mosny*, Seigneur
de Mau-ville. Maistre pierre *Guedon*, & Claude
Guedon, Seigneurs en partie de Bagnolet. Loüis

de Baillon, Ecuyer, Seigneur de Boüillon. [
çois *Bernard*, Seigneur de Baugie. Antoine *Bi*
Seigneur de Ville-mer. Jean *Miette*, Ecuyer,
gneur du fief de Lambert, affis à Baudreville,
roiſſe de Gomets la Ville, & du fief de Nou
Nicolas *des Bions*, Ecuyer, Seigneur. de
Claude *de Baillon*, Seigneur de Forges. Pierre
Moine, Seigneur de la Broſſe. Jean *Bertault*,
gneur de Vauvert. Olivier *Bertault*, Seigneur
Beauchefne. Pierre *Enixe*, Seigneur de Montab
& de Toufus en partie. Jacques *du Queu*
Ecuyer, Seigneur de Vau-martin. Claude *Gaftell*
Seigneur de la Riviere, bourgeois de Paris, E
ry *Terceau*, Seigneur du Couldray. Robert *B*
Ecuyer, Seigneur d'Efpoir. Loüis *Albert*,
gneur du Mefnil. Marin *Ramifery*, Seigneur de
meau. François *de Mailly*, Seigneur d'Eftrée
partie. Pierre *Maillard*, Seigneur de Lutan
Eftienne *de Curot*, Seigneur de Vau-martin. L
Loifel, Seigneur de Rougemont. Tous en
perfonnes. Dame Anne *Briçonnet*, veuve de
fire Claude *Robertet*, vivant Chevalier Seign
Baron d'Alluye & de Bury, Confeiller du
Dame de Cornay, demeurante à prefent à
leans, par maiftre Denis *Dreux*, fon procur.
moifelle Loüife *Heroüet*, Dame d'Otis fous D
martin, par maiftre Philippes *l'Ange*, fon p
reur. Damoifelle Jeanne *Charmot*, veuve de
ble homme M. Philippes *Valton*, en fon viv
Confeiller du Roy, & Auditeur des caufes du
telet de Paris, tant en fon nom, que comme
tiere pour un tiers de feu maiftre Pierre *Ch*
fon frere, Dame en partie de faint Supplex
de Forfery en partie, par maiftre Merault *B*
fon procureur. Marie *Guinant*, veuve de feu
Aubery, vivant bourgeois de Paris, Dam
moitié par indivis avec Meffire Mathieu *Coi*
Confeiller du Roy, Maiftre des Requeftes

hhostel , & n'agueres Ambassadeur aux Suisses &
Grisons , du fief des Chevaliers , assis à Bregy,
en la paroisse de saint Germain dudit Bregy , par
Maistre Guillaume *le Normand,* procureur au Châtelet son procureur. Damoiselle Jeanne *Boileve,*
Dame de Persant , veuve de Maistre Roger *de Vau-*
detar, vivant Conseiller du Roy en sa Cour de parlement , par maistre Michel *le Bleu,* son procureur, Damoiselle Marthe *de Martines,* veuve de
Jacques *Budé,* vivant Seigneur de Drancy , au
nom & comme procuratrice de Jean *Budé,* Seigneur dudit lieu de Drancy , par maistre Gaspard
de Moiron, procureur au Chastelet, son procureur.
Damoiselle Corneille *de Reilhac,* Dame de la Baronnie & Chastellenie de la Queuë en Brie , pour
moitié , & Dame des Bordes de Maulavées , par-
roisse de ladite Queuë , par maistre Jean *l'Evesque,*
son procureur. Damoiselle Magdeleine *du Luc,*
veuve de Loüis *de Tourne-Branle,* vivant, Ecuyer,
Seigneur de Ville-Habert , tant en son nom , que
comme tutrice & curatrice des enfans mineurs
d'ans de deffunt maistre Jean *Ricaud,* vivant Avocat en parlement , par maistre Olivier *Mesnager,*
son procureur. Dame Anne *Baillet,* Dame de Lou-
vres , Coussainville , Oreille , du fief de Savigny,
& Boursieres , par maistre Denis *Dreux,* procureur au chastelet , & Jean *Afforte,* ses procureurs.
Damoiselle Antoinette *le Pere,* veuve d'Antoine
de la Grange, vivant Seigneur de Villement, & de
Crusy , en son nom , comme Dame doüairiere dudit Crusy , & comme ayant la garde-noble des enfans mineurs dudit defunt & d'elle , par maistre Nicolas *Rossignol* l'aîné , procureur au Chastelet, son
procureur. Damoiselle Anne *de Lautier,* veuve de
maistre Henry *Groslot,* vivant Seigneur de Champ-
Baudoüin , & du fief de Janville , prés la Ferté-
Aleps , tant en son nom , que comme tutrice de
ses enfans , par maistre Simon *Tenaille,* procureur

en Parlement, son procureur. Marie *Cattin*, Dame de Clamart, en partie, en personne. Damoiselle Heleine *de Montmiral*, fille de feu Maistre
Estienne *de Montmiral*, luy vivant Conseiller du
Roy en sa Cour de Parlement, Dame en partie de
Forqueux, par Maistre René *Capperon*, procureur
au Chastelet, son procureur. Damoiselle Marguerite *de Montmiral*, veuve de feu Messire Odet de
Fay, en son vivant Chevalier, Gentilhomme ordinaire de la chambre du Roy, Seigneur de Mail-
lieu, & de Pusignan en Dauphiné, & Renée de
Montmiral, Dame de Forqueux en partie, par
maistre René *Capperon*, procureur au Chastelet,
leur procureur. Damoiselle Marguerite *Guiot*,
Dame de Crespieres, & de Sautour, veuve de
noble homme Pierre *Picquet*, vivant Seigneur de
Vvideville, Conseiller & Intendant des maisons &
finances de la Reyne de Navarre, par maistre
Claude *Vincent*, procureur au Chastelet, son procureur. Dame Marie *Morin*, veuve de Messire
Michel *de l'Hospital*, Chevalier, Chancelier de
France, & Magdeleine *de l'Hospital*, veuve de
Messire Robert *Hurault*, vivant Chevalier, Seigneur de Belebat, & pour la Seigneurie de Vert,
assise à Val-le-grand, & pour les Seigneuries de
Courtemanche, & de Boutigny, & ce qui dépend du Bailliage de la Ferté-Aleps, & ladite *Morin*, Dame de la Chastellenie de Champ-moteux,
& de Vere le grand, par maistre François *Con-
tant*, procureur en Parlement, leur procureur.
Damoiselle Anne *le Clerc*, veuve de noble homme maistre Jean *le Prevost*, en son vivant Seigneur
de Mal-assis, Conseiller du Roy en sa Cour de Parlement, & President des Enquestes d'icelle, Dame
en partie de Vanves, par maistre Charles *le Prevost*, son fils, aussi Conseiller en Parlement. Catherine *des Marets*, veuve de Martin *le Comte*,
vivant bourgeois de Paris, tant en son nom, que

comme tutrice des enfans mineurs d'ans dudit deffunt & d'elle, Dame du fief, appellé le fief de la Damoiselle, par maistre Claude *Guichard*, procureur au Chastelet de Paris, son procureur. Geneviéve *Charlot*, Dame en partie du fief de saint Supplex, prés Dampmartin en Goile, veuve de maistre Pierre *Mallet*, vivant Avocat en parlement, par maistre Meraut *Boiton*, bourgeois de Paris, son procureur. Damoiselle Anne *d'Aligre*, Dame de Clichy la Garenne, Aubervilliers, la Chapelle & Fremanville, par maistre Guillaume *le Normand*, procureur au Chastelet, son procureur. Damoiselle Françoise *de Romain*, tant en son nom, que pour ses enfans, Dame de Grigny, par maistre Claude *Hardy*, son procureur. Dame Jeanne *de Loines*, veuve en premieres nopces de feu maistre Georges *Maynard*, vivant Conseiller du Roy en sa Cour de Parlement, & en dernieres nopces de feu Messire Michel *le Clerc*, vivant Chevalier de l'Ordre du Roy, Seigneur de Maisons. Dame de Belle-fontaine, par maistre Charles *Maynard*, Avocat en Parlement, son fils. Dame Marie *Robertet*, Dame de la Chastellenie, terre & Seigneurie de Fresne, veuve de Messire André *Guillard*, vivant Chevalier Seigneur du Mortier, Conseiller du Roy en son Conseil privé, par maistre Robert *Sabourin*, bourgeois de Paris, son procureur, Damoiselle Charlote *de Marle*, Dame de Luzancy, par maistre Joseph *Longis*, procureur en Parlement, son procureur. Damoiselle Marie *de Baugy*, veuve de maistre Jean *Sanguin*, vivant sieur de Roquencourt, Conseiller, Notaire & Secretaire du Roy, maison, & Couronne de France, tant en son nom, que comme tutrice des enfans mineurs d'ans dudit deffunt & d'elle, par maistre Pierre *le Bel*, procureur au Chastelet, son procureur. Damoiselle Françoise *Aimery*, tant en son nom, que comme tutrice des enfans mineurs

Z iiij

d'aris, de feu Olivier *Aimery*, en fon vivant E-
cuyer, Conseiller du Roy, & General de fes Mo-
noyes, Seigneur de Virofflay, & Jean *Aimery*,
Ecuyer, tant en son nom, que comme tuteur de
Damoifelle Anne *Aimery*, tous fieurs par indivis
du fief, Seigneurie & haute-Juftice de Virofflay,
fize au Val de Galie, en perfonne. Damoifelle
Jacqueline *Rebours*, veuve de feu Pierre *de Maffa-*
raut, vivant Seigneur de Chenevieres fur Marne, &
Martin *de Maffparaut*, Ecuyer, Conseiller du Roy
noftredit fieur, maiftre ordinaire de fa chambre des
comptes à Paris, en leurs noms, & comme eux
faifans & portans forts de Meffire Gabriel *de Maf-*
parault, Chevalier, Conseiller, & Maiftre d'hoftel
ordinaire de la Reyne de Navarre, fieur dudit Chenevieres fur Marne, par maiftre Guillaume *le Nor-*
mand, procureur au Chaftelet de Paris, leur procureur.

Sont auffi comparus les Officiers du Roy de ladite prevofté ; à fçavoir, maiftre Pierre *Seguier*
Lieutenant Civil, Guillaume *Gelée*, Lieutenant criminel, Mathias *de la Bruyere*, Lieutenant particulier de ladite Prevofté, & maiftres René *Poupart*,
Jacques *des Jardins*, Jacques *Nicolas*, Antoine *de*
Sainction, Jean *Pouffepin*, Simon *Clapiffon*, Nicolas *Valençon*, Martin *Chanterel*, Jacques *Lalle-*
ment, Jacques *Pouffemy*, Guillaume *de Pleurs*, Antoine *Ferrant*, Jean *de Mouffy*, Philippes *Hotman*,
Pierre *Broyer*, Jean *de Tardif*, Leon *de Bragelon-*
ne, Claude *Rubentel*, Gabriel *Fournier*, Nicolas
de Bragelonne, François *de Paris*, Robert *Belle*
Conseillers du Roy au Chaftelet de Paris. Et maître Pierre *Regnault*, Juge & garde pour le Roy des
prevoftez & fous-bailliages de Poiffy, Triel, &
faint Germain en Laye; Guillaume *Royer*, garde
de la prevofté & Chaftellenie de Montlhery. Claude *de la Voyfiere*, Subftitut du Procureur general
du Roy, audit lieu, Jean *le Berger*, garde pour ledit

ſieur de la Prevoſté de Corbeil : Euſtache *Gilbert*, Subſtitut du Procureur general du Roy audit lieu ; Loüis *Bobey*, Prevoſt, Juge ordinaire & garde de la juſtice, prevoſté & Chaſtellenie *de Torcy* en Brie, & Claude *Turgis*, Subſtitut dudit Procureur general en ladite juſtice : Pierre *Prouſt*, Prevoſt, Juge & garde de la prevoſté & Chaſtellenie de Chaſteau-fort, & Honoré *Rouſſeau*, Subſtitut dudit Procureur general audit lieu : Jean *le Breton*, Prevoſt de Gonneſſe : Jean *Prevoſt*, Prevoſt de Tournan en Brie, & Jean *de Villemart*, Subſtitut dudit Procureur general dudit lieu.

Auſſi ſont comparus maiſtre Claude *d'Aubray*, Conſeiller, Notaire & Secretaire du Roy, grand Audiencier de France, Prevoſt des Marchands de ladite ville de Paris : Jean *le Comte*, bourgeois de Paris, Jean *Gedoyn*, Seigneur de Graville, l'un des payeurs de la Gendarmerie de France maiſtre Pierre *Laiſné*, Conſeiller du Roy en ſon Chaſtelet de Paris, Eſchevins de ladite Ville ; maiſtre Pierre *Perot*, Procureur du Roy & de la Ville : maiſtre Philippes *le Lievre*, Avocat en la Cour de Parlement : maiſtre Jacques *de Paillart*, Seigneur de Jumeauville, auſſi Avocat en ladite Cour, ledit maiſtre Dreux *Budé*, Seigneur d'Yerre, & l'un des quatre Notaires de ladite Cour : maiſtre Jacques *Sanguin*, Seigneur Chaſtelain de Livry, Conſeiller du Roy & Lieutenant General aux Eaux & Foreſts de France, Claude *Aubery*, auſſi Notaire & Secretaire du Roy, tous Conſeillers de ladite Ville : maiſtre Mathieu *de Fontenay*, maiſtre Jacques *Canaye*, & Claude *Mango*, Avocats en la Cour de parlement, deputez des autres Avocats de la Cour de Parlement : maiſtre Antoine *le Pere*, François *Bouterouë*, Regnault *Forue* Jean *le Noir*, Laurent *Mahaut*, Loüis *de Sainction*, Jean De-niellé, Denis *des Cordes*, & Mathurin *Marchant*, Avocats au Chaſtelet de Paris, maiſtre Jean *Pouſſe-*

motte, & Pierre *Baron*, procureurs en Parlement, & procureurs de la Communauté des procureurs de ladite Cour. Maiſtre Nicolas *Roſſignol*, Guillaume *le Normand*, Pierre *le Bel*, Nicolas *Guinet*, Antoine *Badran*, Guillaume *Veillard*, l'aîné, Silveſtre *Picard*, Claude *Hardy*, Claude *Guilloire*, Eſtienne *Tolleron*, Gilles *Roze*, Jean *Doultre*, Jean *Pelet*, Philebert *Picard*, Philippes *l'Ange*, procureurs au Chaſtelet de Paris.

Et pour le tiers Etat, ſont comparus les manans & habitans *de Poiſſy*, *Triel*, *&* *ſaint Germain en Laye*, & des autres villages de la chaſtellenie, étans du tiers Etat, par maiſtre Lazare *le Maſſon*, Eleu pour le Roy en la ville & Chaſtellenie de Poiſſy, & maiſtre Pierre *du Roux*, Prevoſt d'Andreſy, leurs procureurs. Les manans & habitans *de Montlhery*, par ledit maiſtre Guillaume *Rayer*, Prevoſt. M. Claude *de la Voyſiere*, Subſtitut du Procureur General, & maiſtre Joſeph *Poynet*. Les manans & habitans *de Corbeil*. Les manans & habitans de la ville *de Melun*, par maiſtre Pierre *Fourniquet*, procureur en la Cour de Parlement, leur procureur. Les manens & habitans *de Torcy*, en Brie. Les manans & habitans *de Brie-Comte-Robert*, par maiſtre Antoine *Meſmin*, procureur en la cour de Parlement, leur procureur. Les manans & habitans *de Chaſteaufort*, par maiſtre Honoré *Rouſſeau*, Subſtitut du Procureur General du Roy audit lieu. Les manans & habitans *de Tournan*, par maiſtre François *Bouguier*, & Pierre *Hanot*. Les manans & habitans *de ſaint Denis*, en France, par maiſtre Jacques *le Grand*, Lieutenant General dudit lieu, aſſiſté de Gilbert *Angoulant*, & Claude *Haſté*, Echevins de ladite Ville. Les manans & habitans du Duché *de Montmorency*, par maiſtre Mathurin *Sany*, procureur és ſieges du Duché de Montmorency, prevoſt de ſaint Leu lez-Taverny, leur procureur. Les manans & habitans *de Vierme*, par Georges *David*, & David *de la Fosse*, Marguilliers dudit Vierme. Les manans & habitans *de Genevilliers* la Garenne, par maiftre Mathieu *Marteau*, procureur au Chaftelet de Paris, leur procureur. Les manans & habitans *de Combeaux en Brie*, par Jean *l'Evesque*, procureur fiscal dudit lieu. Les manans & habitans de *Marolles*, par Germain *Alleron*, marguillier dudit lieu, affifté de maiftre Guillaume *le Normand*, procureur au Chaftelet de Paris. Les manans & habitans *de Romainville*, par Sebaftien *Vaffoul*, marguillier dudit lieu. Les manans & habitans *de Thieux* en France, par Maiftre Antoine *Godefroy*, procureur au Chaftelet de Paris, leur procureur. Les manans & habitans *de Boffaville*, par maiftre Nicolas *Guinet*, procureur au Chaftelet de Paris, leur procureur. Les manans & habitans *d'Atteinville*, par ledit maiftre Guillaume *le Normand*, leur procureur. Les manans & habitans *de la Piffotte*, par Vincent *Savard*, Marguilier dudit lieu. Les manans & habitans *de Liverdy*, par Nicolas *Perault*, Marguillier dudit lieu. Les manans & habitans *de Gomets le Chaftel*, par maiftre Marin *Garnier*, procureur fiscal dudit lieu. Les manans & habitans *de Rosny*, par Marin *Doraine*, & Jean *Orfevre*, Marguilliers & laboureurs demeurans audit lieu, leurs procureurs. Les manans & habitans *de Luzarches*, par Charles *Halban*, marguillier dudit lieu. Les manans & habitans *de Pierrefitte*, par ledit maiftre Jacques *le Grand*, Lieutenant General au Bailliage dudit faint Denis, leur procureur. Les manans & habitans *de la cour Neuve*, par ledit *le Grand*, leur procureur. Les manans & habitans *d'Aubervilliers*, par ledit maiftre Jacques *le Grand*, leur procureur. Les manans & habitans *d'Afnieres*, par ledit *le Grand*, leur procureur, affifté dudit maiftre Matthieu *Marteau*. Les manans &

habitans *de Coulombes*, par ledit maiftre J[...]
le Grand, leur procureur. Les manans & habi[...]
de Rueil, par ledit *le Grand*, leur procureur. [...]
manans & habitans *de Puteaux*, par ledit *le Gr[...]*
leur procureur. Les manans & habitans *de V[...]*
creffon, par ledit maiftre Jacques *le Grand*, le[...]
procureur. Les manans & habitans *de Loucienn[...]*
par ledit maiftre Jacques *le Grand*, leur proc[...]
reur. Les manans & habitans du grand & pe[...]
Tremblay, par ledit *le Grand*, leur procure[...]
Les manans & habitans *de Ville-pinte*, par le[...]
le Grand. Les manans & habitans *de Stains*, p[...]
ledit *le Grand*, leur procureur. Les manans & h[...]
bitans *de Refne-moulin*, au Val de Galie, par m[...]
tre Jean *Labbé*, contrôlleur des Tailles en l'El[...]
tion de Gifors, leur procureur. Les manans [...]
habitans *de Marne* lez faint Cloud, par Je[...]
Bibory, Marguillier dudit lieu, leur procure[...]
Les manans & habitans *de Maule fur Mouldre*, p[...]
maiftre Bertrand *Briant*, procureur au Chafte[...]
de Paris, leur procureur. Les manans & habit[...]
de Montainville, par maiftre Bertrand *Briant* l[...]
procureur. Les manans & habitans *de Cern[...]*
par maiftre Pierre *Coulomp*, procureur fifcal [...]
Duché de Montmorency, leur procureur, affi[...]
de Didier *Blanchard*, & Michel *Bernard*, Ma[...]
guilliers dudit lieu. Les manans & habitans [...]
Villiers le Bel, par ledit maiftre Pierre *Coulo[...]*
leur procureur, affifté des fufdits Marguillie[...]
Les manans & habitans *d'Effanville*, par le[...]
maiftre Pierre *Coulomp*, leur procureur, aff[...]
des fufdits Marguilliers. Les manans & habita[...]
d'Engervilliers, par maiftre François *du Tel[...]*
procureur fifcal dudit lieu, leur procureur. [...]
manans & habitans *de Bonnelle*, par ledit maif[...]
François *du Feltre*, leur procureur. Les mana[...]
& habitans *de Bonneüil* fur Marne, par maift[...]
Laurent Pillet, Juge dudit lieu, leur procure[...]

Les manans & habitans *de Moucy* le vieil, par Noël *des Jardins*, & Nicolas *Quartier*, Marguilliers dudit lieu, leurs procureurs. Les manans & habitans *dt Buissy*,, par Laurent *Salomon*, demeurant audit lieu, deputé desdits habitans, assisté de Maistre Nicolas *Rossignol*, procureur au Chastelet de Paris. Les manans & habitans *de saint Oüen*, par Jacques *Thiboust*, marchand demeurant à l'Aumosne prés Ponthoise, l'un des Marguilliers dudit lieu, leur procureur, assisté de maistre Jean *l'Hostellier*, procureur en parlement, leur procureur. Les manans & habitans *de Fontenay* en Brie, par Martin *Vellant*, Marguillier dudit lieu, leur procureur, assisté de maistre Claude *Haydy*, procureur au Chastelet de Paris. Les manans & habitans *de Bagnolet*, par Pierre *Fournier*, & Antoine *du Rosny*, Marguilliers dudit lieu, leurs procureurs. Les manans & habitans *de la Villete* saint Lazare, par Pierre *Rousseau*, leur procureur. Les manans & habitans *de Villeroy* en France, par Jean *Robert*, Marguillier dudit lieu, leur procureur. Les manans & habitans *de Mittry* en France, par maistre Pierre *Damerousan*, procureur fiscal du Comté de Dampmartin, leur procureur. Les manans & habitans *de Mons* sur Orge, par Jacques *l'Huillier*, leur procureur. Les manans & habitans *de Forelles*, par Jean *Helox*, marchand demeurant audit lieu, leur procureur. Les manans & habitans *de Sucy* en Brie, par maistre Jean *Guillemin*, Lieutenant de la Prevosté dudit lieu, leur procureur. Les manans & habitans *de Genevilliers* sur Marne, par ledit maistre Laurent *Pillet*, leur procureur. Les manans & habitans *de Lon-perier*, lez-Dampmartin, par ledit Pierre *Damerousan*, procureur fiscal dudit Comté de Dampmartin, leur procureur. Les manans & habitans *de Cranetin*, par Lienard *Pony*, l'un des Marguilliers dudit lieu, leur procureur.

Assisté de M. Savinien *Carré*, procureur au Chastelet de Paris. Les manans & habitans de la Chastellenie de Villepreux, par maistre Jacques *Vigoireux*, Lieutenant de la prevosté & chastellenie dudit lieu, & Jean *Thernau*, Huissier, Sergent à cheval, receveur de la terre & seigneurie dudit Ville-preux, leurs procureurs. Les manans & habitans *de Clayes*, par Jacques *Hay*, marguillier dudit lieu, leur procureur, assisté de maistre Nicolas *Rossignol*, procureur au chastelet de Paris. Les manans & habitans *de Molagnon*, par Jean *Gravier*, marguillier dudit lieu, leur procureur. Les manans & habitans *de Sainte Mesme*, par ledit maistre Pierre *Damouresan*, procureur fiscal audit Comté Dampmartin, leur procureur. Les manans & habitans *de Poignis*, par maistre Mathieu *Marteau*, procureur au chastelet de Paris, leur procureur. Les manans & habitans *de Fontenay-Bois*, par Roch *Gousseau* marguillier dudit lieu, leur procureur. Les manans & habitans *de Larremonstier*, par maistre *André*, Avocat en la cour de parlement, leur procureur. Les manans & habitans *de Monlignon*, par ledit maistre Pierre *Damouresan*, leur procureur. Les manans & habitans *de Thorigny*, par maistre Savinien *Carré*, procureur au chastelet de Paris, leur procureur. Les manans & habitans *de Gouspillieres*, par Jean *Belette*, marguillier dudit lieu, leur procureur, assisté de maistre Nicolas *Rossignol*, procureur au chastelet de Paris. Les manans & habitans *de Constans*, par Maclou *de la Croix*, procureur fiscal de la Baronnie dudit lieu, leur procureur. Les manans & habitans *de Fontenay* en France, par Jean *Gillart*, marguillier dudit lieu, leur procureur. Les manans & habitans *de Massy*, en France, par Christophe *Courtier*, l'un desdits habitans, leur procureur. Les manans & habitans *d'Auforgis*, par maistre Mathieu *Marteau*, procureur au chas-

...let de Paris, leur procureur. Les manans & habitans *de la Queuë* en Brie, par Jean *l'Evesque*
l'aîné, Tabellion & Greffier dudit lieu, leur procureur. Les manans & habitans *de Neauphe*, le
vieil, par Girault *Naveau*, marchand hostelier,
demeurant audit lieu, leur procureur, assisté de
maistre René *Broute-sauge*, procureur au chastelet de Paris. Les manans & habitans *de Dampmartin*, par ledit maistre Pierre *Damouresan*, procureur fiscal dudit lieu, leur procureur. Les manans
& habitans *de Jully*, par Pierre *Pescheret*, leur
procureur. Les manans & habitans *de Piseaux*, par
maistre Jean *de Coulomp*, procureur au chastelet
de Paris, leur procureur. Les manans & habitans
de Palaiseau, par maistre George *Versier*, praticien, demeurant audit lieu, leur procureur. Les
manans & habitans *de Cressi* en France, par Martin *Patin*, leur procureur. Les manans & habitans *de Massy*, par Claude *Mollier*, marguillier
dudit lieu, leur procureur, assisté de maistre Philippes *l'Ange*, procureur au chastelet de Paris. Les
manans & habitans *de Montgeron*, par Jean *Beau-
quesne*, leur procureur. Les manans & habitans
de Verrieres, par David *Rousseau*, leur procureur,
assisté de maistre Philippes l'*Ange*, procureur au
chastelet de Paris. Les manans & habitans *de
Thuisson*, par Jean *du Bois*, marguillier dudit lieu,
leur procureur. Les manans & habitans *de Gros-
bois*, par François *le Maire*, marguillier dudit
lieu, leur procureur. Les manans & habitans *d'Arnonville*, par Evrard *Mousselin*, marguillier dudit
lieu, leur procureur, assisté de maistre Robert
Vorse, procureur au chastelet de Paris. Les manans
& habitans *de Bondoufle*, par Girard *Guerin*, praticien en Cour-laye, leur procureur. Les manans & habitans *de Vinantes*, par ledit maistre
Pierre *Damouresan*, leur procureur. Les manans & habitans *de Lazy*, par maistre Regnault

Martin, & M. Savinien *Carré*, procureur au chî
telet de Paris, leurs procureurs. Les manans &
habitans *du Mesnil madame Rance*, par Augustî
de la Ruë, laboureur, demeurant audit lieu, lou
procureur. Les manans & habitans *de Charny*, par
Charles *Lodon*, Marguillier dudit lieu, leur procureur. Les manans & habitans *de Joüy*, par maistre
René *Broute-sauge*, procureur au Chastelet de Paris, leur procureur. Les manans & habitans dî
Charly, par maistre Charles *Taupin*, & Martin dî
la Haye, depûtez par les habitans dudit lieu. Les
manans & habitans de la paroisse *de Moisy* le Temple, & *de Montigny Laillier*, comparans par ledî
Frere Pierre *Genyer*, leur procureur. Les manans
& habitans *de Couppin*, par lesdits *Taupin*, & *Martin*, leurs procureurs. Les manans & habitans dî
Basseuil, par lesdits *Taupin*, & *Martin*, leur procureur. Les manans & habitans *de Pontault* en
Brie, par Jean *l'Evesque*, Procureur fiscal dudî
lieu, leur procureur. Les manans & habitans dî
Mauregard, par maistre Pierre *le Bel*, procureu
au Chastelet de Paris, leur procureur. Les manans
& habitans *de Garges*, par Nicolas *le Doux*, marguillier dudit lieu, leur procureur, assisté de maître Jean *de Mauroy*, procureur au Chastelet de Paris. Les manans & habitans *de Triasnon*, au Val de
Galie, par Jean *le Tard*, l'un desdits habitans, leur
procureur. Les manans & habitans *d'Aigremont*,
par ledit *Chaillou*. Les manans & habitans *de Vil-
leneufve*, sous Dampmartin, par ledit *de Mauroy*,
leur procureur. Les manans & habitans *de Sceaux*,
par Michel *Bouthemothe*, leur procureur. Les manans & habitans *de Ruel* en Brie, par Simon du
May, l'un desdits habitans, leur procureur, assisté
de maistre Nicolas *Guynet*, procureur audit Chî
telet. Les manans & habitans *de Conlaville*, par
Estienne *le Coq*, leur procureur. Les manans &
habitans *de Crouy* sur Orc, par maistre Guillaume

le Normand, procureur au Chaftelet de Paris, leur procureur. Les manans & habitans *de Noiseau*, par Eftienne *le Blanc*, l'un defdits habitans, leur procureur. Les manans & habitans *de Versaille*, par maiftre Nicolas *du Breil*, Lieutenant dudit Verfaille, leur procureur, affifté de maiftre Claude *Hardy*, procureur au Chaftelet de Paris. Pierre *Guillin*, maiftre maffon, bourgeois de Paris, par maiftre Pafquier *Dumetz*, receveur des Aydes de Paris. Maiftre Bernard *Noblet*, procureur au Châtelet de Paris. Noël *Viron*, marchand drapier, bourgeois de Paris. Maiftre Jean *Lamy* procureur au Chaftelet de Paris. Maiftre René *Capperon*, procureur audit Chaftelet. Maiftre Claude *Vincent*, procureur audit Chaftelet. Maiftre Eftienne *de Brie*, procureur audit Chaftelet. Maiftre Denys *Boifguillot*, procureur audit Chaftelet. Geoffroy *Chaillou*, marchand bourgeois de Paris. Maiftre Gafpard *de Moiron*, procureur audit Chaftelet. Nicolas *du Chefne*, bourgeois de Paris. Maiftre Martin *de la Coûpelle*, procureur audit Chaftelet de Paris, Maiftre Jacques *Guerry* procureur audit Chaftelet. Maiftre Silveftre *Picard*, procureur audit Chaftelet. Maiftre Charles *Bordereau*, Commiffaire examinateur audit Chaftelet. Maiftre Arthus *Perreau*, procureur en parlement. Antoine *Drolincourt*. Maître Maurice *de Lorge*, Avocat en la cour de Parlement. Maiftre Jean *Gueffier*, Avocat en la cour de parlement. Maiftre Pierre *Baron*, Avocat en ladite cour. Maiftre Arnould *Denyau*, Avocat en ladite cour. Maiftre Ponce *Sauvage*, procureur audit Chaftelet. Maiftre Jacques *le Sec*, procureur audit chaftelet. Maiftre Germain *Martines*, Avocat en ladite cour de parlement. Maiftre Antoine *Doultre*, procureur au chaftelet. Maiftre Jean *Doultre*, procureur au chaftelet. Bernard *de Chavaffe*, maître Adminiftrateur de l'Hôtel Dieu de Gonneffe. Maiftre Jean *Content*, Avocat en la cour de parlement. Maiſtre Antoine *Hautemet*, Avocat en Parlement. Maiſtre Jean *Coulomp*, & Jean *Poſé*, procureurs audit Chaſtelet. Eſtienne *Ligurier*, bourgeois de Paris. Maiſtre Paſquier *du Bois*, & Eſtienne *Pinguet*, procureurs au Chaſtelet. François *Langlois*. Maiſtre Claude *Beudon*, Avocat en Parlement. Maiſtre Jean *de la Place*, & Simon *Laffilé*, procureur audit Chaſtelet. Gilles *Rongolien*, bourgeois de Paris. Nicolas *Heroüet*, bourgeois de Paris. Maiſtre Marquis *Reparant*, procureur audit Chaſtelet. Maiſtre Jean *Berault*, procureur en parlement, Maiſtre René *Baron*, Avocat audit Châtelet. Maiſtre Denys *Fouſteau*, Avocat en la Cour. Laurent *Petit*, bourgeois de Paris. Maiſtre François *Philipponat*, procureur audit Châtelet. Maiſtre Pierre *Nevolet*, Avocat en la Cour. Jean *Cochet*, bourgeois de Paris. Maiſtre Louis *Potdevin*, Avocat audit Chaſtelet. Maiſtre Louys *de Chaſelles*, Avocat en Parlement. Maiſtre François *Cuilier*, procureur audit Chaſtelet. Jacques *Baillet*, bourgeois de Paris. Maiſtre Antoine *Godard*, Avocat en parlement. Maiſtre Gabriel *Lallement*, procureur du Roy aux eaux & foreſts de Paris. Maiſtre Claude *de Fourcroy*, Avocat en parlement, & Bailly de l'Eveſché de Paris. Maiſtres Jean *de Provincieres*, & Jean *Lamy*, Avocats en parlement. Maiſtre Jacques *le Moine*, & Nicolas *du Cheſne*, procureurs audit Chaſtelet. Maiſtre Jean *Potherat*, procureur en parlement. Maiſtre Urbain *du Meſnil*, procureur audit Chaſtelet. Maiſtre René *le Beau*, Louïs *des Cordes*, Jean *Doujat*, Avocat en parlement, Guillaume *Pautin*, bourgeois de Paris. Maiſtres Milles *le Moine*, & Jean *de Briou*, procureurs audit chaſtelet. Gregoire *Cavet*, Olivier *Lheureux*, Nicolas *de Sery*, Cyprien *Bruneau*, bourgeois de Paris. Maiſtre François *Damboiſe*, Avocat en parlement. Maiſtre Chriſtophe *Daſnieres*, Avocat en parlement. Pierre *de Verdun*, & Pierre *Hamelin* de

bourgeois de Paris. Maiftre Thomas *Sebillet*, &
Jacques *Michel*, Avocats en parlement. Maiftre
Claude *Breteau*, procureur en parlement, prevoft
de Montreüil fur le bois de Vincennes. Maiftre Pierre
Durant, procureur audit chaftelet. Maiftre Fran-
çois *du Breil*, procureur en parlement. Maiftre
Jacques *des Jardins*, Avocat audit chaftelet. Tho-
mas *Marchand*, Macé *Patroüillard*, Roch *Bizet*,
Claude *Bernard*, Antoine *Canay*, Jean *Mufnier*,
Henry *Pithonnat*, tous bourgeois de Paris. Maiftre
Jean *Eftampes*, Avocat en parlement. Jean *Courail-
lon*, Huiffier des Comptes. Maiftre Jean *Hubert*,
Avocat audit chaftelet. Maiftre Claude *Troüillet*,
folliciteur au Palais. Maiftre Nicolas *Charanton*,
Greffier de l'Audience des Requeftes du Palais.
Maiftre Jacques *Paris*, procureur audit chaftelet.
Maiftre Gilbert *Baudichon*, Claude *Santeüil*, Jac-
ques *de Monthers*, bourgeois de Paris. Maiftre Jean
Hubert, Avocat en parlement. Maiftre Claude *Pon-
cet*, Guillaume *Veillart*, Jacques *Gournin*, procureurs audit chaftelet. Maiftre André *de Sainction*,
Lieutenant de la Monnoye dudit lieu. Jacques
Havart, Jean *le Jeune*, Jean *Heuriet*, Jean de
l'Aulnay, bourgeois de Paris. Jean Jerôme *Gelée*,
déchargeur de l'artillerie de France. Laurent *Bu-
fot*, receveur de la grand'Confrairie des bourgeois
de Paris. François *Morignet*, Pierre *Jouvenceau*,
Guillaume *Jartier*, Severin *Pigneau*, bourgeois de
Paris. Maiftre Antoine *Chauveau*, Avocat en la
cour de Parlement. Maiftre Claude *le Muet*, Avocat en parlement. Maiftre Jean *Dardenec*, Clerc
du Greffe criminel de la Cour. Maiftre Nicolas
Roffignol le jeune, procureur audit chaftelet. Jacques *Rouffeau*, folliciteur à la Cour. Maiftre Michel *Paris*, & Pierre *Gefar*, Avocats en parlement.
Claude *Guerouft*, bourgeois de Paris. Maiftre Jean
Forme, Pierre *Hermon*, procureur audit chaftelet.
Claude *Huret*, bourgeois de Paris. Maiftre Guil-

laume *Poitevin*, Avocat audit Chastelet. Mait[re]
Athanais *Amy*, procureur au Parlement. Antoi[ne]
Favereau, Apothiquaire à Paris. Jacques *Des*[...]
bourgeois de Paris. Maistre Claude *de Mesnil*[...]
Conseiller du Roy en sa cour des monnoyes,
bourgeois de Paris. Maistre Jean *le Roy*, & Den[is]
Reversit, procureurs en la Cour. Galpard *Landry*
habitant de Jagny. Maistre François *de Ravel*, Avocat en Parlement. Maistre Durant *de Beauville*. Mai[s]
tre Regnault *Soyer*, Avocat en Parlement. George[s]
Dambert, contrôlleur du grenier à Sel de Cler[-]
mont, bourgeois de Paris. Maistre Pierre *Cointe*-
rel, Avocat au Chastelet de Paris. Guillaume *Me*-
sayer, & Anceaume *Lorget*, bourgeois de Pari[s]
Maître Pierre *Huart*, Gilles *Aulmont*, Jean *le Pein*-
tre, & Jean *Chambon*, procureur au châtelet. Mai[s]
tre Florent *Regnard*, Notaire & procureur de[s]
Cours Ecclesiastiques à Paris. Maître Nicolas *Bri*
dou, Avocat en parlement. Edme *de Cossay*, Jea[n]
Menessier, Sergent au Bailliage du Palais. Maist[re]
Jean *Nattier*, François *Allego*, clercs au Greffe d[u]
Châtelet de Paris, Jean *de Valois*, Loüis *Esselin*[...]
François *de la Roche*, Joseph *Menlot*, Mathuri[n]
de la Vigne, Jean *le Poultre*, Eustache *Cessard*[...]
François *le Comte*, & Germain *le Tellier*, [...]
bourgeois de Paris. Maistre Jean *Bruchier*, Guillaume *Noblet*, procureur audit chastelet. Maist[re]
Jean *Durantet*, Voyer & grand Maistre des œuvr[es]
du Roy à Paris. Maistre Loüis *de Bave*, Avocat e[n]
parlement. Maistre Jean *Muset*, Avocat au Bailli-
ge de Melun. Maistre Guillaume *le Normand*, Avocat en parlement. Maistre Jacques *Seuillart*, procureur en parlement. Maistre Laurent *Fussier*, bou[r]
geois de Paris. Pierre *de Hongrie*, & Jean *Duph*[...]
bourgeois de Paris. Maistre Jean *Franquelin*, Joa-
chim *d'Espoigny*, procureur audit Chastelet. Jea[n]
Cochart, Huissier des comptes & tresor à Paris[...]
maistre Jacques *Doultre*, & Jean *Grmant*, procu[...]

...urs en parlement. Charles *Marchand*, capitaine
de cent Harquebufieurs. Maiftre Pierre *Pichon*,
procureur en parlement. Maiftre Antoine *Maricle*,
Avocat en parlement. Maiftre Melchifedech *Gar-*
nier, Avocat en ladite Cour. Odo *Bertel*, bourgeois de Paris. Maiftre Pierre *l'Afflé*, Docteur,
Regent en la faculté de Medecine. Maiftre Mathieu
Allemant, Avocat en la Cour. Loüis *Don*, Huiffier
Sergent à cheval au Chaftelet de Paris. Pierre *Guil-*
lemin, auffi Huiffier, Sergent à cheval audit chaftelet de Paris, Philebert *Richardeau*, Nicolas *Tou-*
in, Gafpard *Breton*, Pierre *Guerard*, Nicolas *Cof-*
fard, Jacques *Vivier*, Auguftin *Germain*, Simon
l'Hofte, Claude *l'Huilier*, Jean *Gilbert*, Pierre
Thomas, & Pierre *Bretel*, bourgeois de Paris. Maî-
tres Robert *Vorfe*, Michel *Martin*, Nicolas *Drouyn*,
Nicolas *Minot*, Adrien *Fournier*, Julien *Soreau*,
Yves *du Perche*, procureurs au Chaftelet. Maiftre
Claude *Gaillard*, procureur en parlement. Maiftre
Euftache *Coffard*, receveur des Aydes & Tailles de
Montfort l'Amaury, bourgeois de Paris. Eftienne
Piron, valet de chambre du Roy de Navarre, de-
meurant à Paris. Maiftre Nicolas *Moreau*, procu-
reur aux Auditoires baffes du Chaftelet de Paris.
Maiftre Antoine *le Pere*, Avocat audit Châtelet,
François *des Touches*, Avocat en la cour de parle-
ment, Pierre *Bouchet*, Claude *Guignard*, Jacques
Hardy, Bertrand *de Verneil*, Jean *Guerreau*, Ni-
colas *Feuillot*, Jean *Combaut*, Nicolas *Boulanger*,
Laurent *Eftienne*, Adrian *de la Place*, Michel *Buf-*
fieres, Eftienne *Janot*, Pierre *Villain*, Jean *Mef-*
anger, Pierre *de Reftif*, Bernard *Defprez*, Claude
Auger, & Claude *du Mortier*, tous bourgeois de
Paris. Maiftre André *Crofnier*, procureur en la cour
de parlement. Maiftre Eftienne *Cordelle*, Commiffaire & examinateur audit Chaftelet, Aubert *Beau-*
clerc, payeur de la Compagnie du Seigneur de
Torcy. Maiftre Jean *Gallain*, premier Huiffier

des Requestes du Palais. Maistre G[...]
Huissier à la Cour. Maistre Claude de la [...]
cureur à Dolainville. Maistre Pierre Richer, [...]
sion à Suresnes. Maistre Simon Boulanger, p[...]
reur au chastelet de Paris. Maistre Estienne O[...]
Commissaire & examinateur audit chastelet, [...]
vier des Loges: François Thiault, Guillaume [...]
Pont, Jacques Marchand, Guillaume Hub[...]
Jacques Blanchon, & Guillaume Bardon. M[...]
Nicolas Loisel, Avocat en parlement. Simon [...]
gan, Lieutenant du Chevalier du guet, G[...]
Requier, aussi Lieutenant du Chevalier du [...]
Maistre Michel le Vacher, commissaire & exam[...]
teur audit chastelet de Paris. Claude Gallet, H[...]
sier, Sergent à cheval audit chastelet, Amb[...]
Baudichon, Quartenier de Paris. Adam D[...]
maistre Claude André, Avocat en parlement. C[...]
les le Comte, maistre des œuvres de la ville de P[...]
Maistre Philippes Cothereau, Notaire audit ch[...]
let. Maistre Jean Pescheur, Docteur, Regent [...]
Faculté de Medecine. Pierre le Feure, maistre [...]
toine de Villiers, Avocat en parlement, Math[...]
du Perrot, Pierre Breteau, Martin Bacquet, C[...]
de Hallery, & François l'Escuyer, tous bourg[...]
de Paris. Maistre Nicolas Fleury, Clerc au G[...]
criminel du chastelet de Paris. Maistre Claude [...]
changer, Antoine Godefroy, Jean de Coulom[...]
Jean Vorse procureurs audit chastelet. Maistre [...]
de Charmoy, Pierre Chastelain, Michel le [...]
Avocats en la cour de parlement. Adrian R[...]
Claude le Roy, Jacques Blaise, & Jacques [...]
bourgeois de Paris. Jacques Mahuet, de C[...]
Pierre Drouart, Sergent à cheval audit cha[...]
Geoffroy Saulnier, Claude Thibeuf, Jean G[...]
lard, & Guillaume Guerin, bourgeois de [...]
Maistre Guillaume Colletet, Notaire & Cle[...]
Greffe civil dudit chastelet. Pierre Sev[...]
Caies, bourgeois de Paris, Pierre R[...], p[...]

...en, demeurant au Tremblay en France. Maiftre Jean *Poulain*, Docteur en Theologie. Maiftre Claude *Gorret*, chantre de faint Quentin lez Beau-vais. Jean *Frenouillet*, Sergent à Verge audit chaftelet. Pafquier *Roffignol*, crieur Juré du Roy, de la Ville, Prevofté & Vicomté de Paris. Michel *Noiret*, Trompette du Roy en ladite Ville, Prevô-té & Vicomté de Paris. Jacques *le Gros*, & Jacques *le Maire*, bourgeois de Paris, & Antoine *l'Anglois* bourgeois de Paris. Jean *Touchard*, prevoft d'Iffy. Maiftre Jean *Rozée*, Avocat en parlement. Maiftre Claude *Hureau*, procureur au chaftelet de Paris. Maiftre Jean *Adam*, Avocat en parlement. Maiftre Jean *Poncet*, Commiffaire & examinateur audit chaftelet. Denys *de Sancteur*, Claude *Favier*, Edme *de Lavant*, Pierre *Preud'homme*, Philippes *Andras*, Pierre *le Boffu*, Mathieu *de Cour*, Jac-ques *Malle*, Simon *Rinbaulle*, Jacques *Boiffeau*, Claude *le Vaffeur*, Jacques *Aleaume*, Jacques *Muid de bled*, Pierre *Corogny*. Jean *de Chemin*, Charles *Tourle*, tous bourgeois de Paris. Maiftre Charles *Fabry*, procureur au chaftelet de Paris. Maiftre Noël *Grandin*, procureur de l'Hoftel de Ville. Blaife *du Pont*, valet de chambre de Monfieur frere du Roy. Claude *Clouet*, Secretaire du Seigneur de Fervaques. Maiftre François *Leger*, clerc au Greffe de la Cour de Parlement. Jean *Remiel*, Se-cretaire du Duc de Guife. Maiftre François *Morife*, procureur audit chaftelet. Antoine *de Montigny*, Archer des gardes du Roy. Antoine *Quatin*, chan-tre du Roy. Claude *le Roy*, chirurgien. Remy *Baudin*, demeurant à Efpinay fur Orge. Maiftre Jean *Affier*, prevoft de Courvoy, Julian *Allis*, Luc *de Berlant*, Antoine *Carré*, Laurent *le Fevre*, Guillaume *Fouquelon*, Chriftophe *Godde*, Louis *le Bel*, Guillaume *Donier*, Felix *Courrier*, & Jac-ques *de Lux*, tous bourgeois de Paris. Maiftre Ni-colas *Bluette*, Avocat en Parlement. Maiftre Guil-

laume *Monger*, Greffier de la Justice [...]
neviefve. Nicolas *du Pont*, Huiffier, [...]
cheval audit chaftelet. Maiftre Nicolas [...]
procureur audit Chaftelet. Maiftre Antoine [...]
nault, Avocat en ladite cour. Maiftre Franç[...]
Teffier, Avocat à Lon-jumeau. Maiftre Franç[...]
Brigard, Avocat en parlement. Germain *Bont[...]*
Claude *le Bray*, Jean *le Blon*, Jean *Jacob* [...]
Picault, Jean *Sureau*, Pierre *Puthome*, Jean [...]
tel, Anfelme *Gallant*, François *Perruchon*, An[...]
ne *Caday*, Claude *Poffet*, Abel *Langelier*, J[...]
Bourdin, Guillaume *Cuignet*, tous bourgeoi[s de]
Paris. Jean *Bourdin*, marchand, demeurant à C[...]
meilles en parifis. Maiftre Claude *Robinet*, Avo[cat]
en Parlement. Maiftre François *Bernard*, proc[u-]
reur en parlement. Maiftre Jean *Chambon*, pro[cu-]
reur au chaftelet de Paris. Robert *Planchet*, [ha-]
bitant de Dampierre. Rollet *le Goix*, marcha[nd]
demeurant à Saclay. Maiftre Jean *de Benots*, Avo[cat]
en parlement. Nicolas *Chaloppin*, marchand [à]
Coulommiers en Brie. Maiftre Robert *de Laud[...]*
Avocat en parlement. Jean *Amelot*, juré maf[...]
Maiftre Jean *Canto*, Commiffaire & examina[teur]
audit Chaftelet. Maiftre Arthus *Dupuis*, Guillau[me]
Canto, Antoine *Michel*, Nicolas *Gobin*, Nico[las]
Torques, procureurs audit Chaftelet. Maiftre [Ef-]
tienne *Prevofteau*, procureur en parlement. Mai[ftre]
Eftienne *Prevofteau*, Docteur regent en la facu[lté]
de Medecine. Pierre de *Laulné* praticien à Pa[ris]
Adam *Huberdeau*, Claude d'*Aubray*, & G[...]
Charbonnier, bourgeois de Paris. Guillaume C[...]
valt, Sergent de l'Hoftel de Ville. Maiftre [...]
Ficolle, Avocat en parlement. Maiftre Guillau[me]
Gabouret, Jean *Subtil*, Thomas *le Preftre*, bo[ur-]
geois de Paris. Nicolas *Riton*, Jean *Beauroy*, [...]
bert *Freval*, Jean *Bernard*, Thomas *Binel*, Gu[il-]
laume *Beart*, Loüis *Gervais*, Jean *Selin*, condu[c-]
teur de l'artillerie du Roy, Jean *Erciol*, Jean G[...]
dicte[...]

...cher , Georges *du Soleil* , Estienne *Petit* , Pierre
...ron, Laurent *Mathou*, Guillaume *Guillemin*, gar-
...de de la Bastille , bourgeois de Paris. Maistre Juste
...de Cunis , Avocat en Parlement. Maistre Jacques
...Gilbert, procureur en ladite cour. Maistre Jacques
...Fardeau , Greffier des presentations de Corbeil.
...Maistre Nicolas *Mousset*, procureur en Parlement.
...Jean *de Traillant* , praticien à Paris. Claude *Lor-*
...bin , Huissier des Requestes du Palais. Thomas
...Harpin , Nicolas *Leger* , Jean *le Sourd* , Mathurin
...Charton , procureurs audit chastelet , Thomas
...Chauldiere , payeur de la compagnie de Monsieur
...le Mareschal de Biron : Jacques *Vauldouin*, Escri-
...vain à Paris , Simon *Hervin* , Nicolas *Julien*,
...Jacques *de Brion*, Jacques *Trouin*, Augustin *Barat*,
...Jean *Ragueneau*, capitaine des Arbalestriers, Guil-
...laume *Pellecerf*, Michel *Raffrein* , tous bourgeois
...de Paris. Jean *de Freven* , maistre Claude *Bache-*
...ier, Greffier de la ville de Paris. Guillaume *Sau-*
...ry, Notaire au Chastelet de Paris. Jean *le Preux*,
...sergent à verge audit Chastelet. Maistre Hugues
...Merlon , procureur audit Chastelet. Gabriel *Bour-*
...goin , demeurant à saint Denys en France , Nico-
...las *Bouet*, Pierre *Martin*, Pierre *de Guerres*, Michel
...Regnault, orfevres, Antoine *Ameau* , Robert *Sa-*
...murin, Philippes *Hassart*, Estienne *le Comte*, Fer-
...ry *Collier* , Guillaume *Cavillard* , Christophe *Fi-*
...neau , Jean *Gasse*, Estienne *Gazin*, Claude *Bigoret*,
...Paul *Breton* , Nicolas *Baudouin*, Nicolas *Drouart*,
...Huchon *Fleury*, tous bourgeois de Paris. Maistre
...Didier *la Frongne*, Notaire au Chastelet de Paris.
...Maistre Vincent *de saint Jean* , Docteur regent en
...la Faculté de Medecine, maistre Jacques *Regnault*,
...procureur en la prevosté de Corbeil.
...En procedant à l'appel des personnes assignées &
...comparuës pardevant nous , ont été par les cy-
...près nommez , faites les remontrances & protes-
...tions qui ensuivent :

Tome II.   B b

De la part de l'Evêque de Paris, a été dit &
protesté, que la comparution qu'il faisoit pour
luy & pour son Clergé, étoit sans deroger aux privileges, immunitez, libertez, franchises, & prée-
minences de luy, & de sondit Clergé & Eglise, &
ne consentir aucune chose, qui se feroit contre
iceux. Qu'à cause de sa dignité Episcopale, il a
Justice haute, moyenne & basse, en cette ville &
faux-bourgs de Paris : Et pour l'exercice d'icelle
a Bailly & Officiers au Siege & Auditoire du For
l'Evêque, les appellations duquel Bailly ressortissent en la Cour de Parlement. Et pour le regard
des terres qu'il tient en la prevosté & vicomté de
Paris, qui sont la chastellenie de saint Cloud
Condaville, Moussy l'Evesque, Creteil, Maison
sur Seine, Jantilly, Auzoy la Ferriere, & autres terres assises au dedans de ladite prevosté, le
hostes & justiciables d'icelles ne sont en rien su
jets audit prevost de Paris : Et par privilege special, elles sont éclipsées de ladite jurisdiction, &
ressortissent pardevant son Bailly, en son siege devant son hostel Episcopal.

Par ledit maistre Jean *le Bourguignon*, pour le
dit procureur du Roy a été protesté au contraire
& que le dire dudit Evesque de Paris ne puisse prae-
judicier aux droits du Roy, soit pour sa justice de
sa ville de Paris, ou autres lieux.

Par lesdits *du Mesnil & Macheco*, pour lesdit
Doyen, chanoines & chapitre de Paris, a été protesté que la presente comparution, soit sans prejudice à l'exemption, immunitez, franchises, & libertez que lesdits de Chapitre ont dans leur Eglise
Cloistre & aux environs : Et ont remontré, que
lesdits de Chapitre sont Seigneurs de Sucy en
Brie, Mons & Ablon, Soisy sur Seine, Beauvoir
en Gastinois, saint Forges, Ite-ville, Hui-souso
Andrezy, Orly, Lay, Chevilly, Rongy, Vitry
Ivry sur Seine, Chastenay, Baigneux, Fontena

...ez ledit Baigneux , la Barre de Chevigny , Maury , la Villette saint Laurent , la Courtille : Et
encore sont seigneurs en partie de Compans, Her-
belót, & le Mesnil Madame Rance, ausquels lieux
ils ont droit de haute Justice , moyenne & basse :
Et pour l'exercice d'icelle en chacun desdits lieux,
prevosts & Officiers. Et combien que lesdites terres & seigneuries soient scituées & assises en & au
dedans de ladite prevosté & vicomté de Paris ;
toutefois elles sont éclipsées de la jurisdiction du
prevost de Paris, tant en civilité, que criminalité,
tellement que leursdits sujets, hostes & justiciables
desdits lieux, ne sont aucunement responsables devant ledit prevost de Paris , soit en premiere instance, ou par appel ; d'autant que les appellations
des prevosts desdits lieux ressortissent pardevant
le Chambrier laïc de ladite Eglise dudit Paris, autrement appellé le Bailly à la Barre du Chapitre
d'icelle Eglise, & dudit Bailly en la cour de Parlement. Et aussi que lesdits du chapitre sont Seigneurs de Ponts & Auber-Janville, lesquelles terres & Seigneuries, ne sont de la prevosté de Paris,
mais du bailliage de Mante & Meulan, duquel elles sont aussi éclipsées ; & ont lesdits du chapitre
pareil privilege , & exemption , de la jurisdiction
dudit Bailly , comme dudit Prevost de Paris.

  Par ledit maistre Thierry *Cauchon* , pour ledit
Cardinal Abbé, Religieux & convent de saint Denys en France , a été remontré , que lesdits Religieux, Abbé & convent de saint Denys, ont accoûtumé d'être appellez les premiers , & preceder les
susdits , aprés l'Evêque de Paris, en son Diocese :
Partant proteste que les appellations & comparutions enregistrées, ne puissent prejudicier audit Seigneur Cardinal de Guise , Abbé & Religieux dudit saint Denys : Et que par les anciens privileges
octroyez aux Religieux , Abbé & convent dudit
saint Denys , par les Rois de France , & par eux

confirmez succeſſivement, même par le Roy
preſent regnant, toutes leurs Juſtices, tant en la
ville de ſaint Denys, qu'en la chaſtellenie & prevoſté de Rueil, Cormeilles, Tremblay, Trappes, & generalement en toutes les terres & ſeigneuries qu'ils ont & poſſedent, aſſiſes au dedans
de l'étenduë, fins & limites de la Prevoſté & Vicomté de Paris, leurs ſujets, manans & habitans de leurſdites villes, chaſtellenies, terres &
ſeigneuries, ne ſont & ne furent jamais de la juſtice & juriſdiction de la prevoſté de Paris, n'ont
jamais reconnu le Prevoſt de Paris, ſoit en premiere inſtance, ou par reſſort, ou appel, mais
leurs appellations ont toûjours été immediatement
relevées en la cour de Parlement, laquelle ſeule,
leurs Officiers en leurs juſtices ont reconnu & re-
connoiſſent pour ſuperieure, proteſtant que la convocation, & aſſemblée faite audit Chaſtelet, pour
la preſente reformation, ne puiſſe nuire, ny prejudicier à leurs droits, & autres choſes. A auſſi
remontré que l'Abbaye de ſaint Denys, comme la
plus celebre, non-ſeuement du Dioceſe & Evêché
de Paris, mais de tout ce Royaume, a été honorée
par les Rois fondateurs & dotateurs d'icelle, des
plus excellentes prerogatives & dignitez, non ſeulement en l'ordre Eccleſiaſtique, mais auſſi en leurs
droits temporels: De ſorte que l'Abbé a toûjours
eu cet honneur, autorité & préeminence d'être
conſeiller nay du Roy en ſa cour de Parlement à
Paris, & en cette qualité a ſeance & voix delibe-
rative en icelle cour: Auquel droit, titre & dignité ledit Seigneur Reverendiſſime cardinal de Gui-
ſe, Abbé de ladite Abbaye, par Arreſt dernierement donné contradictoirement, avec le procureur general du Roy, a été maintenu & conſervé:
pour ces conſiderations, il maintient en l'ordre
de ſa ſeance, que ledit Seigneur Abbé, ou ſon grand
Vicaire, qui le repreſente, doit tenir & avoir la

premier rang & lieu, aprés l'Evêque de Paris en
ſon Dioceſe.

Et par ledit maiſtre Jean *le Bourguignon*, pour
ledit procureur du Roy, a été proteſté au contraire, que tout ce ne puiſſe prejudicier aux droits
du Roy, & à ſa Juſtice du chaſtelet de Paris.

Par ledit maiſtre Anſelme *de Caillot*, Seigneur
de la Couppilliere pour ledit Evêque de Meaux, a
été dit, qu'il comparoiſſoit pour ledit Evêque, à
cauſe de ſon Hoſtel Epiſcopal, aſſis audit Meaux,
& la grande place devant la porte d'iceluy Hoſtel,
qui s'étend devant la principale porte de l'Egliſe
cathedrale dudit Meaux, pour les fiefs & ſeigneuries de Chambre de Meſſy, & du Donjon, le tout
aſſis en la ville de Meaux : Et outre, à cauſe des
terres & ſeigneuries de Germiny l'Evêque, de
Varedes, d'Eſtrepilly, de Villenoy, de Trilleport
en partie, du fief de la Croix, de Coully, la ferme
& ſeigneurie du Mans en Brie, & generalement
de toutes les terres & ſeigneuries de l'ancien domaine & patrimoine dudit Evêque, eſquelles il a
droit de toute Juſtice, haute, moyenne & baſſe,
dont les appellations reſſortiſſent de tout temps
& ancienneté pardevant le Prevoſt de Paris, comme étant de la Prevoſté & Vicomté de Paris; comme auſſi ſont les arriere-fiefs & ſeigneuries qui
relevent dudit Evêque.

A quoy par maiſtre Simon *Marion*, pour ledit
procureur general de Monſieur frere unique du
Roy, aſſiſté de maiſtre Louis *Coſſet*, Subſtitut
du procureur dy Roy, audit Bailliage & Comté de
Meaux, a été dit, & proteſté, que la comparution faite par ledit Evêque de Meaux, & qui ſeroit
faite par tous autres Eccleſiaſtiques, Seigneurs.
Juges & autres particuliers & habitans, tant
pour eux, que pour tous les villages qu'ils tiennent & poſſedent, ſçavoir eſt le Bailliage & chaſtellenie de la Ferté au Col, la chaſtellenie de Fa-

remonſtier, la Celle, la chaſtellenie de
Morin, Juerr & Thigert, Neufmonſtier en
& tout ce qui dépend d'icelles ſeigneuries, Dam
martin en Brie, & ce qui dépend dudit Meau
Lagny, & ce qui en dépend : Saint Thibault d
Vignes, Serris, Bailly, Choiſy en Brie, Vill
maiſon, Puiſieux, Courtery, Couchere, Fo
taine les Nonnains, Charly, Pavant, la haut
Maiſon, Marolles, Lizy, Vincy, Rozay, le po
aux Dames, Chambre Fontaine, Meſſy, pour
qui dépend dudit Meaux, ne puiſſe nuire ny pr
judicier aux droits du Roy, & dudit ſeigneu
Comte dudit Meaux, reſſort, détroit & étendu
dudit Comté, & Baillliage, de Meaux : Empêchan
formellement, que ladite comparution ſoit receu
& enregiſtrée en noſtre procez verbal, ny que le
procureurs & deputez deſdits lieux ſont notoire
ment du Bailliage de Meaux, uſent & doivent uſe
de la Couſtume dudit Meaux, à la reformation
laquelle leſdits Eveſque & Chapitre, & autr
ſeign. particuliers deſdits lieux, ont aſſiſté & com
paru ſans aucune conteſtation ou contradiction
ont comparu leſdits ſeign. aux convocations d
l'arriere-ban audit Meaux : Et ont de tout temp
les Sergens dudit Meaux, exploité eſdits lieux
comme encore de preſent ils exploitent, ſans con
tredit : mêmes les Juges & Officiers dudit lieu
ont de tout temps connu des cas Royaux, ſur le
ſujets & juſticiables deſdites villes, bourgs & villa
ges, & les ſubſtituts Notaires établis eſdits lieur
rapportent au Tabellion de Meaux, & pour plu
ſieurs autres raiſons & particularitez à déduire
& remontrer en temps & lieu : Et ſuppoſé qu
l'on voulûſt mettre en avant, qu'aucuns deſdit
lieux ayent relevé leurs appellations au chaſtelet
de Paris, ſe trouvera, que ç'a été par une injuſte
uſurpation, ſous pretexte d'un prétendu & incon
nu privilege de garde gardienne, éteint par le

Edits & Ordonnances du Roy, lequel ne peut prejudicier aux droits de son domaine , & du Comté
dudit Meaux , baillé pour appanage à Monsieur
son frere unique, faisant semblables protestations
contre tous autres qui auront fait ou voudront
faire semblable comparution, consentement & declarations , au préjudice du Comté dudit Meaux ;
Le tout sous les protestations susdites,& que l'appel qui pourroit être fait de plusieurs particuliers ,
lesquels n'ont aucun droit de Justice, ny de vassa-
lité , étans dudit Comté , ajournez pour comparoir à ladite convocation , ne puisse nuire ny prejudicier à Monsieur , & de se pourvoir en ce regard , ainsi que de raison , pour les entreprises par
eux faites , à l'appel & convocation de ladite reformation de ladite Coustume de Paris , sur les
sujets dudit seigneur Comte de Meaux.

Et par ledit maistre Jean *le Bourguignon* , pour
ledit procureur du Roy, a été protesté au contraire. Ledit maistre Jacques *Guerry*, pour ledit le
Roullier, Abbé de Lagny, a dit que le prieuré de
saint Thibault des vignes, ne doit être compris en
cette Coustume, comme étant de la Coustume de
Meaux.

Ledit *Millet* pour ledit Prieur , & Religieux de
Celle, a dit, que de tout temps ils ont usé de la
coustume de Meaux, protestant que ce qui sera
fait pardevant nous , ne luy puisse prejudicier.

Par ledit *Millet* , pour lesdites Religieuses, Abbesse & convent de Faremonstier en Brie , a été
dit que combien que lesdites Religieuses, Abbesse
& convent, & le Bailliage & chastellenie de Faremonstier , soient du ressort de ladite prevosté &
vicomté : toutefois on n'a jamais usé des coustumes de Paris , ains de celles du Bailliage de
Meaux, protestant que tout ce qui sera fait, arrê-
té & accordé par les presentes coustumes , ne leur
puisse prejudicier.

B b iiij

Et par ledit *Marion*, pour ledit procureur gé-
ral de Monsieur frere du Roy, a été soustenu,
lesdites Religieuses & chastellenie de Faremó-
stier, sont non-seulement de la coustume, m
aussi du Bailliage & ressort de Meaux.

Ledit *Loisel*, pour le procureur general de
Reine mere du Roy, présent & assistant maist
Guy *Chauveau*, Lieutenant general du Bailliag
de Melun, & maistre Isaac *Pinot*, substitut du pr
cureur general audit Bailliage. Et maistre An
Robert, Avocat en ladite cour de Parlement, a
nom & comme procureur des Maire & Eschevi
de ladite ville de Melun, a été dit, qu'il empê
choit que les terres dépendantes des comtez & se
gneuries de Melun & Crecy, fussent comprise
sous la coustume de Paris : Et notamment d
Dampnemois, Soisy sur Escolle, Saint Germain
Bernay, Courpelay, Vilbert, Verneüil, Ver-
noüillet, Nesle, le Gilleberde, Escoublay, Pla
noy, Lissy, Sougnolles, Dampmartin en Brie
saint Gobert, Fourches, Limoges, Naudy, Ber
neau, Mons prés Iebles, Nainville, le Plessi
Maria, Pringy, la Forest prés Chaulme & Toc
quin, lesquelles terres, seigneuries & villages
ont été de tout temps & ancienneté du ressort &
Jurisdiction du Bailliage de Melun & coustum
d'iceluy, comme il disoit apparoir par les procez
verbaux, tant de l'ancienne que de la nouvelle
coustume de Melun.

Et par maistre Pierre *Huart*, procureur au
Chastelet de Paris, au nom, & comme procureur
fondé de procuration speciale de Jean de *Lauthar*
Escuyer, seigneur de Tocquin : Et encore procureur des manans & habitans dudit lieu de Tocquin,
a remontré, que sans cause il avoit été ajourné &
assigné pardevant nous, parce que ledit lieu de
Tocquin est du Bailliage de Melun, auquel les appellations ressortissent, & de la coustume d'iceluy.

cette caufe a proteflé, que la comparution ne
puiffe prejudicier aufdits Seigneurs & habitans
dudit Tocquin.

Et par maiftre Nicolas. *Guillotin*, fubftitut du
procureur general du Roy à Eftampes, a été remontré, que les manans & habitans de la chaftellenie de la Ferte-Aleps, ont été appellez, combien
qu'ils ne foient de la Prevofté & Vicomté de Paris,
& que lors que la defunt Roy François, premier
de ce nom, érigea le Comté d'Eftampes en Duché, par fes lettres patentes, verifiées en la cour
de Parlement, & chambre des Comptes, pour
embelliffement & augmentation dudit Duché, il
y a annexé & compris les chaftellenies de Dour-
dan, & de la Ferté-Aleps ; tellement que faifant
ladite chaftellenie de la Ferté-Aleps, part & portion du Duché d'Eftampes, il eft bien plus raifonnable qu'ils foient regis & gouvernez fous les
couftumes d'Eftampes, que de Paris. Et quant aux
feigneuries de Vere, Villiers & d'Huiffon, a foûtenu qu'elles font affifes dans ledit Bailliage d'E-
ftampes, à deux lieuës prés dudit Eftampes Lefquelles feigneuries ont appartenu anciennement au
feigneur de Foix, & ont été unies avec le Comté
d'Eftampes, au temps que les feigneurs de Foix
en étoient proprietaires : Et depuis ont les Officiers dudit Eftampes, comme Bailly, Prevoft, &
Procureur, & pareillement le receveur du domaine dudit Eftampes, fait & exercé leurs Eftats &
Offices fur le domaine & feigneurie defdits lieux :
Et ce, par le temps & efpace de foixante ans,
& jufques à ce que le Prefident de Selve ait acquis les feigneuries de Villiers & d'Huiffon, & un
appellé de Hacqueville la feigneurie dudit Vere,
defquels ont changé les Officiers, mais n'ont pas
immué la couftume : Et ont les appellations dudit
Vere longuement depuis refforty pardevant le
Bailly d'Eftampes, & ufé des mêmes Couftu-

mes, que ceux d'Eſtampes. Et au regard d[e]
ville & Farcheville, dit que leſdits lieux ſon[t]
les portes d'Eſtampes, enclavez de toutes par[t]
dedans dudit Bailliage, ſe ſont voulu les ſeign[eurs]
exempter du reſſort dudit Bailliage, lorſqu'Eſt[am-]
pes étoit hors de la Couronne de France, mais l[es]
titres y reſiſtent : Et auſſi ſe ſont toûjours [les]
ſeigneurs deſdits lieux pourvûs pardevant le B[ailly]
d'Eſtampes és cas dont la premiere connoiſſa[nce]
appartient aux Juges royaux : A ces cauſes ſ[ouſ-]
tient, que leſdits lieux & habitans d'iceux, n'[ont]
pû ny dû être appellez à la reformation des C[ou-]
tumes de Paris, & qu'ils doivent être gouver[nez]
ſelon les Couſtumes d'Eſtampes.

Et par ledit *Marion* pour ledit procureur ge[ne-]
ral de Monſieur, ſeigneur de la Ferté-Alep[s, a]
été ſoûtenu, que c'eſt un Bailliage à part, ne
connoiſſant aucunement en reſſort, ny en Couſ[tu-]
me, la prevoſté de Paris, ny le Bailliage d[’E-]
ſtampes, proteſtant que leur évocation en c[ette]
aſſemblée, ny la remontrance des Officiers d'[Eſ-]
tampes, ne puiſſent prejudicier aux droits de M[on-]
ſieur.

Et outre ledit *Marion*, preſent & aſſiſtant a[vec]
luy maiſtre Jacques *des Monthiers*, Lieutenan[t au]
Bailliage de Senlis, en la ville & chaſtellenie [de]
Ponthoiſe, André *de Foreſts*, prevoſt, Nic[olas]
Bredoüille, & André *Fournier*, Avocat & proc[u-]
reur du Roy, & de mondit ſeigneur en ladite v[ille]
& chatellenie de Ponthoiſe, s'eſt oppoſé à l'[aſſi-]
gnation qui a été donnée par les Officiers du C[haſ-]
telet de Paris, aux Religieux, Abbé & conven[t de]
Noſtre Dame du Val, Religieuſes, Abbeſſe & c[on-]
vent de Noſtre Dame la Royale, dite de Maub[uiſ-]
ſon, habitans des paroiſſes de ſaint Oüen, & [du]
Bourg de l'Aumoſne, Maladerie, & Leproſe[rie]
de ladite ville de Ponthoiſe, hameaux de la Vach[e-]
rie, Pluches, & Courcelles, ſcituez en ice[lle]

paroisses, seigneurs, habitans de Mery, de Soug-
noles, d'Eragny, de Lieux & Andresy, Joüy le
monstier, & hameaux enclavez en icelles paroisses,
soûtenant que lesdites Abbayes du Val, de
Nostre Dame la Royale, dit de Maubuisson, &
tous lesdits villages & hameaux, sont des Bailliage & Coustume dudit Senlis, & chastellenie
dudit Ponthoise, ayant été appellez, & la plûpart
comparus, à la redaction & reformation, faite
des Coustumes dudit Bailliage en l'an mil cinq
cent trente-neuf, même en la derniere reformation
des Coustumes des villes, prevosté & vicomté de
Paris, n'ont lesdits Religieux, Abbé & convent de
Nostre Dame du Val, & Nostre Dame la Royale,
dite de Maubuisson, Seigneurs & habitans des
lieux susdits, été appellez : De sorte que l'ajournement qui leur a été donné, est une entreprise
de nouvel faite par lesdits Officiers du Chastelet
de Paris. Et pour le regard de ladite Abbaye
de Nostre Dame la Royale dite de Maubuisson,
les Officiers de ladite chastellenie de Ponthoise,
ont de tout temps exercé toute Cour, & jurisdiction sur icelle, fait proceder par saisie, scellé, &
inventaire, lors que vacation en est avenuë, & non
les Officiers de ladite prevosté & vicomté de Paris : Et outre, ont lesdites Religieuses, Abbesse &
convent, baillé par declaration, leur revenu temporel de ladite Abbaye, pardevant le Bailly de
Senlis, ou son Lieutenant general, lors que les
bancs des Francs-fiefs, & nouveaux acquests, ont
été decernez, & autres semblables, comme en
la convocation des hommages dernierement publiez pour Monsieur frere du Roy, pardevant
maistre Guillaume Bailly, president en la chambre des Comptes. Aussi lesdits bourgs de l'Aumosne, Maladerie & Leproserie de Ponthoise, & autres Bailliages & paroisses cy-dessus declarées,
sont desdits Bailliage, & Coustume de Senlis, &

de tout temps anciennement reglez suivans [...]
Et en cette qualité, Barthelemy *de l'Isle*, Sei[gneur]
dudit Andrefy ; la feigneurie duquel rele[ve]
Monfieur frere du Roy , à caufe de fon chaf[teau]
de Ponthoife ; a comparu à la redaction des C[ou]
tumes du Bailliage de Senlis : Et pareillement
Doyen , chanoines & Chapitre de Noftre-D[ame]
de Paris , Seigneurs en partie dudit Andrefy :
a été ordonné , qu'il feroit procedé avec eux [à la]
redaction , & homologation des Couftumes [de]
Senlis , proteftant que fi aucunes des perfon[nes]
fufdites , comparent à l'affignation à eux donn[ée]
que lefdites affignations , & comparutions
puiffent prejudicier aux droits du Roy & de m[on]
dit Seigneur. Et par ledit *Bourguignon*, pour le
procureur du Roy , a été foûtenu & protefté [le]
contraire.

Et outre , par ledit *Marion*, audit nom , a[u nom]
de maiftre Noël *Raffron*, procureur du Roy &
Monfieur frere du Roy, au Bailliage de Montfo[rt]
a été dit & remontré que les Abbayes , paroiff[es]
& fiefs cy-aprés declarez , qui ont été affignez,
appellez à la reformation des Couftumes de lad[ite]
ville, prevofté & vicomté de Paris, font du ref[fort]
& coûtume dudit Bailliage de Montfort , affif[es]
& enclavées de toutes parts au dedans dudit Bailli[a]
ge, ont été appellez & convoquez à l'homolog[a]
tion defdites Couftumes , comme il appert pa[r]
procez verbal de la redaction d'icelle , & fe fo[nt]
toûjours depuis ladite homologation , reglez [&]
gouvernez, felon lefdites Couftumes de Montfo[rt]
fans aucun contredit , ou empêchement : C'ef[t]
fçavoir l'Abbaye de Neauphle le Vieil , l'Abb[aye]
de Vaux de Cernay , l'Abbaye de la Ronfch[e]
l'Abbaye de faint Cyr , le prieur des Plaifirs,
prieur de Bonnelle , le prieur de faint Arnoult,
prieur de Bazinville le Fargy, Cognieres, les Va[ux]
de Cernay la Ville , la Celle , & les Bordes ,

Marais & Val faint Germain, Voullons, faint Cyr
prés Rochefort, Honnoles, le fief des Loges,
Corbeufes, Denify, Baudreville, Angerville, Guil-
ly, Noify les clais, la Bretéche, Saint Nom,
Chauvenay, Tivernal, faint Germain de Morin-
ville, Plaifir, Joüarre, le Tremblay, Bafoches,
Darget, & Leancourt : partant protefte que l'é-
vocation qui en a été faite, ne puiffe préjudicier
aux droits de Monfieur : foutenu au conrraire,
pour le regard de Goupillieres, tant par Jean *de
Paillart*, Ecuyer, fieur chaftelain dudit Goupillieres, prefent en perfonne, que par les habitans
dudit lieu, comparans par ledit Jean *Boüillette*,
marguillier de la paroiffe dudit Goupillieres, &
maiftre Nicolas *Roffignol*, leur procureur declarant que de tout temps ledit Goupillieres a été &
eft de la Prevofté de Paris. Dont nous avons ordonné que les parties auront acte pour leur fervir
& valoir ce que de raifon.

Et par maiftre Simon *le Fourbeur*, audit nom de
procureur des manans & habitans de la paroiffe
de la Celle, & les Bordes, a été declaré que lefdits habitans ne furent jamais du reffort & jurifdiction de la prevofté & Vicomté de Paris, ny
fujets à la couftume d'icelle, ains font du reffort
& jurifdiction du Bailliage & Comté de Montfort
l'Amaury, & regis & gouvernez felon la couftume
dudit Montfort : Et au cas qu'on vouluft comprendre lefdits habitans en cette couftume de Paris, s'y oppofe.

Ledit *de l'Aloüette*, pour ledit meffire François *de Bourbon*, Prince Dauphin, audit nom de
tuteur des enfans mineurs dudit Duc de Boüillon,
dit, la terre, feigneurie, & baronnie dudit Bayne, appartenante aufdits enfans, eftre affife & au
dedans du bailliage & comté de Montfort l'A-
maury, regie & gouvernée par la coutume du
bailliage de Montfort, & que toutes les appella-

tions de ladite baronnie de Bayne resso[rtissant au]
dit Montfort, comme il apparoist par Arrest [de la]
cour, donné entre Anne *de Pisseleu*, Duch[esse]
d'Estampes, lors Dame, baronne, chastelaine [du]
dit Bayne, appellante de la sentence du bailly [de]
Montfort, d'une part; & le Procureur gene[ral]
du Roy, prenant la cause pour son Substitut au[dit]
Montfort, d'autre part : Et qu'à la redaction [des]
coutumes dudit Montfort, la Duchesse de Val[en-]
tinois, defunte, lors Dame de Bayne, ayeule de[s-]
dits mineurs, comparut. Et fut ladite chastelle[nie]
& baronnie de Bayne comprise en ladite coutu[me]
de Montfort, comme il appert par le procez v[er-]
bal d'icelle, & ne fut jamais comprise en la coutume de la Prevosté & Vicomté de Paris : A[u cas]
que ladite terre & seigneurie de Grignon, est [de]
ressort, bailliage & coutume de Neauphle, se[pa-]
rée de celle de Paris & Montfort : Et partant e[m-]
pêchoit, que la chastellenie & baronnie du Bay[ne]
& ladite terre & seigneurie de Grignon, fus[sent]
comprises sous ladite coutume de Paris, p[ro-]
testant, que la reformation qui s'en fera en [la]
presente assemblée ne luy puisse nuire ny pre[ju-]
dicier.

Par ledit *Thumeri*, pour ledit Duc de Guis[e,]
de Chevreuse, a été dit, que la comparu[tion]
qu'il faisoit en la presente convocation, pou[r la]
reformation de la coutume de Paris, n'est [que]
pour le regard du fait de ladite coutume, d['au-]
tant qu'il ne connoist en rien le Prevost de Pa[ris]
pour superieur, mais la cour de Parlement, [où]
les appellations de son bailly de Chevreuse, [sont]
relevées immediatement : Et répondant à c[e que]
le procureur de Monsieur le frere du Roy a [voulu]
maintenir, que les seigneuries du Tremb[lay,]
Monceaux, & Darget, étoient de la coutu[me &]
bailliage de Montfort, a dit que lesdites seign[eu-]
ries sont mouvantes en plein fief de la chaste[l-]

nie dudit Maurepas , enclavées & affifes en icelles , laquelle eft unie au Duché de Chevreufe.

Ledit maiftre Jean *le Noir* , pour ledit meffire
Jean *de Balfac* , a dit & remontré que ladite baronnie & chaftellenie de faint Clerc , n'eft tenuë
ny fujette à la chaftellenie de Montlhery , ny de
Chafteaufort , & que ladite chaftellenie & ville
de Chaftres, n'eft tenuë ny fujette à la chaftellenie
de Montlhery.

Par ledit maiftre Yves *Robert* , pour ledit meffire François *de Balfac* , a été protefté , que fi l'affignation à luy donnée , & à fes freres & fœurs
pardevant le Prevoft de Montlhery , pour nommer
& convenir de gentilshommes pour affifter pardevant nous , ne puiffe nuire ny préjudicier à luy,
ny à fefdits freres & fœurs , parce que leurfdites
terres , cy-deffus mentionnées , ne font du reffort du Prevoft de Montlhery , mais du Prevoft
de Paris.

Ledit *Bynot* , pour ledit maiftre Jean *le Charon*
â declaré que ladite chaftellenie *de Louans* , n'eft
en rien fujette à la chaftellenie de Montlhery.

Ledit *le Fourbeur* , pour ledit meffire Claude
de Herville , a declaré que la terre & feigneurie
de la Celle , appartenant audit de Herville , ne
fut jamais du reffort de la Prevofté & Vicomté
de Paris , ny gouvernée felon la coutume d'icelle,
mais eft fujette au bailliage , & comté de Montfort l'Amaury, & empêche être comprife en cette
coftume.

Lefdits maiftre Claude & Jofeph *de Hacqueville* , ont declaré qu'ils empêchoient la comparution faite par le grand Prieur *de faint Denis* , en
qualité de feigneur *de Garges*, en partie : Et foutenu qu'il n'eft loifible audit Prieur , ny autres ,
eux dire feigneurs de partie & portion dudit Gar-
ger. Et ledit grand Prieur au contraire.

Ledit Loüis *Anjorrant* , a protefté , que la

qualité de seigneur *de Claye*, prise par ledit maître Claude *Anjorrant*, Conseiller, ne luy puis-
préjudicier. Et ledit maistre Claude *Anjorrant*
au contraire.

Par ledit maistre Jacques *l'Allemand*, a été
protesté, que la qualité prise par les doyen, chanoines & chapitre de l'Eglise de Paris, en ce qui
concerne la seigneurie *de Sucy*, ne luy puis-
nuire.

Ledit Antoine *de Pompon*, a protesté, que combien qu'il se soit presenté étant appellé au nombre des Notables de la Prevosté *de Corbeil*, que la
presentation qu'il y a faite, comme seigneur dudit
Bondoufle, ne luy puisse préjudicier pour sa Justice
dudit *Bondoufle*, d'autant qu'il ne reconnoist point
le Prevost de Corbeil pour superieur, ou Juge
d'appel de la Justice dudit *Bondoufle*, sans moyen

Ledit *Broute-sauge*, pour ledit Louis *de Bonnel*
seigneur *de Joüy*, sur Morin, & habitans dudit
lieu, a remontré & soutenu que lesdits habitans
de Joüy, n'ont jamais été regis selon la coustume
de la Prevosté & Vicomté de Paris, mais selon
celle de Meaux, comme étant de l'ancien ressort
du bailliage de Meaux, partant declarent qu'ils ne
veulent rien dire & remontrer sur la reformation
de la coustume de la Prevosté & Vicomté de Paris, comme n'y ayant aucun interest.

Ledit *Broute-sauge*, pour ledit Pierre *de Heroüil-
le*, seigneur de la Grange au bois, esdits noms,
a remontré, que les seigneurs de la Grange au
bois, Tivernal, Plaisir, & saint Germain de Ma-
rinville, sont de la coutume, du comté & bailliage
de Montfort l'Amaury, a protesté que les comparutions que pourroit faire Jean *de la Salle*, escuyer, Capitaine de saint-Germain en Laye, à
cause de ses enfans, & le seigneur *de Belloy*, à
cause de sa femme, ne luy puissent préjudicier,
ny les qualitez qu'ils pourroient prendre à cau-

des terres de Puiſieux & Carrieres. Auſſi que la comparution, que pourra faire frere Jean *de la Salle*, Abbé d'Apecourt, & les qualitez qu'il pourroit prendre, comme ſeigneur deſdites terres, ne luy puiſſent préjudicier au procez pendant pardevant le Prevoſt de Paris, entre leſdits enfans mineurs de luy & de feu Dame Loüiſe *de la Salle*, ſa femme, & ledit Abbé.

Ledit François *de Maillart*, a proteſté, attendu qu'il releve du Roy, à cauſe *de Tournan*, & non de Melun, n'être ſujet aux Officiers dudit Melun, & coutume dudit lieu.

Ledit *Bernage*, pour ledit maiſtre Thomas *le Pilleur*, a declaré ladite chaſtellenie *de Serris*, être reſponſable par appel à Meaux, & neanmoins ſe gouverner par la coutume de Paris. Et par ledit *Marion*, pour Monſieur Frere du Roy, a été proteſté, que la comparution & declaration dudit *Bernage*, audit nom, ne puiſſe nuire ny préjudicier à Monſieur, de ſe pourvoir contre ledit *Pilleur*, ainſi que de raiſon.

Par ledit maiſtre Antoine *Chauveau*, pour Jean *de Vallans*, ſeigneur de Verneüil, a été dit, & declaré, que combien que le Chaſtel dudit Verneüil ſoit tenu & mouvant du Roy, à cauſe de ſa groſſe tour *de Tournan* : neanmoins ledit Verneüil, tant le Chaſtel, que le village, paroiſſe, terre, & ſeigneurie à luy appartenantes, ſont du bailliage *de Melun*, regis & gouvernez ſous la coutume dudit bailliage : Et proteſte que la preſente comparution ne puiſſe préjudicier audit *de Vallans*.

Ledit maiſtre Fiacre *Gueſdon*, a declaré, que combien que leſdits fiefs *de la Borde* & *de Montlhery*, ſoient teuus & dépendans de la ſeigneurie & chaſtellenie de Chaſtel lez-Nangis, aſſis dedans le bailliage de Melun, neanmoins ne ſont aucunement ſujets à la coutume dudit bailliage, ſoit

quant à la forme de prester la foy où pour le
gard des droits & devoirs seigneuriaux, [en]
cas y échet : ains sont regis & gouvernez [se]
coutume de cette ville, Prevosté & Vicom[té]
Paris, & particulieré de Tournan, dedans le r[es]
sort de laquelle lesdits fiefs sont assis.

Par ledit *le Bossu*, pour ledit maistre Guillaum[e]
du Mont, a été dit & declaré, que la compar[a]
tion qu'il fait, est sans aucunement approuver [la]
Jurisdiction dudit Prevost de Paris, pour le rega[rd]
de ladite seigneurie *de Merlan* : les appellations [du]
Prevost de laquelle seigneurie *de Merlan*, ress[or]
tissent directement pardevant le bailly d'Arge[n]
teüil, & dudit bailly en la cour de Parlemen[t]
tant en civil, que criminel.

Par ledit *l'Hostelier* pour lesdits manans & [ha]
bitans *de saint Ouen*, a été dit, que les man[ans]
& habitans *de l'Aumosne*, sont de la paroisse du[dit]
saint Oüen, & du bailliage de Senlis au Siege [de]
Pontoise, & en ont toûjours été de tout temps [&]
ancienneté hostes & justiciables, & non de [la]
Prevosté de Paris.

Ledit maistre Antoine *Mesmin*, pour les [ma]
nans & habitans *de Brie Comte Robert*, a rem[on]
tré avoir charge des deputez des trois Etats [du]
dit lieu, qui sont maistre Joseph *Nepueu*, C[...]
dudit Sougnolles, Pierre *de Manchy*, escuy[er]
seigneur de Grisy, & des Adrets, & maistre [...]
Piloust, procureur du Roy au bailliage & ch[astel]
lenie dudit Brie-Comte-Robert, presens en [per]
sonnes, de dire & declarer, qu'ils ne sont [...]
ny justiciables du Prevost de Paris ; & sans [...]
ont été appellez à la reformation de la coûtum[e]
toute s'en tant qu'à eux est, accordent l[a]
reformation & coûtumes de Paris, & en v[eulent]
user comme bonnes, justes & équitables [pour]
le bien public à l'avenir, ainsi qu'elles seront r[e]
formées, n'ayans autres coûtumes rédigées [par]

écrit pour leurdit bailliage : proteſtant toutefois, que ce ne leur puiſſe nuire ny prejudicier en aucune maniere, à la Juriſdiction & reſſort dudit bailliage, qui eſt du tout diſtinct & ſeparé de la Prevoſté & Vicomté de Paris, & hors du gouvernement de l'Iſle de France, & au dedans du gouvernement de Brie & Champagne.

Par ledit *Bourguignon*, pour ledit Procureur du Roy, a été proteſté generalement contre toutes les remontrances cy-deſſus faites, qu'elles ne puiſſent prejudicier aux droits du Roy, reſſort & juriſdiction de la Prevoſté de Paris ; & à chacune d'icelles pouvoir répondre particulierement en temps & lieu, & quand il appartiendra.

Ont auſſi été appellez les cy-aprés nommez, qui ne ſont comparus, à ſçavoir, les doyen, chanoines & chapitre de Meaux : Les Religieux, Abbé & convent d'Ivernanx, Davencourt, Darmont, Chambre-Fontaine, chanoines & chapitre du Sepulchre, de ſaint Eſtienne des Grecs, de Champeaux, du bois de Vincennes, les Religieux, Prieur & convent de ſaint Antoine le petit, des Celeſtins de Marcouſſis, & les Bons hommes du bois de Vincennes, de Long-pont, d'Auron, de Villepreux : Les Religieuſes, Abbeſſe & convent de Gif, Val-parfont, Joüarre, Val de grace, Noſtre-Dame de Soiſſons, ſaint Cyr, Fontaines, Pont aux Dames, de la Saulſaye, ſaint Eutrope prés Trappes : Le ſeigneur de Ville-vole, Bobigny, de Luzarche, Mont-rouge, Champlan, Ville-maiſon, Orangy, Bretigny, Luois, Lardy, Châtronville, Duranville, Ledeville, & Argentvilliers ; contre tous leſquels avons donné defaut, ce requerant ledit Procureur du Roy, portant tel profit que de raiſon.

Et le lendemain vingt-troiſiéme jour dudit mois de Fevrier, eſtant audit lieu, où étoient les ſuſdits aſſemblez, avons fait faire le ſerment aux cens

defdits trois Etats, en tel cas requis & accoutumé
à fçavoir qu'en leur confcience & loyauté, ils nous
rapporteroient ce qu'ils avoient veu garder & ob-
ferver des coutumes de ladite Prevofté & Vicomté
de Paris, & ce qu'ils en fçavoient : ceffant toute
affection privée & particuliere, ayant feulement
égard au bien public ; nous difans auffi leur avis
& opinions de ce qu'ils trouveront dur , rigou-
reux & déraifonnable des coûtumes anciennes
cy-devant gardées, pour être par nous tempe-
rées , & moderées, corrigées, & abrogées felon
qu'il nous eft mandé par noftre commiffion : ce
qu'ils ont promis & juré faire. Leur avons enjoint d'eux affembler chacun defdits Etats fepa-
rément, & déliberer entr'eux, ce qu'ils auroient
à dire & propofer; & pour ce faire, élire l'un d'entr'eux, ou autre homme de confeil, pour porter la
parole:ce que depuis ils ont dit avoir fait, A fçavoir *les Ecclefiaftiques*, avoir éleu maiftre Antoine
Loifel, Avocat en la cour de Parlement , pour parler d'eux: Les Nobles , maiftre Simon *Marion*
auffi Avocat en ladite cour : Et lefdits Prevoft des
Marchands & Echevins , & ceux du tiers Etat,
maiftre François d'*Auvergne* , confeiller du Roy
en fon Trefor à Paris , feigneur de Dampont , &
Loüis *de Sainction* , Avocat en ladite cour , &
Chaftelet de Paris , & chacun d'eux.

Et ledit jour voulant proceder à la lecture des
coutumes de ladite Prevofté , maiftre Pierre Se-
guier, Lieutenant de ladite Prevofté de Paris, après
avoir fait entendre à l'affiftance, le bien que pourroit apporter la reformation & nouvelle redaction
defdites coutumes , a dit qu'ayant receu la commiffion & mandement du Roy, il auroit fait affembler,en la chambre civile du Chaftelet de Paris, les
Officiers dudit lieu , & anciens Avocats , & Procureurs dudit Chaftelet; Lefquels après avoir par
plufieurs journées & vacations , conferé enfem-

lement, tant des anciennes coutumes, que de ce
qu'ils avoient vû juger en la cour de Parlement &
Prevosté de Paris, garder & observer par commun
usage, & qu'ils pensoient devoir être ajoûté, interpreté, corrigé, ou abrogé de ladite coutume, y
auroit été dressé un *cahier*, duquel ils auroient
envoyé copie aux Prevosts de Corbeil, Montlhery, Chasteaufort, Tournan, Gournay, Poissy,
Brie-Comte-Robert, la Ferté-Aleps, & autres
sieges, Justices, & Jurisdictions de ladite Prevosté: Aucuns desquels, à sçavoir lesdits Prevost
& sous-Bailly de Poissy, Prevost de Montlhery,
Corbeil, Torcy, Chasteaufort, Tournan & Montmorency, auroient fait assembler les Avocats &
Procureurs de leur ressort, & en leur assemblée
vû ledit *cahier*, & sur iceluy dressé memoires &
avis de ce qu'ils pensoient devoir être receu pour
coutume, qu'ils auroient mis pardevers luy: Et
depuis auroient été faites autres assemblées au
Chastelet, ausquelles avec lesdits Officiers & Procureurs au chastelet, auroient été assemblez & appellez plusieurs Avocats & Procureurs anciens de
ladite cour, en la presence desquels, & par leur
avis, auroit été dressé le *cahier* d'articles des coûtumes * qu'il nous auroit presenté, pour en faire
lecture.

Et nous par l'avis desdits assistans, avons fait le-
ture *de l'ancien Coûtumier*, de ladite Prevosté &
Vicomté de Paris, ensemble dudit *cahier* à nous
presenté, rapportant & faisant lire ledit *nouvel* sur
chacun article *dudit ancien*.

* *En une autre édition, il y a*, qu'ils nous presentoient,

EN PROCEDANT

à la lecture des fufdits Cahiers & Articles de la Coûtume, par l'avis des trois Etats, a été l'intitulation mife comme il s'enfuit.

COUSTUMES DE LA
Prevofté & Vicomté de Paris.

Rubriche premiere des Fiefs, qui eftoit intitulée en l'ancien Couftumier, de matiere feodale.

AU premier article commençant, *Le Seigneur feodal*, qui étoit le premier article de l'ancien Coûtumier, ont été ajoûtez à la fin de ces mots, *à la charge d'en ufer par luy, comme un bon pere de famille.*

A été par l'avis defdits trois Etats ajouté le fecond article, commençant, *L'ufufruitier d'un fief*, pour avoir lieu à l'avenir, fans préjudice du paffé.

En la fin du troifiéme article, qui étoit le fecond de l'ancien Coûtumier, ont été ajoutez pour interpretation ces mots, *Efquels fiefs qui fe gouvernent felon la Couftume du Vexin, eft des reliefs à toutes mutations, & auffi ne font deux quints.*

Auffi ont été ajoutez les articles 4. commen-

çant, *Pareillement* : 5. commençant, N'*eſt deu foy* ;
5. commençant , N'*eſt auſſi deu droit* ; pour
avoir lieu à l'avenir , ſans préjudice du paſſé.

A l'article 8. commençant, *Le vaſſal*, qui étoit
le cinquiéme au Couſtumier ancien , ont été par
l'avis deſdits Etats ajoutez ces mots, *En forme pro-*
bante & autentique écrit en parchemin, paſſé par-
devant Notaires ou Tabellions Auſſi a été ajouté
le 11. article, commençant, *Neanmoins* , le tout
nouvel , & pour avoir lieu à l'avenir.

Le 12. article commençant , *Le Seigneur feodal*
ne peut preſcrire , a été mis au lieu du 7. article
de l'ancien Couſtumier , pour ce qui a été ajouté
contre la teneur dudit 7. article, avoir lieu à l'a-
venir, ſans préjudice du paſſé, duquel la teneur
étoit telle : *Item , le Seigneur feodal ne peut ac-*
querir preſcription contre ſon vaſſal , ne le vaſſal
contre ſon Seigneur , de choſe tenuë en fief. A la lecture dudit article, Maiſtre Antoine *Loiſel*, pour
l'Etat de l'Egliſe, a requis qu'au lieu de trente ans,
fuſt mis quarante ans, pour les biens du Clergé :
Et ledit Maiſtre Thierry *Cauchon* , pour leſdits
Religieux , Abbé & Convent de ſaint Denis , &
ledit maiſtre Mathieu *Fontenay*, pour ledit grand
Prieur de France, & ſaint Jean de Jeruſalem, ont
remontré que par privilege ſpecial , confirmé
par les Rois, & Arreſts de la Cour, on ne peut
preſcrire contr'eux , même par cent ans , ſe
ſont oppoſez audit article : Et ledit Maiſtre Simon Marion pour la Nobleſſe, & leſdits d'Auvergne & Sainction pour leſdits Prevoſt des Marchands & Eſchevins de la ville de Paris, & tiers
Etat, ont proteſté & ſouſtenu au contraire, que
la preſcription de trente ans doit avoir lieu contre
toutes ſortes de perſonnes. Et par ledit Maiſtre
Jean le Bourguignon pour ledit Procureur du Roy,
a été proteſté , que ladite Couſtume ne puiſſe
préjudicier aux droits du Roy. Surquoy avons or-

donné, que les parties auront ... leurs remontrances & protestations ... & que ...
l'article tel qu'il est couché, passera pour Coutume, comme dessus, sans préjudice des droits
privileges pretendus, & aussi sans préjudice d...
droits du Roy.

Le 13. article commençant, *Au fils aisné* ...
été accordé & mis au lieu du 8. article de l'anc...
Coutumier, pour avoir lieu comme nouvelle Cô-
tume, en ce qui a été ajouté, outre le contenu a...
dit 8. article, duquel la teneur étoit telle, *Le*
aîné prend pour son droit d'aisnesse le principal m...
noir, avec le jardin, selon la closture tenu en f...
& s'il n'y a point de jardin, un arpent de terre,
le vol du chapon, tenu en fief, au joignant de l...
dite maison.

Le 14. article commençant, *Si ...* ...
a été accordé comme Coutume nouvelle. ...

A l'article 15. commençant, *Quand pere,*
mere, qui étoit le 9. article, & au 16. commençant, *S'il y a plusieurs enfans,* qui étoit le 10. d...
dit ancien Coutumier, ont été ajoutés ces m...
avec l'enclos & basse-court, comme dessus ... ...
en consequence des deux precedens articles. ...

Le 17. article commençant, *Siesdites successi...*
a été accordé pour Coutume nouvelle, sans pré-
dice du passé.

Le 19. article commençant, *Quand il n'y a ...*
filles, a été mis au lieu des 12. & 26. articles a...
ciens, comme étans lesdits deux articles c...
en iceluy

A la fin de l'article 20. qui étoit le 13. arti...
de l'ancien Coutumier, ont été ajoutez ces mo...
& d... x *bailler copie.*

A l'article 22. commençant, *Quand le seign...*
feodal, qui étoient les 15. & 185. articles de l'ancien Coutumier, aprés ces mots, *Par retrait,* ...
été ajouté ce mot *lignager,* & le requint do...
éto...

toit fait mention en l'ancien Coutumier , a été
ar l'avis de tous les Etats , tollu & abrogé pour
avenir.

Le 23. article commençant , *Quand un fief*, a
té ajouté sans préjudice du passé.

Pareillement le 24. commençant , *Le Seigneur
feodal*, a été ajouté sans préjudice de ce qui a été
observé par le passé.

A l'article 26. commençant , *Le fils auquel*,
qui étoit le 17. de l'ancien Coutumier , ont été
joutez ces mots , *Encore que la chose donnée ait
té évaluée, ou qu'il renonce à la succession, ou successions de sesdits pere ou mere, ayeul ou ayeule, &
que ladite portion vaille plus que sa portion heredi-
aire , ou que la chose luy soit baillée en payement
de ce qui luy auroit esté promis par contrat de mariage*, pour avoir lieu à l'avenir, comme aussi a été
jouté le 27. article commençant , *Si telle donation* , peut avoir lieu à l'avenir, sans préjudice
du passé.

Le 30. article commençant , *Et pourtant*, &
31. commençant , *La saisie feodale*, ont été accordez pour nouvelle Coutume.

A l'article 32. commençant , *Tout homme*, qui
toit le 21. de l'ancien Coutumier , ont esté mis
es mots , *Et charge de fief*, pour & au lieu de
es mots , *Et administration de fief*, qui étoit en
l'ancien.

L'article 33. commençant, *En toutes mutations*,
a été mis au lieu des 22. 23. & 24. articles dudit
ancien Coutumier , & ledit 24. tollu & abrogé
pour le requint, comme dessus est dit.

Le 34. article commençant , *Le curateur*, a
été ajouté pour Coutume nouvelle.

Le 35. article commençant , *Le fils aisné*, 36.
commençant , *Et s'il n'y a que filles*, 37. commençant , *Mais si elles se marient*, 38. commençant , *Et si pendant*, 39. commençant , *La femme*

demeurant, 40. commençant, *La femme dou-*
riere, ont été accordez pour l'avenir, & mis au
lieu du 25. article de l'ancien Coutumier, dont
la teneur étoit telle, *Quand une femme, à la-*
quelle appartient un fief, se marie, il est dû rachat
ou relief au Seigneur feodal. A quoy ledit maistre
Toussaint Bartin pour ladite Dame Magdelaine
de Savoye, Duchesse de Montmorency, & pour
ledit Messire Henry Duc de Montmorency s'est
opposé pour raison de l'innovation qu'on prétend
faire contre & au préjudice de l'ancienne Coutume, laquelle par articles exprés veut que la
fille qui n'a point de frere, par lequel elle est
acquittée, doit rachat pour son premier mariage
qui est un droit acquis aux Seigneurs dominans
qui ne leur peut être ôté par nouvelle Coutume
sans leur consentement. Et combien qu'aucuns de
sa Noblesse en l'assemblée qui s'est faite sur la deliberation desdits articles, l'ayent consenty, doit
être consideré que ceux qui ont comparu & se
sont trouvez aux conferences de l'Etat de la Noblesse, sont la plufpart citoyens de cette ville de
Paris, ayant fiefs servans & sujets à tels rachats,
& n'y ont tel interest que ladite Dame & Duc de
Montmorency, qui ont grand nombre de Vas-
faux sous eux, & trop plus que ceux qui veulent
faire nouvelle Coutume, & changer l'ancienne à
leur dommage & préjudice : declarant ledit
Bartin audit nom, qu'au cas qu'on voulust pa≈er
outre par dessus ladite opposition, qu'il en ap-
pelloit, & en a requis acte, que luy avons octroyé
& neanmoins ordonné sans préjudice dudit ap≈el
que lesdits articles demeureront ainsi qu'ils ont
été presentement accordez.

A l'article 141. commençant, *Si tous les en≈ans*
auquel font compris les 28. & 29. articles de l'ancien Coutumier, ont été ajoutez ces mots, *sera*
tenu le tuteur de declarer les noms & âges des

neurs, *pour lesquels il demande souffrance,* pour nouvelle Coutume.

Le 44. article commençant, *Et aprés,* a été accordé pour nouvelle Coutume, sans préjudice du passé.

Le 46. article commençant, *Le gardien noble,* a été accordé : Et par l'avis desdits Etats, le 32. article du vieil Coutumier abrogé, duquel la teneur étoit telle ; Item *le gardien d'aucuns enfans mineurs faisant les fruits siens, est tenu de payer droit de relief pour les heritages feodaux appartenans à iceux mineurs.* A quoy ledit maistre Toussaint Bartin pour ladite Dame Magdelaine de Savoye, & ledit Messire Henry Duc de Montmorency, s'est opposé, comme étant contre l'ancienne Coutume a protesté & appellé comme dessus, & requis acte, qui luy a été octroyé : Et neanmoins ordonné sans préjudice dudit appel, que l'article, ainsi que presentement il a été accordé, sera gardé pour Coutume.

Le 48. article commençant, *S'il y a bois,* & 49. commençant, *Et commençant ladite année,* ont été accordez pour Coutume nouvelle, sans préjudicier à ce qui a été fait par le passé.

Au 51. article commençant, *Le vassal ne peut démembrer,* qui étoit le 35. article de l'ancien Coutumier, ont été ajoutez ces mots, *Bien se peut jouër & disposer, & faire son profit des heritages, rentes ou cens estant dudit fief, sans payer profit au Seigneur dominant, pourveu que l'alienation n'excede les deux tiers, & qu'il en retienne la foy entiere, & quelque droit seigneurial & domanial sur ce qu'il aliene:* En ce faisant a été rayé le 41. article du vieil Coutumier, dont la teneur étoit telle Item *un vassal se peut jouer de son fief jusques à demission de foy, sans que le Seigneur luy puisse demander profit.*

Le 52. article commençant, *Et neanmoins,* &
D d ij

52. commençant , *Les heritages* , ont esté ajoutez
pour nouvelle Coutume, sans prejudicier à ce qui
a esté fait par le passé.

A la fin du 54. article commençant , *Seigneur
feodal qui met en sa main le fief mouvant de luy* ,
qui estoit le 36. article, de l'ancien Coutumier ,
ont esté ajoutez ces mots , *Pour en joüir comme un
bon pere de famille* , pour l'interpretation de l'article.

Le 56. article commençant, *Le Seigneur feodal*,
le 57. commençant, *La Coutume*, & le 58. commençant, *Si le vassal* , ont été mis au lieu des 38.
39. & 40. article de l'ancien Coutumier , pour
avoir lieu à l'avenir seulement , en ce qui a été
ajouté outre ladite ancienne Coutume , de laquelle la teneur estoit telle; Item *le Seigneur feodal qui
met en sa main par faute d'hommes , droits & devoirs non faits, le fief tenu de luy, auquel il y a
terres emblavées par aucun fermier ou laboureur,
auquel sont baillées à ferme icelles terres , iceluy
Seigneur feodal , s'il veut avoir les gagnages d'icelles terres, est tenu de rendre & restituer au Fermier & Laboureur ses feurs & semences. Item , la
Coutume dessusdite a lieu quand le Seigneur feodal
veut avoir le revenu d'un an pour son droit de relief. Item , és cas dessusdits le Seigneur feodal , s'
bon luy semble , peut prendre & avoir la maison
deuë par le Fermier ou Laboureur qui tient lesdites
terres & autres heritages à maison.*

A l'article 60. commençant, *Quand entre plusieurs*, ont été ajoutez sur la fin ces mots ; *Et
aprés le procez terminé est tenu le vassal faire &
porter la foy à celuy qui aura obtenu , quarante
jours aprés la signification à luy faite de la Sentence ou Arrest* , qui sont pour interpretation , for
que pour les quarante jours est la Coutume nouvelle.

L'article 62. commençant , *C'est-à-dire,* à t

ajouté pour l'interpretation du precedent, jusques à ces mots, *En renouvellant la saisie de trois ans en trois ans* qui est Coutume nouvelle.

Le 63. article commençant, *Le vassal pour faire*, a été mis au lieu du 45. article ancien, & amplifié pour interpretation, le 64. article commençant, *Ledit Seigneur*, a esté ajouté de nouvel.

A l'article 65. commençant, *Quand un fief*, qui étoit le 47. article du vieil Coûtumier, ce mot, *Duchez*, a été ajouté en deux endroits.

A l'article 67. commençant, *Le Seigneur feodal*, qui étoit le 49. article du vieil Coûtumier, ont esté à la fin d'iceluy ajoûtez ces mots, *auquel cas d'excuse suffisante, est tenu le recevoir par procureur, si mieux n'aime ledit Seigneur bailler souffrance, & attendre que l'excuse cesse, pour avoir lieu à l'avenir.*

Le 69. article commençant, *Le Seigneur haut-Justicier*, & 70. commençant, *Aussi le Seigneur*, ont esté accordez par les Etats de l'Eglise & de la Noblesse.

A été presenté autre article, duquel la teneur étoit, *Celuy qui n'a fief, censive, ne justice, peut avoir volliere ou fuye de cinq cent boulins, & au dessous, pourveu qu'il ait au terroir où est construite ladite volliere, cinquante arpens de terre:* A quoy a esté remontré par les Prevost des Marchands & Echevins, que la grande cherté des terres ne peut permettre que l'on ait si grande quantité de terres en un mesme terroir, & n'est raisonnable de diminuer ou restraindre l'ancienne liberté, & qu'il est dur que celuy qui a quarante-neuf arpens ne puisse avoir aucune volliere ou fuye, non plus que celuy qui ne tient qu'un ou deux arpens, & qu'il seroit plus équitable de permettre plus grande ou moindre quantité de boulins, selon le nombre & quantité des arpens de terre. Ce qui a été contredit par les deux autres Etats; surquoy avons

ordonné que les parties se pourvoiront à la Cour
ainsi qu'elles verront être à faire.

Les 71. articles commençant, *Nul Seigneur*
& 72. commençant, *Le moulin*, ont été accordez comme Coutume nouvelle pour l'avenir, &
sans préjudice du passé. Ausquels deux articles
ledit maistre Toussaint Bartin pour ladite Dame
Magdelaine de Savoye & Duc de Montmorency,
s'est opposé, & a soutenu que le fait de possession
immemoriale est recevable en droit de corvées &
bannalitez de fours, pressoirs & moulins à eau &
à vent, protestant que lesdites Dame & Seigneur
Duc de Montmorency useront de leurs droits,
ainsi qu'ils ont fait d'ancienneté, comme étans
conservez en iceux par le moyen de la presente
opposition dont il a requis acte, qui luy a été octroyé pour luy servir ce que de raison : néan-
moins ordonné que lesdits articles demeureront
écrits pour Coutume, sans préjudice de ladite opposition.

Ces Censives & droits Seigneuriaux.

L'Article 75. commençant, *Si le proprietaire*
a été ajouté pour l'avenir, sans préjudice du
passé.

A la lecture du 76. article commençant, *Les
droits de ventes*, qui étoit le 53. article du vieil
Coutumier, se sont opposéz ledit Evesque de Paris, tant pour le domaine de sondit Evêché
qu'Abbaye de saint Magloire y annexée, ledit
Abbé de sainte Geneviéve, ledit Prevost de Corbeil, Maistre Guillaume le Normand, Procureur
de noble homme M. Pierre de Longueil, Conseiller en la Cour de Parlement, Seigneur de Bou
& en partie d'Esury sur Seine lez-Corbeil, & les
autres Seigneurs ayans fiefs, seigneuries & censives en ladite Prevosté de Corbeil, les Prevost

Procureur du Roy, & Officiers de la Ville, Provôté & Chaftellenie de Tournan ; Jean le Comte Ecuyer, Seigneur de Mont-fermeil, pour fadite terre & feigneurie de Ville-crefne, affife en la Prevôté & Chaftellenie de Corbeil, maiftre Nicolas Guynet, Procureur au Chaftelet de Paris, & Procureur des Religieux & Convent de faint Pierre de Rueil en Brie, & maiftre François Chauvelin, Avocat en la Cour de Parlement, Procureur de Pierre Halde, Ecuyer, Seigneur, Baron d'Aurilly, Seigneur Chaftelain de Beauche & Hermainvile, & premier Valet de Chambre du Roy : Lefquels ont dit être en poffeffion, fçavoir eft ledit Evêque de Paris, de prendre pour le droit de lods & ventes cinq fols parifis en fes terres & cenfives, lefdits Prevoft de Corbeil, & autres fufdits, de prendre trois fois quatre deniers tournois pour livre, requerans y être maintenus & gardez, & ont protefté que cet article ne leur puiffe nuire ne préjudicier, ainfi que fur femblable article eux ou aucuns d'eux fe font oppofez à la redaction des Coutumes de la ville de Paris, qui fut faite l'an 1510. comme eft contenu au procez verbal d'icelle, à laquelle oppofition ils perfiftent. Surquoy avons ordonné, de l'accord & confentement de tous les affiftans, que ledit article demeurera & fera écrit comme il étoit anciennement ; & neanmoins refervé audit Evêque de Paris, & aux feigneurs cenfiers & fonciers des Prevoftez & Chaftellenies de Corbeil, Tournan, & autres, de prendre droits de ventes & faifine fur les heritages eftant de leur cenfive, tels qu'ils leur font & peuvent être deus, refervé aux acheteurs & vendeurs leurs deffenfes au contraire, ainfi qu'il leur a été refervé par ledit procez verbal de l'an 1510. Et par ledit maiftre Jean le Bourguignon pour ledit Procureur du Roy audit Chaftelet, a efté protefté que ledit article ne puiffe pré-

judicier aux droits du Roy : ce qui luy a esté accordé.

A l'article 77. commençant, *Pour ventes ra-
lées*, qui estoit le 54. du vieil Coutumier, ont esté
mis *vingt jours*, au lieu de *la huitaine*, qui estoit
audit vieil Coutumier, pour avoir lieu à l'avenir
seulement.

Au 78. article commençant, *Si aucun acheteur*
qui estoit le 55. du vieil Coutumier, ont esté ajoutez ces mots, *Ou preneur à rente rachetable :* pareillement ces mots, *Ou preneur à rente*, & à la
fin de l'article ces mots, *Ou sort principal de la
rente*, *encore qu'elle ne soit rachetée.* Et ont esté
rayez ces mots : *Et saisine pour ce deuë & accoustu-
mée*, *avec douze deniers parisis pour la saisine*
qui estoit à la fin dudit article de l'ancienne Coutume : Le tout pour l'avenir ; & sans prejudice
du passé.

Les articles 79. commençant, *Si l'acheteur*
80. commençant, *Si l'heritage*, ont esté ajoutez
pour Coutume nouvelle, & le 81 commençant
Les ventes, a esté ajouté pour interpretation.

Au 82. article commençant, *Ne prend saisine*
qui estoit le 56. article de l'ancien Coutumier
ont esté ajoutez ces mots, *Mais si on prend saisine, sera payé douze deniers parisis pour la saisine*
A quoy se sont opposez lesdits Maistre Antoine
Loisel, Thierry, Cauchon, & François Chauvelin, Avocat pour les Ecclesiastiques, & encore
pour lesdits Evêque de Paris, Abbé de saint Denis, & de sainte Geneviéve, & soutenu estre en
possession de prendre cinq sols tournois pour saisine. Surquoy avons ordonné, qu'ils auront acte
de leurs oppositions, & que leurs pretendus
droits leur seront reservez, & aux acquereurs
& vendeurs leurs deffenses au contraire, comme
dit est.

Les articles 83. commençant, *Pour heritage*

& 84. commençant, *Si aucun achete*, ont esté accordez pour avoir lieu à l'avenir , & mis au lieu des 58 59. 60. & 61. articles de l'ancien Coutumier, qui ont esté rayez en conséquence des Arrests donnez en la Cour de Parlement.

A la fin du 86. commençant , *Il est loisible*, pour interpretation ont esté ajoutez ces mots , *Et est entenduë simple gagerie, quand il n'y a transport de biens.*

Aussi a esté ajouté le 87. article commençant , *De toutes rentes foncieres,* pour l'avenir , sans prejudice du passé.

Quels biens sont meubles , & quels immeubles.

CEtte rubriche & les 88. 89. 90. 91. 92. & 93. articles ont esté ajoutez de nouvel pour interpretation , & sans prejudice de ce qui a esté gardé par le passé.

L'article 94. commençant, *Rentes constituées,* a esté pris du 57. article de l'ancien Coutumier , & mis sous cette rubriche , & y ont esté ajoutez ces mots , *Toutefois au cas que celles qui appartiennent à mineurs soient rachetées pendant leur minorité , les deniers du rachat ou remploy d'iceux en autres rentes ou heritages , sont censez de mesme nature & qualité d'immeubles , qu'estoient les rentes ainsi rachetées , pour retourner aux parens du costé & ligne dont estoient lesdites rentes procedées.* Ladite addition faite de nouvel , sans prejudice du passé , encore que les Nobles ayent remontré , que par le moyen de cet article , & autres contenus en la Coutume , qui declarent la rente constituée immeuble , ils sont grandement defraudez de leurs droits.

Le 95. article commençant , *Office venal,* a aussi esté ajouté de nouvel , sans prejudice du passé.

De Complainte en cas de saisine & nouv
leté, & simple saisine.

A La fin de l'article 97. commençant, *Au*
n'est recevable, ont esté pour interpretati
ajoutez ces mots, *mais bien pour université de m*
bles, en succession mobiliaire.

Le 98. article commençant, *Quand aucun*
jouy, a esté pris du 73. article, qui estoit so
le titre des actions personnelles au vieil Cou
mier, & mis sous cette rubriche, lieu qui a sem
blé plus convenable, à laquelle rubriche à ce
occasion ont été ajoutez ces mots, *& sim*
saisine.

Des actions personnelles & d'hypotheque.

LE 100. article commençant, *Et s'entend*
a esté ajoutez de nouvel, sans préjudice
passé.

A la fin de l'article 101. commençant, *Les*
tempteurs, ont esté ajoutez ces mots ; *sans*
soit besoin de discussion, & si la rente est foncie
doit estre l'heritage ajugé à la charge de la ren
ce qui a esté accordé pour Coutume nouvelle, p
le regard de la discussion.

Les articles 103 commençant, *Et aprés con*
station, & 104. commençant, *Contestation*,
esté ajoutez pour interpretation, & sans préj
ce du passé.

A la fin de l'article 106. commençant,
convention, ont esté ajoutez pour interpreta
ces mots, *Si elle ne dépend de l'action, & qu*
demande en reconvention soit la défense contre
ction premierement intentée : & en ce cas le dé
deur par le moyen de ses defenses se peut consti
demandeur.

A l'article 107. commençant , *Cedule privée*, ont esté pour interpretation ajoutez ces mots , *Ou pardevant deux Notaires, ou que par jugement elle soit tenue pour confessée , au jour de la denegation , & en cas que par aprés elle soit verifiée.*

A l'article 108. commençant , *Un simple trans-port*, qui estoit le 170. article de la vieille Coustume , ont esté ajoutez ces mots , *Et faut signifier le transport à partie, & en bailler copie auparavant que l'executer.*

L'article 110. commençant, *Celuy qui n'est preneur* , a été accordé pour Coustume nouvelle.

L'article 112 commençant, *Par privilege* a été accordé & ajouté , & le 197. de l'ancien Coustumier rayé. Par lesdits d'Auvergne & Sainóton, a été insisté , tant pour ledit Prevost des Marchands , que pour le tiers Estat , que ledit privilege appartient aux bourgeois de Paris , non-seulement en matiere civile , mais criminelle : Lequel privilege donné & octroyé par les Rois de France aux Bourgeois de Paris, verifié en la Cour de Parlement , contient que les Bourgeois de Paris ne peuvent être poursuivis ny contraints de répondre pardevant autre Juge que le Prevost de Paris, soit en matiere civile ou criminelle. Protestant que l'article , ainsi qu'il est couché, ne leur puisse préjudicier : Ce qui a été contredit & empêché par ceux de la Noblesse , & aucuns des Officiers des Justices inferieures de ladite Prevosté , Avons octroyé actes ausdits d'Auvergne & de Sainóion de leurs remontrances , & declaré que n'entendions aucunement préjudicier aux privileges de ladite ville & bourgeois d'icelle.

De Prescription.

AUx articles 113. commençant, *Si aucun a joüy*, & 114. commençant , *Quand aucun* , qui

étoient les 66. & 67. articles de l'ancien C
mier, ont esté par l'avis desdits Estats ajoûte
mots, *ou rente*, & aussi ont esté ajoûtez les
cles 115. commençant, *Et a lieu*, 116. comm
çant, *Sont reputez*, & 117. commençant, *En*
tiere, le tout pour interpretation & pour l'av
sans prejudice du passé.

Pareillement à l'article 118. commençant
Aucun a joüy, qui étoit le 68. du vieil Coutum
ont esté ajoutez ces mots, *Ou rente*, *ou autre*
se prescriptible : Aussi ont esté ajoûtez les 119.
mençant, *Faculté de racheter*, 120. commenç
La Faculté donnée, 121. commençant, *Ce que le*
pour avoir lieu à l'avenir, sans prejudice du

A la lecture du 122. article commençant,
pitoyables, qui a esté ajoûté de nouvel : po
tiers Estat a esté dit, qu'il étoit bon d'ajoûte
dit article, que les legs mentionnez en l'art
sur les maisons des villes de la Prevosté & Vic
té de Paris, sont rachetables, comme ceux
sont sur les maisons de la ville de Paris, & f
bourgs d'icelle. Ce que par les Ecclesiasti
a été empêché, & dit, que lesdits legs ne
aucunement rachetables, ains doivent être
petuellement payez & continuez, suivant la
lonté des defunts : & ce qui a été accordé po
ville & faux-bourgs de Paris, a été fait en
sequence de l'Ordonnance faite pour le privi
donné à ladite ville, pour l'entretenement & de
ration d'icelle. Par les Nobles a été dit, q
n'empêchoient le rachat être generalement ac
dé par toutes les villes de ladite Prevosté &
comté : Surquoy avons ordonné que ledit ar
demeurera en la forme qu'il est écrit.

A la lecture du 123. article commençant,
portant directe, 124. commençant, *Le droit de*
qui ont été ajoûtez pour l'avenir, s'est op
ledit Maistre Thierry Cauchon, pour les Reli

Abbé & Convent de S. Denys en France , & soû-
tenu comme dessus, que par privilege donné &
ottroyé à ladite Abbaye, on ne peut prescrire contre icelle que par cent ans : Comme aussi a fait ledit maistre Mathieu de Fontenay , Avocat , pour
l'Ordre de saint Jean de Jerusalem , pretendant
pareil privilege. Avons ordonné qu'ils auront acte
de leurs oppositions , pour sur icelles, se pourvoir,
ainsi qu'ils verront être à faire.

Les 125. articles commençant , *Les Medecins ,*
126. commençant , *Marchands,* 127. commençant, *Drappiers,* 128. commençant, *N'ont les Ta-
verniers* ont été mis au lieu du dernier article de
l'ancienne Coustume , dont la teneur étoit ainsi
qu'il s'ensuit, Item , *Marchands, gens de mestier,
& autres vendans leurs denrées & marchandises
en détail , Medecins, Chirurgiens, Barbiers, Orfevres , Espiciers, Apothiquaires, Massons. Charpentiers , Laboureurs manouvriers , serviteurs, & autres mercenaires , demeurans en la ville, banlieuë ,
Prevosté & Vicomté de Paris , ne peuvent faire action, question, ou demande de leursdites denrées,&
marchandises, salaires, & services trois ans passez,
aprés lesdites denrées venduës, debitées, & livrées
en détail , ouvrages , labeurs , salaires & services ,
fors & excepté celles qui seront reconnuës par obligations , cedules , ou autrement deuement.*

De retrait lignager.

A L'article 129. commençant , *Quand aucun
a vendu,* qui comprend les 172. & 174. articles de l'ancien Coutumier , ont été pour declaration d'iceux ajoutez ces mots, *ou rente fonciere.*

A l'article 130. commençant , *Le temps de retrait ,* qui étoit le 173. article de l'ancien Coutumier , ont été pour declaration ajoutez ces mots ,

Et doit ledit ajournement être fait & l'assign[...]
écheoir dans ledit an & jour de ladite inféod[...]
ou faisine. Aussi pour declaration ont été ajo[...]
les 131. articles commençant, *L'an du retrait c[...]*
& le 132. article commençant, *L'an du reti[...]*
du propre heritage, pour avoir lieu à l'avenir [...]
préjudice du passé.

A l'article 133. commençant, *Si aucune pers[on]*
ne, qui étoit le 165. de l'ancien Coutumier, [...]
été ajoûtez ces mots, *Auquel cas le peut aussi*
traire le premier vendeur, *comme ne l'ayant*
precedent mis hors la ligne.

Aussi ont été ajoutez les articles 134. comm[en]
çant, *En matiere de retrait*, & 135. commençan[t]
Le Seigneur qui acquiert l'heritage, pour l'aven[ir]
& sans prejudice du passé.

L'article 136. commençant, *Le retrayant*, a [...]
mis au lieu de pareil article qui étoit en l'anc[ien]
Coutumier, le 176. Et y ont été ajoutez les ar[ti]
cles 137. commençant, *L'heritage baillé*, 138. co[m]
mençant, *Et quant aux arrerages*, 139. comm[en]
çant, *L'heritage retiré*, tant pour l'interpreta[tion]
des anciennes Coutumes, que pour avoir li[eu]
l'avenir, sans préjudice du passé.

A l'article 240. commençant, *Quand le lign[a]*
ger, qui étoit le 177. article de l'ancien Cou[tu]
mier, ont été ajoutez ces mots, *Tant par l'aj[ourne]*
nement, & ces mots, *Principale*, *jusques à con[tes]*
tation en cause inclusivement, *& d'appel jusqu[es]*
conclusion sur l'appel aussi inclusivement, pour [l'a]
venir, & sans préjudice du passé. Et ont été ra[yez]
du vieil Coûtumier ces mots, *Excepté la jou[r]*
d'absence si aucune est prise.

A l'article 141. commençant, *Le parent*, [qui]
étoit le 178. article ancien, ont été ajoutez [ces]
mots, *encore que le retrayant ne soit descendu de[...]*
luy duquel vient ledit heritage. Et aussi a été ajou[té]
le 142. article commençant, *Les heritiers*, le 1[...]

pour avoir lieu à l'avenir , & fans préjudice du paffé , & procez pendans.

Les articles 145. commençant , *En échange* , 146. commençant , *Durant l'an & jour* , 148. commençant , *Loges , boutiques , Eftaux* , 149. commençant , *Baux à quatre-vingt dix-neuf ans* , 151. commençant ; *Un heritage* , 152. commençant , *Mais l'heritage* , 153. commençant, *L'heritage adjugé* , 154. commençant, *Portion d'heritage* , 156. commençant , *Quand celuy qui n'eft* , 157. commençant, *Et fi par partage* , ont été ajoûtez pour l'avenir, fans préjudice du paffé.

A l'article 159. commençant , *Le fief venant* , qui étoit le 183. de l'ancien Coutumier, ont été ajoutez ces mots , *Ladite retenuë publiée en jugement au plus prochain fiege Royal.*

Arrefts , executions & gageries.

DE l'article 161. commençant , *Il eft loifible* , qui étoit le 163. article de l'ancien Coutumier ; a été ofté ce mot , *de conducteur* , qui étoit audit ancien article , & a été mis fimplement , *fur les biens eftant en icelle.*

Et a été ajouté le 164. article , commençant , *S'il y a des fous locatifs* , pour l'interpretation du precedent article.

Les articles 165. commençant , *Et le femblable* , & 166. commençant , *On eft recevable* , ont été ajoutez pour avoir été toûjours gardez.

L'article 169. commençant , *Neanmoins* , a été ajouté pour declaraton du precedent.

A l'article 170. commençant , *Meubles n'ont point* , ont été ajoutez pour interpretation ces mots, *quand ils font hors de la poffeffion du debiteur.* Auffi ont efté ajoutez les articles 171. commençant, *Toutefois* , & 172. commençant, *Les executans* , pour avoir lieu à l'avenir.

A l'article 173. commençant, *Par privilege*, qui étoit le 192. de l'ancien Coutumier, ont été pour interpretation ajoutez ces mots, *Et non sur autre debiteurs que forains.*

A aussi été ajouté le 174. article commençant, *De tel Arrest*, à la lecture duquel se sont opposez les Ecclesiastiques, les Nobles, les Prevost des Marchands, Echevins & Officiers de la ville de Paris, disans qu'aucun d'eux ont Justice en la ville & faux-bourgs de Paris, & mêmes lesdits Prevost des Marchands & Echevins sur la riviere : Et partant que la connoissance des Arrests faits en leur Justice & Seigneuries, appartient à leurs Juges Officiers respectivement : Et par ledit Maistre Jean le Bourguignon pour ledit Procureur du Roy a été dit, n'être d'accord que lesdits Ecclesiastiques, Nobles, Prevost des Marchands & Eschevins, ou autres, ayent Justice en ladite ville & fauxbourgs de Paris, au préjudice du Roy, comme est dit cy-dessus, & que des Arrests étans faits par privilege octroyé par le Roy, la connoissance en appartient au Prevost de Paris. Surquoy avons ordonné, que ledit article demeurera, & neanmoins auront les susdits, lettres de leurs oppositions & remontrances.

Les articles 177. commençant, *Et neanmoins* & le 178. commençant, *Le creancier*, ont été ajoutez pour l'avenir, sans prejudice du passé.

A l'article 279. commençant, *Tout-fois*, qui étoit le 196. article de l'ancien Coutumier, ont été pour interpretation ajoutez ces mots, *par quelque cause que ce soit, encore qu'aucun des creanciers eust fait premier saisir.*

Aussi ont été ajoutez les articles 180. commençant, *Le cas*, 181. commençant, *Et n'a lieu*, 182. commençant, *Aussi n'a lieu.*

De servitudes & Rapports de Jurez.

L'Article 184. commençant, *En toutes matieres*, a été mis au lieu du 79. article de l'ancien Coutumier, lequel ancîen a été corrigé pour l'amendement des Bacheliers. A la lecture duquel article, & du suivant, commençant, *Et sont tenus*, qui a été ajouté pour nouvel, Maistre Claude Hardy, au nom & comme Procureur de Maistre Jean de Verdun, a remontré que ledit de Verdun est pourveu en titre d'Office formé, de l'Office de Clerc des Jurez Massons, Bacheliers & Preud'hommes de la vile, prevosté & vicomté de Paris, a été sa provision amplifiée & confirmée par lettres patentes en forme d'Edit, leuës & verifiées en la cour de Parlement, à cause duquel luy appartient d'assister à toutes visitations, prisées & estimations de maisons, & autres heritages, avec lesdits Jurez, Bacheliers & Preud'hommes, & rediger par écrit, & signer avec eux leurs rapports, & garder les minutes d'iceux, dont il est responsable, commettre à ces fins tel Clerc & Commis qu'il voudra, du fait duquel il est chargé, & responsable, & ne peuvent les Jurez, Bacheliers & Preud'hommes prendre autres personnes que ledit de Verdun ou ses commis, sur peine de nullité des rapports, protestoit, que l'article ne luy puisse prejudicier, & s'opposoit à la publication d'iceluy, ainsi qu'il étoit couché, sinon que ses droits luy soient gardez. Et par ledit M. Simon Marion, pour l'Estat de la Noblesse, a été dit que par l'Edit de la police, verifié en la cour de Parlement, ledit Office de Clerc a été suppprimé, & partant est loisible aux parties & aux Jurez prendre tel Clerc que bon leur semble pour écrire le rapport desdits Jurez. Et par maistre Jean le Noir, Avocat pour les maistres Jurez Massons

& Charpentiers de cette ville de Paris, créez
érigez par le Roy, en titre d'Office, a été remontré que les grandes longueurs desquelles on
plaint à l'encontre d'eux en l'expedition des rapports procedent de la faute & negligence d[es]
clercs, lesquels écrivent leurs rapports qui son[t]
personnages pauvres, choisis par ledit de Verdun, lesquels il change quand il luy plaist, a[u]
grand detriment & préjudice du public, requé-
rant qu'il leur fust permis appeller tels clerc[s]
que bon leur semblera, de ceux qui sont capabl[es]
de telle charge, qui auront fait serment à Jufti[-]
ce, conformément à l'Edit du Roy, verifié en [la]
Cour de Parlement, sur le fait de la police genera[-]
le en l'an 1577. au titre des Massons & Charpen[-]
tiers, article 11. ont remontré lesdits Jurez Mas[-]
sons & Charpentiers, qu'ils sont vingt-quatre e[n]
nombre, pourveus audit Estat & Office par [le]
Roy, & que par Arrest de son privé Conseil il [a]
esté dit & jugé que ledit nombre de 24. ne pour[-]
roit être augmenté: Et defenses faites à tous au[-]
tres, de s'ingerer ou immiscer à faire visitation[s]
sur peine de nullité, & de cent livres parisis d'a[-]
mende: qu'il suffit d'appeller pour faire lesdit[es]
visitations, deux Jurez, sans en prendre trois[,]
ny quatre, & sans prendre des bourgeois, & q[ue]
le grand nombre apporte plus grande longueu[r]
& plus grands frais & dépens aux parties, & [s']
avenoit qu'il fust besoin faire autre visitation[,]
premiere étant debatuë, que pour la corriger [,]
doivent être appellez autres personnes que [les]
vingt-quatre Jurez, pourveus en titre d'Offic[e]
en tel nombre qu'il sera trouvé bon. A quoy m[ais-]
tre Claude l'Estourneau, commissaire & exa[mi-]
nateur au Chastelet de Paris, tant en son nom, [que]
comme Syndic des autres commissaires & exa[mi-]
nateurs audit Chastelet, est intervenu, & di[t]
qu'ausdits commissaires & examinateurs du[dit]

Chaſtelet appartient recevoir le ſerment des Jurez
convenus par les parties, ou nommez par le Prevoſt de Paris, ou ſon Lieutenant, pour viſiter,
priſer & eſtimer quelque choſe que ce ſoit, aſſiſter aux viſitations & priſées, recevoir l'avis &
rapports deſdits Jurez, pour de tout ce qui eſt fait,
en delivrer acte aux parties, ainſi que par pluſieurs
Arreſts de la Cour, contradictoirement donnez
entre les Jurez & leſdits Commiſſaires, a été ordonné. Et par maiſtre Nicolas Valençon Conſeiller audit Chaſtelet, a été ſouſtenu au contraire :
Dont à toutes leſdites parties ce requerant, avons
octroyé acte pour leur ſervir ce que de raiſon.

Le 186. commençant, *Droit de ſervitude*, a été
accordé, & mis au lieu des 80. & 87. de l'ancien Coutumier, deſquels la teneur étoit telle qui
enſuit : Item, *en la ville & fauxbourgs de Paris,*
un voiſin ne peut acquerir ſur ſon autre voiſin au-
cun droit de ſervitude ſans titre, par quelque laps
de temps qu'il en ait joüy. Item, par leſdits uſage
& coutume, droit de ſervitude ne s'acquiert point
par preſcription ou longue joüiſſance, quelle qu'elle
ſoit, ſans titre.

Les articles 188. commençans, *Qui fait étable*
contre un mur mitoyen, 189. commençant, *Qui*
veut faire cheminées, 191. commençant, *Qui veut*
faire ayſances, 192. commençant, *Celuy qui a*
place, 193. commençant, *Tous proprietaires de mai-*
ſons, 194. commençant, *Si aucun veut baſtir*, ont
été ajoutez pour l'avenir, ſans prejudice du
paſſé.

A l'article 195. commençant, *Il eſt loiſible à*
un voiſin hauſſer, qui eſtoit le 82. de l'ancien Coutumier, ont eſté ajoutez ces mots, *En payant*
les charges, pourvû toutefois que le mur ſoit ſuffi-
ſant pour porter le rehauſſement, & s'il n'eſt ſuffi-
ſant, faut que celuy qui veut rehauſſer, le faſſe for-

E e ij

...ber & se doit prendre l'époisseur de son cost. A... ont esté ajoutez les articles 196. commençant, *... mur est bon*, 197. commençant, *Les charges son...* 199. commençant, *En mur mitoyen*, 200. commençant, *Toutefois*, 201. commençant, *Fermaill...* 202. commençant, *Aucun ne peut*, & 203. commençant, *Les Massons* ; pour avoir lieu à l'avenir sans préjudice du passé.

Au 204. article, commençant, *Il est loisible* qui estoit le 85. article de l'ancien Coutumier, ont esté ajoutez ces mots, *En le denonçant toutefois... prealable à son voisin, & est tenu faire incontin... & sans discontinuation ledit rétablissement*, pour avoir lieu à l'avenir.

A l'article 207. commençant, *Il est loisible* ont esté sur la fin ajoutez ces mots, *Toutefois pour les murs des champs suffit y mettre matiere suffisante.*

Les articles 209. commençant, *Chacun peut* 210. commençant, *Hors lesdits*, 211. commençant, *Tous murs*, 212. commençant, *Et neanmoins* 213. commençant, *Le semblable*, 214. commençant, *Filet*, 215. commençant, *Quand on peut* ont été ajoutez pour l'avenir, sans préjudice du passé.

A l'article 216. commençant, *Destination* ont esté ajoutez ces mots, *quand elle est, ou esté par écrit, & non autrement*, Coustume nouvelle..

Les articles 217. commençant, *Nul ne peut faire*, 218. commençant, *Nul ne peut mettre* 219. commençant, *Les enduits*, ont esté ajoutez pour l'avenir, sans préjudice du passé.

Communauté de biens.

AU 220. article du titre de Communauté de biens, commençant, *Homme & femme*, qu...

estoit le 110. de l'ancien Coutumier, ont esté ajoutés ces mots, *Et commence la communauté du jour des épousailles & benediction nuptiale.*

A la fin de l'article 221. commençant, *A cause de laquelle*, qui estoit le 109. de l'ancien Coutumier, ont esté ajoutez ces mots, *Et ce jusques à la concurrence de la communauté, comme il sera dit cy aprés.*

Aussi a esté ajoûté l'article suivant, commençant, *Combien qu'il soit convenu*, pour l'avenir sans préjudice du passé.

A l'article 223. commençant, *La femme mariée* pris en partie du 105. article de l'ancien Coutumier, ont esté ajoutez ces mots, *& si elle fait aucun contrat sans l'autorité & consentement de sondit mary, tel contrat est nul, tant pour le regard d'elle, que de sondit mary, & n'en peut estre poursuivie, ny ses heritiers, aprés le decez de sondit mary*, & ce pour avoir lieu à l'avenir, sans prejudice du passé.

A l'article 224. commençant, *Femme ne peut*, qui estoit le 106. article de l'ancien Coutumier, ont esté ajoutez ces mots, *si elle n'est autorisée*, & aprés ces mots, *ou separée*, qui estoient au vieil Coûtumier, ont esté ajoutez ces mots, *par Justice, & ladite separation executée.*

A l'article 226. commençant, *Le mary ne peut*, qui estoit le 106. du vieil Coutumier, a esté ajouté ce mot, *échanger*, & pareillement a esté ajouté l'article 227. commençant, *Peut toutefois*, pour interpretation.

L'article 228. commençant, *Le mary ne peut par*, esté ajouté & mis pour nouvel.

A l'article 230. commençant, *Laquelle moitié*, qui estoit le 112. du vieil Coutumier, ont esté ajoutez pour nouvelle Coutume les mots qui ensuivent, *desquels biens toutefois les pere ou mere, ayeul ou ayeule, succedans à leurs enfans, joüy-*

ront par usufruit leur vie durant, au cas qu'il
ait aucuns descendans de l'acquereur.

Les articles 231. commençant, *Les francs
heritages*, & 232. commençant, *Si durant*
esté ajoutez pour l'avenir, sans préjudice du
passé.

A l'article 234. commençant, *Une femme
qui estoit le 114. de l'ancien Coustumier*, ont
ajoustez & interposez ces mots, *par effet*, &
mots, *& son mary*, pour interpretation.

Le 235. article commençant, *La femme
reputée*, a esté ajousté de nouvel, sans préjudice
du passé.

A l'article 237. commençant, *Il est loisible
qui estoit le 115. du vieil Coutumier*, ont esté ajoutez
tez ces mots, *ou non noble*, & à la fin d'iceluy
ont esté ajoutez ces mots, *en faisant faire bon &
loyal inventaire*, le tout pour l'avenir, & sans préjudice du passé.

A l'article 238. commençant, *Quand les
deux conjoints nobles*, qui est pris des 116. &
de l'ancien Coutumier, ont esté ajoutez ces mots,
demeurans, tant en la ville de Paris, que dehors,
ces mots, *selon la qualité*, sans préjudice de ce qui
a esté gardé cy-devant.

A l'article 239. commençant, *Homme & femme*, qui estoit le 117. article de l'ancienne Coutume, ont été ajoutez pour interpretation ces mots,
*Pour avoir administration de leurs biens, &
pour vendre, engager ou aliener leurs immeubles
pendant leur minorité*.

A l'article 240. commençant, *Quand
deux conjoints par mariage*, qui estoit le 118. de l'ancien Coutumier, ont esté ajoutez ces mots,
personne capable & legitime contradicteur, &
dit ancien article ont esté rayez ces mots, *estre acte dérogeant à communauté*, & ce sans préjudice de ce qui a esté gardé par le passé, & de

...ez pendans , si aucuns il y a , & aussi sans prejudice , comme dessus , ont esté mis de nouvel les
242. article , commençant , *Si le survivant,* 243,
comm. *Si aucun des enfans,* 245. comm. *Et est tenu,*
246. comm. *Chose immeuble.*

Des Doüaires.

A L'article 248. commençant , *Doüaire Cou-*
tumier est, qui estoit le 136. de l'ancien Coutumier , ont esté ajoutez ces mots , *& benediction*
nuptiale.

A la fin de l'article 250. commençant, *Si les*
enfans , qui estoit le 138. de l'ancien Coutumier ,
ont esté ajoutez ces mots , *créez depuis ledit ma-*
riage , & se partit le doüaire, soit prefix ou Coustu-
mier entr'eux , sans droit d'ainesse ou prerogative :
ensemble ont esté ajoutez de nouvel , les 251. article , commençant , *Nul ne peut,* 252. commençant, *Celuy qui veut ,* 253. commençant , *Quand*
le pere , 254. commençant , *Si les enfans ,* pour
avoir lieu , tant ladite addition que les articles
pour l'avenir , sans prejudice du passé.

Le 256. article commençant, *Douaire ,* est
nouvel pour le douaire prefix , & en ce faisant a
esté abrogé le 141. article de l'ancien Coutumier ,
& ont été pour l'interpretation ajoûtez ces mots ,
sans qu'il soit besoin de le demander en jugement ,
& courent les fruits & arrerages du jour du decez
du mary.

Aussi ont esté ajoûtez les articles 257. commençant , *La femme douée ,* 258. commençant , *Tou-*
tes contrelettres , 259. commençant , *Douaire d'u-*
ne somme , 260. commençant , *Douaire prefix ,*
262. commençant , *La femme qui prend ,* pour
l'avenir , sans prejudice du passé.

A l'article 263. commençant, *Le Douaire ,* qui
estoit le 144. article de l'ancien Coutumier , ont

esté ajoustez ces mots, *Soit en espece ou* [...]
a esté le 264. article, commençant, *Et* [...]
ajousté pour Coustume nouvelle.

De garde Noble & Bourgeoise.

LEs articles qui sont sous ce titre, ont esté [...]
au lieu des articles qui estoient en l'anc[...]
Coutumier en deux rubriches, l'une de gar[...]
Noble, & l'autre de garde Bourgeoise, lesqu[...]
anciens articles ont esté corrigez, ainsi qu'il [...]
apparoir par la conference d'iceux, & lesquels a[...]
ciens articles ont été à cette fin transcrits, com[...]
il s'ensuit.

99. *Par la Coustume generale de la Prevosté* [...]
Vicomté de Paris, hors ladite ville & faux-bou[...]
de Paris, il est loisible au pere ou mere, ayeul [...]
ayeule noble, accepter la garde-Noble de leurs [...]
fans en ligne directe, aprés le trespas des pere [...]
mere desdits enfans, & sont lesdits gardi nobles fr[...]
leurs, des heritages, rentes, & revenus appa[...]
nans ausdits mineurs, à la charge de payer [...]
lesdits gardiens les dettes que doivent lesdits enf[...]
les nourrir, alimenter, & entretenir, payer [...]
quitter les charges que doivent lesdits heritages[...]
à la fin de ladite garde, rendre lesdits heritage[...]
bon estat; & dure ladite garde, c'est à sçau[...]
aux enfans mâles jusques à vingt ans, & aux f[...]
jusques à quinze ans accomplis, pourveu qu[...]
pere ou mere, ayeul ou ayeule survivant, qui a[...]
tera ladite garde noble, ne se remarie, car en t[...]
le temps de ladite garde noble sera finy. & [...]
pourveu ausdits mineurs de tuteur par le Juge, [...]
quel il appartient d'y pourvoir.

100. Garde-noble se doit accepter en j[...]
ment.

101. *Par la Coustume tenuë & gardée en la* [...]
de Paris, quand l'un des deux conjoints ensemble[...]
maria[...]

mariage, va de vie à trespas, delaissez aucuns de
leurs enfans mineurs, il est loisible au survivant
d'accepter la garde Bourgeoise gouvernement &
administration desdits mineurs, & de leurs biens
meubles & immeubles, en jugement; & en ce faisant faire par ledit survivant les fruits & revenus
des heritages desdits mineurs, siens, en nourrissant
& entretenant par ledit survivant, iceux mineurs,
& payant & acquitant les charges desdits heritages, & iceux entretenant de reparations viageres,
& jusques à la fin d'icelle garde, qui dure aux
enfans mâles jusques à quatorze ans, & aux femelles jusques à douze ans finis & accomplis, pourveu que le pere ou la mere survivant, qui acceptera
ladite garde Bourgeoise ne se remarie, car en ce cas
le temps de ladite garde sera finy, & sera pourvû
ausdits mineurs de tuteurs & curateurs par le Juge
auquel il appartient d'y pourvoir.

102. Item, garde Bourgeoise se doit accepter en
jugement, & est tenu le gardien faire faire inventaire & bailler caution.

143. Par ladite Coustume le gardien qui a la
garde Bourgeoise de ses enfans, ne peut intenter ny
deduire les droits & actions réelles desdits mineurs
en jugement devant ladite garde, mais appartient
à ce faire aux tuteurs & curateurs desdits mineurs.

Des donations & don mutuel.

DEs deux rubriches qui estoient au Coustumier ancien de don mutuel séparément, &
l'autre, de dispositions & dons, conjoint avec la
rubriche des Testamens, a esté faite la presente rubriche.

A l'article 172. commençant, Il est loisible,
qui a esté pris des 97. & 98. dudit ancien Coûtumier, ont esté ajoûtez ces mots, âgez de vingt-

cinq ans accomplis, & à la fin d'iceluy ces mots, & neanmoins celuy qui se maria, ou qui a obtenu benefice d'âge, authorisé en Justice, peut avant l'âge de vingt ans, disposer de ses meubles, ladite addition faite pour l'avenir, sans préjudice du passé.

L'article 274. commençant, *C'est donner*, a esté ajousté pour l'interpretation du precedent.

A l'article 275. commençant, *Ce n'est donner*, qui estoit le 161. de l'ancien Coustumier, ont esté ajoustez ces mots, *quand il y a clause de constitut ou precaire*.

Les articles 276. commençant, *Les mineurs*, & 277. commençant, *Toutes donations*, ont esté ajoustez de nouvel.

L'article 279. commençant, *Femme convolant*, a esté de l'avis de toute l'assistance, accordé pour Coustume nouvelle.

A l'article 280. commençant, *Homme & femme* qui estoit le 155. article de l'ancien Coustumier ont esté ajoustez ces mots, *fait des deux conjoints ou de l'un d'eux, lors du decez du premier mourant*, ladite addition faite pour l'avenir, sans préjudice du passé : Comme aussi ont esté ajoutez, & sans préjudice, comme dessus, les articles 281. commençant, *Pere & mere marians*, & 283. commençant, *Ne peuvent*.

A l'article 284. commençant, *Un don mutuel* qui estoit le 157. article du Coustumier ancien, ont esté ajoustez ces mots, *Ains est sujet à delivrance & pour estre valable, doit estre insinué dans quatre mois du jour du contrat, & l'insinuation faite par l'un d'eux, vaut pour tous deux, après laquelle insinuation, ledit don mutuel n'est revocable, sinon du consentement des deux conjoints*, pour aussi ladite addition avoir lieu à l'avenir, sans préjudice du passé.

Aussi a esté ajousté, sans préjudice, comm

sus, le 285. article commençant, *Le donataire mutuel ne gagne.*

A la fin de l'article 286. commençant, *Le donataire mutuel est tenu*, qui estoit le 158. de l'ancien Coustumier, ont esté ajoustez ces mots, *Toutefois n'est tenu payer les legs & autres dispositions testamentaires*, & ce pour plus grande explication.

L'article 288. commençant, *L'heritier*, a esté de nouvel ajouté.

Des Testamens, &c.

L'Article 289. commençant, *Pour reputer*, a esté accordé au lieu du 96. article de l'ancienne Coustume, comme nouvel, pour ce qui est outre le contenu en ladite ancienne Coustume, de laquelle la teneur estoit telle : Item, *avant qu'un testament soit reputé solemnel, il est requis qu'il soit escrit & signé de la main & seing manuel du testateur, ou signé de sa main, & à luy leu, & par luy entendu en la presence de trois témoins, ou qu'il soit passé pardevant deux Notaires, ou pardevant le Curé de sa Paroisse, ou son Vicaire general, & un Notaire, ou dudit Curé ou Vicaire, & deux témoins, d'un Notaire, & deux témoins, ou de quatre témoins, iceux témoins idoines, suffisans, & non legataires dudit testateur, fors & excepté entant que touche les legs pitoyables, obseques & funerailles d'iceluy testateur, esquels toutefois & pour le moins sera gardée de Droit Canon.*

Les articles 290. commençant, *Sont tenus*, 291. commençant, *Sont aussi tenus*, ont esté ajoustez pour estre gardez à l'avenir. Et en relisant iceux articles, le Vendredy quatriéme jour de Mars audit an, se sont lesdits Ecclesiastiques opposez, & soutenu n'estre tenus de porter leurs registres, dont est fait mention ausdits articles.

aux Greffes Royaux, ny autres. Et les Nobles &
tiers Estat, ont dit lesdits articles estre bons, &
devoir estre gardez & observez, & comme tels à la
lecture premiere qui en a esté faite, avoir esté accordez par lesdits Ecclesiastiques, & qu'en leur faveur & requeste avoit esté mis ausdits articles, que
pour porter & bailler lesdits registres, ils ne doivent
rien payer au Greffe, qu'à present ils ne sont recevables à les debattre. Surquoy avons ordonné que
lesdits articles demeureront, ainsi qu'ils ont esté
premierement accordez.

A la fin de l'article 291. commençant, *Toutes*
personnes, pris des 92. & 93. de l'ancien Coustumier, ont esté ajoustez ces mots, *encore que ce*
fust pour cause pitoyable, pour ladite addition avoir
lieu à l'avenir.

Les articles 293. commençant, *Pour tester*, 294.
commençant, *Toutefois*, ont esté ajoustez pour
Coustume nouvelle.

Et le Vendredy quatriéme jour de Mars audit
an, relisant lesdits deux articles, ledit Chauveli
pour lesdits Ecclesiastiques, a dit & remontr
qu'étant loisible en l'âge de seize ans de dispose
de sa personne, & faire vœu de Religion, il doi
aussi estre loisible de disposer de ses biens aud
âge, même quand le mineur entre en Religion
& y fait profession. Et par ledit Maistre Simo
Marion pour la Noblesse, a esté dit, que la Co
tume se doit faire pour la conservation des maiso
& familles, qui seroient grandement interessée
si un mineur audit âge pouvoit disposer de ses bie
& les donner aux Monasteres, ou à autres perso
nes. Et par lesdits d'Auvergne & de Sainctjon
esté dit, lesdits articles avoir esté accordez
faisant la premiere lecture d'iceux, & par
doivent demeurer ; Avons ordonné que lesdits ar
cles demeureront, ainsi qu'ils ont esté par cy d
vont accordez, & que les susdits auront ac

leurs remontrances , & d'icelles sera fait mention en ce procez verbal.

L'article 295. commençant, *Si l'heritier* , a esté accordé & ajousté de nouvel.

A la fin de l'article 297. commençant, *Les executeurs* , qui estoit le 95. de l'ancien Coustumier, ont esté ajoustez pour l'avenir, ces mots, *Et est tenu ledit executeur faire faire inventaire en diligence, sitost que le testament est venu à sa connoissance, l'heritier presomptif present, ou deuëment appellé.*

L'article 298. commençant, *La legitime* , a esté accordé pour nouvelle Coustume.

De succession en ligne directe & collaterale.

A L'article 299. commmençant, *Institution,* ont ajoustez pour interpretation ces mots , *C'est à dire, qu'elle n'est requise & necessaire pour la validité d'un testament, mais ne laisse de valoir la disposition jusques à la concurrence de ce que le testateur peut valablement disposer :* aussi a esté ajousté pour interpretation l'article 301. commençant, *Peut toutefois.*

Les articles 305. commençant, *Si le donataire,* 306. commençant, *Pareillement* ; 307. commençant, *Neanmoins,* 308. commençant, *L'enfant,* 309. commençant, *Les fruits,* ont esté ajoustez, pour avoir lieu à l'avenir , sans préjudice de ce qui a été gardé par le passé.

A l'article 310. commençant, *Le droit & part,* qui étoit en substance le 127. de l'ancien Coustumier, ont esté pour l'avenir, & sans prejudice du passé , ajoustez ces mots , *sans aucune prerogative d'aînesse de la portion qui accroist.*

A l'article 311. commençant, *Pere & mere,* qui estoit le 128. de la Coustume ancienne, ont esté pour interpretation ajoustez sur la fin ces mots,

Et en defaut d'eux, l'ayeul ou l'ayeule, & autres
ascendans.

L'article 313. commençant, *Toutefois*, a esté
ajousté pour l'avenir, sans préjudice du passé.

Les articles 314. commençant, *Les pere & mere*
315. commençant, *Si le fils*, ont esté accordez pour
Coustume nouvelle.

L'article 317. commençant, *Et neanmoins*, a
esté ajousté pour l'avenir, sans préjudice du
passé.

A l'article 318. commençant, *Le mort*, qui estoit
le 1. 2. & le 132. de l'ancienne Coustume, ont esté
pour interpretation ajoustez ces mots, *plus proche*
& habile à luy succeder.

A l'article 319. commençant, *En ligne directe*
qui estoit le 133. de l'ancienne Coustume, ont esté
ajoustez ces mots, *infiniment, & en quelque degré*
que ce soit.

Les articles 320. commençant, *En ligne collate-*
rale, 321. commençant, *Mais si les neveux*, 322.
commençant, *Toutefois les mâles*, 323. commençant, *Et si en ladite succession*, ont esté accordez
pour Coustume nouvelle : Et par l'avis de tous les
dits Estats, l'ancienne Coustume, par laquelle en
ligne collaterale, representation n'avoit lieu, a esté
abrogée.

L'article 324. commençant, *Les enfans*, a esté
accordé & mis au lieu du 134. article de l'ancienne
Coustume, dont la teneur estoit telle, *Par ladite*
Coustume, quand il y a enfant mâle du fils ainé
survivant son pere, ou venant à la succession de son
ayeul ou ayeule, il represente son pere au droit d'ai-
nesse, & s'il n'y a que filles, elles representent leur
dit pere, toutes ensemble, pour une teste, & partissent
avec les oncles, sans droit d'ainesse quant ausdites
filles.

Les 325. article commençant, *En ligne collaterale*,
& 326. commençant, *Et quant aux propres heritages*

ges, ont esté mis au lieu des 145. & 147. articles de l'ancienne Coustume, avec les additions qui font à la fin defdits articles, faites en confequence de la Coustume nouvelle de reprefentation cy-devant accordée.

A l'article 327. commençant, *Les heritiers d'un defunt*, qui eftoit le 146. de l'ancienne Coustume, ont efté mis ces mots, *Et non par fouches*, au lieu de ces mots, *Et non par lignes*, qui eftoient en ladite ancienne Coustume.

Et ont efté ajouftez les 328. commençant, *Excepté*, 329. commençant, *Et font reputez*, & 330. commençant, *Et s'il n'y a*, pour avoir lieu à l'avenir, fans préjudice du paffé.

A la fin de l'article 332. commençant, *Les heritiers*, ont efté mis ces mots, *quand ils fuccedent également*.

Et pareillement ont efté ajoûtez les articles 333. commençant, *Toutefois*, 334. commençant, *Et quand*, 335. commençant, *En fucceffion*, pour avoir lieu, tant en ladite addition, qu'aux articles, pour l'avenir, fans préjudice de ce qui a efté gardé par le paffé.

L'article 339. commençant, *L'oncle & le neveu d'un defunt*, a efté ajoufté pour l'avenir, fans préjudice du paffé.

L'article 341. commençant, *Ce que deffus*, a efté auffi ajoufté pour avoir lieu à l'avenir, fans préjudice du paffé.

Les articles 342. commençant, *L'heritier en ligne*, 343. commençant, *Le mineur*, 344. commençant, *L'heritier par benefice d'inventaire*, ont efté de nouvel ajouftez.

Des Criées.

CE titre des Criées & articles contenus fous iceluy, ont efté mis au lieu du titre du Couftu-

-nier ancien, intitulé, *Touchant les criées & des* [...]
tre quatorzaines anciennes, & des articles a[...]
189. & 190. qui estoient sous ledit titre, pour [...]
iceux articles de nouvel redigez, ajoutez & gardé[...]
l'avenir, sans prejudice de ce qui se gardoit & obse[...]
voit par le passé.

Les articles qui estoient sous la rubrique intitulé[...]
Autres Coustumes, ont esté transportez & mis leu[r]
titres & rubriques, ainsi qu'il a semblé estre convenable.

Ce fait, & ayant esté leus tous lesdits articles
à quoy avons vacqué par chacun jour sans disco[n]
tinuation, tant le matin que de relevée, jusques a[u]
Samedy vingt-huitiéme dudit mois inclus, avon[s]
continué l'assignation au Vendredy quatriéme jou[r]
de Mars ensuivant, enjoignans à tous de se r'assembler ledit jour au même lieu, pour en leur presenc[e]
être faite lecture de ce qui a esté accordé & passé
qui sera pendant ledit temps redigé & mis au ne[t]
Et avenu ledit jour de Vendredy quatriéme Mars
nous nous serions transportez audit lieu, où avon[s]
trouvé lesdits trois Estats assemblez en bon & gran[d]
nombre, en presence desquels avons fait redige[r]
qui avoit esté passé & accordé és seances prece[-]
dentes, & pendant ledit intervalle de temps, mi[s]
en cahier dressé par rubriches & articles, & or[-]
dre convenable, selon qu'il nous a semblé devo[ir]
estre fait.

Et sur la Requeste faite par le Procureur gene[-]
ral du Roy, Avons dit & ordonné, disons & o[r-]
donnons, que les ajournez qui ne sont comparus [à]
ladite redaction durant lesdites seances, soie[nt]
gens d'Eglise de la noblesse, ou du tiers Estat,
feront pour le profit du deffaut pour nous cont[r']
eux donné, censez & reputez estre sujets ausdite[s]
Coustumes, & au surplus, dit & ordonné que les[-]
dites Coustumes seront, tant par les comparan[s]
que par les deffaillans, gardées & observées p[ar]

la loy du païs. Et à ce faire les avons condamnez
& condamnons, leur faisant, & à tous Avocats,
Procureurs & Conseillers, les inhibitions & deffenses de poser & articuler d'oresnavant autres Coûtumes, que les susdites. Et ausdits Prevost, Lieu-
tenans, & autres Officiers de ladite Prevosté,
de les recevoir à ce faire, & d'en informer par
turbes.

Et tout ce que dessus, nous Commissaires susdits, certifions être vray, & avoir esté fait comme
est contenu en ce present Procez verbal. Lequel en
témoin de ce avons signé de nos seings manuels, &
séellé du séel de nos armes, les jours & an que
dessus.

DE THOU. *Anjorrant.*

Chartier. Viole. de Longueil.

EXTRAIT DES REGISTRES

de Parlement.

*Apportées & presentées par Maistre Christophe
de Thou, Chevalier, premier President, &
Jacques Viole, Conseiller en la Cour de ceans,
Commissaire à ce deputez par le Roy, & mis au
Greffe d'icelle Cour, en la presence du Procureur
general dudit Seigneur, le Vendredy vingt septiéme Aoust mil cinq cens quatre-vingt.*

DU TILLET.

ARTICLES DE L'ANCIENN

*Coustume, changez ou retranchez lors
la redaction qui en fut faite en l'année
cinq cent quatre-vingt.*

3. ITem, & que le fils aîné en faisant la foy
hommage aux Seigneurs feodaux, acquite
filles de leur premier mariage. 7, & 8. Ces deux articles sont transcrits au procez verbal.

10. Quand pere & mere ayans fiefs & heritag
tenus noblement, vont de vie à trépas, delaiss
plusieurs enfans, excepté dans le nombre de deux
& jusques à trois ou quatre, ou plus grand nombre venans à leur succession, au fils aîné par pre-
put pour son droit d'aînesse, appartient en chacu
desdites successions, tant de pere que de mere,
hostel tenu en fief, tel qu'il veut choisir pour pr
cipal manoir, ainsi qu'il se comporte d'ancienne
avec la moitié de tous les autres heritages tenu
fief : Et à tous les autres enfans ensemble, l'au
moitié & residu desdits fiefs & heritages tenu
blement.

11. *Item*, quand en un fief appartenant à deux
plusieurs enfans par succession de leur pere ou m
n'y a point de manoir principal, & n'y a que te
labourable, le fils aîné peut avoir un arpent de te
en tel lieu qu'il voudra élire par préciput, au l
dudit manoir.

12. Entre filles, & quand il n'y a que fill
venans à la succession de pere & mere, dr
d'aînesse n'a point lieu : mais viennent to
tes, & partissent également les biens desd

successions de leursdits pere & mere, & tant en fiefs & heritages tenus noblement, comme autres.

15. *Item*, quand le Seigneur feodal a pris & retenu par puissance de fief aucun fief tenu & mouvant de luy, & que ledit fief luy est depuis arrivé par retrait, le retrayant est tenu payer audit Seigneur les droits de quints & requints (si requint y a) avant que ledit Seigneur soit tenu de le recevoir à la foy & hommage dudit fief, sauf audit retrayant son recours contre ledit vendeur, si la vente n'avoit esté faite à francs deniers.

17. *Item* , le fils (auquel son pere ou mere, ayeul ou ayeule , ont donné aucun heritage tenu en fief, en avancement d'hoirie) ne doit que la bouche & les mains au Seigneur feodal dudit fief, ne plus ne moins que si ledit fief estoit écheu par le trespas & succession de ses pere & mere, ayeul ou ayeule.

21. *Item* , tout homme noble tenant fief est tenu & reputé âgé à l'âge de vingt ans , & la fille à quinze ans accomplis, quant à la foy & hommage , & l'administration de fief.

22. Par ladite Coutume, quand un fief change de main (autrement que par vendition) faut suppléer, soit, ou comme par mort, échange, succession , autrement il y échet droit de relief ; fors qu'en succession ou donation en avancement d'hoirie en ligne directe.

23. Quand un fief est vendu ou aliené à prix d'argent, le vendeur doit payer le quint denier du prix.

24. Par ladite Coustume, quand fief est vendu à francs deniers au vendeur, il est deu au Seigneur feodal le quint denier , & requint du prix.

25. Cet article est transcrit au procez verbal.

26. *Item*, entre filles , soit en succession de li-

gne directe ou collaterale, il n'y a point d'aînesse.

28. *Item*, si tous les enfans ausquels appartient aucun fief, sont mineurs & en tutelle, le Seigneur feodal est tenu de leur bailler souffrance,
ou à leur tuteur, jusques à ce qu'ils, ou l'un
d'eux, qui puisse faire la foy & hommage, soit
en âge.

29. *Item*, en ce cas pour faire foy & hommage
le fils est reputé âgé à vingt ans accomplis, & une
fille à quinze ans.

33. C'est le 47. de la nouvelle Coutume, rien de
changé.

35. *Item*, le vassal ne peut démembrer son fief
au préjudice & sans le consentement de son Seigneur.

37. *Item*, en ce cas les proprietaires ou Seigneurs d'iceux arriere-fiefs, & chacun d'eux, peuvent faire la foy & hommage au Seigneur, dont
ils tiennent en arriere-fief, lequel est tenu de les recevoir, & leur bailler main-levée, & faire délivrance, en luy payant les droits & devoirs, si aucuns luy en sont deus, à cause de l'arriere-fief qui
luy appartient.

38. *Item*, le Seigneur feodal qui met en sa
main, par faute d'homme, droits & devoirs non
faits, le fief tenu de luy, auquel il y a des terres
ensemencées par aucun Fermier ou Laboureur, auquel
sont baillées à fermes icelles terres, iceluy Seigneur
feodal (s'il veut avoir les gagnages d'icelles terres)
est tenu de rendre ou restituer au Fermier ou laboureur ses feurs & semences.

39. *Item*, la Coutume susdite a lieu aussi, si le
Seigneur feodal veut avoir le revenu d'un an pour
son droit de relief.

40. *Item*, és cas susdits, le Seigneur feodal (si
bon luy semble) peut prendre & avoir la moisson
deuë par le Fermier ou Laboureur qui tient les di-

ces terres & autres heritages à moison.

41. Cet article est transcrit dans le procez verbal.

45. *Item*, le vassal est tenu faire les offres à son Seigneur feodal au lieu du principal manoir, ou autre lieu dont est tenu & mouvant le fief, & icelles notifier audit Seigneur ou à l'un de ses Officiers, si aucuns y en a sur le lieu, & où ledit Seigneur ou ses Officiers ne sont trouvez par le vassal audit fief, il suffit notifier lesdites offres au prochain voisin d'iceluy fief.

54. *Item*, pour ventes recelées & non notifiées au Seigneur censier dedans la huitaine de l'acquisition, il y a soixante sols parisis d'amende au Seigneur censier.

55. *Item*, si aucun achete à prix d'argent aucun heritage estant en la censive d'aucun Seigneur censier ou foncier, tel acheteur dudit heritage est tenu payer audit Seigneur censier ou foncier, les ventes audit achat & saisine pour ce deuës & accoûtumées, avec douze deniers parisis pour la saisine.

56. *Item*, il ne prend saisine qui ne veut.

57. *Item*, toutes rentes nommément constituées sur heritages, soient rachetables ou non, jusques à ce qu'elles soient rachetées, sont reputées immeubles & heritages.

58. 59. 60. 61. Pour rentes constituées à prix d'argent, sur maisons ou autres heritages assis és Ville, Prevosté & Vicomté de Paris, ne sont deus aucuns droits de lods & ventes, ny autres profits Seigneuriaux, soit pour la constitution ou rachapt desdites rentes. *Cet article a esté par Arrest de la Cour de Parlement prononcé le 10. jour de May 1577. subrogé au lieu des 58. 59. 60. & 61. anciens articles de ladite Coustume abrogez par ledit Arrest.*

Voyez la note de M. C. du Molin, inserée après

le 199. & dernier des presens articles anciens.

66. Par ladite Coutume, si aucun a possedé &
joüy d'aucun heritage à juste titre, & de bonne foy
tant par luy que par ses predecesseurs, dont il a
droit & cause, franchement & sans inquietation
d'aucune rente par dix ans entre presens, & vingt
ans entre absens, âgez & non privilegiez, il acquiert prescription d'icelle rente.

79. Par la Coutume de la Ville, Prevosté &
Vicomté de Paris, à un rapport de Jurez duëment
fait par autorité de Justice, partie presente ou appellée de ce qui gist en leur art & industrie, foy doit
être ajoutée, s'il n'en est demandé l'amendement
des Bacheliers.

80. Cet article est transcrit au procez verbal.

81. Item, en ladite ville & faux-bourg d'icelle,
à qui appartient le rez de chaussée, appartient le
dessus & le dessous du rez de chaussée, s'il n'y a titre
au contraire.

83. Par ladite Coutume, quiconque a le sol
appellé l'étage du rez de chaussée, d'aucun heritage, il peut & doit avoir le dessus & dessous de son
sol, & y peut édifier par dessus, ou par dessous, &
y faire puits, aisemens, & autres choses licites, s'il
n'y a titre au contraire.

87. Cet article est transcrit au procez verbal.

92. Par la Coutume generale de la ville, Prevosté & Vicomté de Paris, il n'est loisible à aucun de disposer par testamens de ses propres heritages, au préjudice de ses heritiers, outre le quint
d'iceux.

93. Item, toutes franches personnes, saines
d'entendement, âgées, & usans de leurs droits
peuvent disposer par testament & derniere volonté
de tous leurs biens meubles & conquests immeubles, & de la quinte de tous leurs propres heritages, au profit de personnes capables.

96. Cet article est transcrit au procez verbal.

97. Il est loisible à toute personne franche, âgee & usante de ses droits, de donner & dispo-ser (par donation & disposition faite entre-vifs) de ses heritages propres (ou conquests) à personne capable.

98. Il est loisible à toute personne franche, usant de ses droits, & saine d'entendement, de dis-poser de ses propres heritages, & les donner par contrat & donation faite enere-vifs à personne ca-pable.

99. 100. 101. 102. & 103. sont transcrits au pro-cez verbal.

116. Quand l'un des deux conjoints ensemble par mariage, & vivans noblement, va de vie à tré-pas, il est en la faculté du survivant d'accepter les meubles étans hors de la ville & faux-bourgs de Paris, sans fraude, auquel cas il est tenu de payer les dettes mobiliaires que devoit le trépassé, & les obseques & funerailles d'iceluy trépassé, pourveu qu'il n'y ait enfans du trépassé : Et où il y ait en-fans, lesdits biens se partiront par moitié entr'eux & le survivant.

123. Enfans mariez de biens communs de pere & de mere, aprés leur trépas, peuvent venir à leur succession avec leurs enfans, leurs freres & sœurs, qui n'ont esté mariez des biens communs desdits pere & mere ; en rapportant ce qui leur avoit esté donné en mariage, ou moins prenant esdites successions.

131. En la Prevosté & Vicomté de Paris, hors la ville & faux-bourgs de Paris, entre Nobles, quand l'un des deux conjoints ensemble par ma-riage va de vie à trépas, le survivant peut, si bon luy semble, prendre les meubles & créan-ces demeurez de son decez, & qui estoient com-muns entr'eux, & dont ils jouïssoient au temps d'iceluy trépas, en payant les dettes mobiliaires & personnelles, obseques & funerailles : ce qui

s'enfuit ajouté , pourveu qu'il n'y ait enfans du
paſſé : & où il y aura enfans , leſdits biens ſe
tiront par moitié entr'eux & ledit ſurvivant.

134. Cet article eſt au procez verbal.

145. Quand aucun va de vie à treſpas ſans hoir
en ligne directe , ſes plus prochains parens & lignagers en ligne collaterale , habiles à eſtre ſeſdi-
ritiers tous en un même & égal degré (ſi tels il
ſe veulent dire & porter) luy ſuccedent quant au
biens meubles & conqueſts immeubles , auſſi quan
aux propres heritages , chacun en ce qui procede
& qui de ſon coſté & ligne eſt avenu & écheu au
deffunt , en tant que touchent les heritages , tant
propres que conqueſts rotures , & qui ne ſont tenu
noblement.

146. Les heritiers d'aucun defunt ou defunte (en
ligne collaterale) partiſſent & diviſent également
entr'eux par teſtes , & non par lignes , les biens
ſucceſſion dudit defunt , tant meubles qu'heritage
non tenus & mouvans en fief.

147. En ligne collaterale , les propres heritage
d'aucun defunt retournent à ſes parens & lignager
habiles à luy ſucceder les plus prochains du coſté &
ligne dont procedent , & luy ſont venus & écheu
leſdits heritages (ſi d'iceluy defunt ils ſe veulen
porter pour heritier) ſuppoſé qu'ils ne ſoient les plu
prochains ſimplement dudit defunt.

161. Donner la proprieté d'aucuns heritages (l'u
ſufruit à vie ou à temps à ſoy retenu) n'eſt repu
donner & retenir , & vaut telle donation.

162. Par ladite Coutume , aucun n'eſt receva
ble à proceder ou faire proceder par voye d'Arre
ſur les biens d'autruy , ny par empriſonnement d
la perſonne d'autruy , ſans obligation , condamna
tion , delict ou quaſi delict , choſe privilegiée qu
le vaille.

163. Item , il eſt loiſible à un proprietaire d'au
cune maiſon par luy baillée à titre de loyer

fait

faire proceder par voye de gagerie en ladite maison
pour les termes à luy deus pour ledit loüage sur les
biens du conducteur estans en icelle maison.

172. Par l'usage & Coutume de la Prevosté & Vicomté de Paris, quand aucun a vendu rente sur ses
propres heritages à personne estrange, non estant
du lignage dont procedent lesdits heritages propres,
il est loisible au parent & lignager (du costé dont
procedent lesdits heritages propres) de demander
& requerir en jugement, & avoir ladite rente par
retrait lignager dedans l'an de la vendition d'icelle
rente, ou dedans l'an de la saisine ou infeodation
prise par l'acheteur d'icelle rente.

174. Par ladite Coutume, quand aucun a vendu & transporté son propre heritage à personne
étrange de son lignage, du costé & ligne dont luy
est venu & escheu par succession ledit propre heritage, il est loisible au parent & lignager dudit vendeur (du costé & ligne, dont est venu & escheu
ledit heritage) de demander à avoir par retrait lignager iceluy heritage, dedans l'an & jour que
l'acheteur a esté ensaisiné (s'il est tenu en censive)
ou qu'il a esté receu en foy & hommage, s'il est
tenu en fief, en remboursant ledit acheteur de son
sort principal & loyaux cousts.

176. Par l'usage, Coutume & commune observance, notoirement tenuë & gardée en la Ville,
Prevosté & Vicomté de Paris, & mesmement en
l'Auditoire du Chastelet, si aucun a vendu son
propre heritage à aucun acheteur d'iceluy heritage,
& un dudit lignage du vendeur a fait ajourner tel
acheteur en cas de retrait, si audit lignager l'heritage est ajugé par retrait, ledit lignager est tenu de payer & rembourser ledit acheteur des deniers qu'il a payez audit vendeur pour l'achat dudit heritage, ou consigner les deniers au refus dudit acheteur dedans Soleil couchant, au moins dedans vingt-quatre heures aprés ledit retrait à luy

amené par Sentence ou Jugement, & que l'acheteur
ait mis ses lettres au Greffe, partie presente ou appellée : Et outre affirmer le prix s'il en est requis, &
s'il ne le fait, ledit temps passé, tel retrayant est
debouté dudit retrait.

177. *Item*, par lesdits usage, & style, quand
aucun lignager du vendeur d'aucun heritage a fait
ajourner ledit acheteur d'iceluy heritage pour l'avoir
par retrait, il convient que tel, qui veut avoir ledit
heritage par retrait, offre bourse, deniers, loyaux
cousts, & à parfaire à chacune journée de la cause,
excepté la journée d'absence, si aucune en est prise : & s'il ne le fait, il doit estre debouté dudit retrait.

185. *Item*, quand le Seigneur feodal a pris &
retenu par puissance de fief, aucun fief tenu & mouvant de luy, & ledit fief luy est depuis évincé par
retrait, le retrayant est tenu payer audit Seigneur
les droits de quint & requint (si requint y a) Avant
que ledit Seigneur soit tenu de le recevoir en foy &
hommage dudit fief, sauf audit retrayant son recours contre le vendeur, si la vente n'avoit esté
faite à francs deniers.

187. Par les usages & style de la Prevosté &
Vicomté de Paris avant qu'aucunes criées (faites
par lesdites quatorzaines anciennes) d'aucunes terres, Seigneuries & fiefs assis en ladite Ville, Prevosté
& Vicomté de Paris, soient tenuës & repuréés
bonnes & valables, il convient & est requis, que
préalablement les terres, Seigneuries & fief (assis
en ladite Ville, Prevosté & Vicomté de Paris)soient
pris, saisis & arrestez, & mis en la main de la
Justice, & que la main mise soit faite sur les principaux manoirs de chacun desdits fiefs, terres &
Seigneuries.

188. Par lesdits usage & style, quand aucunes
terres, Seigneuries & fiefs sont saisis, & mis en
la main du Roy nostre Sire, & en criées, il con-

vient & est requis que lesdites terres, seigneuries & fiefs criez, soient nommez & declarez en la premiere desdites criées, & rapport fait d'icelles, avec les lieux où lesdites terres, seigneuries & fiefs sont assis: ou autrement telles criées sont defectives.

189. Par ladite Coutume chacun est reçû à soy opposer aux criées d'aucuns heritages criez & subhastez par les quatorzaines anciennes à la requeste d'aucun, jusqu'à ce que le decret soit ajugé, levé & scellé.

190. Par lesdits usage & style, quand aucuns heritages appartenans à aucuns proprietaires, sont mis en criées par les quatre quatorzaines anciennes & accoustumées, l'on ne peut valablement proceder à l'ajudication du decret d'iceux heritages, plustost & jusques à ce que tel proprietaire & possesseur soit ajourné à sa personne, suffisamment, presens témoins, pour voir bailler le decret d'iceux heritages, ou iceux voir estre ajugez par decret.

199. Cet article est transcrit au procez verbal.

M. Charles du Molin au procez verbal de l'ancienne Coustume de 1510. sur l'article 59 a mis cette Note : Depuis le Prevost des Marchands & Eschevins, plus de quarante ans aprés en ont appellé, tenus pour bien relevez : Et tant l'ancienne Coûtume que ladite Sentence corrigée par Arrest du 10. May 1557. que j'ay ajousté à la fin de ce present procez verbal. *C. M.* Et partant ne se trouve inseré au Coustumier le 58. article, dont cette Sentence des Commissaires fait mention.

Le même Maistre Charles du Molin sur le même article 58. a mis cette Note, qui est rapportée, mais tronquée de plusieurs periodes de consequence, sur l'article 83. de cette Coustume redigée en 1580. Elle est telle en son entier. Cet article a esté par Arrest de la Cour de Parlement, prononcé le 10. May 1557. subrogé au lieu des 58. 59. 60. & 61. anciens articles de ladite Coustume abrogez par ledit

Arrest, par lequel justement a été [...]
58. ancien article seroit rayé dudit C[...]
& les 59. 60. & 61. anciens articles ne [...]
roient pour Coustume, & que le present ar[...]
roit mis & inseré audit Coustumier : Ce q[...]
fidellement fait, la même année, comme [il ap-]
pert par mon Commentaire sur la second[e...]
de cette Coutume, imprimée audit an. Au[...]
dits quatre articles avoient-ils esté dès l'an [...]
fort débatus d'iniquité, en l'assemblée des [...]
Estats, comme il appert par le procez verbal [...]
il y a renvoy à ladite Cour, qui y pourvent [...]
quarante-sept après, émeuë pour le grand feu [...]
s'embrasoit du don fait par le Roy Henry second
de tous les lods & ventes des rentes constituées [sur]
les maisons & rentes tenuës de luy en censive, à [un]
grand-Seigneur, qui ja les bailloit à ferme [à]
ceux qui les rebailloient à des sous-fermiers ex[a-]
cteurs, qui eussent travaillé. Il apparoissoit par [les]
livres imprimez sur ladite Coutume, dès l'an 1538
& sur le Traité des usures, Latin 1544. & sur le
Traité François 1547. que j'avois restraint lesdits
énormes articles aux rentes constituées au denier
vingt, & au denier vingt-cinq : Et sur ce j'avois
appresté grand nombre de raisons & droits, qu'il
n'a esté besoin de faire imprimer, pour le benefice
dudit Arrest, qui y a mis un beaucoup meilleur
& prompt remede. Recours à mon Commentaire
imprimé dès l'an 1538. au §. 58. nombre 41. où on
trouvera lesdits quatre anciens articles abrogez,
pour ceux qui auront la curiosité & le loisir de les
voir. Et à la fin dudit procez verbal, j'ay apposé
au long ledit Arrest, par lequel il est reservé à
ceux, qui sous ombre de ladite ancienne Coustume,
& de la Sentence donnée par provision, par les
Commissaires, l'an 1510. ont payé aucuns lods &
ventes, de les pouvoir repeter; & retenu in nostra
Curia, que des rentes constituées à prix d'argent

à la charge defquelles aucunes venditions volontaires ou adjudications par decret, ont efté faites, lods
& ventes font deus aux Seigneurs cenfiers & fonciers, non feulement pour le regaid des deniers dé-
bourfez ; mais auffi pour le fort principal defdites
rentes conftituées. *C. M.*

TENEUR DE L'ARREST.

ENtre les Prévoft des Marchands & Efchevins
de cette ville de Paris, demandeurs à l'enterine-
ment d'une requefte, & appellans de certain ap-
pointement, donné par les Commiffaires commis à la redaction des Couftumes de la Prevofté &
Vicomté de Paris, d'une part ; Et les Religieux,
Prieur & Convent de faint Martin des Champs,
Prieur & Religieux du Temple, Religieux, Abbé
& Convent de fainte Geneviéve ; l'Evêque de
Paris, & les Religieux, Abbé & Convent de faint
Magloire, deffendeurs d'autre. Veu par la Cour le
Plaidoyé fait en icelle le dix-neuviéme May 1556,
entre icelles parties, par lequel auroit efté ordonné ;
qu'elles corrigeroient & ajouteroient à leurs plaidoyez tout ce que bon leur fembleroit dedans trois
jours : autrement, lefdits trois jours paffez, fans
autre forclufion ny fignification de requefte, ver-
roit ladite Cour le Regiftre & les Couftumes,
pour en deliberer au Confeil : Les articles defdites
Couftumes, enfemble le procez verbal defdits
Commiffaires : Les lettres patentes du Roy, données à Paris le deuxiéme jour de Fevrier dernier
paffé contenant renvoy fait par ledit Seigneur en
ladite Cour, defdites inftances de requefte & appel, pour en connoiftre & decider ainfi que de
raifon, lefdites Lettres enregiftrées és Regeftres
d'icelle Cour par fon Ordonnance, & tout confide-
ré ; LA COUR a tenu & tient les appellans pour
bien relevez, & en faifant droit fur l'appel par eux

Interjetté de la Sentence ou appointement do[nné]
par lesdits Commissaires l'an mil cinq cens dix. L[a]
dite Cour a mis & met l'appellation, & ce dont [a]
esté appellé, au neant : Et en emendant le jug[e]-
ment, & ayant égard à la requeste desdits Prevost des Marchands & Eschevins, ordonné qu[e]
l'article cinquante huitiéme desdites Coustume[s]
sera rayé : Et que les autres faisant mention qu[e]
pour rentes constituées à prix d'argent sont deu[s]
lods & ventes, ne demeureront, pour ce regard[,]
pour Coustume ; & au lieu dudit article cinquant[e]
huitiéme, sera mis & écrit : *Pour rentes consti-*
tuées à prix d'argent sur maisons ou autres herita-
ges assis és Ville, Prevosté & Vicomté de Paris, n[e]
sont deus aucuns droits de lods & ventes, ny autre[s]
profits seigneuriaux soit pour la constitution, ou ra-
chat desdites rentes : Et a ladite Cour reservé & reserve, à ceux qui sous ombre de ladite pretendu[e]
Coustume, non accordée, & de ladite Sentence donnée par provision par lesdits Commissaires, on[t]
payé aucuns lods & ventes, de pouvoir repeter c[e]
qu'ils auront payé. Et sera le present Arrest leu [&]
publié en jugement à jour du plaidoyé du Chastel[et]
de Paris, en la presence de Maistre Guillaume A[l]-
lard, & Charles *Desdormans*, Conseillers en ladi[te]
Cour, qu'elle a commis & commet, pour execute[r]
ledit Arrest. Publié en jugement le dixiéme jour d[e]
May 1557.

Il est retenu *in mente Curiæ*, que des rente[s]
constituées à prix d'argent, à la charge desquel[les]
les aucunes venditions volontaires, ou adjudic[a]-
tions par decret, auront esté faites, sont reput[ées]
& les repute la Cour faire partie du prix : Et [a]
esté arresté, qu'en ce cas lods & ventes sont de[us]
aux Seigneurs censiers & fonciers, non seulem[ent]
pour le regard des deniers-deboursez, mais au[ssi]
pour le sort principal desdites rentes constitué[es.]
Et sera le present *retentum*, delivré au Greffe [de]

ladite Cour aux parties qui le requerront, & enregiſtré au Greffe dudit Chaſtelet. Signé, CAMUS. C. M.

* Il y a encore dans le Procez verbal de l'ancienne Couſtume redigée en mil cinq cens dix, une piece qui n'a deu ny ne doit eſtre omiſe, eſtant de trés-grande importance & conſequence, trés-digne d'être conſervée pour l'utilité publique, & l'honneur de nos Rois : *Ce ſont les Lettres d'Edit du Roy, pour proceder à la viſitation & publication des Couſtumes de ce Royaume ;* ſur leſquelles il y a des Nottes de M. C. du Molin, en deux Impreſſions qui ont eſté faites à Paris, avec privilege du Roy, l'une en 1581. par Jacques du Puys, Libraire Juré, l'autre en 1635. par Pierre Lamy, eſquelles il y a ces termes : *Tous les deſſuſdits concordialement ont eſté d'avis, qu'aucun doreſnavant ne devoit eſtre receu à alleguer, poſer, ou articuler aucunes Couſtumes, autres que celles qui ſont écrites & arreſtées, comme dit eſt : en nous requerant de ce en avertir le Roy, & en faire mention en ce preſent procez verbal, ce que leur avons accordé :* Ce fait avons pris leſdites Couſtumes pour les apporter en la Cour de Parlement ; & en avons laiſſé un double pour mettre audit Chaſtelet, ſigné de nous Commiſſaires, deſſuſdits & deſdits Lieutenant & Greffier de ladite Prevoſté de Paris : En faiſant deffenſes auſdits Lieutenant, Officiers du Roy, Conſeillers, Avocats & Praticiens de ladite Prevoſté & Vicomté, que doreſnavant pour la preuve deſdites Couſtumes publiées, comme deſſus ils ne faſſent aucune preuve par turbe, ou témoins particuliers : mais ſeulement par l'extrait d'icelles, ſigné & deuëment expedié : it auſſi de non alleguer, ne poſer autres Couſtumes contraires ou dérogeantes auſdites Couſtumes publiées & arreſtées ; ains les obſervent & gardent, le tout ſelon les Lettres d'Edit du Roy noſtredit Seigneur, deſquelles la teneur s'enſuit :

LETTRES DU ROT LOUIS XI
pour proceder à la visitation des Coustumes.

LOUIS par la grace de Dieu, Roy de Franc
LA nos amez & feaux Conseillers , Mai
Thibault *Baillet*, Jacques *Olivier*, Presidens, Gu
laume *Danvet*, Maistre des Requestes ordinaire
nostre Hostel ; Guillaume *de Besançon*, Guy
baleste, Germain *Chastellier*, François *de Mero*
tier, Estienne *Buynard*, Jean le *Lievre*, Jacq
Chaurier, Conseiller en nostre Cour de Parlement
Roger *Burme*, nostre Avocat , & Guillaume *Rog*
Procureur General — Salut & dilection ; com
nous avons toûjours desiré regir & gouverner
sujets par bonne & vraye Justice, & icelle gard
faire garder & entretenir, en tout nostre Roy
me, comme la principale vertu , par laquelle
Rois regnent, & sans laquelle tous Royaum
Monarchies & Communautez publiques , ne
vent continuer ne durer. *a* Et pour à ce parv
ayons quis & fait querir tous les moyens qu'av
sceu & peu. *b* Et singulierement connoissans
grandes vexations , longueurs , frais & dépe
que nos pauvres sujets ont eu & souffert par
devant , au moyen de la confusion, obscurit
incertitude qui se trouvoit és Coustumes des
vinces, Bailliages, Senéchaussées & autres Pa
côntrées de nostre-dit Royaume , ayons voulu
ensuivant ce qui avoit esté plusieurs fois eno
mencé par nos predecesseurs de bonne memo
les Rois Charles VII. *c* Loüis XI. nostre seu
gneur & cousin, & le Roy Charles VIJI. de
decedez , & ce qui n'avoit pû sortir pour les
des affaires & occupations qui estoient surve
nosdits predecesseurs, deu & convenable par
vement) que les Coustumes, que ja, par O

mance de noftre dit feu Seigneur & Coufin avoient
efté rapportées , & par vous, ou aucuns de vous ,
ou autres Commiffaires à ce deputez par iceluy feu
Seigneur & Coufin, vifitées & arreftées , fuffent
par nous publiées fur les lieux , felon la forme &
en la maniere ordonnée par noftredit feu Seigneur
& Coufin : Et foit ainfi , que lefdits Commiffaires ja pieça par feu noftredit Seigneur & Coufin , & par nous commis pour befoigner au fait
defdites Couftumes , foient les aucuns d'iceux
decedez , & les autres pourveus en autres Etats &
Offices , ou dignitez , tellement qu'ils ne pourroient vacquer au parachevement defdites affaires.
Pour ce eft-il que nous confiant de vos litteratures
& fuffifance, voulons & vous mandons que vous
procediez au parachevement defdites Couftumes ,
en publiant ce que ja a efté veu & arrefté fur le
fait defdites Couftumes , & parachevant à toute
diligence, de voir par vous les autres Couftumes
ja rapportées , & icelles faire publier en chacun de
nos Bailliages , Sénéchauffées & autres Jurifdi-
ctions de noftredit Royaume. Et pour ce qu'en aucuns de nos Bailliages , Sénéchauffées & autres
nos pays & feigneuries , lefdites Couftumes n'ont
efté rapportées par la maniere devant dite , ou les
aucunes d'icelles , fi elles ont efté rapportées , n'ont
peu eftre recouvertes ne trouvées , Nous voulons
& vous mandons que vous contraigniez tous &
chacuns nos Baillifs , Sénéchaux , Juges & autres
nos Officiers , à icelles Couftumes , rapporter &
faire rediger par écrit , avec les modifications ,
corrections , interpretations , & leur avis : Et le
tout ainfi que noftredit Seigneur & Coufin l'avoit
voulu & ordonné , envoyent pardevers vous , dedans certain brief delay , qui par vous leur fera
ftatué & ordonné : Et aufquels , en tant que meftier
feroit , nous envoyerons nos Lettres patentes contenant les commiffions pour eux affembler & va-

H h

quer audit affaire, & la forme qu'ils auront à tenir pour le rapport defdites Couftumes. En leur
enjoignant par vous qu'icelles Couftumes ils ayent
à rapporter dedans deux mois au plus tard, aprés la
reception de nos Lettres & des voftres, fi plus brief
terme ne leur eftoit fur ce par vous donné. Et icelles Couftumes rapportées, vifitez & voyez comme
les autres, qui ja ont efté veuës & vifitées, &
icelles faites publier comme deffus. Et outre voulons & ordonnons, que toutes & chacune lefdites
Couftumes, qui ont efté veuës, & vifitées par
vous, ou autres Commiffaires, par nous, ou par
noftredit feu Seigneur & coufin, eftablis fur le fait
defdites Couftumes, & auffi celles qui feront cy-
aprés par vous veuës & vifitées, foient publiées
par vous, ou ceux de vous, qui à ce feront par
vous choifis & éleus, pourveu qu'en faifant ladite
publication, foit gardé & obfervé ce qui s'enfuit;
C'eft à fçavoir, que les gens des trois Eftats de
chacun defdits Bailliages & Sénéchauffées de nô-
tredit Royaume foient affemblez en bon & grand
nombre, & leurs difficultez & avis foient leus
& ouverts en leurs prefences, à ce que fi les
Etats, ou la plus grande partie d'aucun d'iceux,
avoient quelque difcorde ou differend, qui ne fe
pourroient pour lors terminer, foient rapportez
pardevers lefdits gens de noftredite Cour de Parlement, pour par eux, vous prefens & appellez
en ordonner comme de raifon. Et neanmoins voulons tous & chacuns les articles defdites Couftumes, qui feront accordez par lefdits trois Etats,
affemblez, comme dit eft, ou par la plus grande
& faine partie d'iceux, d & ceux d'entre vous
qui ferez commis à la publication d'icelle Couftume, eftre publiez. Et dés maintenant comme pour
lors, & deflors pour maintenant, les Couftumes
contenuës en iceux articles, accordez en la maniere deffufdite, de noftre certaine fcience, proprə

mouvement , pleine puiſſance & autorité Royale,
avons decreté & autoriſé , decrerons & autoriſons
par ces preſentes , & voulons icelles eſtre obſervées
& gardées ſans enfraindre, comme loy perpetuelle.
En mandant par ces preſentes à nos amez & féaux,
les gens de nos Cours de Parlement , a Paris, Tho-
loze, Bordeaux, Dijon , & noſtre Eſchiquier de
Normandie, nos Baillifs & Sénéchaux , & autres
nos Officiers & Juſticiers , icelles Couſtumes faire garder & obſerver , & en faire regiſtres publics ,
aux extraits deſquels deuëment faits , foy ſoit
ajouſtée ; & toutes & chacunes les cauſes dont
la deciſion cherra eſdites Couſtumes, ſoient ſelon
icelles jugées, decidées & determinées, ſans quelque difficulté , & ſans que l'on ſoit tenu de faire
enqueſte ne autre preuve, ſur leſdites Couſtumes,
que par leſdits extraits deuëment faits. Si vous
mandons , & aux deux de vous, qu'en chacun de
noſdits Bailliages, Sénéchauſſées , & autres Ju-
riſdictions & Provinces de noſtredit Royaume,
en gardant & obſervant la forme & ſolemnité cy-
devant dite, pour faire ladite publication , vous
procediez à publier & à faire publier, & enregiſtrer leſdites Couſtumes en la forme deſſuſdite. Et
icelles faites entretenir, garder & obſerver invio-
lablement , comme loy perpetuelle , comme dit
eſt. Et neanmoins, ſi en faiſant ladite publication,
y intervenoient aucunes difficultez , ſur aucuns articles deſdites Couſtumes , Nous deſirans icelles
eſtre vuidées, vous avons donné & donnons, pour
faire ladite publication , pouvoir, puiſſance & autorité, de les accorder du conſentement toutefois
deſdits trois Etats , de chacun Bailliage , Séné-
chauſſée, ou Juriſdiction, ou de la plus grande &
ſaine partie d'iceux. Et au cas que leſdites difficultez qui ſurviendroient ſur aucuns articles deſdites Couſtumes, en faiſant ladite publication , ne
pourroient eſtre vuidées (icelle publication de

meurant toutefois , en fa force & vertu , quant
aux articles & Couſtumes accordez) voulons &
ordonnons que ceux de vous commis à faire ladite
publication , mettent & redigent , ou faſſent mettre & rediger par écrit icelles difficultez , enſemble les raiſons & avis de noſdits Officiers , & deſdits gens des trois Etats : Et le tout renvoyent pardevers noſdits Gens de noſtre Cour de Parlement ,
pour par eux , vous preſens & appellez , en decider
& determiner , ainſi qu'ils verront être à faire par
raiſon. De ce faire vous donnons plein pouvoir ,
autorité , commiſſion & mandement ſpecial , par
ces preſentes. Et d'abondant par ces mêmes preſ-
fentes , mandons & commandons à tous nos Baillifs , Sénéchaux , & autres nos Officiers & Sujets ,
qu'à vous , comme dit eſt , en ce faiſant , obeïſſent
& entendent diligemment , en contraignant à ce
faire & ſouffrir , tous ceux qui pour ce feront à con-
traindre , par toutes voyes & manieres deuës & rai-
ſonnables : Nonobſtant oppoſitions ou appellations
quelconques , faites ou à faire , pour leſquelles ne
voulons aucunement eſtre differé : Car ainſi nous
plaiſt eſtre fait , nonobſtant comme deſſus , & quelconques Lettres , Mandemens , ou Defenſes à ce
contraires. Donné à Blois , le 21. jour de Janvier ,
l'an de grace 1510. Et de noſtre regne le treiziéme.
ſ Ainſi ſigné ſur le reply , PAR LE ROY ,
Robertet. En témoin des choſes cy-deſſus contenuës , nous avons ſigné ce preſent noſtre Procez
verbal de nos ſeings manuels , & fait ſéeller de
nos ſéels , les jour & an deſſuſdits. Ainſi ſigné ,
T. BAILLET. R. PARME.

a Honteux & perilleux reproche, à ceux qui de-
puis en ont fait une banque de marchandiſe, en
rejettant mon ſaint conſeil, preſenté & depuis im-
primé à la fin de mon Livre François, des rentes ,
uſures, & monnoyes. C. M.

b Cela est vray de ce bon Roy, pere du Peuple, amateur de la Justice: mais depuis aucuns ont fait le contraire. C. M.

c Article 135. de ses Ordonnances, de l'an mil quatre cens cinquante-trois.

d Partant les articles accordez par la plus grande part des Estats, & mis au Coustumier, sont gardez pour Coustumes, nonobstant la litispendence de l'opposition & appel de la moindre partie: Et ainsi en usons. C. M.

e Il fut érigé en Parlement, l'an 1449. par ce bon Roy, du conseil de Georges d'Amboise Archevêque de Roüen, qui luy dit du commencement de son regne, SIRE, oubliez les injures, & regnez par Justice: Ce qu'il fit, & fut victorieux, & laissa le Royaume en paix & riche. C. M.

f Ces mesmes Lettres estoient de mot à mot transcrites superfluëment, & par deux fois au Procez verbal des Coustumes de Meaux, sous la date à Blois le 18. jour de Septembre l'an mil cinq cens neuf, l'an douziéme de son regne. Signé par le Roy, COTEREAU. C. M.

TABLE DES SEIGNEURS

qui ont droit de Juſtice, Fiefs & Cenſives en la ville & faux-bourgs de Paris, les noms de leurs Fiefs, limites
& ſituations d'iceux.

Seigneurs qui ont Fief & Juſtice.

PRemierement, Monſieur l'Archevêque de Paris, à cauſe de ſon Archeveſché, en cent cinq
ruës, & comme Prieur de ſaint Eloy, en cinquante-
neuf ruës.

L'Abbé de S. Germain des Prez, en l'étenduë
de tout le Faux-bourg dudit S. Germain ; & en
trente ruës en la ville de Paris.

L'Abbé de S. Victor, en l'étenduë du Faux-
bourg, & en vingt-cinq ruës en la ville.

L'Abbé de ſainte Geneviéve, en l'étenduë du
Faux bourg ſaint Marceau, & en cinquante-quatre
ruës dedans la ville de Paris.

L'Abbé de la ſainte Trinité de Tiron, appellé
le fief de Tiron, aſſis à Paris, ruë ſaint Antoine,
a pour maiſon ſeigneuriale la maiſon de la Trinité
dit l'Hoſtel de Tiron, cenſives & toute Juſtice, en
trente-une ruës.

L'Abbé de ſaint Magloire, en ſeptante ruës.

L'Abbaye de ſaint Antoine des-Champs, en cinquante ruës.

L'Abbaye de Montmartre, en la ruë de la Heaumerie, & autres.

Le grand Prieur du Temple, en pluſieurs ruës.

Le Prieur de S. Martin des Champs, en cinquante-quatre ruës.

Le Prieur & fief de S. Lazare de Hierusalem,
Bethléem & Nazareth, dont le chef-lieu en France, est la Commanderie de Boigny ou Voigny en Beausse, paroisse de Villerman, ledit fief consistant en censives, portant lods & ventes sur plusieurs maisons, assises en ladite ville de Paris, en dix-huit ruës, depuis le carrefour de la Pierre au laict, jusques au Cloistre saint Jacques de la Boucherie, & jusques au Crucifix saint Jacques, en revenant audit Cloistre.

Le Prieur de Nostre-Dame des Champs, en quatre ruës.

Le Prieur de saint Denis de la Chartre, en quelques ruës proche ledit Prieuré.

Le Commandeur de saint Jean de Latran, en neuf ruës.

Les Chanoines de saint Merry, en trente-trois ruës.

Les Chanoines de saint Germain de l'Auxerrois, en dix-huit ruës.

Les Chanoines de saint Maur des Fossez, en onze ruës.

Les Chanoines de la grande Eglise de Paris, en trente-huit ruës.

Les Chanoines de saint Benoist, en quinze ruës.

Les Chanoines de sainte Opportune, en seize ruës.

Les Chanoines de saint Honoré, en cinq ruës.

L'Hostel de la Ville de Paris, Prevost des Marchands & Eschevins, & Parloir aux Bourgeois, ont Justice en cinquante ruës, & sur la riviere de Seine.

Le Bailly du Palais, en l'étenduë de l'Isle & du Palais, marché neuf, Faux bourg saint Jacques, & en hnit ruës.

Le grand Chambrier de France, en huit ruës.

Et tous les dessusdits qui sont au nombre de vingt-cinq, ont leurs Juges & Officiers, qui exer-

cent la Juſtice envers leurs Juſticiables, & chacun
d'eux ont voyeries , & ont Voyers à part.

Seigneurs qui n'ont que simple fief & censive, sans Juſtice, juſques au nombre de cent vingt-quatre.

PRemierement, le franc-fief de Joigny appartient à Damoiſelle Jeanne de Boileve , Dame
de Perſan , veuve de feu M. de Vaudetar, Conſeiller du Roy en ſa cour de Parlement, lequel par
deux Arreſts de la Cour, des treiziéme Decembre
1575. & ſixiéme Juillet 1585. a été declaré s'étendre ſur deux maiſons attenans & ſuivans la maiſon
de la Couronne aſſiſe ruë   juſques au coin
de la ruë de Mauconſeil , du coſté & vers les
Halles , à commencer au coin de la ruë Comteſſe
d'Arthois , & de Mauconſeil , continuant juſques
à la maiſon de la Levriere , icelle incluſe, tenant
aux maiſons de l'Hoſpital de ſaint Jacques.

Item, le fief des Tumbes , aſſiſes au Fauxbourg
de ſaint Jacques , & prés la porte de ſaint Jacques,
à main gauche , lequel s'étend ſur une partie & du
long de la ruë , juſques par delà l'Eſcu de Milan ,
du long des foſſez de la ville , & en la ruë des
Poſtes , par delà le jeu de Paulme de l'Huis de fer,
& appartient ledit fief aux quatre Marguilliers laïcs
de l'Egliſe de Paris , à l'œuvre & fabrique d'i-
celle.

Autre fief des Tumbes , aſſis au Fauxbourg ſaint
Jacques , qui appartient aux heritiers de feu Monſieur le Preſident de ſaint André.

Le fief de la petite Bretonnerie , aſſis prés ladite
porte S. Jacques , faiſant partie de la ruë anciennement dite du Puits , à preſent Bretonnerie ou des
Bretons , en allant à ſainte Geneviéve , joignant
les murs de la ville , contenant cinq arpens & de-

my de terre, anciennement plantée en vigne, &
fur lefquels eft bafty le College de Torcy, dit de
Lifieux, avec cinq autres maifons prés d'iceluy,
s'entretenant l'une l'autre, tenant d'une part audit
College, & d'autre bout fur & quafi joignant ladite porte S. Jacques, aboutiffant par derriere aux
murailles de la ville, & pardevant fur ladite ruë
des Bretons, lequel fief a efté infeodé dés l'an 1119.
par le Roy Philippes II. qui en inveftit un nommé
Thibault de Chartres, detempteur dudit lieu à
titre de cenfive : A prefent appartient aux Religieufes, Abbeffe & Convent de l'Humilité de Noftre-
Dame, dite de Long-champ, par acquifition
qu'elles en ont faite des hoirs dudit Thibault : Et
pour raifon duquel fief lefdites Religieufes ont obtenu Sentence du Trefor à leur profit, contre le
Subftitut de Monfieur le Procureur General, le
feptiéme Decembre 1585.

Le fief du Crucifix S. Jacques, confiftant en
une maifon où il y a un Crucifix fur le devant, en
la ruë qui va à la porte de Paris, au coin de l'E-
glife de faint Jacques de la Boucherie, eft tenu &
mouvant du Seigneur d'Ablon fur Seine.

Le fief de Therouane acquis par le Roy Philippes, affis à Paris, s'étend d'un cofté tout le long
de la ruë jufques à la porte de faint Denis, depuis
le coin de la ruë du Foirre, prés les SS. Innocens,
jufques à la porte de S. Denis, & de l'autre cofté
le long des Halles. Sera obfervé que les Procureur
& Principal du College de M. Gervais Chrétien en
l'Univerfité de Paris, ruë du foin, font feigneurs
en partie du fief de Therouane.

Les Dames & Religieufes des Filles-Dieu de
Paris, ruë S. Denis, font Dames du fief de la
Ville neuve, fcis aux Faux-bourg de S. Denis :
Les lieux qui en dépendent baillez par lefdites Da-
mes à nouveau cens en l'année 1622.

Le fief de Haren, dit Coquatrix, appartient à

Nicolas Privé : De la censive duquel depend la maison de la pierre aux Plats, & du Croissant, assises ruë des Arsis, prés l'Eglise de S. Jacques de la Boucherie : *Item*, la maison où est à present l'enseigne de S. Bonaventure, assise en la même ruë des Arsis : Trois maisons sises ruë Guillaume Josse.

Le fief Tire-Chappe, duquel il est fait mention au procez verbal de la nouvelle Coustume.

Le fief de Marly.

Le fief Guillory, prés la Greve.

Le fief des trois Pucelles, prés S. Jacques de la Boucherie, appartient à Monsieur du Drac.

Le fief de Poissy, assis sous la Tonnellerie prés les Halles, duquel dépend la maison de la Nef d'argent, assise sous les pilliers de la Tonnellerie, prés lesdites Halles de Paris : appartient à present à Monsieur Mazuier, premier President au Parlement de Toulouse.

Le fief du Fort, ou Fort aux Dames, assis ruë de la Heaumerie, duquel fief dépend la maison du Moulinet, assise ruë S. Honoré, du costé & prés la Croix du Tiroir : appartient ledit fief aux Dames de Montmartre.

Le fief de Bizée, où est à present l'hostel de Bourgogne, appartient au Roy, & se confine aux ruës Françoises, de Montorgueil, autrement dite Comtesse d'Arthois & de Mauconseil.

Le fief de la grande Confrairie aux Bourgeois, scitué au Faux-bourg S. Michel, qui a esté borné par bornes plantées par Arrest du grand Conseil donné contre les Religieux, Abbé & Convent de S. Germain des Prez.

Le fief, dit le Clos de Jacobins de cette ville de Paris, scitué aux Faux-bourgs de S. Michel & de S. Jacques. A present il y a quantité de maisons & ruës basties, des regnes d'heureuse memoire de Henry le Grand, & de Loüis X I I I.

Le fief des Bourfiers de faint Aignan, en l'Eglife faint André des Arts.

Le Chapellain de la Chapelle fainte Reine, en l'Eglife faint Merry.

Le Chapellain de faint André, en l'Eglife de faint Germain de l'Auxerrois.

Le Chapellain de S. André, en l'Eglife de S. Euftache.

Le College de l'*Ave-Maria.*

Les Religieux du petit faint Antoine.

Les Seigneurs du def de Berfi-Malon.

Les Religieux de l'Abbaye de Barbeaux, en Brie.

Les Bernardins.

Les heritiers du General Bonneval.

Les Religieux des Billettes pour le fief aux Flamans.

La Chapelle des Bons-enfans.

Les Bons-hommes du bois de Vincennes.

Le College de Bayeux, au lieu de Maiftre Gervais Chreftien.

Sainte Catherine du Val des Ecoliers, prés la Culture fainte Catherine.

Le fief appartenant aux Celeftins de Paris.

Le Seigneur du fief de la Broffe.

La Chapelle des Saints, en l'Eglife de S. Germain de l'Auxerrois.

La fainte Chapelle lez-Mathau.

La Damoifelle le Clerc.

Les Religieux de fainte Croix de la Bretonnerie de Paris, pour le fief aux Bretons.

Les Religieux de l'Abbaye de Chailly, prés Senlis.

Le Chapellain de la Chapelle de fainte Catherine, fondée en l'Eglife de Paris.

Le College du Cardinal le Moyne.

André Merault.

Les Religieux de Noftre-Dame aux Yvernaux.

Le College d'Authun.

S. Denis du Pas, en l'Eglise de Paris.

Le Seigneur du fief d'Avignon.

Le fief de saint Denis en France, que tient le Chantre S. Denis.

Le fief d'Ablon.

Les heritiers de feu M. Dreux Raguier.

Le Seigneur de Domerville.

Le Chapellain de S. Denis, fondé en l'Eglise S. Germain de l'Auxerrois.

Jacques de Paillart, seigneur du Franc-aleu de Hautonne.

Messieurs de Sorbonne, seigneurs du fief de Franc Rozier.

M. François de Sugy.

M. François de l'Arche.

L'Abbaye de S. Faron.

Le fief de Garges, autrement Culdiné.

Le fief des Glorietes & Marché-palu.

Le Collège de Maistre Gervais Chrestien, autrement du Plessis.

Le fief Hallevé, que possede le Maistre de Nostre Dame de Paris.

Le fief des Haudriettes.

Le Chantre saint Honoré.

Les Chanoines S. Marcel aux Faux-bourgs de Paris.

Les Religieuses des hautes Bruyeres.
L'Abbé d'Brivaux.
Les Religieux & Abbé de Joyenval.
Saint Julien le Pauvre.
Saint Jacques de l'Hospital.
M. Jean Migot.
Les heritiers de M. Jacques Blas.
Saint Julien de l'Isle lez Corbeil.
M. Jean Sarreau.
Les heritiers de M. Jean de Saline.
Les heritiers de M. Jean Budé.
Saint Jean le Rond.

Le Curé de saint Jean en Greve.

L'Hostel-Dieu de Paris, pour le fief d'Alby, scitué aux Halles.

Le seigneur de la terre de S. Landry.

L'Hostel-Dieu prés S. Gervais.

Damoiselle Louise Seguier.

L'Hospital de sainte Catherine, ruë S. Denys.

L'Abbaye de Long-pont lez Montlhery.

Le Prieur de Long-jumeau.

Le College de Laon.

Le seigneur de S. Mandé prés Paris.

Sainte Marine, Curé & Marguilliers.

Les heritiers de Mathieu Mathereau.

L'Abbaye de Maubuisson.

Le fief Mercadé.

Le fief Marinier, appartenant à Dame Raoul, veuve de feu Maistre Pierre Boalard, Avocat en la Cour.

Le Chapellain de saint Michel & S. Brice, à la sainte Chapelle de Paris.

Le College de la Marche.

Le fief, dit le Melodieux.

Saint Mard de Soissons.

Le Chapellain de la Chapelle saint Nicolas, fondée en l'Eglise de S. Benoist, dit le bien tourné.

Le Chapellain de la Chapelle de Mets, fondée en l'Eglise de saint Germain de l'Auxerrois.

Maistre Nicolas Boisleye.

Le fief Poupin.

Le fief de saint Nicolas du Louvre.

Le Pitancier de sainte Geneviefve.

M. L'Evêque de Poitiers.

Les Quinze-vingt.

Les heritiers de Quentin Trierbeux, & Ruellery.

Madame la baillifve Robertet.

Jeanne la Viste.

Le fief du Roullet, appartenant au Chantre de Denys.

Les successeurs de René d'Alabo...

Les Religieux, Abbé & convent de Grigny.

Le fief Marançonnet, autrement Rançonnet...

M. Reniere.

La Dame Renée de Montrimal.

Les Maistres & Gouverneurs du Sepulchre.

Le fief du Four Derfeu, prés la grand'Boucho-rie, appartenant aux Chanoines de S. Symphorien de la ville de Senlis.

Les Marguilliers de saint Severin.

Le fief de la petite Tournelle.

Le fiefs de Thirmelle.

Le fief de la Trimoüille.

Le Colllege des Tresoriers, rüe de la Harpe, prés la porte saint Michel.

Le fief de l'hostel de Tancarville.

Le Collège de Tours.

M. de Ville-neufve.

Les Religieux de Grigny lez-Orleans.

Les Religieux de Daix.

Le Seigneur de Dellecomble.

Messire Tristan de Rostaing.

Le fief de Clermont, rüe S. Antoine.

Le fief Galande, appartenant aux Chanoines de saint Aignan d'Orleans.

TABLE DES LIEUX

REGIS

PAR LESDITES COUTUMES.

Ceux pour lesquels il y a eu opposition
font marquez par *Opp.*

*Sera noté que cette Table a été tirée de l'ob-
fervation analytique fur lefdites Coûtumes , imprimée en l'année mil fix cens un.*

A

Ablon.
Aigrefin.
Aigremont.
Aile.
Alluye.
Amblinvillier.
Andrezy , *opp.*
Antragues.
Arcis.
Arcueil.
Argenton.
Arigny.
Armon.
Argenteüil.
Arnonville.
Arpenty.
Afnieres.

Aftilly.
Atainville.
Aubervilliers.
S. Aubin.
Avergnes.
Aufarg s.
Aulnay.
Auteüil.
Autheüil.
Auvergenaux.
Auroüer la Ferriere.

B

Bagnolet.
Baigneux.
Billet en France.

Clayes. Saint Clere.
Clichy en Launoy.
Clichy la Garenne.
Clignancourt.
Clomont.
saint Cloud.
Cocherel. *Opp.*
Colombes.
Colombier.
Combeaux en Brie.
Compens.
Conflans.
Conflans sainte Hono-
  rine.
Cognieres.
Gonsaville.
Coppeaux.
Corbeil.
Corbevoye.
Corbevois.
Corfelix.
Cormeilles.
Cormeilles en parisis.
Coubert.
du Coudre.
Coudray.
Coully.
Coulon.
Coulombes.
Coupin.
Courcelles.
Courcerin.
Courcouronne.
la Cour lez Cercelles.
la Cour-neuve.
Courtaboeuf.
Courte-manche.
Courtry. *Opp.*

la Courtille.
Courvoy.
Cranville.
Cratin.
Crespieres.
Creteil.
Creve-coeur.
Croissi.
la Croix.
la Croix de Ormlly.
la Croix de Mont-g
  zon.
Croquetaine.
Crosne.
Crouy.
Crouy sur Orc.
Crussy Crussy.
Culture sainteCatherin
  du Val des Escoliers

D

DAmas.
la Damoiselle.
Dampmartin.
Dampmartin en B
  Opp.
Dampierre.
Dampmart.
Daumont.
Deberly.
Delege.
S. Denys en France.
Destrepilly.
l'Isle & moulin de
  mire.
Domvillier.
Domjou.

Drancy.
Dravet.
Dugny.

E

EQuibonne.
Elluyer.
Emery.
les Enclaves.
Engervillier.
Enville.
Escoublay. *Opp.*
Escoublay hardy.
Escoüen.
Eglier.
Espinay sur Orge.
Esraigny.
Essainville.
les Essars.
Estiolles.
Estrées.
Estrepilly.
Esury.
Eury.
Ezanville.

F

FAremontier. *Opp.*
Farcheville. *Opp.*
Fargy.
Favieres.
la Ferté.
Ferté-Aleps. *Opp.*
Ferté au Col. *Opp.*
Ferté sur Joüarre.
Feucherolle.

le fief au Flamant.
Fleury prés Meudon.
Fontenay sur le bois.
Fontenay sur Baigneux.
Fontenay en France.
Fontenay en Brie.
Fontenay le Vicomte.
les grands & petits Fontieux.
Foreilles.
Forelles.
Forest.
Forfery.
Forges.
Forqueux.
Franconville sous le bois.
Franconville.
Fremanville.
Fromanteau.
Fresne.
Fresne prés Antony.
Fromant.

G

GAigny grand & petit.
Garges.
Gaschoinet.
la Garenne à Ville-monde.
Genevillers.
Genevilliers la Garenne.
Genevilliers sur Marne.
Genitoy.
S. Germain de Noyers des bois.

Noisement.
Noisi le Sec.
Noisi le grand.
Noisier.
S. Nom.

O

O Reille.
Orengy,
Orgeval.
Orly.
Ormoy.
S. Oüen, prés Ponthoise. *Opp.*

P

P Alaiseau.
Paloisel.
Pantin.
Pareil.
Passy.
le Pecq sous S. Germain en Laye.
Pecy.
Peray sur Orge.
Perigny.
Persant.
la Pessiere.
Pierre-ficte.
Pierrelée.
le Pin.
Picquepuce.
la Pissotte.
Pitoy.
la Place aux Hurepois.
Plaisir. *Opp.*

petit Plessier prés Luzarches.
Plessis Bouchart.
Plessis S. Benoist.
Plessis Gassot en France.
Plessis S. Antoine.
Poigny,
Poissy.
Pompone.
Pontault.
Pontault en Brie.
Pont-carré.
Pont à Lursienne.
Pont d'Antony.
Pontillot.
le Pont à l'Anglois.
le Port de Neully.
Port Royal.
petit Port-Royal.
Pré cappon.
Pré S. Gervais.
Pré Gontier.
saint Prix.
Presses.
les trois Pucelles.
Puisseaux.
Puisieux en France.
Puteaux.

Q

la Q Ueuë en Brie,
Quincy.

R

R Aches.
Relly.

Y

CALENDRIER DU PALAIS.

Observation des jours que l'on ne plaide point au Présidial & Siege ordinaire du Chastelet de Paris, outre les Dimanches & Festes solemnises au Diocese de Paris.

EN Janvier, le 13. qui est le jour de S. Hilaire, le 22. de saint Vincent, le 28. de saint Charlemagne.

En Février, le jour qu'il plaist à M. le Lieutenant Civil & à Messieurs les Conseillers du Siege de choisir, pour aller à la Foire S. Germain des Prez. En ce mois de Février il y a quelquefois, ou en Mars, le Jeudy, Mardy gras, le jour des cendres, & la my-caresme.

En Mars, le 22. jour que l'on fait la procession generale, à cause de la reduction de la ville de Paris à l'obeïssance du Roy Henry IV. d'heureuse memoire, Roy de France & de Navarre, qui fut en l'an 1594.

En Avril, quelquefois en Mars (selon l'Epacte) en la semaine Sainte, on ne plaide que le Mardy & le Mercredy, ny aussi en la semaine de Pasques, que le samedy seulement ; parce que le Vendredy d'aprés Pasques, en quelques mois qu'elles soient, on fait la Procession generale pour la delivrance de la ville de Paris, hors la sujettion des Anglois, qui fut en l'an 1436. lors regnant Charles V I I.

En May, S. Gatian le 2. la S. Nicolas le 9. & le lendemain, que l'on fait le Service pour les Trépassez : Saint Yves le 14. La veille de la Pentecoste, La Feste-Dieu, & l'Octave.

En Juin, la foire du Landy ; dont on ne peut cot-

ter le jour , pour la raison cy-après déduite au
mois de Decembre.

En Juillet, saint Germain de l'Auxerrois, le
En Octobre, le jour de saint Remy. Au même
mois les *Sermons*, le Lundy prochain avant la
S. Simon S. Jude , qui est le 28. & la veille de
Toussaints.

En Decembre , la veille de Noël , le 24. Il faut
remarquer que les jours des-Saints saint Germain
& du Landy , n'ont pû être cottez en leur lieu ,
parce qu'il dépend de la volonté de Monsieur le
Lieutenant Civil , & de Messieurs du Présidial ,
de les assigner quand il leur plaist ; ny aussi les
Jeudy & Mardy gras , le jour des Cendres , & le
Jeudy de la my-caresme , parce que ces jours-là
sont jours mobiles , qui reviennent & changent tous
les ans , comme le jour de Pasques , & autres
Festes solemnelles , jusques à la Feste-Dieu &
Octave.

Les Vacations commencent le neuviéme jour de
Septembre , durant lesquelles on plaide la premiere
quinzaine, les Mecredis & Samedis , & on fait les
adjudications par decret & baux Judiciaires , même
les prononciations des Défauts jugez , & des Sentences données au Conseil ; Le reste desdites Vacations on plaide seulement les Vendredis & Samedis,
& se font aussi les baux Judiciaires lesdits jours de
Samedy.

Les Sermens se font deux fois l'année , à sçavoir
le Lundy prochain avant la saint Simon & saint
Jude , & le lendemain de *Quasimodo*, les jours en
suivans on recommence la Plaidoyrie, Le Lundy
n'est point jour plaidoyable au Présidial , ny au
Siege ordinaire , non plus que le Dimanche ; mais
ce jour-là & tous les autres , esquels il n'y a point
de Feste celebrée au Diocese , on ne laisse de plaider en la Chambre civile & au criminel , & les
clercs du Greffe reçoivent toûjours les assure

DU PALAIS.

tion & actes de soumissions de caution. Est avenu
neanmoins quelquefois que l'on a plaidé le Lundy
au Présidial, parce que la Cour devoit faire ce jour-là
séance au Chastelet, comme elle fait tous les ans
quatre fois, à sçavoir le Mardy de la semaine Sainte,
le Vendredy de devant la Pentecoste, la veille saint
Simon & saint Jude, & la surveille du jour de
Noël.

CALENDRIER DU PALAIS.

L'Ouverture du Parlement se fait le lendemain
de la saint Martin, le 12. jour de Novembre,
auquel jour Messieurs (ayans leurs robes rouges)
entendent la Messe au Palais, & aprés reçoivent le
serment des Avocats & Procureurs : Il finit le 7.
Septembre : Tellement qu'il dure dix mois quatre
jours, pendant lequel temps il vacque cent jours,
en ce compris les Dimanches : de sorte qu'il n'y a
que sept mois à travailler.

Jours ausquels la Cour de Parlement, les
Requestes du Palais, & la Cour des
Aydes vacquent, outre les Dimanches
& Festes solemnisées au Diocese de Pa-
ris.

EN Novembre, les 25. & 30. Jours. En Decembre, le 6. 8. 22. 24. 25. 26. 27. & 28.
En Janvier, le premier, trois, six, & treiziéme
qui est le jour saint Hilaire, à cause du Parlement autrefois transferé à Poitiers, & le vingt-
huitiéme, qui est le jour saint Charlemagne. Et

neanmoins les veilles desdites deux Festes de saint
Hilaire & saint Charlemagne ; on ne laisse d'entrer de relevée à l'ordinaire, ou à la quinzaine, s'il
y échet. En Février, les deux & vingt-quatriéme,
ou bien le vingt-cinquiéme en l'année de Bissexte.
En Mars, le 22. qui est le jour de la reduction de
Paris, à cause de la Procession generale : & neanmoins l'on ne cesse de relevée la veille d'entrer à
l'ordinaire. Plus, le 25. dudit mois, qui est la
Nostre-Dame. En Avril, le vingt-cinquiéme, qui
est le jour saint Marc. En May, le premier & second (qui est le jour saint Gatian) la Cour vacque, à cause du Parlement, transferé cy-devant à
Tours : Mais la Cour cesse aussi à l'ordinaire la
veille. En Juin, les onze, vingt-quatre & vingt-
neuviéme. Un jour pour le Landy, pendant la
foire saint Denys, au même mois de Juin. En Juillet, les vingt-deux, vingt-cinq & vingt-huitiéme.
En Aoust, les dix, quinze, seize, vingt-quatre &
vingt-cinquiéme.

Et encore la Cour vacque les jours qui ensuivent,
dont on ne peut cotter le quatriéme de chacun mois,
A sçavoir le jour des Cendres, le Metcredy de la
semaine Sainte, jusqu'au Jeudy de Pasques inclusivement, la veille & les trois Fêtes de la Pentecoste, le jour de l'Ascension, les jours des deux
Festes du S. Sacrement.

La Chambre des Vacations commence le neuviéme de Septembre, & finit le 27. Octobre, qui
est la veille saint Simon & saint Jude, & dure un
mois & 18. jours, pendant lequel temps elle vacque 10. jours. Il y a en tout sept semaines, chacune desquelles Messieurs les sept Presidens de la
grand' Chambre president à leur tour : Monsieur
le premier President commence.

Pendant les deux mois de Vacations, la Cour
vacque, à sçavoir, au mois de Septembre, les
14. 21. & 29. En Octobre, le 9. 18. & 28. & en

core un jour pendant la foire de saint Denis. Depuis
le vingt-septiéme Octobre jusqu'au onze Novembre, qui est le jour S. Martin inclusivement, tout cesse
au Parlement , & ne se fait aucun acte de Judicature. Il est à noter que le Palais ne perd point de Festes
qu'il a particulieres, qui ne sont festées par la ville.
Et de fait, quand elles viennent le Dimanche, ou une
autre Feste , elles sont remises par la Cour au premier jour ensuivant. Depuis Pâques , quand une
feste vient le Jeudy, l'on plaide le Vendredy matin
à la grand' Chambre.

Les Plaidoiries de la grand' Chambre commencent le premier Lundy de la huitaine franche d'aprés
la saint Martin, & finissent le quatorziéme Aoust.
Et neanmoins celles de relevée ne commencent qu'aprés la saint André , & finissent à la fin de May.
L'on ne plaide point dans la semaine Sainte, ny
dans l'Octave de Pàque.

Les Mardy & Vendredy , sont appellez Jours
ordinaires , à cause que Messieurs entrent le matin & l'apresdinée, pourvû qu'il ne soit veille de
feste , celebrée par toute la ville. Depuis la saint
Martin, jusques en Caresme , la Cour se leve le
matin à dix heures, & de relevée à quatre. Pendant le Caresme seulement, la Cour se leve à onze
heures le matin, & commence de se lever de relevée à cinq , ce qui se continuë tout le reste du Parlement. Les jours de Carême-prenant, le Vendredy de l'Octave de Pâques (jour de la reduction des
Anglois) que Messieurs vont à Nostre-Dame , le
jour saint Nicolas en May, la Cour se leve à neuf
heures, tellement que lesdits jours l'on ne va de
relevée au Palais. C'est pourquoy le proverbe est demeuré. *Quand la Cour se leve au matin , elle dort
l'apresdinée.*

Les Harangues aux Ouvertures du Parlement,
se font deux fois l'année : Sçavoir le premier

Lundy de la huitaine franche d'après la faint Martin , & le lendemain de *Quasimodo* , par Meffieurs les Avocats du Roy , à fçavoir le premier à
la faint Martin , le fecond à *Quasimoda*. Notez
que l'on ne plaide point à la Cour des Aydes , ny
aux Requeftes , que les Harangues n'ayent efté
faites au Parlement , c'eft-à-dire , que les plaidoiries ne foient ouvertes au Parlement. Pendant que
l'on plaide à la grand' Chambre , l'on ne plaide
point en aucune Jurifdiction de l'enclos du Palais.

Le Lundy & Mardy , l'on plaide du Rôle ordinaire des Provinces & Bailliages. Le Jeudy matin du Rôle extraordinaire. Les Mardy & Vendredy de relevée , du Rôle extraordinaire & placets.
Et le Samedy à la Tournelle. Ladite Tournelle eft
compofée de fix Confeillers de la grand' Chambre , & de huit des Enqueftes. Le Doyen de la
grand' Chambre , & celuy de la premiere des Enqueftes , font (s'ils veulent) exempts de la Tournelle. Meffieurs les Avocats du Roy , vont de trois
mois en trois mois à la Tournelle alternative-
ment , dont le premier de Meffieurs commence ,
à fçavoir depuis la faint Martin , jufqu'à la Chandeleur. Le fecond , jufqu'à Pâques , à la faint Jean ,
& jufqu'au fixiéme Septembre.

Les jours de la prononciation en robes rouges,
fe faifoient la furveille de Noël , le Mardy de la
femaine Sainte , la furveille de la Pentecofte , &
le fixiéme Septembre , lefquels fe faifoient , à fçavoir , celles de Noël & de Septembre , par Monfieur le premier Prefident , pource que ce font la
premiere & la derniere. Les deux autres fe faifoient par Meffieurs les Prefidens à leur tour.
Lefdits jours , la Cour va à la Seance pour les
prifonniers , fors le fixiéme Septembre , & au-

lieu dudit Jour, c'est la veille de saint Simon & saint Jude.

Les Mercuriales, sont tous les premiers Mercredis de chacun mois de relevée, s'il n'est Feste, autrement le Mecredy suivant.

Les jours de la quinzaine, sont les Lundy, Mercredy & Jeudy de relevée, pourvû qu'il ne soit veille de Feste. Et si le Lundy il est feste ou veille de feste, l'on n'entre point ledit jour, ny les autres jours de la même semaine à ladite quinzaine. Et encore n'entre-t'on point le dernier Jeudy d'icelle quinzaine, qu'il soit feste ou non. Laquelle quinzaine est composée de l'un des Messieurs les Presidens de la grand' Chambre, chacun à leur tour, & d'un nombre de Conseillers de ladite Chambre & des Enquestes aussi à leur tour : Et lesquels ne rapportent point. Tous les jours de relevée qui ne sont ordinaires, Messieurs de la Cour entrent par Commissaires, fors les veilles de Nostre Dame d'Aoust, & du S. Sacrement.

Le premier Rôle ordinaire est pour la Province de *Vermandois*, lequel on commence à la saint Martin, & est continué jusqu'à la fin de Decembre.

Depuis le commencement de Janvier, jusques au quinziéme pour le Rôle du Bailliage d'*Amiens*.

Le Rôle du Bailliage de *Senlis*, se plaide le reste du mois de Janvier.

Aprés la Chandeleur l'on commence du Rôle de *Paris*, duquel l'on a accoutumé de plaider tout le Carême, & quelquefois aprés Pâques, selon la volonté de Monsieur le premier President.

Le lendemain de *Quasimodo*, l'on commence le Rôle de *Champagne & Brie*, & finit au commencement ou au quinze de May, quelquefois le reste dudit mois.

Le Rôle de *Poitou* se plaide le reste dudit mois de May, & pendant tout le mois de Juin.

Le Rôle de *Lyon* ne se plaide que pendant la premiere quinzaine du mois de Juillet.

Puis aprés suit le Rôle de *Chartres* qui est grand, & dure tout le reste des playdoiries, fors les deux derniers jours qui sont employez, l'un pour le Rôle d'*Angoulmois*, & l'autre pour les *Presens*.

Nota, que le quinziéme Aoust passé l'on ne plaide plus à la grand'Chambre à huis ouverts, ains seulement à la Tournelle, à la Chambre de l'Edit, jusques au septiéme Septembre.

Vacations de Messieurs des Requestes du Palais.

Messieurs des Requestes du Palais sont du Corps de la Cour, & pour ce vacquent les mêmes jours que fait le Parlement : Et neanmoins leurs vacations ne commencent qu'aprés la sainte Croix en Septembre, pour les plaidoiries & presentations : Et finissent à la saint Denys, que l'on recommence, & continuent jusques à la saint Simon & saint Jude.

Les Vacations de Messieurs de la Cour des Aydes, sont les jours qui ensuivent.

Premierement, tous les jours cy-dessus dits, esquels le Parlement vacque, fors pendant les vacations de Septembre & Octobre, que les deux Chambres sont reduites en une : Neanmoins on ne plaide point à huis ouverts. Et outre lesdits jours de vacations du Parlement, lesdits sieurs n'entrent point depuis le vingt-sixiéme jour de Septembre, jusques au cinquiéme jour d'Octobre inclusivement. Plus, un jour pendant la foire saint Germain des Prez,

DU PALAIS.

au mois de Février, Les Lundy & Mardy gras. La veille & le lendemain de la saint Jean. Les veilles & Festes de Nôtre-Dame. La veille & le & lendemain de la saint Jean. Les veilles & Festes de Nôtre-Dame. La veille & le lendemain de la Magdelaine : Et depuis ledit jour jusques au jour sainte Anne inclusivement, par Arrest de ladite Cour du jour de   En consideration dequoy l'on a remis & travaille-t'on les jours esquels anciennement elle vacquoit, à sçavoir, depuis les Festes de Noël jusques aux Rois.

Les plaidoiries du Rôle ordinaire, sont les Mercredy & Vendredy matin, & les Lundy de relevée pour l'extraordinaire, commençant en Decembre jusqu'à la fin du mois de May.

Pour la plaidoirie du Rôle ordinaire, elle commence après que l'on a plaidé à la grand' Chambre.

Les plaidoiries finissent le sixiéme Septembre.

TABLE GENERALE DES

principaux mots & dictions du Texte des Coustumes & de la Prevosté & Vicomté de Paris, servant à toutes sortes de volumes & impressions, dont les Chiffres dénotent les Articles.

A

L l

I

F I N.

9 782013 681407